KALJAYEE
KUMAR
GANDHARVA

कालजयी
कुमार गंधर्व

कुमार गंधर्व प्रतिष्ठान
राजहंस प्रकाशन प्रा. लि.
वाणी प्रकाशन

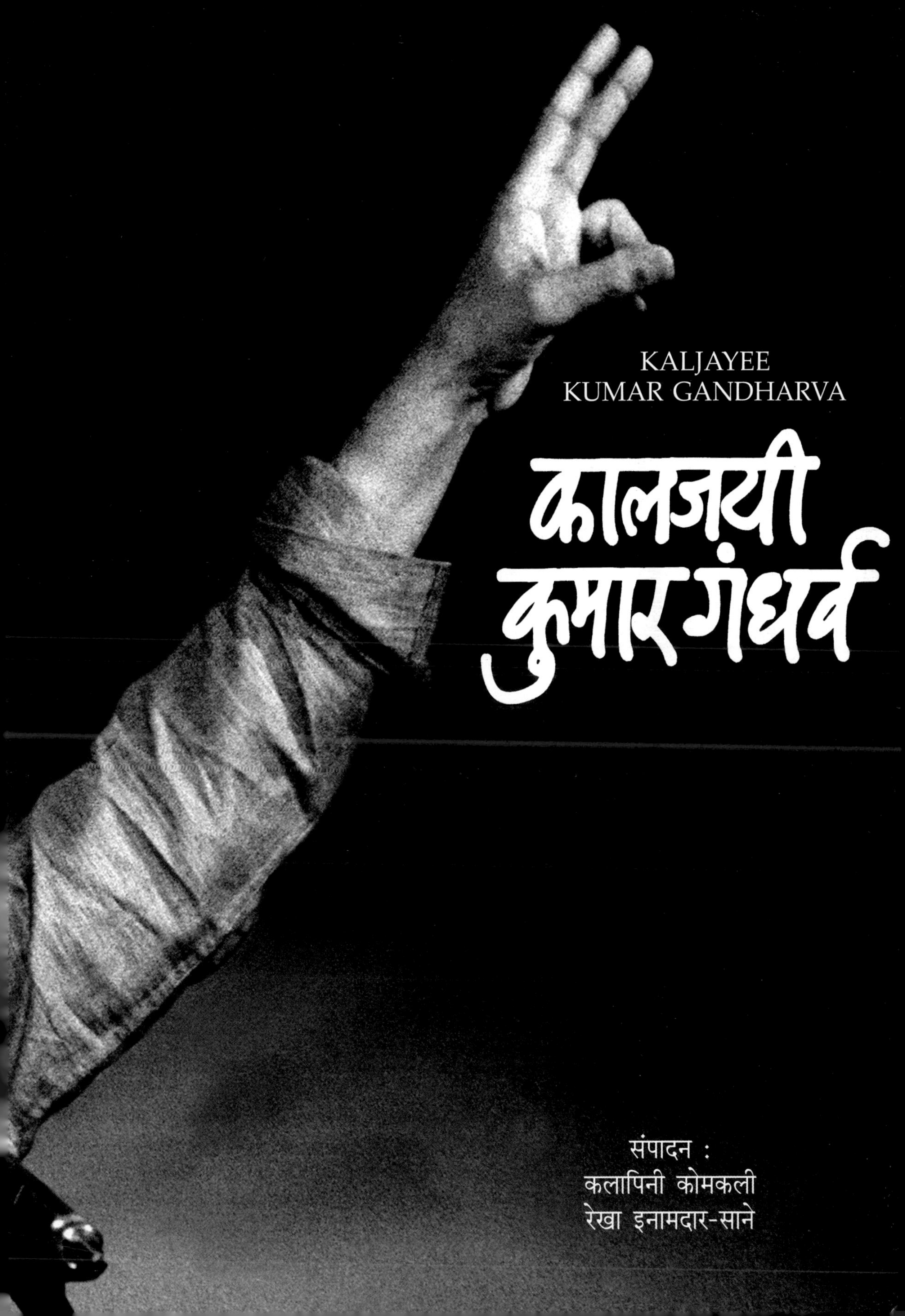

KALJAYEE
KUMAR GANDHARVA

कालजयी कुमार गंधर्व

संपादन :
कलापिनी कोमकली
रेखा इनामदार-साने

कालजयी कुमार गंधर्व
संपादक : कलापिनी कोमकली
रेखा इनामदार-साने

प्रकाशक : दिलीप माजगावकर
राजहंस प्रकाशन प्रा. लि.,
1025, सदाशिव पेठ, पुणे 411 030.
फोन - (020) 24473459.
फॅक्स : 24433719.
E-mail : rajhansprakashan1@gmail.com
Website : www.rajhansprakashan.com

संयुक्त प्रकाशक : वाणी प्रकाशन
21/ए, दरियागंज
नयी दिल्ली – 110002
फोन – 91-11-23273160/65456829
फॅक्स - 91-11-23275710
E-mail : vaniprakashan@gmail.com

मुद्रक : रोहन एंटरप्रायजेस
16/2, 'स्वोजस', सहवास सोसायटी,
कर्वेनगर, पुणे 411 052

अक्षर संयोजन : मानस एंटरप्रायझेस
अंकिता अपार्टमेंट्स, विठ्ठलवाडी, हिंगणे,
पुणे 51. फोन : 9765632124

मुखपृष्ठ एवं पृष्ठसज्जा : विनय जैन

तकनीकी संस्कार : शेखर गोडबोले

सुलेखन : दिलीप चिंचालकर

छायाचित्र : अविनाश पसरिचा, रघु राय,
चंदू नाफडे, भालू मोंढे, रमेश पेंडसे,
सतीश पाकणीकर, भारत भवन टस्ट्र (भोपाल),
भानुकुल (देवास) के संग्रह से

पहला संस्करण : नवंबर 2014

ISBN : 978-93-5072-825-3

मूल्य : ₹ 800/-

Kaljayee Kumar Gandharva
Edited by : Kalapini Komkali /
Rekha Inamdar-Sane

Publisher : Dileep Majgaonkar
Rajhans Prakashan Pvt. Ltd.
1025, Sadashiv Peth, Pune – 411030
Phone : (020) 24473459
Fax : 24433719
Email : rajhansprakashan1@gmail.com
Website : www.rajhansprakashan.com

Joint Publisher : Vani Prakashan
21/A, Dariyaganj
New Delhi- 110002
Phone - 91-11-23273160/ 65456829
Fax- 91-11-23275710
Email - vaniprakashan@gmail.com

Printer : Rohan Enterprizes,
16/2 'Swojas' Co.Op.Hsg.Soc.,
Karve Nagar, Pune – 4110252

Type setting : Manas Enterprizes
Ankita Apartments, Vitthalvadi, Hingane,
Pune - 51, Phone : 9765632124

Cover and Layout Designing : Vinay Jain

Technically edited by : Shekhar Godbole

Calligraphy : Dileep Chinchalkar

Photography : Avinash Pasricha,
Raghu Rai,Chandu Nafade,
Bhalu Mondhe, Ramesh Pendase,
Satish Paknikar,
Bharat Bhavan Trust (Bhopal)
Bhanukul (Dewas) Archive

1st Edition : November 2014

ISBN : 978-93-5072-825-3

Price : Rs. 800

स्वत्व और सत्त्व की खोज
को समर्पित साधकों को

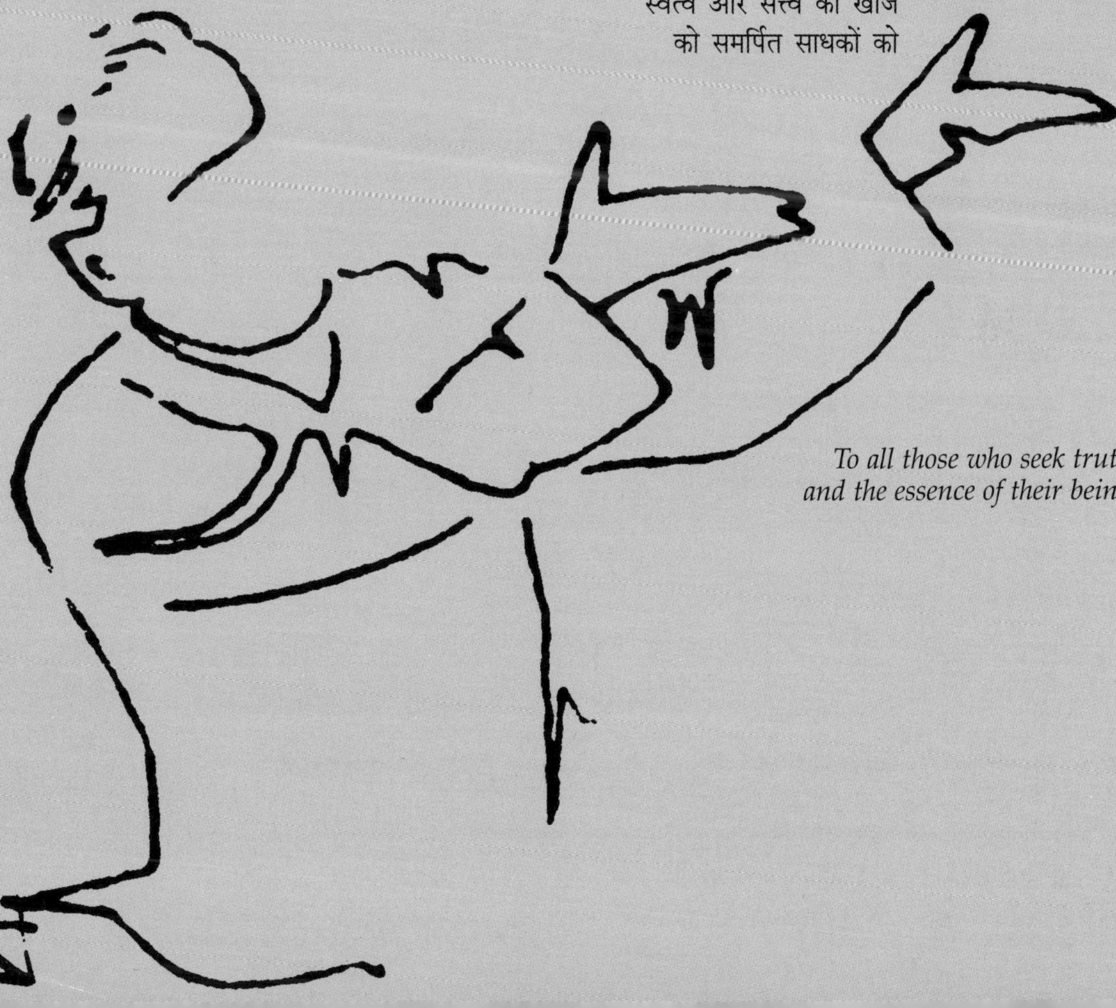

*To all those who seek truth
and the essence of their being*

कृतज्ञता-ज्ञापन
Acknowledgements

विराट् सांगीतिक प्रतिभा के धनी कुमार गन्धर्व का गायन हमें अपने दैनिक जीवन के तमाम भले-बुरे अनुभवों के बीच बहुत सहजता के साथ लौकिकता की सीमा लाँघ एक ख़ास तरह का अलौकिक अनुभव कराने वाला गायन रहा है। वे अपने गायन में जहाँ एक ओर स्थान, समय और संस्कृति से बहुत गहराई से जुड़े रहे हैं, वहीं दूसरी ओर ऐसा करते हुए इन सबके पार भी चले जाते रहे हैं। सामान्यतः ऐसी अनुभूति कम कलाकारों के साथ हो पाती है। परम्परा और नवाचार का प्रश्न भी कमोबेश कई बड़े कला साधकों के सामने मौजूद रहा है। कुमारजी यश-अपयश की परवाह किए बिना परम्परा को पूरी तरह से आत्मसात् कर नया रचने के आकांक्षी रहे हैं। यह द्विखण्डीय ग्रन्थ 'कालजयी कुमार गन्धर्व' उन कला साधकों को समर्पित किया गया है जो परम्परा और नवाचार दोनों के निर्वाह के लिए प्रयत्नशील रहते हुए 'स्वत्व एवं सत्व की खोज को समर्पित' रहे हैं।

कला साधक दोनों चीज़ों का आकांक्षी रहता है। एक, उसे उसकी कला के आस्वादक या कलारसिक द्वारा गहरी समझ से की गयी सच्ची सराहना प्राप्त हो। और दो, निर्धारित कला मानकों पर उसकी कला खरी प्रमाणित हो! इन दोनों चीज़ों से जहाँ उसका आत्मविश्वास बढ़ता है वहीं उसकी कला की सार्वजनिक स्वीकृति में भी वृद्धि होती है। इस ग्रन्थ में सम्मिलित लेखों में दोनों बातों का ध्यान रखा गया है। पुस्तक को

Few experiences in life have the potential to lift us from the drudgery and emotional flux of daily life and seamlessly put us on the road to transcendence. Listening to Kumar Gandharva is always one such experience. It is true that many committed Gurus, disciples and performers of music whether their approach is artistic or epistemic do leave their unique mark on time through their musical diligence and dedication. But once in centuries emerges an artist who – despite being embedded in space, time and culture raises the art itself from these essential confines and makes its appeal timeless and universal. Such artists creatively challenge the existing canons of analysis and appreciation and usher in a new paradigm. Their life and work becomes an emblem of the essence of the old and promise of the new. Kumarji was one such rare gem. This explains why anyone who strives to create something new after critically internalizing the traditions finds an immediate connect with Kumar Gandharva's life and work. 'Timeless Kumar Gandharva'- this two volume work is therefore dedicated to all those who bear in their soul the aching zest to discover the timeless essence of the self and the universal.

Just as a genuine aesthetic experience needs a somewhat innate submission on the part of its audience, it also requires a

कुमार जी के व्यक्तित्व से ज़्यादा उनके संगीत कर्म पर केन्द्रित किया गया है।

ग्रन्थ के लेखकों में विविधता है। सर्वश्री पु.ल. देशपाण्डे, रणजीत देसाई, इन्दिरा सन्त, वसन्त बापट, मंगेश पाड़गाँवकर (मराठी विभाग), अशोक वाजपेयी (हिंदी विभाग), यू.आर. अनन्तमूर्त्ति, लिंडा हेस (अंग्रेजी विभाग) जैसे साहित्यकार; पं. रविशंकर, बुद्धादित्य मुखर्जी, अरविन्द थत्ते (मराठी विभाग) जैसे वादक; शमा भाटे जैसी नर्तकी; सत्यशील देशपाण्डे, मधुप मुद्गल जैसे कुमारजी के शिष्य; श्रुति सड़ोलीकर, अश्विनी भिड़े-देशपाण्डे (मराठी विभाग), शुभा मुद्गल (अंग्रेजी विभाग) जैसी युवा पीढ़ी की गायिकाएँ; पं. राजाश्रय झा, वि.रा.आठवले, वा.ह.देशपाण्डे, अशोक रानड़े जैसे संगीताचार्य, बी.एन.गोस्वामी जैसे कला इतिहास के विद्वान, बालकृष्ण दोशी जैसे वास्तुविद्; राहुल बारपुते, विष्णु चिंचालकर, शान्ताराम कशालकर जैसे मित्र और वसुन्धरा ताई, मुकुल शिवपुत्र (मराठी विभाग), भुवनेश जैसे उनके परिवारजन ऐसे कुछ विशिष्ट कलाकारों-कलामर्मज्ञों ने कुमार जी के गायन के अनन्य असाधारणत्व को रेखांकित किया है, और उसके पीछे मौजूद रहे कारणों का पता किया है। विश्लेषण पर्याप्त निर्दोष रहे इसके लिए प्रत्यक्ष अनुभव के साथ-साथ वस्तुनिष्ठता का भी ध्यान रखा गया है। ख़ास बात यह कि कुछ लेखकों ने अपनी व्यक्तिगत, व्यवसायगत और कलागत व्यस्तताओं के बीच हमारे आग्रह को स्वीकार कर न सिर्फ़ अपने लेख हमें उपलब्ध करवाये बल्कि विचार-विनिमय के बाद उनके कुछ हिस्सों का पुनर्लेखन भी किया। इसके लिए हम उन सबके अत्यन्त ऋणी हैं। पु.ल.देशपाण्डे, रामूभैया दाते, विजय तेन्डुलकर (मराठी विभाग), शरच्चन्द्र चिरमुले एवं राहुल बारपुते, अशोक रानड़े जैसे कई लेखक दुर्भाग्य से आज हमारे बीच नहीं हैं। फिर भी लेखों की मौलिकता, दुर्लभता एवं आनेवाली पीढ़ियों के लिए उनकी उपयोगिता को देखते हुए उनके लेख इस पुस्तक में शामिल किये गये हैं।

critical perspective to frame the experience itself. In other words, the subjective realization of aesthetic experience needs to be coupled with its objective rationalization. Most of the articles in this book try to balance this push-pull. They also focus more on Kumarji's musical work and references to his personal life occur mostly to inform their deep connection with his work.

Kumar Gandharva's musical genius requires a multi-dimensional approach for its full comprehension. We have tried our best to do this by involving authors, scholars and advisers drawn from diverse backgrounds and areas of expertise in this project. These volumes includes articles by eminent literary figures like P. L. Deshpande, U. R. Ananthamurthy, Ashok Vajpeyi, Mangesh Padgaonkar on the one hand and by noted musicians and musicologists like K. G. Ginde, Dr. Ashok Ranade, Pt. Ramashray Jha, Mohan Nadkarni on the other. An appreciation of Kumarji's musical contribution by maestros like Pt. Ravi Shankar, Budhaditya Mukharjee, Arvind Thatte and dancer Shama Bhate is also an important feature of these books. A close reading of Kumarji as a singer and Guru by his disciples Satyasheel Deshpande and Madhup Mudgal is accompanied by an account of his musical influence on singers of the younger generation such as Shubha Mudgal, Shruti Sadolikar and Ashwini Bhide Deshpande. In their articles, Kumarji's close friends Rahul Barpute, Vishnu Chinchalkar and Shantaram Kashalkar trace their friend's musical genius and the personal bonds he had with them. Kumarji's family members Vasundharatai, Mukul Shivputra and Bhuvanesh offer a rich insight into the factors and milieu that made Kumarji a unique artist and a person.

The articles in these volumes employ diverse schemes of articulation ranging from mathematical analysis to discursive

परिशिष्ट में दिये गये पत्र श्रीमती संध्या कशालकर ने उपलब्ध करवाये। इसके लिए हम उनके कृतज्ञ हैं।

अन्तराष्ट्रीय ख्याति प्राप्त छाया चित्रकार रघुराय एवं अविनाश पसरिचा ने अपने पास के महत्त्वपूर्ण छायाचित्र इस ग्रन्थ में सम्मिलित करने की अनुमति देकर ग्रन्थ को और अधिक सार्थक एवं मूल्यवान बना दिया। इसी प्रकार हिन्दी-अंग्रेज़ी साहित्य संसार से अच्छी तरह परिचित सज्जाकार विनय जैन ने इस ग्रन्थ के प्रत्येक लेख की स्वतन्त्र तथा कलात्मक डिज़ाइन करने की ज़िम्मेदारी ली और शेखर गोड़बोले ने छायाचित्रों की छपाई तथा तकनीकी पक्ष सम्भाला, इसीलिए यह ग्रन्थ इतने सुदर्शन रूप में प्रकाशित हो पाया है। उनके इस ऋण के लिए उनके प्रति अपना आदर व्यक्त करना हम अपना कर्तव्य समझते हैं।

कुमार गन्धर्व के सर्वांगीण संगीतकर्म का स्वरूप स्पष्ट करने और उसका पुनरावलोकन-विश्लेषण कर संगीत के अध्येताओं के लिए एक उपयोगी ग्रन्थ तैयार करने का प्रयास इस पुस्तक के रूप में किया गया है। इसके लिए ग्रन्थ की सामग्री अधिकतम रूप से अचूक एवं निर्दोष बनाने का भी पूरा-पूरा प्रयास किया है। इसके लिए मूल लेखकों से निरन्तर सम्पर्क कर उनका सहयोग लिया गया है। वसुन्धरा ताई से भी जाँच-पड़ताल करवा ली गयी। अपनी उम्र और ख़राब स्वास्थ्य के बावजूद ताई ने सारे लेख पढ़े। उनमें संशोधन सुझाये। कुमार जी की शिष्या एवं पत्नी होने और अनेक पारिवारिक-सांगीतिक उतार-चढ़ावों का गहरा अनुभव होने से उनका मार्गदर्शन हमारे लिए ठोस आधार देने वाला रहा। उनका आभार कैसे व्यक्त करें!

वरिष्ठ साहित्यकार और कुमारजी के स्नेही रहे श्री अशोक वाजपेयी ने इस काम में आयीं अनेक अड़चनें दूर कीं। उनकी मौलिक सलाह एवं सूचनाओं से हमारा काम आसान हुआ। अन्यथा यह महत्त्वपूर्ण प्रकल्प पूरा नहीं हो

or experiential interpretations of Kumarji' music. They have been read, re-read, intensely deliberated upon and re-written, if required. This was quite a demanding task for the authors. But all of them complied with the expected rigour of writing and the schedule of submission despite being very busy in their own work. We are indeed deeply indebted to them. Lakshmanshastri Joshi, P. L Deshpande, Vijay Tendulkar, Rahul Barpute, Ashok Ranade, Ramubhaiyya Date are unfortunately no more with us. But we decided to include their rare and valuable articles in the book as they have the potential to offer future generations interesting insights into the phenomenon called Kumar Gandharva. The letters included in the appendix were made available to us by Ms Shubhada Chirmule and Mr. Bapu Deshpande (son of noted singer Vasantrao Deshpande) from their personal collection. We are grateful to them. Since most of the authors are highly renowned figures in their respective fields we found it unnecessary to mention all the awards and recognitions they received in their brief introductions.

Many photographers including internationally acclaimed Raghu Rai and Avinash Pasricha consented to the inclusion of some of their photographs in the books. These brilliant photographs have increased the value of these books in many more ways than one. Vinay Jain, a well-known designer, creatively worked out the design and lay-out of all these articles despite many hurdles. It was well followed up technically as well as creatively by photographer Shekhar Godbole. Their unconditional support and collective efforts made 'Kaljayee Kumar Gandharva' a visual treat as well. We take this opportunity to express our respect and gratitude to all of them. This two-volume book project was not designed to produce simply a compilation or memoires. It is meant to be a work material offering a thorough review and detailed analysis of Kumar

पाता। अनेक वर्षों से कुमार परिवार से रहे उनके सम्बन्ध आगे भी ऐसे ही मज़बूत बने रहें ऐसी हम कामना करते हैं। श्रीमती रजनी एवं शिरीष पटेल और पद्मकुमार मंत्री, विभाष सुरेका ने समय-समय पर अपनी बेबाक राय दी और योग्य मार्गदर्शन किया; हालांकि ये सभी कुमार परिवार का ही हिस्सा हैं, फिर भी हम उनके आभारी हैं।

हम चित्रकार सैय्यद हैदर रज़ा द्वारा स्थापित रज़ा फाउन्डेशन (दिल्ली), आई.टी.एम. यूनिवर्सिटी (ग्वालियर), श्रीमती शशि एवं मुधकर बाकरे परिवार (मुंबई) और सोहनलाल चेरिटेबल ट्रस्ट (दिल्ली) के विशेष आभारी हैं, जिनके आर्थिक सहयोग से यह ग्रन्थ साकार हो पाया।

इस पुस्तक का कुछ काम हमने कुमार जी के आत्मीय रहे मौज़ प्रकाशन गृह के संचालक-संपादक रहे स्व. श्री.पु.भागवत के पुत्र (अशोक भागवत) के पुणे स्थित घर बैठकर भी किया। दुर्भाग्य से कुमार जी के 'अनूपराग विलास' को प्रकाशित करनेवाले श्री.पु.आज हमारे बीच नहीं हैं। लेकिन, उनका आशीर्वाद हमें इस तरह प्राप्त हुआ यह भी एक सुखद संयोग है। वहाँ रहने वाली श्रीमती शुभा केळकर ने हमारी व्यवस्था का जिस तरह से ध्यान रखा उसके लिए उनका भी आभार!

प्रस्तुत ग्रन्थ हिन्दी, अँग्रेज़ी और मराठी जैसी तीन भाषाओं में है; और फिर संगीत जैसा विषय! ऐसे में सारी सामग्री को शुद्ध रूप में मुद्रित करने का काम काफ़ी परिश्रम साध्य था। राजहंस प्रकाशन के संचालक-संपादक सदानन्द बोरसे, श्रद्धा दामले ने इसके लिए अथक श्रम किया। हमसे निरन्तर पुणे, मुम्बई, दिल्ली और देवास सम्पर्क रख पूरी गम्भीरता एवं शान्त मन से बिना उत्तेजित हुए निर्धारित समय सीमा में इस ग्रन्थ को जिस तरह साकार किया उसके लिए उनका जितना आभार माने उतना कम है।

और अन्त में राजहंस जैसी प्रतिष्ठित प्रकाशन

Gandharva's music, style and ideas. It was therefore, imperative to check and cross check information, ideas and arguments in the articles to the best of our abilities. On many occasions we referred back to the authors with our queries and in some cases, we got our points verified from Vasundharatai. There used to be long volleys of doubts and clarifications. It must be mentioned here that all the authors fully co-operated in this tedious process. Vasundharatai, notwithstanding her old age and accompanying health problems, read almost all the articles, attended the reading of the rest and made corrections and modifications wherever needed. As a disciple and wife, she has gone through all the ups and downs of the musical and family life with Kumar Gandharva. Her unfailing support and guidance was one of the biggest force that kept us and the project going. We cannot thank her enough.

Many of the difficulties in this project were solved by veteran poet and literary-cultural critic Ashok Vajpeyi who was also Kumarji's friend. His valuable suggestions and advice helped us get the right direction and gave us confidence. It is difficult to think of this project without him. We cherish our association with him and hope that it will be strengthened further in future. We also thank Rajani and Shirish Patel, Padmakumar Mantri and Vibhash Sureka for their frank criticism and sincere guidance. This project received generous financial support from the Raza Foundation named after internationally acclaimed painter Syed Haider Raza, ITM University (Gwalior) and Kumarji's close family friend Madhukar Bakre and family. Our heartfelt thanks to all of them. We also thank Ashok Bhagwat, son of noted publisher Shri. P. Bhagwat who published Kumarji's 'Anupraag Vilas' and Ms Shubha Kelkar for extending logistics support and hospitality during our long stays in Pune.

संस्था के संचालक दिलीप माजगाँवकर का आभार जिन्होंने शुरू से ही इस काम में रुचि लेकर अनेक परेशानियों के बावजूद इसे पूरा किया। हम वाणी प्रकाशन के अरुण माहेश्वरी के भी आभारी हैं जिन्होंने हिन्दी-अंग्रेज़ी भाग को संयुक्त रूप से प्रकाशित करने में सहयोग दिया और ग्रन्थ के दोनों खण्ड पूरे हो पाये।

सभी अर्थों में मूल्यवान समझी जा सकने वाली इस विरासत को आज आपके हाथों में सौंपते हुए हम सच में कृतार्थ हैं। कुमार गन्धर्व के गायन का ऋण तो हम कभी चुका नहीं सकेंगे लेकिन, उनकी यह पुस्तक रूप में विरासत आनेवाली पीढ़ियों को अपने लिए उपयोगी (और ज़रूरी) लगी तो हम इस प्रयास को सफल समझेंगे।

कलापिनी कोमकली
रेखा इनामदार-साने

This was a challenging project also because it is simultaneously published in Hindi, English and Marathi. This was further compounded by the fact that it is designed to be a reference material source for connoisseurs of music. It therefore needed extremely meticulous editorial processing. Dr. Sadanand Borse and Shraddha Damle at Rajhans Prakashan did exactly that keeping their heads cool and senses sharp. We thank them profusely.

And last but not least our sincere words of gratitude for Dilip Majgaonkar of Rajhans Prakashan – our principal publisher and Arun Maheshwari of Vani Prakashan our joint publisher. Without their personal involvement and strong support this ambitious project would not have been completed in time and with such grace.

There is a deep sense of contentment as we present this book to readers. We remain forever indebted to Kumar Gandharva for the enormous musical treasure he left behind. Through these books if we could pass on even a small portion of this treasure to future generations and inspire them to critically evaluate its musical richness, we will feel justified in claiming his legacy in the real sense.

Kalapini Komkali
Rekha Inamdar-Sane

आलाप : एक प्रास्ताविक

राग रामकली, आडाचौताल, विलंबित

सबु मैं कै जानुरी, हांरी-हांरी
अगम रूप, ग्यान, ध्यान धरु, पार-
न पायोरी ॥ राग-सुर-बोध, साच
अति कठिन, बिकट ताल लय बाट-
सो, पार न पायोरी ॥

– कुमार गंधर्व

“सब कुछ मैं कैसे जान पाऊँगा? कितना ही ध्यान लगाया, कितना ही ज्ञान पाया, संगीत के अगम्य रूप की थाह मैं अब तक नहीं ले पाया हूँ। संगीत अमूर्त है। उसके रागों और स्वरों का बोध हो पाना बडा दुःसाध्य है। मैनें बेशक बिकट तालों की, लयों की राह पकडकर खोजने की कोशिश की है, अब तक न तो मैं उसकी थाह ले पाया हूँ, और न ही छोर तक पहुँच सका हूँ।”

हिंदुस्तानी शास्त्रीय कंठसंगीत के क्षेत्र में जिन्होंने प्रतिभाशाली नवनिर्मिती से अपनी अमिट छाप छोडी, 1930 से 1990 तक के छः दशकों के कालखंड में किसी भी संकट, व्याधी से विचलित हुए बिना, शांति से उनका स्वीकार कर, मन के सुरों को जरा भी क्षीण न होने दिया, ऐसे एक अनन्यसाधारण, विचारशील, वाग्गेयकार गायक की सर्वांगीण निर्मितीशीलता का स्वरूप समझने के प्रयास में हम यह ग्रंथ श्रद्धासुमन के रूप में प्रस्तुत कर रहे हैं।

हिंदुस्तानी शास्त्रीय कंठसंगीत की प्रदीर्घ परंपरा को अनेक महान गायकों ने अपने समर्पित और प्रयोगशील कार्य से समृद्ध किया है। शास्त्रीय संगीत के क्षेत्र का विस्तार इतना विशाल और व्यापक है कि आज भी उसके कई पहलू अछूते रह गये हैं। इस ग्रंथ की आकार मर्यादा के चलते हमें उनकी समालोचना करना या उनका उल्लेख मात्र करना भी संभव नहीं है। कुमार गंधर्व की जीवनी और कार्य पर प्राप्त अंग्रेजी, हिंदी, और मराठी साहित्य के पृष्ठों की संख्या ही कई हजार से अधिक होगी। प्रस्तुत खंड में हम उनमें

से कुछ चुनींदा लेख ही दे पा रहे हैं। उनमें जो अनकहा, अनखोजा या धूमिल रह गया है, उसपर टिप्पणी देने हेतु हमने कई जाने माने गायकों और गान समीक्षकों से ख़ास हमारे लिए लिखने की बिनती की। इस ग्रंथ के दो खंडों में प्रस्तुत हो रहे लेखों में लगभग आधे उन्होंने लिखे हैं। अपनी उम्र के पाँचवे और छटवें दशक में आए इन मान्यवरों ने अनेक घरानों की गान शैलियों का अभ्यास किया है, उन्हें आत्मसात किया है। कुमार गंधर्व की गायकी, निर्मिती और खोजों का वस्तुनिष्ठ चिकित्सात्मक अभ्यास कर, उन्होंने यह जाँचा है कि आज के संदर्भ में उसमें से क्या कुछ रखा जा सकता है, किन पहलुओं पर और काम हो सकता है और क्या कुछ त्याज्य भी है? कुमार गंधर्व के संगीत के सौंदर्य स्थलों और सांगीतिक विचारों के वर्णन और विश्लेषण करने का यह एक सामूहिक प्रयास है। ये संगीतकार और समीक्षक छह पीढ़ियों का प्रतिनिधित्व करते हैं। अतएव उनके एकत्रित मत, बदलते समय के साथ सामाजिक-सांस्कृतिक स्थित्यंतर का संगीत पर, उसकी सौंदर्य संकल्पना पर और संगीत समीक्षा की स्थिती-गति पर पडने वाला प्रभाव भी प्रत्यक्ष-अप्रत्यक्ष रूप में दर्शाते हैं। यह पुस्तक एक तरह से भारतीय शास्त्रीय संगीत की समीक्षण मार्गदर्शिका के रूप में देखी जा सकती है जिसकी आज बहुत आवश्यकता है।

कुमारजी का आम श्रोता वर्ग उनके द्वारा गाए निर्गुणी भजनों और 'मंगल दिन आज' या 'मारूजी भूलो ना माने' जैसी बंदिशों के कारण उनसे बहुत स्नेह करता है। इन भजनों और बंदिशोंकी खूबसूरती निर्विवाद ही है। परंतु इसके आगे जाकर भी कुमारजी के कार्य का विस्तार है, जिसका आस्वाद वे ले सकते हैं। हम आशा करते हैं कि यह पुस्तक उन अनछुए पहलुओं की ओर भी उन्हें आकर्षित करेगी, समृद्ध करेगी। हमें यह भी लगता है कि कुमारजी के निधन के 22 वर्ष बाद उनकी गायकी का समीक्षण हो, उनके कार्यकाल की समालोचना चिकित्सात्मक दृष्टी से हो और उनके सृजन का मर्म लोगों के सम्मुख आए। इसी आशा और कर्तव्यभावना के साथ हमने नम्रतापूर्वक इस प्रकल्प की शुरूवात की है। परंतु इतना कुछ करने के उपरांत भी हम जानते हैं कि जिस पानी में हम उतरे हैं, उसकी गहराई इतनी है कि हम लाख कोशिशें कर लें, उसकी तह तक नहीं पहुंच पाएंगे। कुमारजी की 'मालवबिहाग' में रची बंदिश यही बात कुछ और ढंग से कहती है ...

राग मालवबिहाग, तीनताल मध्यलय
ये सब खेल जानो महा धीर के
रूप बुलायो छिपायो डरायो मोहायो ॥
सोचहि-सोच सुघर सब बन्यो है
अंग निहार बहार भीतर देखायो ॥

ल कार्बुझिए की स्थापत्य-संरचना पर बनाई गई यह बंदिश किसी भी श्रेष्ठ कलाकृती के संदर्भ में अर्थगर्भ सिद्ध होती है। हम पानी में निराधार बह रहे हैं इस भावना से कभी आत्मविश्वास डगमगा जाता, कभी नाक-मुँह में पानी जा कर साँस लेना दूभर हो जाता, पर अब हमने तय कर लिया है कि एक दूसरे के आधार से यथासंभव गहराई में जाने का प्रयास करेंगे। उसके लिए अब हिम्मत जुटा ली है। समानधर्मी स्नेहियों से संबल पा कर हम यहाँ तक पहुँचे हैं। इसलिए जानते हुए कि इतना कुछ सुनने-गुनने के बाद भी कुमारजी का संगीत बाक़ी रह ही जाता है, हमने अपना और अपने साथ जाने-माने गायकों का, समीक्षकों का मौन तोड़ने का निश्चय कर लिया है। कुमारजी के शब्दों में ...

राग दुर्गा, त्रिताल, मध्यलय

अमोना रे अब रे
बनु गया मैं कों कहुं रे ॥
सुरन के रंग सों
समझको रे मैं ज्यो कहुं रे ॥

इस कलाकार के बारे में क्या और कितना कहा जाए जिससे वह 'समग्र' वर्णन कहलाएगा? क्योंकि कुमारजी कहते हैं, ''मैं तो नश्वर कला का साधक हूँ, गाते गाते रोज मरता हूँ। जिस कुमार गंधर्व ने जो तिलक कामोद गाया, वे दोनों मर चुके। कल फिर तिलक कामोद गाया जाएगा और कुमार गंधर्व ही गाएँगे पर वे नहीं।'' सही मायनों में वे एक ऐसे कलाकार थे जिन्होंने एक ही जन्म में मृत्यू और पुनर्जन्म के फेरों का कई बार अनुभव लिया। परंतु हर ऐसे फेरे में महत्प्रयास से स्वयं को परखा और आत्मसंतुष्टी को अपने से दूर ही रखा। पर यह पुस्तक उनकी इस विशेषता या अन्य विशेषताओं के बारे में नहीं है। वामनराव देशपांडे के शब्दों में कहा जाए तो कुमारजी अनेक अर्थों सें 'विवाद्य' थे। इस पुस्तक का हेतु भी यही है कि कुमारजी के अनेक पहलुओं का पुनरावलोकन हो, उनपर विचार हो। हमें कुमारजी की कई निजी तौर पर आयोजित महफ़िलें याद हैं जिन में कई लोग, बिन बुलाए भी उन्हें सुनने आ जाते थे। आज कुमारजी क्या गाएँगे इसे ले कर प्रत्याशा, उत्सुकता रहती थी। इसपर चर्चाएँ होतीं और वातावरण में उत्तेजना भर जाती।

कुमारजी के सार्वजनिक कार्यक्रम हों या निजी तौर पर आयोजित महफिलें, वे हमेशा सुनियोजित होतीं और उनका निर्वाह बखूबी होता था जिससे अंततः श्रोता मंत्रमुग्ध हो जाते थे। कार्यक्रम हमेशा समय पर आरंभ होता था। सादा सफेद कुर्ता पजामा पहने कुमारजी प्रसन्न, आश्वासक मुस्कान लिए हॉल में प्रवेश करते थे। उनके पीछे पीछे, देवास से लाए हुए तानपुरे लिए उनके दो शिष्य। अधिकतर महफ़िलों में तबले पर होते थे वसंतराव आचरेकर और हार्मोनियम पर अप्पा जलगाँवकर (या गोविंदराव पटवर्धन)। ये दिग्गज वादक कुमारजी की महफ़िलों में सदा उनका साथ निभाते रहे। पुष्पगुच्छ मिलते ही कुमारजी स्वयं उसे अपने समीप, श्रोताओं के सम्मुख सजा कर रखते। तानपुरे सुर में इतने अप्रतिम मिलाए हुए होते कि हॉल कितने ही लोगों से क्यों न भरा हो, पहली तार छेड़ते ही सारा अवकाश अंतर्बाह्य नादमय गूँज से भर उठता और लोग शांत हो जाते। फिर कार्यक्रम के अंतिम चरण तक सबकुछ उसी तरह साकार होता जिसकी रूपरेखा कुमारजी, उनके सम्मुख रखी ड्डायरी में सुनियोजित रूप से लिख कर लाते थे।

कई बार श्रोता खुष हो कर या उत्तेजित हो कर किसी बंदिश के लिए 'वन्स मोअर' की फर्माइश करते, लेकिन कुमारजी उसे 'वन मोअर' की तरह ही लेते थे। उन्हें गाने की पुनरावृत्ती करना पसंद न था। उन्हें हमेशा नए की तलाश रहती, और वास्तव में उनका हर गायन 'यहाँ और अभी' के क्षण में आकार लेता था। यहाँ हमें पटमंजरी राग में रचित उनकी बंदिश याद आती है जहाँ वे कहते हैं कि 'मुझे संगीत के अलावा और कुछ सूझता ही नहीं और तुम यह भली-भाँति जानते हो'।

सूझत नाहि गान बिन मम कछु
जानत तूही सब जन नाही मौ

अपने अथक प्रयासों से उन्होंने बंदिशों का एक विशाल संग्रह बना लिया था। उन्हें ये आजमाने की उत्कट इच्छा रहती थी कि कैसे एक ही राग अलग-अलग बंदिशों के माध्यम से भिन्न- भिन्न रूप ले कर प्रकट होता है। इस कारण भूतकाल में लौटने का न तो उनके पास समय रहता और न ही इच्छा। स्वाभाविक था कि उनका नाम केवल किसी एक राग या विशिष्ट गानप्रकार या फिर किसी एक घराने से नहीं जुड़ा। उन्होंने उस पारंपरिक प्रथा का अवलंब कभी नहीं किया जिसमें बार-बार एक ही चीज़ गवा कर या गले की कसरत से शिष्य की आवाज को तराशा जाता है। यह बात स्पष्ट है कि उन्होंने ऐसा कोई शिष्य नहीं बनाया जो केवल उनकी गान शैली का अनुकरण करता हो, या उनके आवाज की नकल उतारता हो।

कुमारजी एक विलक्षण गुणसंपन्न बालक थे। इस बूते पर वे आसानी से अपनी गुजर-बसर कर सकते थे। बचपन के उनके असाधारण गान कौशल्य और बाद में आई उनकी प्रदीर्घ बीमारी को भुना कर वे लोगों की सहानुभूति बटोर सकते थे। लेकिन उन्होंने इसमें से कुछ भी नहीं किया। उलटे उनकी कोशिश यही रही कि उनके जीवन में आयी निराशा और अवसाद का वे कभी किसी के पास उल्लेख भी न करें। सारी व्यथाएँ उन्होंने अपने अंदर समेट ली थीं। केवल कभी कभार उनका जिक्र वे निकटवर्तियों के पास किया करते थे लेकिन अपने दुखों का उदात्तीकरण उन्होंने कभी नहीं किया। उनका सारा वर्तन ऐसा ही रहा मानो उनके साथ कुछ विपरीत हुआ ही न हो। सारी ऋणात्मक बातों के संदर्भ भुलाकर अपनी मजबूत वैचारिक और कलात्मक धारणाओं समेत उन्होंने अपनी सारी ऊर्जा अद्भुत संगीत की निर्मिती में लगा दीं, उदा. 'धुन उगम राग', 'मला उमजलेले बाल गंधर्व' (बाल गंधर्व-जैसा मैंने उन्हें समझा), 'गीत हेमंत', 'गीत वर्षा', 'गीत बसंत', 'ठुमरी-टप्पा-तराना', 'तुकाराम एक दर्शन' और 'गौड़मल्हार दर्शन'। इन शीर्षकों में ही विविधता दिखाई देती है। इनमें से कुछ को बेहद सराहा गया और कुछ को अपेक्षित प्रतिसाद नहीं मिला। कुमारजी सफलता एवं असफलता के व्यावहारिक परिणामों के प्रति संवेदनशील तो थे, लेकिन उन्होंने कभी स्वयं पर उन्हें हावी नहीं होने दिया। अपने आत्मविश्वास के बल पर वे आवश्यकता पड़ने पर अँधेरे गलियारों में प्रवेश करने से भी नहीं कतराए। अशोक वाजपेयी ने संक्षेप में लेकिन सही कहा है कि, ''कुमार गंधर्व का संगीत जोखिम और संघर्ष का संगीत है। उनकी कल्पना बार-बार जोखिम उठाती है। वह जाने हुए को ढ्केलकर 'बिनजाने' के अहाते में ले जाती है। संगीत की जो प्रचलित और सुप्रातिष्ठित रूढियाँ रही हैं उनके चलते ऐसे जोखिम भरे संगीत की स्वीकृती आसान नहीं रही।''इसलिये वे सारे प्रज्ञावान और प्रतिभावान, जो लौकिक दृष्टी से यशस्वी हों, न हों, जो स्वत्व और सत्व की खोज में अथक प्रयास करने निकल पड़े हैं, वे कुमार गंधर्व के सही मायनों में उत्तराधिकारी हैं । जीवन के किसी भी क्षेत्र में कार्यरत ऐसे लोगों को प्रस्तुत ग्रंथ अर्पित करना हमें औचित्यपूर्ण लगता है। ये लोग ही उनका परिवार हैं। स्वाभाविक था कि कुमारजी की आजीवन मित्र श्रेणी में ऐसे विविध क्षेत्रों से आए कलाकार और बुद्धिजीवियों का समावेश था- अर्थशास्त्री सी.डी.देशमुख, कन्नड़ महाकवि द.रा.बेंद्रे, बाँसुरी वादक पन्नालाल घोष, संगीतकार पं. विनयचंद्र मौदगल्य, नाटककार-निर्देशक ब.व.कारंत, विचारक नरहर कुरुंदकर, वास्तुविद् माधव आचवल, कवि भवानीप्रासाद मिश्र, शिवमंगल सिंग 'सुमन' और विंदा करंदीकर आदि। उनके आप्त स्वकीयों में श्रीराम पुजारी, निरुपमा एवं सी.ई. कामत, रजनी एवं शिरीष पटेल, सत्येंद्रनाथ वर्मा, एम. ए. बाकरे और नारायण पण्डित जैसे कलारसिक जन भी थे।

विविध क्षेत्रों से आए इन सुप्रसिद्ध अलौकिक लोगों के काम में कुमारजी को रुचि रहती थी। केवल उन्हीं से नहीं, अनेक अनजान लोगों से भी वे कई मूल्य, विचार और दृष्टिप्रांत आत्मसात करते थे। इससे उनकी नज़र ऐसी परिपक्व और सर्वसमावेशक होती गई कि वे कहीं भी, किसी भी वस्तु में 'सौंदर्य' ढूँढ लेते थे। कभी चिड़ियों की चहचहाहट ही उन्हें प्रेरित कर, एक बंदिश को जन्म दे देती (राग देसकार में 'चिड़ियाँ चूँ चुहानी')। कभी वसंत ऋतु में ज्वालाओं जैसे खिले केसू के नारंगी-लाल फूल उनपर जादू करते (राग मधमाद सारंग में रची 'अगिनरंग फूला केसुला')। व्यावहारिक अनुभव और कलानुभव के बीच

की दूरी वे समाप्त कर देते थे। अक्सर, जो गायक समृद्ध सांगीतिक अनुभव देनेवाली निर्मिती कर पाते हैं, वे उस प्रक्रिया का वर्णन नहीं कर पाते। और जो शास्त्ररचना करते हैं, वे उन विचारों का प्रात्यक्षिक नहीं दिखा पाते। सृजनशीलता और वैचारिकता एक ही व्यक्ति में मिलना दुर्लभ है। परंतु इनका मेल हमें कुमारजी में हमेशा दिखा। कुछ विशिष्ट कार्यक्रमों के पूर्व, वे उनके सांगीतिक विचारों का बारीकी से वर्णन करने वाली पुस्तिकाएँ, संहिताओं सहित, श्रोताओं में बँटवाते थे। 'अनूपरागविलास' यह दो खंड़ों में लिखी गई पुस्तक (मौज़ प्रकाशन, 1965 एवं 1994) कुमार गंधर्व की एक रचनाकार, वाग्गेयकार के रूप में सटीक विश्लेषण करने की क्षमता दर्शाती है। हिंदुस्तानी शास्त्रीय संगीत के क्षेत्र में किसी एक व्यक्ति द्वारा किया गया इतना विस्तृत योगदान बेमेल है।

कुमार गंधर्व का व्यक्तिगत जीवन उनके संगीत जैसा ही विविध अनुभवों और घटनाओं से भरा था। शायद इसीलिये उनपर किया गया अधिकांश लेखन (विशेषतः मराठी भाषा में) कुमारजी, एक व्यक्ति और कुमार गंधर्व, एक सांगीतिक विचार, दोनों पर समान प्रकाश डालने वाला है। वसंत पोतदार लिखित 'कुमार' (मराठी, अक्षर प्रकाशन,1995), पंढरीनाथ कोल्हापुरे लिखित 'गानयोगी शिवपुत्र' (मराठी, राजहंस प्रकाशन,1999) और डॉ. चंद्रशेखर रेले लिखित 'कुमार माझा सखा' (मराठी, राजहंस प्रकाशन, 2009) द्वारा हमें कुमारजी की समृद्ध जीवनी और उनके संगीत के सश्रद्ध रसग्रहण का साक्षत्कार होता है। ये सभी लेखक कुमारजी के व्यक्तिगत जीवन के सभी उतार-चढावों के करीबी साक्षी रहे हैं और उनके संगीत के वर्षों से रसिक रहे हैं।

साहित्य क्षेत्र के सर्जनशील कवि और समीक्षक अशोक वाजपेयी ने कुमारजी के संगीत के प्रति अपनी उत्कट भावानुभूति को कविताओं के रूप में 'बहुरि अकेला' (वाणी प्रकाशन, 1999) इस पुस्तक में शब्दांकित किया है। इस काव्यसंग्रह पर उनकी लिखी हुई प्रस्तावना समीक्षात्मक है और संगीत अभ्यासकों के लिये विचार प्रवर्तक भी। इससे इस काव्य संग्रह का मोल दोहरा हो जाता है। एम.व्ही.भाटवड़ेकर की पुस्तक 'कुमार गंधर्वः मुक्काम वाशी' (मराठी, मौज़ प्रकाशन, 1999) में मुम्बई के समीप वाशी में कुमारजी के दिये अविस्मरणीय सांगीतिक व्याख्यान का एक सुंदर संकलन है। यह व्याख्यान कुमारजी में बसी सांगीतिक दार्शनिकता एवं सृजनशील मेधा को दर्शानेवाला एक उत्तम उदाहरण है।

राघव मेनन की 'म्यूझिकल जर्नी ऑफ कुमार गंधर्व' (विजन बुक्स, 2001) में कुमारजी के व्यक्तिगत और सांगीतिक विकास का अत्यंत काव्यात्मक आलेख एक तरल शैली में दर्शाया है।

शिल्पा बहुलेकर का मराठी में प्रकाशित 'लगन-गंधार' (गाँधर्व महविद्यालय मंड़ल) यह शोध प्रबंध कुमार गंधर्व की बंदिशों का एक व्यवस्थित संकलन है जिसकी बडी उपयोगिता है। 'मला भावलेले संगीतकार' (मराठी, राजहंस प्रकाशन, 2010) में अशोक दामोदर रानड़े द्वारा कुमारजी पर लिखा एक अध्याय उन चुनींदा लेखों में से है, जो कुमारजी के सांगीतिक दायरे और उनके परिणामों का सटीक विश्लेषण करता है।

संत कवि कबीर से कुमारजी को विशेष स्नेह था। कबीर की कई रचनाएँ उन्होंने गाई हैं। 'सिंगिंग एम्प्टीनेस' (सीगल बुक्स, दिल्ली, 2009) में लिंड़ा हेस ने कुमारजी एवं कबीर (साथ ही चौदहवें से सत्रहवें शतक के भक्ति की निर्गुणी परंपरा के अन्य संत कवि) के विशेष सम्बंध का अभ्यासपूर्ण अन्वेषण किया है। हालांकि कुमारजी के गाये निर्गुणी भजन बहुत लोकप्रिय हुए, उनके गूढ-गहरे अर्थ एवं मिथक अभ्यासकों को भी चकमा देते रहे हैं। 'सिंगिंग एम्प्टीनेस' यह पुस्तक इन गूढ अर्थों की खोज में प्रभावी सुराग़ और अंतदृष्टी देती है।

अपनी-अपनी पद्धतियों और लक्ष्यों के बावजूद ये सारे प्रयास एक बिंदु पर आकर रुकते हैं : कुमार गंधर्व ने अपनी सृजनात्मक मेधा, उत्कटता और दार्शनिकता से हिन्दुस्तानी शास्त्रीय कंठसंगीत के इतिहास में एक युग की निर्मिती की है। राघव मेनन ने इसका सुयोग्य वर्णन इन शब्दों में किया है:

"It was like a meteor that he passed across the Indian sky and cut in his wake the body of Hindustani classical music into two neat halves; one half before Kumar Gandharva and one after him, a kind of B.C. and A.D. in Indian music."

इस प्रस्तावना को, जिसे 'आलापी' कह सकते हैं, अब उस 'विस्तार' की ओर हम बढ़ रहे हैं जिसे हमारे लेखकों ने रचा है। पर भीतर, गहरे में, हम जानते हैं कि यह भी अपर्याप्त है। कुमारजी की ही भैरवी के ये शब्द, 'ध्यान कर रूप पार नहीं पावाँ' स्वतः ही सब व्यक्त कर देते हैं - मैंने संगीत के विराट रूप के जितने भी आयामों पर विचार किया, अंततः यह पाया कि मैं ड्योढ़ी भी पार नहीं कर पाया हूँ।

शायद हमारे लक्ष्य, हमारे भरसक प्रयासों और हमारी मनःपूर्वकता के बावजूद कुमार जी के संगीत और सांगीतिक प्रवास का हम परिपूर्ण शोध न ले पाये हों। वह ठौर शायद अब भी दूर ही है...

कलापिनी कोमकली
रेखा इनामदार-साने

(मराठी से अनुवाद : माधुरी दांडेकर द्वारा)

अनुक्रम

१ होना न होना

अशोक वाजपेयी

खंडहर की दीवार पर उग आयी घास
धरती का हरा संकेत
कि समय हो चुका
मिट्टी में वापस आने का।
होने की अवधि है
रंग है
मोड़ और उतार है
न होना निरवधि, नीरंग।
समय
किसी बगीचे में पेड़ की डाल पर बैठे
तोते की तरह कुतरता रहता है
होने की–
न होने में समय की आहट तक नहीं।
समय दे रहा है दस्तक
उस घर के दरवाज़े पर
जिसमें अब कोई नहीं रहता।
समय अपना भिक्षापात्र लिये खड़ा है
उस द्वार के बाहर
जिससे अब किसी को बाहर नहीं आना है।

अब समय नहीं है
न कोई पाथेय
न गैरों की थकान
न माथे पर पसीना।
देवमन्दिर चढ़ती सीढ़ियाँ
बलिपशुओं का आर्तनाद
मधसुरजा का
रक्त-स्नात अन्त।
रक्त के दुपहरिया अँधेरे में
पत्थर की चीख
घास की पुकार
हरियाली का विलाप।
होना
पृथ्वी
न होना
आकाश ।

साभार : बहुरि अकेला

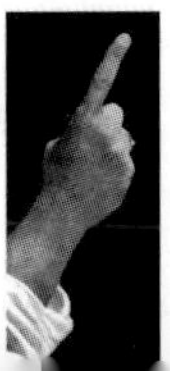

२ हिंदुस्तानी संगीत में पंडित कुमार गंधर्व का योगदान

वि. रा. आठवले

यदि कोई प्रश्न करे कि स्वर्गीय पंडित कुमार गंधर्वजी का हिंदुस्तानी संगीत में क्या योगदान है, तो उसका उत्तर देना कठिन भी है और सरल भी है। सरल या आसान इसलिए कि आज का श्रोता वर्ग तथा युवा कलाकार वर्ग कुमारजी की गायन शैली से तथा उनके विचार और नव निर्माण से इतना प्रभावित है इतना आकर्षित है कि इसी हक़ीक़त को हम कुमारजी का योगदान मान सकते हैं। राग के स्वरूप के संबंध में हो या गायन शैली के संबंध में हो अथवा भजन गायन की बात हो, आज का युवा कलाकार श्रोता कुमारजी के सौंदर्यतत्त्व को समझने का प्रयत्न करता है और उसे अपने गायन में प्रस्तुत करना चाहता है। फिर भी उनके योगदान के स्वरूप के संबंध में निश्चित रूप से विश्लेषण करना कठिन है। क्योंकि संगीत के किन अंगों में, किस तरह से पंडित कुमार गंधर्व ने अपना प्रभाव निर्माण किया है उसका शब्दों में वर्णन करना कठिन है तथापि उनके योगदान के स्वरूप को समझने का हम प्रयत्न करेंगे।

मेरे विचार में हिंदुस्तानी संगीत में कुमारजी का योगदान इस तथ्य से स्पष्ट होता है कि उन्होंने एक नयी विचारधारा संगीत में निर्माण की। संगीत विषयक एक पारंपरिक विचारधारा यह है कि बुजुर्गों से जो तालीम या शिक्षा मिलनी है, उसको तथा उसके द्वारा घराने की गायकी को सुरक्षित रखना और परंपरा का पालन करना, यही संगीत का विशेष कर राग-संगीत का लक्ष्य है। कुमारजी के पूर्व के संगीत कलाकार अपनी श्रेष्ठता किसी घराने से संबंध जोड़कर प्रस्थापित करना चाहते थे। अगर गायक के प्रस्तुतीकरण में विविधता है, रंग है, तो भी उसका श्रेय उसकी सच्ची तालीम को, अलग-अलग गुनिजनों से प्राप्त संस्कार को तथा किसी भी प्रकार से परंपरा से अपना संबंध जोड़ कर अपने खानदान को दिया जाता था। कुमारजी ने इस विचार को पर्याप्त धक्का दिया। उनके सौंदर्य विचार कर सूत्र यह था कि 'मुझे अपना गाना प्रस्तुत करना है, मुझे किसी का अनुकरण करना नहीं है। जो कुछ सुंदर या असुंदर हो, वह मेरा अपना विचार है। मुझे जो सौंदर्य का अनुभव होता है; उसी को राग संगीत के माध्यम से प्रस्तुत करना

इलाहाबाद, 1940 के दौरान

मेरा लक्ष्य है।'' कुमारजी की इस प्रकार की विचारधारा का निर्देश उनकी पुस्तक 'अनूपराग विलास' की प्रस्तावना में समुचित रूप से किया गया है। यद्यपि कुमारजी में अद्भुत अनुकरण शक्ति थी फिर भी उन्होंने संगीत के प्रस्तुतीकरण में अनुकरण को अस्वीकार्य माना है। पारंपरिक विचार से यह भिन्न विचारधारा है। हिंदुस्तानी संगीत के लिये कुमारजी की यही सबसे बड़ी देन है। इसका अर्थ यह नहीं कि कुमारजी का पारंपरिक तालीम पर विश्वास नहीं था अथवा ऐसी शिक्षा परंपरा को वे तोड़ना चाहते थे। उनका विचार यह था कि शिक्षा या तालीम, एक विद्या है और प्रस्तुतीकरण या मंच प्रदर्शन दूसरी विद्या है। प्रदर्शन में शिक्षा को प्रस्तुत करना संगीत नहीं है। शिक्षा को प्राप्त कर उसके द्वारा राग संगीत में जो सौंदर्य का अनुभव होता है; संगीत के अतिरिक्त अन्य कलाओं से भी सौंदर्य की जो अनुभूति होती है; जीवन में जो अनुभवों द्वारा संवेदनाएँ उठती हैं; उनको संगीत के द्वारा प्रस्तुत करना यही सच्चा संगीत है। कुमारजी के साथ किये गये साक्षात्कार में और उनके संबंध में अन्य लिखित साहित्य में उनके इन विचारों का परिचय मिलता है। इस प्रकार की अलग और वैशिष्ट्यपूर्ण विचारधारा के कारण कुमारजी ने राग संगीत में विविध अंगों को स्पर्श कर अपनी एक अनोखी शैली निर्माण की। अपना यह स्वतंत्र विचार निर्माण किया। आवाज़ साधने का प्रश्न हो या राग स्वरूपों का विचार हो, बंदिशों का आविष्कार हो या ख्याल गायन की शैली हो, संगीत के प्रस्तुतीकरण के नये प्रयोग हों, या भजन गायन शैली हो, इस सब में कुमारजी की अपनी एक स्वतंत्र विशेषता दिखाई देती थी और इसी को ही हम पंडित कुमारजी का हिंदुस्तानी संगीत में योगदान मानते हैं। पारंपरिक विचारों से भिन्न यह विचार और शैली यही कुमारजी का योगदान है। अब इन बातों पर भी विचार करना है कि संगीत के विविध अंगों में कुमारजी ने अपने विचार से किस प्रकार परिवर्तन किया।

आवाज़ निर्मिति या साधना के संबंधों पर कुमारजी अपने शिष्यों को तथा मित्रों को कहते थे कि किसी भी कलाकार की आवाज़ का अनुकरण न करो। उनका कहना था कि संगीत विद्या प्राप्त करने का अथवा तालीम लेने का अर्थ यह नहीं है कि गुरुजी की आवाज़ का अनुकरण किया जाये। गुरुजी के जैसी आवाज़ निकालना यह लक्ष्य ही होना चाहिए। संगीत के प्रस्तुतीकरण के लिए सभी प्रकार से आवाज़ की क्षमता को विकसित करना, यही आवाज़ की साधना है। आवाज़ की साधना या रियाज़ उनको मान्य ही था। एकचित्त होकर, हर प्रकार से आवाज निर्माण करने की क्षमता बढ़ाना और स्वाभाविक आवाज़ को विकृत किये बना उसकी क्षमता को विकसित करना, यही उनकी दृष्टि में आवाज़ की साधना या स्वर साधना थी। अपने शिष्यों को वे कहते थे कि मेरे संगीत विचार को देखो, आवाज़ की नकल मत करो। स्वर साधना के संबंध में यह निःसंदेह नया विचार है और इस संबंध में यही उनकी देन है।

राग स्वरूपों को समझने के और देखने के संबंध में भी कुमारजी की एक स्वतंत्र दृष्टि थी। प्रायः पारंपरिक कलाकार तालीम के आधार पर, गुरु के मार्गदर्शन पर राग स्वरूप को समझते हैं, देखते हैं। कुमारजी की मान्यता यह थी कि जिस प्रकार कोई वस्तु अलग-अलग कोने से या दिशा से देखने पर अलग-अलग दिखाई देती है, ठीक उसी प्रकार राग स्वरूप का दर्शन अलग-अलग होना संभव है। राग का एक विशिष्ट रूप है यह मान्यता प्रचलित है। कुमारजी की दृष्टि में राग के विविध रूप हैं और उनको देख कर उनका कलात्मक आविष्कार करना कला है। रागों के बारे मे प्रमाणीकरण की कल्पना रागों के सौंदर्य को हानि पहुँचाती है। इस मान्यता के कारण कुमारजी के गायन में एक ही राग के विविध स्वरूप दिखाई देते थे। कभी ऐसा भी हुआ है कि 'कुमारजी, राग ग़लत गाते हैं' यह आक्षेप भी उनके संबंध में निर्माण हुआ है किन्तु स्वयं कुमारजी अपने इस विचार में स्थिर थे कि राग के विविध पहलू होते हैं। उनकी संगीत की शिक्षा मान्यवर तथा विविध गुरुओं के पास हुई थी। इसलिए उनके पास विविध स्वरूपों की पारंपरिक बंदिशों का भंडार था। इन बंदिशों के आधार पर उनको अनेक रागों के रूप अलग-अलग दिखाई देते थे। इस सौंदर्य की अनुभूति को वे अपने रागों के प्रदर्शन में अभिव्यक्त करते थे। पारंपरिक दृष्टि से रागों

शिवपुत्र कोमकली (कुमारजी), जिन्ना हॉल, मुंबई के अपने पहले कार्यक्रम में, सारंगी पर संगत उ. बुंदूखाँ, 1 मार्च 1936

के स्वरूप को समझने या देखने के स्थान पर, स्वतंत्र रूप से रागों को अलग-अलग दिशा से देखकर, उनके सौंदर्य को परख कर गायन में उसका आविष्कार करना, यह कुमारजी का विचार राग संगीत में एक अद्भुत योगदान है। हिंदुस्तानी संगीत में, यह दृष्टिकोण एक महत्त्वपूर्ण योगदान है जो उनकी अपनी विशेषता है।

पारंपरिक बंदिशों को प्रस्तुत करने के विषय में कुमारजी का एक अलग दृष्टिकोण था। वे मानते थे कि गुरु से प्राप्त जो बंदिशें हैं, उनकी स्वर रचना को कायम रख कर, उस बंदिश का विशेष सौंदर्य ढूँढने का प्रयत्न करना कलाकार के लिए उचित एवं वांछनीय है। यही कारण है कि एक ही बंदिश अलग-अलग घरानों में अलग-अलग ढंग से प्रस्तुत की जाती है। कलाकार को बंदिश की सुंदरता ही पहचान होना चाहिए। इस मान्यता के कारण बहुत-सी पारंपरिक बंदिशें कुमारजी ऐसी विशेष शैली से या ढंग से प्रस्तुत करते थे कि उनका सौंदर्य खिल उठता था। अल्हैया बिलावल की 'कवन बटरिया गइलो' भीमपलासी की 'ढोलन मेंडे घर आ' तिलक कामोद की 'तीरथ को सब करे', गौड़ मल्हार की 'मानन करो री' आदि बंदिशों को कुमारजी से सुनना एक अनोखा अनुभव था। स्वर रचना एक होने पर भी स्वर लगाव के कारण तथा उच्चार भेद के कारण इन बंदिशों में ऐसा अद्भुत सौंदर्य का अनुभव होता कि श्रोता विस्मित हो जाता। बंदिशों की यह सुंदरता जिसका पहले कभी अनुभव नहीं हुआ, श्रोताओं के लिए एक अनोखी बंदिश बन जाती। बंदिशों के सौंदर्य पूर्ण आविष्कार के ऐसे कई उदाहरण बताये जा सकते हैं। बंदिशों को इस प्रकार से प्रस्तुत करने की दिशा में एक नया विचार कुमारजी ने बताया जो रागदारी संगीत में एक विशेष योगदान स्वरूप है।

ख़्याल की गायन शैली में अर्थात गायकी के संबंध में भी कुमारजी की एक विशेष देन है। गायकी की एक नया घराना बनने की क्षमता इस दृष्टि में है। पिछली शती में, जब से ख्याल गायन लोकप्रिय होने लगा, जब ख़्याल गायकी रसिकों के सामने आयी, तब से कलाकारों ने ख्याल गायन में, गायकी की एक विशिष्ट आकृति निर्माण की। आलाप, बोल और तान इन तीन अंगों द्वारा ख्याल की बंदिश की बढ़त करना अर्थात् विस्तार करना और उसके द्वारा राग संगीत को प्रस्तुत करना यही संक्षेप में ख्याल गायन

शैली की आकृति निर्माण हुई। ग्वालियर, किराना, जयपुर, आदि घरानों की गायन शैली इस आकृति से संबंधित रही। इन तीन अंगों में, किसी एक विशिष्ट अंग को प्रधानता देकर तथा उसमें अपनी कुशलता दिखाकर ख्याल बंदिश की बढ़त करना; यहाँ तक कलाकार सीमित रहा। इसी कारण अलग-अलग घरानों की गायन शैली निर्माण हुई। जैसे कि आलाप अंग प्रबल करने से किराना, बंदिश के बोल उपज द्वारा विस्तार करने से आगरा, कवायदी अंग की विशेषता रखने पर जयपुर या अत्रौली आदि घरानों की गायकी प्रचार में आयी किन्तु कुमारजी के पूर्व के सभी कलाकारों की दृष्टि में ख्याल का अनाकृतिबंध कायम रहता था। भाव पक्ष की ओर कलाकार का ध्यान नहीं था। इस दिशा में अर्थात् भाव पक्ष की दिशा में ख्याल गायन प्रस्तुत करने का विचार सर्वप्रथम ओंकारनाथजी ने प्रारंभ किया; फिर भी वे पूर्व संस्कार के कारण ख्याल की आकृति से अधिक संबंधित रहे। कुमारजी ने इस भाव पक्ष के विचार को स्वीकार कर अधिक विकसित किया। भाव पक्ष के अनुकूल नाट्यतत्त्व को अपने गायन में उन्होंने प्रमुख स्थान दिया। इस कारण उनकी गायन शैली भाववाही सिद्ध हुई और एक नयी भाववाही विचारधारा संगीत में प्रचार में आयी। स्वर कालगान ऐसा हो और शब्द का उच्चार ऐसा हो कि कलाकार अपने मन का भाव संगीत द्वारा अर्थात् ख्याल की गायन शैली द्वारा प्रकट कर सकें। इन तत्त्वों को प्राचीन संगीत ग्रंथों में 'स्वरकाकू', 'शब्दकाकू', 'रागकाकू' आदि संज्ञाएँ दी गई हैं। नाट्यकला के लिए ये तत्त्व अत्यधिक आवश्यक हैं। गायन शैली के संबंध में इन तत्त्वों का समावेश एक नया विचार है। यह नाट्यतत्त्व अथवा अधिक गहराई से देखें तो ठुमरी का सौंदर्य तत्त्व जिस से संगीत में भावभिव्यक्ति होती है; कुमारजी की गायन शैली की एक अनोखी विशेषता थी। गायन शैली में इस भाव पक्ष के कारण अर्थात् भाववादी या रोमांटिक विचार के कारण कुमारजी की लोकप्रियता, साहित्य, चित्र, नाट्य आदि कला रसिकों में दिखाई देती थी। अगर यह वक्तव्य करें कि भाववादी गायन शैली का प्रारंभ ही कुमारजी ने ख्याल गायन में किया तो मेरे विचार में यह अत्युक्ति नहीं होगी। इस ठुमरी तत्त्व के कारण, पुराने परंपरावादी कलाकारों ने कुमारजी की गायकी के संबंध में कुछ आक्षेप भी किये हैं। यह नाटकीय गाना है; इससे रागदारी संगीत का स्तर गिरता है आदि आक्षेप हैं।

जो कुछ भी हो, एक बात माननी पड़ेगी कि युवा कलाकार को तथा रसिकों को निश्चित रूप से इस गायन शैली का आकर्षण हुआ है। कुछ पारंपरिक कलाकारों में भी यह विचार निर्माण हुआ है कि रागदारी संगीत का लक्ष्य केवल आकृति सौंदर्य को प्रस्तुत करना ही है अपितु भाव सौंदर्य का विचार भी गायन में इष्ट है। गायन शैली को एक नया मोड़ देना और भाववाही गायकी निर्माण करना यही कुमारजी का हिंदुस्तानी संगीत में बहुत बड़ा योगदान है। जिस प्रकार ख्याल गायन में कुमारजी ने एक नयी शैली का निर्माण किया उसी प्रकार भजन गायन शैली को भी उन्होंने एक नया मोड़ दिया। कुमारजी को छोड़कर अन्य पारंपरिक रागदारी संगीत के कलाकार, जो भजन प्रस्तुत करते हैं, वे अधिकतर ख्याल गायन शैली से प्रभावित होते हैं। छोटे ख्याल के गायन के समान उनके भजन गायन का स्वरूप होता है। क्वचित् ठुमरी गायकी से प्रभावित भजन शैली भी कलाकार प्रस्तुत करते हैं किन्तु कुमारजी ने पारंपरिक साधुओं के अखाड़ों में गाये जाने वाले भजनों से प्रेरणा लेकर भजन गाने की नयी विधा प्रस्तुत की। लोकगीत गायन के स्वरूप का प्रभाव उस शैली में दिखाई देता है। ग्रामीण शैली से किन्तु परिष्कृत रूप में भजन को प्रस्तुत करना, यही कुमारजी की देन है। भजन गाने की इस शैली का एक विशिष्ट रूप निर्माण हुआ है। जो आजकल लोकप्रिय होता जा रहा है। भजन शैली के संबंध में यह नया विचार भी कुमारजी का योगदान है।

इनके अतिरिक्त अनेक उत्तमोत्तम बंदिशों की रचना कर कुमारजी ने राग संगीत को समृद्ध किया है। लोक संगीत से प्रेरणा लेकर, मालवती, संजारी आदि अनेक नये रागों का निर्माण उन्होंने किया। वे स्वयं सर्जनशील प्रतिभायुक्त कलाकार थे। संगीत के जिन अंगों को उन्होंने स्पर्श किया वह सोना बन गया।

इसी कारण संगीत के जो विभिन्न अंग हैं, उनमें कुछ प्रयोग करने से उनके नये रूप सामने आये। कुमारजी का यही हिंदुस्तानी संगीत में योगदान है।

अभी तक संगीत प्रयोग से संबंधित यह सब चर्चा हुई किन्तु महत्त्व की बात यह है कि कुमार गंधर्वजी ने संगीत के संबंध में विचार करने के लिए एक नयी दृष्टि दी, प्रेरणा दी। संगीत जीवन से संबंधित है। जहाँ सौंदर्य का अनुभव होता है वहाँ से संस्कार लेकर अपने संगीत द्वारा उसकी अभिव्यक्ति करना यही संगीत हैं. साहित्य, चित्र, नृत्य, नाट्य आदि कलाओं से प्राप्त सौंदर्यानुभव, संगीत द्वारा प्रकट करना संगीतकारों का कार्य है। उनका यह विचार संगीत के संदर्भ में सर्वस्पर्शी है। कुमारजी ने दो वर्ष पूर्व वाशी में, गांधर्व महाविद्यालय के भवन में, एक चर्चा सत्र में अपने विचारों की उदीयमान कलाकारों के समक्ष प्रकट किया था। इस प्रकार के विचारों का संकेत उनसे किये गये साक्षात्कारों में तथा उनके संबंध में लिखित साहित्य में भी मिलता है। संगीत के क्षेत्र में पारंपरिक कल्पनाओं से भिन्न विचार जो उन्होंने प्रकट किये हैं उससे यह अनुभव होता है कि इस कलाकार की कितनी वैचारिक गहराई है। कुमारजी का संगीत की दृष्टि से यही सबसे बड़ा योगदान है। परंपरा की श्रृंखला को तोड़ कर संगीत में नये विचार का उन्होंने निर्माण किया। संगीत क्षेत्र के हर अंग का विचार कर उसको कुमार स्पर्श दिया। हिंदुस्थानी संगीत को, कुमारजी का यह योगदान सदैव प्रेरणादायी सिद्ध होगा। संगीत के प्रयोग तथा संगीत के संबंध में विचार, इन दोनों में कुमारजी का योगदान अनुपम और विस्मयकारी है।

३ प्रखर प्रतिभा का अरुणोदय

शांताराम कशालकर

मुझे जबसे समझ आई, मैं कभी भी पूर्वजन्म या उससे संलग्न बातों पर विश्वास नहीं कर पाता था। पर मुझे पहली बार शक तब हुआ जब मैंने स्वर्गीय कुमार गंधर्व जी को पहली बार सुना। पूरी घटना एक धक्का–सा ही दे गई। इस छोटी-सी उम्र में कोई इतना सधा, सोचा-समझा गाना ऐसी ठसक के साथ गाये यह पूर्व संचित संस्कार के अलावा कैसे संभव हो सकता है? यह प्रश्न सामने खड़ा हो गया।

मैं बहुत ही छोटा था। दस वर्ष की आयु नासमझी की ही मानी जायेगी। मेरी ही उम्र के दो लड़के और मैं साथ-साथ खेल रहे थे। मैं हिन्दी (थोड़ी बहुत मराठी) बोलता था, एक हमउम्र मराठी व दूसरा कानड़ी। तीन अलग भाषाएँ होने के बावजूद हमारे खेल-कूद में कोई भी अड़चन नहीं आ रही थी। बच्चों की समझ की भाषा कुछ दूसरी ही होगी। प्रयाग संगीत समिति, इलाहाबाद की संगीत परिषद चल रही थी और १९३५ की दीपावली के आस-पास का समय होगा। हम सभी बच्चे हाफ पॅन्ट पहने हुए थे।

दूसरे दिन देखता क्या हूँ की वही दोनों हमउम्र लड़के बड़ी मोहक अदा से उस्तादों के सरीखे साथ से आदब-अर्ज़ करते मंच पर आ बैठे - बाकायदे चूड़ीदार अचकन, शेरवानी पहने और मजे की बात यह कि पीछे तानपूरे पर दो बुज़ुर्ग जिनकी उम्र ४० के आस-पास होगी आ बैठे। उन बालकों का परिचय कराया गया, तब एक ने गाना शुरू किया तथा दूसरे ने तबले पर थाप मारी।

मुझे अच्छी तरह जमींदार असोसिएशन का सभागार आज भी याद है, जब कुमार ने अपना गायन 'उगीच का कांता गांजिता' इस मराठी नाट्यपद से आरंभ किया। शब्द तो लोगों की समझ में न आए, पर गाना, सुरेलता और लयदारी ने लोगों को बौखला दिया। ५-७ मिनिट बाद कुमार ने 'कौन-कौन गुन गावे' यह हिन्दी पद गाया और महफ़िल झूम उठी। सामने बैठे थे उस्ताद फैयाज़ खाँ और कुंदन लाल सहगल तथा पूरे इलाहाबाद के गायक और संभ्रान्त समाज। वह नज़ारा ही कुछ और था।

उसी जाड़े में दिसम्बर के महीने में गान्धर्व महाविद्यालय मण्डल की परिषद कलकत्ते में सम्पन्न हुई। पंडित विनायकराव पटवर्धन, पंडित नारायणराव व्यास, पंडित शंकरराव व्यास, प्रो. बी. आर.

देवधर सरीखे गणमान्य लोग वहाँ आये थे। कलकत्ता विश्वविद्यालय का सीनेट हाल खचाखच भर गया था। मेरे पिताजी स्वर्गीय वि. अ. कशालकर जी मुझे कलकत्ता ले गये थे। अब हम तीनों बालक मित्र बन चुके थे और इस समूह में पंडित विष्णु गोविन्द जोग भी शामिल हो गये थे। हम चारों धरमतला के पथूरिया घाट लेन में घोष बाबू के महल के आँगन में खेला करते। एक दिन शाम को कुमार का गाना हुआ, पर बात जम न पाई। कुमार ने शायद दुर्गा में 'सखी मोरी रुम झूम' गाया था। सब बड़े निराश हो गये थे। तुरन्त दूसरे दिन फिर से कुमार को मौक़ा दिया गया। उस समय झिंझोटी की ठुमरी 'पिया बिन नाही आवत चैन' जो उस्ताद अब्दुल करीम खाँ रिकार्ड में गा चुके थे और सहगल भी देवदास फिल्म में गाये थे, उसे कुमार ने गाना शुरू किया और १०-१२ मिनट में कलकत्ता के रसिक सुध-बुध खो बैठे। कुमार की बलाएँ ले-लेकर बंगाली धोती-कुर्ता वाले बाबू लोग जिस तरह कुमार पर न्यौछावर कर रहे थे, वह दृश्य तो देखते ही बनता था। आधे घण्टे यही नज़ारा था। कोई दुशाला तो कोई रिस्ट वॉच, कोई पर्स, अंगूठी या पैसे स्टेज पर फेंक रहा था, और छोटा कुमार दोनों हाथों से बटोर रहा था। वह दिन था कि कुमार एक राष्ट्रीय गायक बन गया। कराची से कलकत्ता और पंजाब से नागपुर तक शायद ही कोई संगीत परिषद बची होगी, जहाँ कुमार गंधर्व न पहुँचे हों। उस छोटी-सी उम्र में ही कुमार अपने परिवार का मुखिया बन गया। सबसे अच्छी बात हुई वह यह कि देवधर जी के साथ कुमार का सम्पर्क स्थापित हो गया और कुमार १९३६ से देवधर जी की संगीतशाला का अभिन्न अंग बन गया। देवधर जी के यहाँ नियमित अभ्यास चालू हुआ और उससे भी बड़ी बात तो यह थी कि साँचे में ढली हुई संगीत की शिक्षा पद्धति के साथ ही स्वतंत्र वैचारिक

स्कूल ऑफ इंडियन म्युज़िक, मुंबई के अपने संगीतकार मित्रों के साथ कुमारजी
दाँयें से बैठे हुए : नागेश मसुते, तुलसीदास शर्मा, कृष्णराव मुजुमदार, कुमारजी, वी.के.हर्षे एवं प्रल्हाद गानू
पीछे खड़े हुए : राजाभाऊ कोपर्डे, बसवण्णा भेंडीगिरी, चंद्रशेखर रेले, शांताराम कशालकर एवं रामकृष्ण बोन्द्रे

वातावरण में कुमार का विचरना शुरू हुआ। मेरी नज़र में तो इस पूरी घटना का चश्मदीद ग़वाह अब शायद एक ही बच गया है और वह हैं बेला वादक श्री. विष्णु गोविन्द जोग।

आजकल शिक्षा पर इतना ज़्यादा ज़ोर दिया जा रहा है जिसके सन्दर्भ में मैं जब कुमार को देखता हूँ तो अचम्भा होता है कि एक व्यक्ति जिसकी स्कूली शिक्षा-दीक्षा एक दिन भी न हुई, वह कैसे इतना जागरूक होकर जीया। वैयक्तिक जीवन में इतना व्यवस्थित तथा साफ़-सुथरा रहा। नामी-गरामी कलाकार होते हुए समय का इतना पाबन्द रहे - यहाँ तक कि बाहर के शहरों में कार्यक्रम हेतु एक दिन पहले पहुँच कर व्यवस्थापकों को नींद हराम होने से बचाएँ यह कम ही दिखाई पड़ता है।

कुमार का इलाहाबाद आना एक पर्व ही लगता था। अपना निजी सामान जिस तरह से सन्दूक में लगाया करता था, वह तो देखते ही बनता था। छोटी-छोटी चीज़ों पर बारीक नज़र रखना यह कुमार की आदत-सी बन गई। फय

जागरूकता की हद तो यह थी कि संगीत जगत् में – फिर वह फिल्मी हो या शास्त्रीय-क्या-क्या हो रहा है इस सब पर कुमार की बराबर नज़र रहती थी। मैं कुमार की बीमारी में अक्सर देवास जाया करता था। बम्बई की सांगीतिक गतिविधियों पर बारीक सवाल पूछना कुमार की आदत थी। लेटे ही लेटे मालवे की धुनें गुनगुनाकर नोटेशन करके रखना तो आम बात थी। अचम्भा तो होता था कि देवधर स्कूल में आगरा, ग्वालियर, पंजाब, जयपुर घरानों का जो जमघट होता था वह कुमार की बारीक नज़र से कभी न छूटा और कुमार ने उन सबों की किमया बनाई जो घरानों की चारदीवारी को भी लाँघ गई।

कुछ-कुछ बातें तो आज के परिपेक्ष्य में थोड़ी अजीब सी लगती हैं – जैसे कि कुमार मूलत: कानड़ी होते हुए भी कुमार का लगाव कर्नाटक संगीत से न था। फ्यूजन का रवैया चल पड़ा था पर उधर भी कुमार की कोई दिलचस्पी न थी और जब पाश्चात्य देशों में जाकर वहाँ अपना संगीत सुनाना या उसी बहाने पाश्चात्य देशों का भ्रमण कर आना इस ओर कुमार को कोई आकर्षण न था – एक अजीब-सी आश्चर्यजनक अलिप्तता आख़िर तक थी। कहने को अफ्रीका जाना केवल अपनी दिवंगत पत्नी के बड़े भाई के कारण या मित्रों के हठ पर पॅरिस दो-चार रोज़ के लिए हो आना कोई विशेष मतलब नहीं रखता।

ऊपरी तड़क-भड़क से कुमार को कोई मतलब न थी। केवल अपने विषय में डूबे रहकर पूरा जीवन बिताना और वह भी भरपूर तरह से जीना, नाना प्रकार की कलाओं और विषयों में महारत हासिल किये लोगों के जमावड़े में अपने को रखना, उन्हें प्रेरित करना और उनसे प्रेरित होकर अपने संगीत में उन सौन्दर्य स्थलों को समाहित करना यह कला कोई जाने तो कुमार से, सीखे तो कुमार से, 'एक साधे सब साधे सब साधे सब जाये' सार्थक पाया तो कुमार में। और मैं पूर्व जन्म के संस्कारों के महत्व को भी जान गया चूँकि एक जीवन में इतना सब करना असम्भव सा लगता है।

कुमार के पूरे सांगीतिक व्यवहार में दो बातें प्रमुखता से सामने आती हैं। पहली बात तो व्यवहार यानी पैसे के लेन-देन की है। कुमार के अधिकतर कार्यक्रम मित्रों द्वारा ही आयोजित किये जाते थे तथा वहाँ व्यवहार बहुत ही लचीला रहता था। कुमार का अपना मापदण्ड निराला था और शायद कुमार के सम्पर्क में आये मित्रों का कुमार के प्रति समर्पण भी उतना ही निराला था।

इस संदर्भ में मुझे एक घटना याद आई। कुमार ५-६ वर्षों की बीमारी के बाद उठा, तो शायद पहली बार १९५३ में उज्जैन में गाया। मेरे पिताजी ने वृत्तांत अख़बार में पढ़ा और बड़े उत्तेजित हो कर मुझसे कुमार का इलाहाबाद में कार्यक्रम करने का आग्रह करने लगे। मैंने कुमार को पत्र लिखकर सब पूछा और इलाहाबाद में कार्यक्रम देने का आग्रह किया। काफ़ी तरकीब लगाकर मैंने यह भी पूछा कि बिदागी के बारे में क्या विचार है। कुमार का जो जवाब आया वह कुछ इस प्रकार का था, ''शान्तू, इस बीमारी में मेरा सब कुछ ख़र्च हो गया है और तुम जो कुछ भी सहायता करोगे, वह अमूल्य ही रहेगी – पर इतना जान लो कि मेरा संगीत इतना व्यापक है कि तुम कितनी ही रक़म क्यों न दो, वह मेरे संगीत के सामने बौनी ही लगेगी।''

कितना विश्वास अपने ऊपर! कितना संगीत के प्रति, कलाकार की कला के प्रति अभिमान!
कहना न पड़ेगा कि हम सब जी जान से लग गये और कुमार का १० जनवरी १९५४ को इलाहाबाद में भव्य स्वागत के साथ पैलेस थियेटर में कार्यक्रम हुआ जिसकी अध्यक्षता पंडित ओंकार नाथ ठाकुर ने की। इस कार्यक्रम में शिरकत की थी कुमार की दिवंगत पत्नी भानुमती ने तथा इन्दौर से स्व. रामू भैया दाते ने जो इन्दौर से आते समय पु. ल. देशपांडे और श्री. रामभाऊ गुलवणी को भी साथ लाये थे। पु. ल. ने हार्मोनियम की संगत की थी, तथा गुलवणी जी भी गाये थे।

कुमार ने पहले कौशी गाई, बाद में सोहनी भटियार गाया तथा कार्यक्रम का समापन 'कौन ठगवा नगरिया लूटल हो' यह कबीर का भजन गाकर सचमुच शहर को लूट लिया। रसिक वर्ग भी भावुक हो गया था।

पितृतुल्य विष्णुजी कशालकर के साथ कुमारजी, इलाहाबाद, 1955

४ कुमार कुछ निकट से

राहुल बारपुते

30 जनवरी 1948 को जब कुमार देवास पहुँचा तब वह उसकी पहली मालव-यात्रा नहीं थी। पहली बार कुमार मुल्क के इस हिस्से में आया था सन 1934 के आसपास, 'कुमार गंधर्व एंड पार्टी' के साथ।

इस 'कुमार गंधर्व एंड पार्टी' की गाथा भी बड़ी मनोरंजक है। बेलगाँव से दस बारह मील के फ़ासले पर एक गाँव है सुलेभावी। उस आज भी ऊँघते हुए, देहात के लिंगायत संप्रदाय के एक मठ — कोमकाली मठ के प्रमुख सिद्धरामैया तथा उनके बच्चे गाने-बजाने के शौक़ीन थे और खुद भी गा-बजा लेते थे अपवाद था सिर्फ़ छोटा बेटा शिवपुत्र। अपनी उम्र के सात-आठ साल तक संगीत से सर्वथा अलिप्त इस कोकिल का कंठ जब खुला तो ऐसा खुला कि बाकी सब बंद हो गये। विशुद्ध शास्त्रीय संगीत का एक अनन्य रमणीय सोता फूट पड़ा था। कोई पूर्व-संकेत नहीं, कोई प्रशिक्षण अथवा अभ्यास नहीं, और शिवपुत्र गाने लगा। ग़ैरवाजिब नहीं था कि उस परिसर के लोग इसे एक अजूबा मानते। जब इस अजूबे का प्रदर्शन उस क्षेत्र एवं संप्रदाय के एक आदरणीय व्यक्तित्व श्री गुरु कलमठ स्वामी के समक्ष किया गया तो वे मुग्ध हो गये और बोल पडे, "अरे, यह तो कोई गंधर्व का अवतार जान पड़ता है। कुमार गंधर्व है यह तो।" चिरंजीव शिवपुत्र सिद्धरामैया कोमकालीमठ उसी दिन से कुमार गंधर्व हो गये। जब परिवार में ऐसी प्रतिभा से संपन्न कोई हो तो सिवाय इसके और क्या हो सकता था कि किसी ऐसी मंडली का गठन हो जो उस प्रतिभा का प्रदर्शन स्थान-स्थान पर आयोजित करे! महाराष्ट्र में ऐसे 'जलसों' की परंपरा तब भी थी ही। अतः 'कुमार गंधर्व एंड पार्टी' बनी जिसके प्रबंधक थे स्वयं सिद्धरामैया और गायक थे कुमार गंधर्व। इसी 'पार्टी' ने अन्य नगरों के समान ही इंदौर में भी एक थिएटर-महाराजा थिएटर - 'बुक' किया और अपना शास्त्रीय संगीत का कार्यक्रम पेश किया।

ार्यक्रम के दौरान
ध्य में कुमारजी,
ाथ में हमउम्र तबला
ंगतकार रामकृष्ण
ोन्द्रे, पीछे बैठे
पने पिता के साथ,
935

इस कार्यक्रम के सिलसिले मे उल्लेखनीय तथ्य दो हैं। पहला यह कि तब कुमार की आयु बमुश्किल दस-ग्यारह वर्ष रही होगी; और दो, इस जलसे में कुमार को सुनने के लिए जितने भी लोग गये थे उनमें कालांतर से कुमार के अत्यंत निकट स्नेही बन जाने वालों में से एक भी नहीं था। न रामू भैया दाते न कृष्णराव मुजुमदार न बंडू भैया चौघुले—कोई नहीं! ऐसा क्योंकर संभव हो सका? ख़ासकर ऐसी स्थिति में कि जब मुजुमदार और चौघुले उदीयमान सक्रिय गायक-वादक थे? इसका एकमात्र संभवनीय स्पष्टीकरण यह है कि उक्त रसिक, मर्मज्ञ जनों की रुचि अजूबों में नहीं थी। और दिक़्क़त यह थी कि उन दिनों कुमार को जो मान्यता मिली थी वह संगीतकार के रूप में कम आश्चर्य एक बाल-चमत्कार के रूप में अधिक थी। अतः कुमार इंदौर आया। एक दो-दिन रुका। महाराजा थिएटर में गाया और चला गया। न तो मालवा को उसने प्रभावित किया और न मालवा ने उसे। यह थी कुमार की पहली मालवा यात्रा। नौ वर्ष बाद, जब कुमार दूसरी बार मालवा आया तब स्थिति में नाटकीय परिवर्तन हो चुका था।

1943 में कुमार दूसरी बार मालवा आया देवास के कृष्णराव (निकट मित्रों के 'मामा') मुजुमदार के निमंत्रण पर। अपनी पहली और दूसरी मालवा यात्रा के बीच के अर्से में कुमार की स्थिति बहुत बदल गयी थी। एक महत्त्वपूर्ण परिवर्तन तो यह था कि कुमार अपनी ज़मीन और अपने परिवार से कट कर बंबई आ गया था— प्रो. बी. आर. देवधर के शिष्यत्व को स्वीकार कर चुका था। पंडित विष्णु दिगंबर पलुस्कर के इन अंग्रेजीदां शिष्य और एक श्रेष्ठ शिष्य की निगरानी में कुमार की विधिवत संगीत-शिक्षा की शुरुआत हुई। भारतीय परंपरा में सामान्यतया होता यह है कि पहले गुरु आता है और फिर विद्या आती है, गुरु के ज़रिये। कुमार जब अपने गुरुजी की छत्रछाया में आया तब वह पहले से ही एक मान्य गायक हो चुका था, भले ही उसकी उम्र तब कोई बारह-एक साल की रही होगी। देवधरजी के साथ रहने का एक अनुषंगिक लाभ यह भी हुआ कि संगीत के संगठित दायरों में कुमार अनायास ही प्रविष्ट हो गया। वैसे भी कुमार को अखिल भारतीय संगीत सम्मेलनों के निमंत्रण आते ही थे, पर देवधरजी से संयुक्त हो जाने के पश्चात् तो कोई प्रश्न ही नहीं था। देवास के उस्ताद रज्जबअली खाँ के साथ उनके शिष्य मुजुमदार

गुरु प्रो. बा. र. देवधर
के साथ बाल कुमार

भी उन्हीं दिनों अखिल भारतीय संगीत सम्मेलनों में शिरकत करते ही रहते थे। ऐसे में अनिवार्य ही था कि मुजुमदार और कुमार की न केवल जान-पहचान होती बल्कि मुजुमदार कुमार को देवास आमंत्रित करते। अंततः 1943 में जब कुमार देवास आया तब यह 'बाल-चमत्कार' की सीढ़ी पार कर एक अत्यंत होनहार संभावना के रूप में स्थापित हो चुका था। कुमार के कॅरिअर की इस विशिष्ट अवधि का समुचित विवरण "वह आया, उसने गाया और उसने जीत लिया' इस एक वाक्य में किया जा सकता है। इस दूसरे मालवा-प्रवास के बाद कुमार कितनी बार इंदौर- देवास आया गया होगा यह कहना मुश्किल है। हाँ, जब रामू भैया दाते की ज्येष्ठ कन्या कुसुम के विवाह के शुभ अवसर पर अन्य अनेक स्थापित गायक-वादकों के समान आमंत्रित होकर कुमार इंदौर आया था, तब के उसके गायन की याद आज तीस-बत्तीस वर्ष बाद भी अनेक कानों में बिलकुल ताज़ा है। ऐसा लगा था उस समय मानो सांगीतिक अश्वमेघ करने कोई चक्रवर्ती निकल पड़ा हो।

लेकिन, जब 30 जनवरी 1948 को कुमार देवास जाने के लिए इंदौर के स्टेशन पर उतरा तब चित्र बिल्कुल भिन्न था। न तो यह 'बाल-चमत्कार' की अवधि का 'कुमार गंधर्व एंड पार्टी' वाला कुमार था और न सांगीतिक अश्वमेघ करने निकला तेजस्वी प्रतिभा-पुंज। और इस बार सदा की भाँति वह अकेला भी न था। उसके साथ थी श्रीमती भानुमती कोमकली और था कण्णा। कण्णा माने कृष्णन नंबियार का लघुरुप। कुमार से विवाह-पूर्व की कुमारी भानुमती कंस जब बिलकुल बच्ची थी और कंस परिवार कराची में था तभी कण्णा उस परिवार का सदस्य बन चुका था। कण्णा को भानुमती से बेहद लगाव था। यद्दपि वह भानुमती को 'मम्मी' कहता था फिर भी वास्तविकता यह थी कि जन्मदात्री माँ की अनुपस्थिति में कण्णा ने ही भानुमती को उसी लाड़-दुलार और प्यार से पाल-पोस कर बड़ा किया था जो एक स्नेहमयी माँ ही अपनी सन्तान को दे सकती है। भानुमती और कण्णा के अलावा एक अन्य तत्त्व भी कुमार के अब तक के ऊर्ध्वगामी जीवन में लगभग उसी समय अप्रत्याक्षित रूप से प्रविष्ट हो चुका था-तपेदिक। विवाह (अप्रैल, 1947) हुए तीन महीने भी न हो पाये थे कि डाक्टरों ने घोषित कर दिया था कि कुमार टी.बी. का मरीज़ है। एक गायक के लिए स्वस्थ, सशक्त फेफड़े कितना महत्त्व रखते हैं यह कोई विस्तार से बताने की बात नहीं है। और कुमार के इसी अवयव पर रोग का आक्रमण हो चुका था। यह बात कोई तीस साल पहले की है, जब इस रोग की चिकित्सा की इतनी प्रगति नहीं थी। तब यक्ष्मा एक अत्यंत दुर्धर, लगभग असाध्य रोग था। बीमारी की बात जिस-जिसने सुनी, हतबुद्धि हो गया। अधिकतर लोगों ने मन ही मन तय कर लिया था कि कुमार का संगीत कैरिअर अब समाप्त है। उस विषण्ण और विचलित वातावरण में कुमार ही सबसे ज़्यादा शांत तथा संयत था। मुझे विश्वास है कि उस तीस जनवरी की कुमार की अगवानी के लिए इंदौर स्टेशन पर एकत्रित मित्रो द्वारा 'कहो कुमार कैसे हो?' पूछे जाने पर कुमार ने अपनी स्वाभाविक मुस्कान के साथ कहा होगा, 'मजे में हूँ।' और फ़ौरन बाद सहज स्वर में पूछा होगा, 'देवास चलने की क्या व्यवस्था है? कब निकलना है?' स्वयं के कष्टों को अपने तक ही सीमित रखने की, स्वयं के बलबूते पर उनसे जूझने की और उन्हे परास्त करने की कुमार की चारित्रिक ख़ूबी उसके दूर-पास के मित्रों से छिपी नहीं हैं। इसकी जड़ में संभवत यह बात है कि कुमार स्वभाव से ही एक अत्यंत सक्षम नायक है। नायक के लिए ज़रूरी होता है कि वह सब कुछ सोचकर न केवल निर्णय ले बल्कि दृढतापूर्वक उसे क्रियान्वित भी करे। कुमार में ये दोनों गुण हैं। अन्यथा, बीमारी की हालत में कैसे निर्णय करता कि वह मालवा में देवास जाकर बसेगा? आम तौर पर यह क्षेत्र के लोग अपनी गंभीर बीमारियों का इलाज करवाने बंबई जाते हैं और कुमार बंबई छोड़कर देवास आ रहा था। केवल इलाज करवाने

नहीं, स्थायी रूप से रहने के लिए। 30 जनवरी 1948 कुछ मुट्ठीभर लोगों के लिए इसी वज़ह से एक अतिरिक्त महत्त्व रखती है। यह कुमार की पहली मालवा यात्रा नहीं थी। यह सर्वाधिक महत्वपूर्ण यात्रा थी जिसने कुमार के कैरिअर को तो निर्णयात्मक एवं ऐतिहासिक मोड़ दिया ही, अन्य कतिपय लोगों की ज़िंदगी को भी बदल डाला। हालाँकि 'लाल बंगले' में कुमार की रुग्ण शैया की इस पर बैठने वाले मित्रों को भी तब इस सब की आहट तक नहीं थी।

'लाल बंगला' नाम अवश्य ही एक भारी-भरकम वास्तु का आभास देता है। लेकिन वस्तुस्थिति कतई ऐसी नहीं थी। मामूली-सा मकान था, लेकिन बनाया गया था एक बंगले की शैली में। और बंबई-आगरा रोड

कुमारजी एवं भानुमतीजी

के ठीक किनारे होते हुए भी कारणों से वह बिलकुल अलग-थलग नजर आता था— जो कि बंगलों का विशिष्ट लक्षण है। एक कारण तो यह कि वह एक छोटे से टिबड्डे पर बसा था और दो, वह बंबई-आगरा मार्ग के बायें बाजू बसा है। इस 'लाल बंगले' के नीरव वातावरण को भंग करती थीं वे चिड़ियाँ जो इसके छोटे से अहाते में खड़े नीम के पेड़ पर सुबह-शाम आ बैठतीं या फिर कभी-कभार मिज़ाजपुर्सी के लिऐ आनेवाले मित्र या मेहमान। अन्यथा सब कुछ लगभग निःशब्द ही चला करता था। घर का कामकाज कण्णा देखता था, भानुमती जाती थी स्कूल पढ़ाने के लिए, और कुमार अपनी रुग्ण शैय्या पर लेटा रहता चुपचाप। न केवल इसलिए कि बीमारी उसकी ऊर्जा को सोखे लेती थी, बल्कि इसलिए कि डाक्टरों का आदेश था कि पाँच वर्ष तक कुमार 'आऽऽ' भी नहीं करेगा, सिर्फ़ विश्राम करेगा पूरी तरह से। ईमानदारी की बात है कि डाक्टर ज़्यादती नहीं कर रहे थे। बीमारी जब कभी-कभी उग्र रूप धारण कर लेती थी तब कुमार इतना कमज़ोर हो जाता था कि यदि सिर भी दायीं ओर से बायीं ओर घुमाना होता था तो मदद की ज़रुरत होती थी। और ऐसी शारीरिक दुर्बलता के क्षणों में भी कुमार ही सबको ढाढस बँधाया करता था।

यों भानुमती भी सहनशील थी, साहसी थी लेकिन आख़िर बर्दाश्त करने की भी एक हद होती है। कोई कितने दिन अपने-आप पर काबू रखे। उस शाम जब हम लोग खाना खा रहे थे तो अचानक ही भानुमती की वेदना सारे बंधों को तोड़कर फूट निकली। पहला आवेश जब वह गया, सिसकियों की आवाज़ क्रमशः अस्पष्ट हो गयी तब कुमार की क्षीण फिर भी दृढ़ आवाज़ सुनानी दी– 'भानू, तुम बिलकुल चिंता मत करो। जब तक मैं गाना करूँगा नहीं, मैं नहीं मरूँगा।'' और यह न तो मासूम आशावाद था न औपचारिक सांत्वना। वस्तुतः यह था स्वयं की नियति पर दृढ विश्वास (मैं जानता हूँ कि उन्हीं दिनों टी.बी. के इलाज के लिए नयी-नयी दवाइयाँ बस उपलब्ध हुई थीं, जैसे स्ट्रेप्टोमायसीन और बाद में आइसोनेक्सपास आदि। लेकिन यह भी मुझे ज्ञात है कि इनके बावजूद मात्र जिजीविषा के अभाव में कई लोगों की बीमारी उनके साथ ही गयी)। कुछ ही क्षणों में वातावरण स्वच्छ हो गया। अवसाद की स्याह पर्तें हट गयीं और कुमार की मेहमाननवाज़ी उभर आयी। दरअसल मेहमाननवाज़ी कुमार की एक बड़ी कमज़ोरी। चाहे कोई आये, उसकी यथोचित आवभगत होनी ही चाहिए यह कुमार का स्थायी आग्रह है। ऐसे अवसर पर कुमार ने स्वयं की स्थिति, परिस्थिति का कभी कोई खयाल नहीं किया। उस वक़्त भी नहीं कि जब यह भी संदिग्ध होता था कि चाय के अगले दौर के लिए शक्कर कहाँ से आयेगी।

भले ही दुख हाथी के पैरों से आता और चीटियों की चाल से जाता हो, लेकिन जाता ज़रूर है। दवा एवं पोषण ग्रहण करने के अपवाद छोड़कर मुँह तक न खोलने की डाक्टरों द्वारा निर्धारित अवधि भी बीत गयी। और कुमार फिर से गाने लगा। यों, लाक्षणिक अर्थ से कई गायक द्विजत्व का दावा कर सकते हैं, लेकिन जो वस्तुतः दो बार जन्मा हो ऐसा गायक-कलाकार कुमार ही है। न सिर्फ़ यह कि उसने एक प्राणलेवा बीमारी पर विजय पायी थी, बल्कि उसका गायन भी बिलकुल बदल गया था। इस तथ्य का सार्वजनिक एहसास हुआ सन 1952 में जब श्याम परमार एवं अन्य उज्जैनस्थ मित्रों के उद्यम के महाराजवाड़ा हाई स्कूल में कुमार का सम्मान किया गया था। उस अवसर पर स्वयं कुमार का भी गायन हुआ था। उस महफ़िल में ऐसे अनेक श्रोता थे जो पाँच-छः साल पहले कुमार को तबीअत से सुन चुके थे और तबीअत से फिर सुन रहे थे। वे सभी बेचैन हो उठे। जो कुछ वे सुन रहे थे वह शास्त्र-शुद्ध था, कानों को ही नहीं मानस को भी सुखद लग रहा था। लेकिन अब तक कुमार को जो सुनते चले आ रहे थे उससे यह जो सुन रहे थे वह सर्वथा भिन्न था। और इसी कारण वे बेचैन थे। समझ में नहीं आ रहा था कि इसे कैसे ग्रहण करें। कुमार के सांगीतिक कैरिअर के साथ यह नितांत अनूठी प्रतिस्पर्धा जुडी हुई ही है। स्वयं को स्थापित करने के लिए प्रत्येक फनकार को अपनी समसामायिक, लेकिन दूसरे कलाकारों की अभिव्यक्ति से स्पर्धा करनी पड़ती है। कुमार के संदर्भ में बात बिलकुल अलग शक़्ल-सूरत लेकर

आयी थी। यहाँ तो स्वयं की पूर्व छवि से लोहा लेना था। अपनी ताज़ातर साधना से अर्जित सौंदर्यानुभूति का आविष्कार करना था। शास्त्रीय संगीत के नये आयाम प्रस्तुत करने थे। यह कोई सहज बात नही थी क्यों कि कला का मूल प्रयोजन सुंदरता की अभिव्यक्ति से है और सुंदरता का एक जनक तत्त्व है संपृक्तता! तटस्थ भूमिका से सृजन संभव हीं है। लेकिन संपृक्तता नये सौंदर्यबोध के आड़े आती है, खासकर तब कि जब नया सौंदर्यबोध विकसित होने की बजाय यकायक फूट पड़े, किसी क्रांति के समान। रफ़्ता-रफ़्ता परिवर्तन होता है तो उसे प्रतिरोध का सामना नहीं करना पड़ता। परिवर्तन की प्रक्रिया की अवधि जितनी कम होती है, प्रतिरोध उतना ही कट्टर होता है।

और जहाँ प्रयोग की बात आती है वहाँ कुमार जैसा अथक परिश्रमी व्यक्ति मिलना मुश्किल है। सामान्यतया बेहद तबीअतदार और ज़िंदादिल कुमार किसी कठोर सार्जेंट में बदल जाता है। दे परेड, दे परेड! कचूमर निकाल देता है। सिर्फ़ एक फ़र्क़ है कि सार्जेंट दूसरों के कवायद करवाता है, किसी से ग़लती हो जाये तो उसे सज़ा देता है और कुमार सबसे ज़्यादा सज़ा स्वयं को देता है। मान लीजिए कि 'त्रिवेणी' की बात दिमाग़ में खदबदा रही है। तो सूर, मीरा और कबीर के अध्ययन से शुरुआत होती है। एक-दो भजनों को पढ़ने-समझने से कहीं सूर या मीरा या कबीर की आत्मा पकड़ में आ सकती है? अतः जितनी भी सामग्री मिल सके इकट्ठा करो, उसे बाँचो, विभिन्न कोणों से उस पर विचार करो, बहस करो। इस सब के निष्कर्ष की परखो, एक वैज्ञानिक की-सी सावधानी और बारीकी से। फिर पदों का चुनाव और उन्हें लेकर भी यही समूची प्रक्रिया। फिर बारी आती है उन्हें स्वरमंडित करने की। तब भी यही सब। मतलब यह कि किसी भी सीढ़ी पर कोई कोताही नहीं, जरा भी आलस नहीं। जो बमुश्किल दूसरी या तीसरी तक औपचारिक रूप से पढ़ा-लिखा हो, यदि उतना भी हो तो, वह भारी-भरकम ग्रंथों का अध्ययन करे, तो वैसे ही ताज्जुब होता है। लेकिन यदि वह शास्त्रीय संगीत का कलाकार होता है तो बात महज ताज्जुब तक सीमित नहीं रहती, सचमुच की एक अनूठी बात बन जाती है। दरअसल इस मामले में कुमार निश्चय ही अनूठा है। शायद ही कोई संगीतकार होगा जो इतना अध्ययनशील होगा। और सो भी केवल संगीत के बारे में नहीं। संगीत तो खैर उसका क्षेत्र है ही लेकिन अन्य क्षेत्रों के बारे में, जैसे साहित्य, चित्रकला, शिल्प, इतिहास आदि—कुमार की जागरूक जिज्ञासा असीम है। इस जिज्ञासा का प्रतिबिंब उसके संगीत-कर्म एवं गतिविधियों में स्पष्ट नज़र आता है।

इसीलिए कुमार हर महफ़िल में पूरी तैयारी के साथ जाता है, फिर भले ही वह रूढ़ अर्थों में प्रायोगिक न भी हो। क्या-क्या गाना है और किस क्रम से गाना है, इसकी न केवल एक फ़ेहरिस्त बनाता है वह, बल्कि कृतियों का समूचा आलेख मय नोटेशन के पहले से ही तैयार रखता है। और यह सारा परिश्रम केवल वही कर सकता है जो संगीत को अपना मिशन मानता हो, आजीविका का महज़ एक ज़रिया नहीं। यहाँ एक अन्य मुद्दे का उल्लेख ज़रूरी है। उसके संगीत के बारे कोई भी संगत प्रश्न पूछा जाये, उसका उत्तर देने के लिए कुमार हमेशा तैयार रहता है। कोई बात क्यों की (अथवा क्यों नहीं की) इसका वह 'ऐसा ही होता है हमारे घराने में' अथवा 'भाई, हमें तो ऐसी ही तालीम मिली है' जैसे मात्र परंपरावादी तरीक़े से जवाब नही देगा। राग संगीत संबंधी अपनी प्रामाणिक मान्यताओं का विशद स्पष्टीकरण देना उसका स्वभाव है। दरअसल कुमार का सर्वाधिक विलोभनीय रूप है वह जब वह किसी को तालीम दे रहा होता है। उस समय उसकी सहिष्णुता, उसका असीम धीरज, सीखने वाले को हर बारीकी समझाने की उसकी छटपटाहट, शिष्य के कंठ से वांछित स्वर-बंध निकलवाने के उसके अथक प्रयास, संगीत के प्रत्येक पहलू को लेकर किया गया गहरा चिंतन, उसकी सहृदयता और लगभग सारे स्वभावगुण उभर आते हैं। यों दैनंदिन जीवन में भी ये सारी बातें प्रकट होती ही रहती हैं, लेकिन जब कुमार एक शिक्षक की भूमिका में सामने बैठता है तो मानो ये सारी बातें एकदम रेखांकित हो जाती हैं। संगीत के प्रति इतनी प्रामाणिकता बरतने वाले कम ही नज़र आते है। यह एक कारण है कि कुमार के चिंतन, मनन एवं

सांगीतिक आचरण पर लोकप्रियता का ख़याल कभी हावी नहीं हो सका। यदि कुमार कार्यक्रम के बीच में ही की गयी फ़र्माइशों को पूरा करने से इनकार करता है; तो इसका कारण यही है कि जब भी उसे गाना होता है तब वह खूब सोच-समझकर सारा क्रम निर्धारित करता है। स्वयं की लोकप्रियता का ख़याल उसे कभी भी स्वेच्छया निर्धारित अपनी राह से इधर या उधर नही हटाता। इसीलिए यह संभव हो सका है कि उसने अपने द्विज गायन के लिए एक अपना श्रोतासमुदाय निर्माण कर लिया है। अपने संगीत दर्शन के प्रति कुमार की दृढता अधिक आश्चर्यजनक इसलिए प्रतीत होती है कि अन्यथा कुमार बेहद लचीला है। किसी बारे में उसका कोई आग्रह नहीं होता। पंचों की राय कुमार को सदा स्वीकार रही है। बल्कि अपने मित्रों के प्रति कुमार की वफ़ादारी एक अद्‌भुत चीज़ है। (जब कि दरअसल होना चाहिए था और सहज ही हो भी सकता था, इसके ठीक उलट!) मित्रों के प्रति कुमार की वफ़ादारी ही एक मात्र ऐसा तथ्य है जो एक हद तक संतोषदायी स्पष्टीकरण देता है कि प्रायः हर दृष्टि से कुमार के विलोम भी बरसों से कुमार के मित्र क्यो कर रह सके हैं। जैसे, कुमार के कई मित्र बेहद यानी फूहड़पन की हद तक ढीले-ढाले हैं और कुमार है कि उसकी हर बात में सलीक़ा और करीना है। वक्त की पाबंदी, केवल राग-समय के संदर्भ में ही नहीं, वैसे भी कुमार की एक ख़ासियत है। फिर भी कुमार के अत्यंत अतरंग मित्रों में ऐसे भी हैं कि वो भवभूति की उक्ति का ग़लत अर्थ लगाकार समय को अनंत जान बेहिसाब ख़र्च करते हैं।

किराये के 'लाल बंगले' से लेकर अपने निजी 'भानुकुल' तक भौगोलिक फ़ासला बमुश्किल एकाध किलोमीटर होगा। लेकिन इसे पार करने कोई बारह साल लग गये। इस बारह-तेरह वर्षों में कुमार को

अनेकनेक आघात झेलने पड़े हैं। सभी प्रकार के। यदा-कदा रोग का दौरा आ जाता था-रिलैप्स -उसकी परेशानियाँ। जिन पर अत्यधिक विश्वास था और जिनसे बेहद लगाव था, ऐसे आत्मीयजनों द्वारा किये गये अचिंत्य व्यवहार के फलस्वरूप पैदा होने वाली कटुता और सबसे बढ़ कर जिससे समस्त भाव-विश्व डावाँडोल हो, संज्ञाशून्यता जैसी स्थिति पैदा हो जाये ऐसा आघात, 1961में नवरात्रि के दिनों में भानुमती का अत्यंत अप्रत्याशित निधन।

लेकिन ऐसा भी नहीं है कि 'लाल बंगले' से 'भानुकुल तक का प्रवास एक अखंड स्याह सिलसिला ही रहा हो। इस अवधि में चमकीले और सुखद क्षणों की कमी नहीं है। मुकुल कोमकाली का जन्म इसी अवधि में हुआ; मालवती, सोहनी-भटियार जैसे अनेक सम्मोहक सृजन लाल बंगले से मेंडकी किनारे के सरकारी क्वार्टर और वहाँ से मोतीबाग के रम्य अहाते में स्थित साई निवास के प्रवास के दौरान ही हुए। कुमार संगीत अकादमी रूपायित हुई। फिर सम का सांत्वनादायी स्पर्श आघातों के चिह्न भले ही न मिटा पाये, टीस की तीव्रता तो घटाता ही है। अब तो ख़ैर 'भानुकुल' में आकर भी कोई पंद्रह वर्ष बीत चुके हैं। इन वर्षो ने कुमार की साहसभरी प्रयोगधर्मिता, सृजनशीलता का वसंत देखा है। स्वरचित बंदिशों और स्वनिर्मित रागों के संकलन 'अनूप राग विलास' का प्रकाशन, ऋतुत्रयी ('गीत वर्षा', 'गीत हेमंत' और 'गीत वसंत), 'त्रिवेणी', 'मालवा की लोक धुनें' जैसे अनूठे सृजन, 'मला उमजलेले बालगंधर्व', 'तुलसी दर्शन', 'तुकाराम दर्शन' और इनके अलावा भी काफ़ी कुछ उद्यम 'भानुकुल' में हुआ। गोवर्धन श्रीकृष्ण जी उठाते हैं पर अन्य लकुटियों का भी सहारा ज़रूरी होता है। और इस समस्त उद्यम में (और गृहस्थी में भी) कुमार को सबसे सशक्त सहारा रहा है वसुताई का, जो 1962 में कुमारी वसुंधरा श्रीखंडे से श्रीमती कुमार गंधर्व बनीं।

त्रों के साथ
मबेटका दर्शन :
यें से पत्रकार राहुल
रगुते, चित्रकार द्रय
रायण बेन्द्रे एवं
कृष्ण जोशी,
980

मालवा की माटी से संजीवन-पोषण प्राप्त करने अट्ठाइस वर्ष पूर्व जो तेईस-चौबीस वर्ष का मनस्वी युवक आया था तब उसकी आँखों में कौन-से सपने तैर रहे थे और उनमें से कितने साकार हुए यह तो स्वयं वही बता सकता है, लेकिन ज्ञात उपलब्धियों से, 'भानुकुल' के स्वर-मंडित, स्नेहपूरित वातावरण से प्रतीत होता है कि असंतोष की बात नहीं है। स्पष्ट ही यह एक सामान्य आदमी का अनुमान है। हो सकता है कि असामान्य प्रतिभा के धनी कुमार का ख़याल कुछ और हो!

पूर्वप्रकाशित
साभार : पूर्वग्रह, सितंबर-अक्टूबर 1976

५ कुमार गंधर्व : गायक और गायकी

वा. ह. देशपांडे

मेरे तरुण गायक मित्र श्री शिवपुत्र कोमकली उर्फ़ कुमार गंधर्व ने स्वयं की बंदिशों के संग्रह 'अनूप राग विलास' की भूमिका लिखने का कार्य मुझे सौंपकर मेरा सम्मान किया है। बहरहाल सम्मान बहुत बड़ा है। लेकिन साथ ही जो उत्तरदायित्व आ पड़ा, वह भी उतना ही बड़ा है। क्योंकि इस संग्रह को लेकर संगीत-सम्बन्धी बहुतेरे भारी प्रश्न उठते हैं।

आज तक बंदिशों के अनेक संग्रह प्रकाशित हो चुके हैं। संगीतक्षेत्र में स्वर्गीय पं. भातखंडे के पश्चात् विवेचनात्मक तथा विश्लेषणात्मक वाङ्मय का कितना ही अभाव क्यों न रहा हो पर बंदिशों के संग्रह की कोई कमी नज़र नहीं आती। प्रश्न पैदा हो सकता है कि ऐसे संग्रहों की इतनी विपुलता होते हुए यह एक और संग्रह क्यों!

प्रश्न स्वाभाविक है और उसका उत्तर भी उतना ही आसान है। वह यह है कि अब तक के संग्रह मुख्यतया 'संकलनात्मक' थे, जब कि प्रस्तुत संग्रह 'सृजनात्मक' है, आमूलाग्र 'नवनिर्मित' है। कुछ पुराने राग पर बंदिशें नई और कुछ राग नये एवं बंदिशें भी नईं। कम से कम मेरी जानकारी में तो इतने व्यापक पैमाने पर किया गया प्रयास दूसरा नहीं है।

इस प्रकार का प्रयास एकदम नया हो ऐसी बात नहीं। लेकिन ऐसे प्रयासों का इतिहास निश्चय ही दुखभरा है। कुछ लोग नये राग बनाने पर तुल गये और नये रागों को 'महामाया','माँ भवानी' जैसे नाम भी रख दिये। यों इन्हें अल्पजीवी सराहना भी मिली पर बात कुछ बनी नहीं। कुछ लोगों ने पुराने रागों में नई 'बंदिशें' बाँधने की कोशिशें की 'लेकिन ख़ुद बाँधनेवालों ने ही इन्हें महफ़िलों में गाना छोड़ दिया। संक्षेप में, किसी में क्षमता नहीं थी; किसी में आत्मविश्वास का अभाव था तो किसी को शिष्य ही प्राप्त न हो सके – नवनिर्माण की बस यही कहानी है। निश्चय ही उक्त सामान्य स्थिति के कुछ सम्माननीय अपवाद

हैं। मरहूम अल्लादिया खाँ, फैयाज़ खाँ, विलायत खाँ आग्रेवाले आदि की कई ख़ूबसूरत बंदिशें आज भी गाई जाती हैं। इसी प्रकार विद्यमान कलाकारों में मास्टर कृष्णराव, श्री. जगन्नाथ बुवा पुरोहित तथा पं. रातंजनकर की बंदिशें बहुत ही लोकप्रिय सिद्ध हो चुकी हैं। ये बंदिशें इन कलाकारों के द्वारा अपने-अपने शिष्यों को सिखलाई भी गई हैं और ये शिष्य अपने शिष्यों को यही बंदिशें आज भी सिखा रहे हैं। सब की रचनाएँ मन को छू लेनेवाली बन पड़ी हैं और उनका प्रभाव निश्चय ही उल्लेखनीय है। ये कलाकार प्रस्तुत विषय नहीं हैं, फिर भी यहाँ उनका सादर उल्लेख न्यायोचित ही होगा।

किन्तु अधिकांश नवनिर्माण के साथ उसके बचपन की व्यथाएँ भी होती हैं। उनमें से एक महत्त्वपूर्ण व्यथा है– सब नये राग व नई बंदिशें महफ़िल के मैदान में टिके न रहें। कई कृतियाँ शैशव में ही मिट जाती हैं, क्योंकि वे महफ़िल के धर्मकाँटे पर खरी साबित नहीं होतीं। और इस बारे में कुमारजी की सफलता सचमुच ही प्रभावशाली है। इस संग्रह की हर बंदिश तथा प्रत्येक राग को वे अपनी अनेकानेक महफ़िलों में कई बार गाकर परख चुके हैं। यही नहीं, अपनी महफ़िल में पुरानी बंदिशों के बजाय ख़ुद के द्वारा बाँधी गईं बंदिशें गाकर प्रस्तुत करने का उन्हें शौक़ है। और प्रस्तुत संग्रह की प्रत्येक रचना यशस्विता की उक्त कसौटी पर खरी उतरने के पश्चात् ही इस संग्रह में स्थान पा सकी है।

यहाँ एक बुनियादी प्रश्न उपस्थित होता है – संगीत में नवनिर्माण किसे कहेंगे? कुमारजी के सृजन के सन्दर्भ में इसका विचार ज़रूरी है। कहा जाता है कि जब कोई गायक महफ़िल में गाता है तो वह नवनिर्माण ही होता है।

यह सब सही हो तो भी यह निर्माण का एक प्रकार है। नई बंदिशें तथा नये रागों का निर्माण यह एक अन्य प्रकार है। लेकिन जिन्होंने गायकी की पुरानी पगडंडियों या राजमार्गो से ही इन्कार कर नई राह बनाई और उसे राजमार्ग की प्रतिष्ठा प्राप्त करवा दी, उन्होंने भी नवनिर्माण ही किया - यह स्वीकार किया जाना चाहिए। खाँसाहब अब्दुल करीम खाँ या खाँसाहब अल्लादिया खाँ ने स्वयं की स्वतंत्र गायकी का निर्माण किया।

मंच पर बैठकर गानेवाला हर गायक, कहा जाता है कि, नवनिर्माण ही करता है। लेकिन ऐसा गायक नवनिर्माण करता है, माने क्या करता है? वह अपने गुरुजनों अथवा अन्य गायकों के कण्ठ से निकाली हुई और 'ईटों' अर्थात् 'स्वरावलियों' को स्मृतिबद्ध कर लेता है और स्वयं के गले में उतार लेता है। इस प्रकार अनेक स्वर समूहों को वह निरंतर एकत्रित करता चलता है जिनमें छोटे-बड़े आकार एवं उच्चारण की ईटें अपने पास तैयार रखता है। फिर जब वह मंच पर बैठता है, तो पहले से ही तैयार ईटों को आवश्यकतानुसार छाँट-तराश कर किसी योजना के अनुसार रखता जाता है। ये सारी ईटें अधिकांशतया उसकी बनाई हुई नहीं होतीं। उसका काम तो सिर्फ़ यही होता है कि विभिन्न आकार-प्रकार के इन टुकड़ों को लेकर, जहाँ उचित लगे कुछ काट-छाँटकर, उन्हें जोड़ते चलना। मतलब ईटें तो पुरानी ही होती हैं; परंपरागत या दूसरों से ली गई। गायक तो सिर्फ़ यही देखता है कि उन्हें किस प्रकार रचा जाय, बशर्ते कि उसमें स्वयं का कुछ योजना-कौशल हो! ऐसी कृति को 'नवनिर्मित' की अपेक्षा केवल 'निर्मित' कहने की इच्छा होती है। लेकिन नई गायकी निर्माण करनेवाला कलाकार ये ईटें तक ख़ुद ही बनाता है। अब तक इस्तेमाल की जानेवाली अधिकांश ईटों को वह त्याग देता है। और नये आकार, नई घड़ाई, नई सामग्री की अलग-अलग घनत्ववाली, भिन्न-भिन्न नादों एवं ध्वनियों से युक्त तथा अलग रंग की, स्वयं के लक्ष्य के अनुरूप ईटें वह स्वयं बना लेता है। ऐसी कृतियों को 'नवनिर्मित' कहना सार्थक होगा। कुमारजी के बारे में उल्लेखनीय बात है कि ये ईटें उन्होंने स्वयं बनाईं, अपने मन के मुताबिक स्वयं घड़वा लीं और उनका उपयोग भी खुले हाथों किया। मतलब यही कि कुमारजी का नवनिर्माण बहुत व्यापक है।

उन्होंने नये राग बनाये, नई बंदिशें बाँधी, यही नहीं, नवीन गायकी निर्माण कर दी। दर असल यह क्रम यदि उलट दिया जाये तो अधिक सुसूत्रताबद्ध होगा। क्योंकि उनके नये रागों तथा नई बंदिशों का जन्म, मेरी राय में, उनकी नई गायकी से हुआ है।

कुमारजी के द्वारा जो कविता रची गई है वह निश्चय ही काव्य के रूप में नहीं है। यही नहीं, उसे काव्य के रूप में पढ़ा जाये, ऐसी अपेक्षा भी वे नहीं रखते। संगीत के हेतु रची गई कविता का काव्यांश या उसका शब्दार्थ एक आनुषंगिक, बिलकुल गौण हिस्सा होता है। महत्त्व की बात होती है उसकी स्वर-रचना। बंदिश की तारीफ़ उसकी काव्यात्मकता के लिए, सामान्यतया, नहीं होती, उसकी स्वररचना के लिए ही होती है। और स्वरों की यह रचना सुन्दर दिखाई दे, आकर्षक हो, इसलिए आवश्यक हाता है कि उसकें शब्दों के स्वर-व्यंजनों की उच्चारण क्षमता भी उसी प्रकार सक्षम तथा प्रभावशाली हो! किस स्वर पर मुकाम है, किस स्वर को कितना खींचना है, किस पर लय के आन्दोलन हैं, किस स्वर पर कितना ज़ोरदार या नाजुक आघात करना है इस दृष्टिकोण से उस कविता के शब्दों को अर्थात् स्वर-व्यंजनों की तथा उनके 'अ'कार 'ऊ'कार की रचना बंदिश के लिए ज़रूरी है। क्योंकि उसका काम मुख्यतया स्वरविलास को गुंजाइश देना है। इसलिए कवि का कवितत्व और गायक का कवित्व ये दोनों बिलकुल भिन्न हैं। उसका पारिभाषिक शब्द 'वाग्गेयकार' है। जरा गहराई से देखें या सोचें तो नज़र आ जायेगा कि गायक की कविता का निर्माण काव्यानन्द के लिए नहीं होता। वह सिर्फ़ संगीत के आनन्द के लिए, संगीत के एक अविभाज्य इकाई के रूप में होता है। हर कला के माध्यम अलग होते हैं और उनके आनन्द-हेतुसाध्य करने के मार्ग भी भिन्न होते हैं। इसी दृष्टि से संगीत की कविता 'कविता' नहीं 'बंदिश' कहलाती है।

ध्यान में रखने लायक एक और बात है कि नई रचनाएँ करने की बात कुमारजी को सूझी सो सैकड़ों पुरानी परंपरागत बंदिशों के अध्ययन से ही। खानदानी बंदिशों का उनका संग्रह विशाल है; याददाश्त बेहद तथा परिशीलन गहरा। अन्यथा ऐसी रचनाएँ वे कर ही नहीं सकते थे। शिवस्तुति की उनकी यह रचना देखिये —

स्थाई

शिव शिव कल्याण करी, जप जप जिय नाम शिव
हर हरत दुख सबै, रट रट पुरहर नाम।।

अंतरा

जप करत सुरगन, महादेव महादेव
शिव करत कलयाण, रट धरों नाम शिव।।

इसकी शब्दरचना पर गौर कीजिये। एक शब्द के बार-बार उपयोग के कारण उच्चारण तो एक समान किन्तु स्वरावली भिन्न होने की वजह से उसकी नाद-मधुरिमा का रंग कुछ अलग ही खिलता है।

संगीत की आस तथा सरस्वती की वंदना दोनों का यह सुन्दर मिलन भीमपलासी की इस बंदिश में देखिये, ध्यान में रखने लायक है —

सब सुर साधे जब भयो पार
मिल नरनारी तब कर गान।।

सुरलय साथ करो देऊ एक
तरो सुर-सिंधु जब भयो पार।।।
शोक तज आज सुरसती नाम
करो रट नाम करे तन पार।।

सुर एवं लय दोनों को एकरूप कर सुरसिन्धु तर जाने की आकांक्षा रखनेवाला यह गायक 'सुरसती' – अर्थात् सरस्वती – का नाम सुमिरने को कहता है। स्वर तथा लय को एकात्म करने की कल्पना तथा सरस्वती का 'सुरसती' जैसा संगीतमय एवं संगीतक्षम रूपान्तर मुरब्बी गायक के अलावा क्या अन्य किसी को सूझ सकता है?

प्रस्तुत बंदिशों को एक अन्य नज़रिये से देखा जा सकता है। बंदिशें इस घराने से उस घराने का चक्कर निरन्तर लगाया करती हैं। फिर भी कुछ बंदिशों पर किसी ख़ास घराने की ही छाप बहुत स्पष्ट होती है। यही नहीं, कभी तो यहाँ तक लगता है कि कुछ बंदिशें तो, बस एक ख़ास घराने के लोगों द्वारा ही गाई जानी चाहिए। इस दृष्टि से, अलग-अलग घराने के गायकों को इस संग्रह में ऐसीं बंदिशें मिलेंगी कि उन्हें लगेगा कि गोया ये बंदिशें ख़ास 'हमारे लिए ही बनाई गई हैं'। मिसाल के लिए राग कामोद में की गई 'ऐसन कैसन' बंदिश ग्वालियर घराने वालों को अपने घराने की प्रतीत होगी तो किराना गायकों को लगेगा कि बसन्त में निबद्ध 'सपने में मिलती' उन्हीं के लिए है। इसी प्रकार जयपुर गायकों को जँचेगा कि गौरी बसन्त की बंदिश 'आज पेरिले' ख़ास तौर से उनके लिए ही है। मतलब यह कि इस संग्रह में, विभिन्न घराने के गायक 'विशेषकर हमारे लिए ही' की गई अनेक बंदिशें पायेंगे।

पुराने रागों में कुमारजी द्वारा बाँधी गई बंदिशों को लेकर मतभेद की संभावना है। और उल्लेख करना होगा कि इनमें मिलनेवाले कतिपय स्वर-प्रयोग विवाद के विषय बनेंगे। उनमें से कुछ मोटी बातों का निर्देश करना उचित होगा।

राग	पृष्ठ		प्रकार	
भीमपलासी	24	सब सुर साधे	चीज़	ध नि ध प
भीमपलासी	26	जावा हूँ देसा	चीज़	सा री म ग री सा
भीलपलासी	27	दीं तन देरेना	तराणा	ग म प ध नि सा
पूरियाधनाश्री	43	कहाँ चला हो रे	चीज़	म॑ध म॑ ग री सा सा
पूरियाधनाश्री	43	कहाँ चला हो रे	चीज़	साग री सा
श्री	44	म्हारा संग	चीज़	री सा प ग ग रें
छायानट	63	नहीं आना तुम्हें	चीज़	कोमल नी आवश्यक
बागेश्री	64	टेसुल बन फूले	चीज़	म म ग प
बागेश्री	64	टेसुल बन फूले	चीज़	ग रे नि सा
बागेश्री	65	पार नहीं हो	चीज़	ग रे प म
दरबारी कानडा	73	सुंदर मुख तेरो	चीज़	ध ध सा

उक्त सारी बातें कुमारजी की प्रयोगशीलता से ही उत्पन्न हुई हैं सो तो सही है ही, पर यह कहना कि उनके पार्श्व में कुछ सैद्धान्तिक भूमिका है, अधिक तर्कसंगत होगा। यह भूमिका इस प्रकार है।

पुराने राग आज सैकड़ों वर्षों से सैकड़ों गायकों द्वारा गाये जा रहे हैं। अतः जिस किसी महाभाग को कोई राग पहले-पहल सूझा होगा, उसी रूप में वह आज भी गाया जाता है – यह दावा करना बड़े साहस का

राग विभास, एकताल द्रुत

है आन मेरो
तुमी सो गुनीजन सो
अब जो कछु ध्यान को ॥
सुर लै बहु रूप रे
रागन सों साथ लै
समझो कछु ध्यान को ॥

ध॒ -	- पप	ग ग	प -	- -	प -
है ऽ	ऽ आऽ	ऽ न	मे ऽ	ऽ ऽ	रो ऽ
0	3	4	x	0	2
ग रे॒	सा -	- सा	ग -	प प	ध॒ प
तु मी	सोऽ	ऽ गु	नीऽ	ज न	सो ऽ
0	3	4	x	0	2
सा रे॒	ग -	प प	ध॒ -	- प	पप ग
अ ब	जो ऽ	क छु	ध्याऽ	ऽ न	कोऽ ऽ
0	3	4	x	0	2

है आन मेरो ॥

अंतरा..

प ग	प -	ध॒ प	सां -	- प	सां -
सु र	लै ऽ	ब हु	रूऽ	ऽ प	रे ऽ
0	3	4	x	0	2
सां -	रें॒ सां	गं -	रें॒ सां	- ध॒	प -
रा ऽ	ग न	सोंऽ	सा ऽ	ऽ थ	लै ऽ
0	3	4	x	0	2
सा सा	ग -	प प	ध॒ -	- प	पप ग
स म	झो ऽ	क छु	ध्याऽ	ऽ न	कोऽ ऽ
0	3	4	x	0	2

है आन मेरो ॥

~x~

ारजी बंदिश
खते हुए

काम है। उस में कुछ स्वर बिना बुलाये ही प्रविष्ट हो गये होंगे और कुछ छूकर निकल गये होंगे। मुमकिन है कि उन रागों की पूरी शकल ही बदल गई हो! स्पष्ट ही जिन का सारा स्वरूप ही बदल चुका है, उनके बारे में कुछ भी करना संभव नहीं होता। पर जिनमें परिवर्तन के बावजूद भी मूल नक़्शा कायम है उनके बारे में उस राग की अनेक बंदिशों के सहारे मनन किया जाये तो मूल रचनाकार के मन में क्या या कैसी रचना रही होगी इसका अंदाज़ा किया जा सकता है। मतलब, यह राग आज जैसा है उसके बजाय उस समय जैसा रहा होगा वैसा मन में जमने लगता है। निश्चय ही उन रागों का यह नया स्वरूप उनके वर्तमान प्रचलित स्वरूप से मिलता-जुलता नहीं होगा। यह उस राग की, पुनर्विचार के फलस्वरूप की गई अथवा हो गई पुनर्रचना ही मानी जानी चाहिए।

जिस नवनिर्माण को लेकर इतना विवेचन किया गया है, अब उसकी पृष्ठभूमि को जानने की कोशिश करें। इस हेतु कुमारजी के संगीत की शुरुआत कैसे हुई, उनका प्रवास कैसा रहा, उन्होंने कौन-कौन सी मंज़िलें पार कीं और वे आज की परिणत अवस्था तक कैसे पहुँचे यह समझने के लिए उनके सांगीतिक जीवन का अवलोकन किया जाये, तो वह लाभदायक होगा ऐसी आशा है।

नवनिर्माण के लिए व्यक्ति में कुछ विशेष गुण अनिवार्य रूप से आवश्यक होते हैं। स्वतन्त्र तबिअत लगती है, स्वतन्त्र प्रज्ञा तथा प्रतिभा आवश्यक होती है और स्वभाव प्रयोगशील। मुख्यतया विद्रोहीपन

आवश्यक होता है। कई बार ये सारी बातें होते हुए भी वे अधिक प्रखर न हों तो किसी एक घराने की तालीम का कठोर अनुशासन अंग में समा जाने पर उस घराने के दबाव से वे सब कुचल दी जाती हैं। कलाकार में वैसी शक्ति हो तो ही उसकी स्वतन्त्र प्रवृत्ति इस सब से सही सलामत बची रह पाती है। उदाहरणार्थ, एक अब्दुल करीम खाँ या अल्लादिया खाँ जैसा दुर्दम्य स्वतन्त्र-प्रवृत्ति कलाकार नई गायकी या नई बंदिशें निर्माण कर सकता है। लेकिन कभी-कभी ही ऐसा होता है। जहाँ तक घरानों का सम्बन्ध है, उनका अनुशासन, रीतिरिवाज, बर्ताव, स्वतन्त्र सौंदर्यप्रणाली आदि काफ़ी कुछ बखानने लायक हो, फिर भी इन्कार नहीं किया जा सकता कि घराने के कारण कलाकार की व्यक्तिगत स्वतन्त्रता पर काफ़ी पाबंदियाँ लग जाती हैं। और कई ख्यातनाम कलाकारों को तब तक अपनी आत्मा एवं सच्ची कला के दर्शन नहीं हुए जब तक उन्होंने घराने के परकोटे पार नहीं कर लिये। अंततः कला आत्मा की ही खोज होती है। लेकिन अब तक उसकी प्राप्ति घराने के राजमार्ग पार करने के बाद ही होती थी।

लेकिन कुमारजी का सारा प्रवास इस राजमार्ग से न होकर अलग राहों से ही हुआ। मूलतः स्वतंत्र एवं विद्रोही प्रवृत्ति, प्रज्ञा एवं प्रतिभा भी महान् और स्वभाव निडर! इसके अलावा प्रा. देवधर की तालीम के कारण वे किसी घराने के अनुशासन में फँसे ही नहीं।

बचपन में कुमारजी जो नक़लें उतारते थे उसके बारे में उल्लेखनीय विशेषता यह है कि वे जिस गायक की नक़ल उतारते थे, उसकी गायकी ही वे गाया करते थे। सुर लगाने का तरीक़ा, आलाप का ढंग, तान-पलटों की जाति, लय के न्यास, बोलतानों का तरीक़ा – सब कुछ उन्हीका होता था; मानों उस कलाकार की ही कला वे पेश करते थे। उस में नक़ल में निहित उपहास अथवा शरारत लेशमात्र भी नहीं होती थी। उन गायकों के प्रति उनके मन में श्रद्धा थी और श्रद्धा से ही यह अनुकरण उपजा करता था। यह उस प्रत्येक कलाकार की तीन मिनट की रेकार्ड नहीं होती थी, दर असल वह उस कलाकार की सम्पूर्ण गायकी ही हुआ करती थी।

अपने प्रदीर्घ बीमारी के दौर में चौबीसों घंटे बिस्तर में पड़े-पड़े गुजारने पड़ते थे, सो उनका ध्यान आसपास से उठनेवाले ग्रामवासियों के लोकगीतों के स्वरों की ओर खिंच गया। वे उन लोकगीतों की ओर विशेषतया लोकधुनों की ओर अधिकाधिक आकर्षित होते गये और इसे में से एक नये विश्व का दर्शन उन्हें प्राप्त हुआ।

कान पर पड़नेवाला हर लोकगीत वे बहुत ध्यान से सुनते, मन-ही मन उसे संजोकर रखते और पड़े-पड़े, शरीर को किसी भी प्रकार का कष्ट न हो इसका पूरा ध्यान रखकर, मन-ही-मन गुनगुनाकर उस पर निरन्तर चिन्तन करते। न जाने देवास की ज़मीन में कैसा जादू है! कुछ वर्ष पूर्व जब मैं वहाँ गया था तब मुझे भी वहाँ की मिट्टी में संगीत की सुगन्ध प्रतीत हुई थी। और यह भूमि ही हमारे कोल्हापुर, मिरज, सांगली के इलाक़ों के समान ख़ास संगीत की है यह अनुभूति मन-ही-मन हुई थी।

लोकगीत हमारे राग संगीत का आधारभूत तत्त्व है। विभिन्न लोक संगीतों की विभिन्न धुनों में से ही नये नये राग जन्म पाते हैं। 'आहिरी', 'मालवी', 'भटियारी', 'मुलतानी', 'सोरठ', 'बिहारी' आदि रागरूप उन विभिन्न क्षेत्रों माने आहिरी, मालवा, बंगाल, सिन्ध पंजाब, सौराष्ट्र, बिहार आदि प्रदेशों के मूल लोकगीत ही हैं। निश्चय ही इनके रागरूपों का निर्माण गायकों ने मूर्च्छना, वादी-संवादी तथा वर्ज्यावर्ज्य आदि सिद्धान्तों के अनुसार किया। लेकिन यह सब बाद में हुआ जब संगीत का विकास होने लगा तब। लेकिन रागों का जन्मस्थान अथवा बीज इन लोकगीतों में ही मिलता है। हिन्दुस्तान की विभिन्न सांस्कृतिक इकाइयों के लोकगीत माने राग रूपों की खान हैं। लेकिन आश्चर्य की बात है कि जहाँ से गायकी आगे बढ़ी उस ओर मुड़कर देखने की बात सिवाय कुमारजी के अन्य गायकों को नहीं सूझी। इन लोकगीतों

की सारी धुनें सुनकर, उनके गीतों सहित एकत्रित कर गुनगुनाकर नोटेशन बनाकर, लिखकर उनके रागरूपों की दृष्टि से उनका अध्ययन सामान्यतया कोई नहीं करता। बीमारी के फलस्वरूप कुमारजी का ध्यान इस गंगोत्री की ओर गया और उनकी सांगीतिकता को एक अन्य अंकुर प्रस्फुटित हुआ। वह शक्तिशाली अंकुर ही आगे चलकर विकसित हुआ तथा परिणाम स्वरूप कुमारजी का संगीत उद्यान ही खिल गया। उसमें उन्हें नये राग मिले, नई बंदिशों की प्रेरणाएँ मिलीं तथा उनका संगीतमय जीवन भी गहगहा उठा, समृद्ध बना।

कुमारजी को इन लोकगीतों के अन्वेषण के फलस्वरूप नये राग-रूप मिले। लोकगीत सामान्यतया सम्पूर्ण सप्तक के नहीं होते। लेकिन आधे-सप्तक, पाव-सप्तक की जो भी धुनें मिल जायें उसे लेकर पर्याप्त चिन्तन किया जाये, तो शेष स्वर कैसे जोड़े जायें यह अपने-आप सूझने लगता है। उनमें रंजकता आ पाई है या नहीं, रागत्व है अथवा नहीं, महफ़िल में उन्हें पेश करने की पात्रता उनमें स्वभावतः है या नहीं आदि बातें तो बाद की है। महफ़िल की कसौटी पर रगड़े जाने पर उनके वादी-संवादी, वर्ज्यावज्य, तथा कायदे अपने आप सुलझने लगते हैं।

कुमारजी ने नई गायकी का भी निर्माण किया है यह इसके पहले भी बताया जा चुका है। और प्रस्तुत संग्रह भी उनके नवनिर्माण का ही फल है। 'गायकी' स्वर लेखांकित हो ही नहीं सकती। लिहाज़ा इस पुस्तक के माध्यम से भी वह समझ में आनेवाली नहीं है। फिर कुमारजी की रचनाओं के बारे में सोचते समय उनकी गायकी का विशेष सन्दर्भ ध्यान में रक्खे बग़ैर उनका राज़ भी समझ में नही आयेगा अतएव उनकी गायकी का कुछ विवेचन आवश्यक है। और तब, कुमारजी ने नई गायकी का निर्माण किया माने क्या किया, यह नई गायकी के सब पुराने प्रकारों से कहाँ और कैसे भिन्न है, गायकों तथा श्रोताओं द्वारा उसका स्वागत किस प्रकार किया है, इसके बारे में घरानेदार गायकों की प्रतिक्रियाएँ क्या रही हैं - आदि प्रश्न इस संदर्भ में अनायास ही उत्पन्न होते हैं।

कोई भी नई बात निर्माण होती है, तो वह पुरानी बातों का सिलसिला लेकर ही बनती है। नई बात, मानों ज़मीन से कोई सम्बन्ध ही न हो इस प्रकार समूची की समूची, आसमान से नहीं टपक पड़ती। कुमारजी भी 'नये कुछ' के पीछे कितने भी क्यों न रहें हो, पर फिर भी उन्होंने पुरानी बातों से अपना रिश्ता बिलकुल ही तोड़ लिया हो ऐसी बात नहीं है। यही नहीं, बहुश्रुत श्रोता को यह सिलसिले धुंधले ही क्यों न हों, पर नज़र आ जाते हैं। कह सकते हैं कि स्वयं लेखक की पीढ़ी, इस माने में बहुश्रुत है। क्योंकि उसने अपने जीवन में पिछली आधी सदी के इतिहास का निर्माण करनेवाले महान कलाकारों को – जिनमें अल्लादिया खाँ, रहिमत खाँ, फैयाज़ खाँ, अब्दुल करीम खाँ, मंजी खाँ आदि खाँसाहब तथा बालकृष्णबुआ इचलकरंजीकर, भास्कर बुआ बखले, वझेबुआ, सवाई गंधर्व आदि प्रमुख बुआसाहब हैं, – सुना है। इनमें से कइयों को कुमारजी ने अपने बचपन में सुना है और शेष के वारिसों को वे सुनते चले आ रहे हैं। इन सब के संस्कार कुमारजी की गायकी में कमोबेश दिखाई पड़ते हैं। यह पहले ही बताया जा चुका है कि बचपन में कुमारजी उक्त महानुभावों में से अधिकांशों की सही-सही नक़ल उतारा करते थे। बाद में उन्होंने नक़ल उतारना छोड़ दिया। फिर भी बचपन के ये संस्कार कायम रह गये। और ये जो संस्कार उनके मन में बस गये सो गायकी के उन विभिन्न प्रकारों के मर्मों को आत्मसात् कर लेने के कारण ही बसे। इस प्रकार गायकी के इन विभिन्न प्रकारों तथा गायकों की व्यक्तिगत कला के सारतत्त्व क्या हैं, किसमें समाये हैं-ये सारी बातें अनायास ही कुमारजी जान गाये। अतएव कुमारजी की गायकी में प्रत्येक गायकी का 'सारांश' अपने-आप गुथ गया। और आज कुमारजी का गाना सुनते समय मेरी पीढ़ी के श्रोताओं को स्थान-स्थान पर ये पुराने नाते रिश्ते, धुंधले ही क्यों न हों, दिखाई दे जाते हैं। कुमारजी को सुनते समय विभिन्न अवसरों तथा जगहों पर स्वयं मुझे मंजी खाँ, फैयाज़ खाँ, रहिमत खाँ की याद आ चुकी है। ग्वालियर गायकी का सौम्य ढंग, जयपुर गायकी की लय का लास्य और तानों तथा फिक्रों की

पहेलियाँ बुझाने तथा सुलझाने वाली रचना, आगरा गायकी की सम पर आवेशपूर्ण आमद, किराना के किस्म की भले ही न हो पर उसीकी के दर्जे की स्वर की सच्चाई और उसीकी तरह हर स्वर के साथ उसके दायरे में आनेवाले कणों की सूक्ष्म हरकतें आदि विशेषताएँ नज़र आ रही जाती हैं। लेकिन इस सच के बावजूद उनकी गायकी के चेहरे पर किसी एक निश्चित घराने या गायकी की छाप नहीं दिखाई देती, न किसी पहले के संगीतज्ञ का सील-सिक्का नज़र आता है। बहुत बारीकी के साथ देखें तो उसमें जयपुर गायकी की गन्ध कुछ अधिक आयेगी। लेकिन केवल गन्ध। इस प्रकार पिछली पीढ़ी के सब गायक और विभिन्न प्रणालियों के घरानों का सिलसिला यहाँ टूट गया है।

इसकी वजह यह है कि इन सब के निचोड़ को लेकर कुमारजी ने कुछ ऐसा एकात्म ढाँचा बनाया है कि वह ख़ास उन्हीं का माना जायेगा। कई प्रकार की गायकी और कई घरानों को उन्होंने एक साँचे में ढालकर उनको एकरस बना लिया है। उसमें से अधिकांश अशुद्धताएँ निकाल डाली हैं और उसे नये आकार, नई कल्पनाएँ नये हेतु और प्रयोजनों से सजाया है। इसलिए उनकी गायकी में एक प्रकार की ताज़गी है, वह खिली-खिली-सी लगती है। उसका नख़रा एकदम आधुनिक है और नज़ाकत पागल बना देनेवाली।

गायकी के विभिन्न प्रकारों की विशिष्टताओं को आत्मसात् कर कुमारजी ने उनका एक स्वतंत्र संमिश्र ढाँचा बनाया है और इस प्रकार स्वयं की गायकी समन्वयात्मक (eclectic) बनाई है। अब उनकी गायकी के अंतर्गत रचना की कुछ विशिष्टताएँ प्रस्तुत करने का प्रयास कर देखता हूँ।

अन्य चालू गायकी तथा कुमारजी की गायकी में पाया जानेवाला यह फ़र्क़ तत्काल ध्यान में आ जाता है। अब तक का तरीक़ा यह रहा है कि ताल के धीमे-धीमे चलनेवाले एक आवर्तन में जिसे गुत्थी कहा जा सके उस प्रकार की बात बमुश्किल एकाध ही हुआ करती थी। मतलब विलम्बित लय के प्रत्येक आवर्तन में पहले हौले-हौले शुरुआत कर ज़रुरत हो तो दोन-तीन मात्राएँ यूँ ही बीत जाने देने के पश्चात् धीरे-धीरे उत्कण्ठन के परमोच्च बिन्दु तक जा पहुँचना और फिर उस के बाद ही उस उत्कण्ठा को विसर्जित करना। उत्कण्ठा की पराकाष्ठा बंदिश के मुखड़े से लगे हुए पहले बिन्दु पर होती थी। और फिर बंदिश का मुखड़ा लेकर समावस्था प्रस्थापित की जाती थी। अर्थात् एक आवर्तन में एक बार उत्कण्ठन तथा एक बार उसका विसर्जन इस प्रकार की प्रक्रिया सामान्यतया होती थी। लेकिन कुमारजी के गाने में एक बार उत्कण्ठन, फिर उससे भी अधिक उत्कण्ठन और तीसरी बार दूसरी बार से भी अधिक उत्कण्ठन इस तरह का क्रम चलता है। पहले दो उत्कण्ठन अविसर्जित रह जाते हैं और फिर बंदिश का मुखडा लेकर इन उत्कण्ठनों का विसर्जन होता है। माने, हर बार नया उत्कण्ठन, पहले का निराकरण होने के पूर्व ही दूसरा तैयार, और वह मिटने के पहले तीसरा हाज़िर, इस प्रकार उत्कण्ठनों की मालिका कुमारजी पेश करते हैं।

कुमारजी की गायकी की एक और विशेषता यह है कि समय के अनुरूप, उनकी तान, अन्य गायकों की अपेक्षा बहुत अधिक तेज़ है। उनकी आवाज़ सुरीली है ही किन्तु उसकी चपलता अद्भुत है। लिहाज़ा तान की उनकी फिरत भी उतनी ही तेज़ है यह कहना अनावश्यक है। लेकिन कह सकते हैं कि आजकल के सभी गायकों का एक सामान्य लक्षण तेज़ तान है। फैयाज़ खाँ की गमकदार धीमी तान, साथ ही अल्लादिया खाँ, केसरबाई, मोगुबाई, हीराबाई आदि की भी तान आज के ज़माने में पिछड़ गई है। और आज के किसी भी गायक को लें तो प्रतीत होगा कि गमक की तान पर से उसकी श्रद्धा ही उठ गई है। तीस चालीस के इधर के और धीमी गमकदार तान पर श्रद्धा रखनेवाले गायक या गायिका के दर्शन अभी तक लेखक को हुए नहीं हैं। अब जो है या हो चुका है, वह अच्छा है या बुरा है यह सवाल ही यहाँ पैदा नहीं होता। पर कुमारजी की गायकी की यह एक विशेषता है यह नज़र अंदाज़ नहीं किया जा सकता।

उत्कण्ठन (टेन्शन) या तनाव निर्माण करने की कुमारजी की करामात भी असाधारण है। अनायास

प्रभावशाली तनाव निर्माण करने में वे सिद्धहस्त हैं। कहाँ जा पहुचेंगे इसका कोई ठिकाना नहीं। किन्तु छोटी-छोटी बातों में से भी वे एकदम अप्रत्याशित खिंचाव पैदा कर देते हैं। बंदिश के अक्षरों के उच्चारण में भी उनकी यह क्षमता दिखाई देती है। बंदिश के शब्दों में से किसी एक अक्षर को लेकर कुछ ऐसे आवेश से दुबारा वे उसका उच्चारण करते हैं कि वहीं ज़बर्दस्त खिंचाव पैदा हो जाता है और सुननेवाला चकरा जाता है। बंदिशों का इस प्रकार उच्चारण करनेवाला अन्य कोई मुझे तो नज़र नहीं आया है। और ख़ास तौर से ध्यान में रखने की बात यह है कि उच्चारणजन्य उत्कण्ठन उनकी गायकी में इतनी विपुलता से तथा स्थान-स्थान पर बिखरा हुआ है मानों पग-पग पर गत्यवरोध निर्माण करनेवाले वर्तमान ज़माने से ही वे स्पर्धा कर रहे हों। उनके संगीत के छोटे मात्रांश में भी संगीतिक घटनाएँ (म्युज़िकल इव्हेंट्स) कूट-कूट कर भरी होती हैं। अक्षरों के उच्चारण से भी खिंचाव निर्माण करने की कुमारजी की क्षमता इतनी बड़ी है कि उच्चारण की यह पद्धति वे बदल दें तो उनकी गायकी का प्रभाव आधे से भी कम हो जायगा, ऐसा कम-से-कम मुझे तो लगता है। और, इस दृष्टि से कुमारजी ने एक दिशा अलोकित कर समूचे हिंदुस्थानी संगीत को समृद्ध बनाया है और उसका दायरा भी बड़ा कर दिया है।

कुमारजी की गायकी की एक और विशेषता यह है कि स्वर-लय से सोलह आने ईमानदारी बरतते हुए भी उन्होंने अपने संगीत को आक्रमक बनाया है। उनकी गायकी इतनी युयुत्स तथा विजिगीषु हो इसका कारण है उनका असाधारण आवेश और आवेग। अब तक इतिहास कुछ ऐसा रहा है कि गायकी आक्रामक बनाने हेतु स्वर की सच्चाई की ओर कुछ उदासीनता अपनाई जाती थी। एक मान्य घराने में आक्रामकता का पीछा करते-करते स्वरों की कुछ उपेक्षा करनी पड़ी और फिर नाक से गाना, अथवा खुरच कर आवाज़ मिलाना आदि तरीक़े उस घराने की गायकी में रूढ़ हो गये। इसका नतीजा हम आज भी देखते ही हैं। लेकिन कुमारजी की ख़ासियत है कि आक्रामकता हासिल करने के लिए न तो उन्हें स्वरों के प्रति बेईमानी करनी पड़ी और न लय से एकाकार होने से जी चुराना पड़ा। और फिर भी वे आक्रामकता की कीर्तिमान स्थापित कर पाये। असामान्य आवेश के लिए आन्तरिक प्रेरणा भी उतनी ही शक्तिशाली हो यह आवश्यक है। कुमारजी के संगीत की सारी शक्ति एवं क्षमता इस शक्तिशाली प्रेरणा में ही समाई हुई है। लेकिन सवाल उपस्थित होता है कि प्रेरणा में पायी जानेवाली असामान्य शक्ति का मूल कारण आख़िर क्या हो सकता है? कोई भी समर्थ अभिव्यक्ति उतनी ही सामर्थ प्रेरणा के बिना सम्भव हो ही नहीं सकती।

कुमारजी के संगीत में पाया जानेवाला अनन्य साधारण आवेश या vitality जन्मजात तो है ही, लेकिन मेरी समझ के अनुसार उसका पोषण लोकगीतों के अनुशीलन के कारण ही हो पाया है। यह विचार, सम्भव है, तर्कसंगत न हो पर अन्य कोई कारण कम-से-कम मुझे ज्ञात नहीं है। संगीत की बहती गंगा से स्फूर्ति ग्रहण करना एक बात है तथा उसे ग्रहण कर उसके अलावा उसके उद्‌गम का जीवन-रस पीना बिलकुल अलग है। दोनों किनारों को छेक कर बहनेवाली संगीत धारा में कई छोटे प्रवाह मिले रहते हैं यह बात सही है। किन्तु साथ ही उसमें कीचड़-कूड़ा भी बहता आता है और गायकों के मन-मस्तिष्क पर इसका भी असर होता है। लेकिन गंगोत्री के निर्मल सोते में जो अपना कण्ठ भिगो लें, उसका तेज और सत्त्व श्रेष्ठ ही होगा इसमें अचरज कैसा? लोकगीत song of the soil ही होता है। अशोधित भले ही हो, पर उसकी जीवन-शक्ति अन्य किसी से भी अधिक होती है। क्योंकि स्वयं धरती के जीवनसत्त्व ही वह सोख लेता है। इन अनगढ़ लोकगीतों का स्वर लगाने का तरीक़ा, आघात और ढंग कुछ अलग ही होता है। और इसलिए कुमारजी के संगीत के ठोसपन vitality को धार प्रदान करने का श्रेय लोकसंगीत में उनके अवगाहन को ही देना होगा। उनके गाने में जो कई 'पुकार' और 'आघात' हैं, वे लोकगीतों से ही आये हैं। इसका अनुभव कोई भी उनकी एकाध महफ़िल सुनकर आसानी से प्राप्त कर सकता है।

संगीत की सृजनशक्ति नये स्वरसंयोग ज़माने में निहित होती है। नये स्वरसंयोगों की कल्पनाएँ सूझना ही

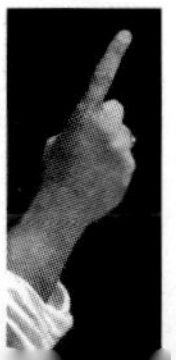

संगीत के क्षेत्र की प्रतिभा है। कुमारजी के गाने की उभरी हुई विशिष्टता है कि उन्हें नई एवं तेजस्वी कल्पनाएँ बेहद तेज़ी से और बहुत सूझती हैं।

और कुल मिलाकर कुमारजी के गाने का रंग अनोखा है, exotic है। उनकी गायकी अलग प्रतीत होती है सो ख़ासकर इसी कारण से, ऐसा लगता है। उनके गाने का मुख्य आकर्षण इसी में समाया हुआ है। हम जो स्वर एवं स्वरावली सुन रहे हैं वह पहले कभी सुनी ही नहीं थी – इतना नयापन एवं इतनी ताज़गी होती है उनमें। वे केवल नई हैं मात्र इतना ही मैं नहीं कहना चाहता। क्योंकि औसत प्रतिभावाला गायक भी हर महफ़िल में कुछ-न-कुछ नया प्रस्तुत करता ही है। कुमारजी की नवीनता में भी एक अलग जोश, एक अलग भूलभुलैया होती है। वह संगीत, ऐसा प्रतीत होता है जैसे किसी अन्य भूभाग से आया है और फिर भी एक रहस्यमय ढंग से दिल के तारों को छेड़ता है। कुमारजी के गाने में जो चेतनता है, जो vitality है उसका कारण क्या यही हो सकता है?

संक्षेप में, मौलिक मानसिक क्षमता, भूमि की प्रसवशक्ति तथा सत्त्व, अब तक की परिष्कृत कुल गायकी का सार रूप मनोहारी मिश्रण कुमारजी के संगीत में है। इसके साथ ही समय की पुकार की प्रतिध्वनि भी उसमें गूँजती है।

समय जैसे जैसे बदलेगा, संगीत में भी उसी के अनुरूप परिवर्तन होगा और चूँकि पिछले पन्द्रह-बीस वर्षों से समय की गति एकदम बेहद तेज़ हो गई है, लिहाज़ा उसका प्रतिबिम्ब संगीत में दिखाई देगा ही, इस तत्त्व का प्रमाण कुमारजी की गायकी में मिलता है। कुमारजी की तो ख़ैर बात ही अलग है। उनके संगीत का प्रवास स्वयं उनके द्वारा, लीक से हटकर निर्मित मार्ग से ही हुआ है। पर जिन्होंने पूर्व परम्परानुरूप शिक्षा पाई और उसी परम्परा में जो बड़े हुए, उनमें भी यह परिवर्तन होता चलता है और यह वह जान भी पड़ता है। इसका उदाहरण देना हो तो श्री भीमसेन जोशी का दिया जा सकता है। किराना घराने की भरपूर तालीम और उसका अनुशासन उनके ख़ून में समाया हुआ है। लेकिन समय की नवीन गति का परिणाम उन पर भी हुआ है। कट्टरता के बन्धन उन्होंने काफ़ी ढीले कर दिये हैं। और कुछ तो बिलकुल ही छोड़ दिये हैं। और नये समय के नये मूल्य अपना लिये हैं। भिन्न मोड़ की हो तो भी चमकीली तेज़ तान उनकी भी विशिष्टता बन गई है। मूल किराना गायकी में उन्होंने इतना फ़र्क़ कर डाला है कि कइयों की शिकायत है कि उनकी गायकी से किराना घराने की विशिष्टता नष्ट हो गई है। इतना परिवर्तन कट्टर परम्पराप्रियता मंजूर नहीं करती। लेकिन शायद यही चीज़, माने वर्तमान घराने से संवादी परिवर्तन ही, उनके भारी यश का कारण है ऐसा मुझे लगता है।

बात चली पड़ी है इसलिए कहता हूँ। आजकल के गायकों मे ंकुमारजी और भीमसेन जोशी इन दोनों ने ही बड़ा यश अर्जित किया है। और दोनों के उदाहरण तो बहुत ही उद्‌बोधक हैं। दोनों ही की गायकी कालमान के अनुरूप ही है। किन्तु कला का प्रवास इन दोनों ने बिलकुल विरोधी दिशाओं से किया है। कुमारजी के प्रवास का प्रारम्भ विद्रोह से हुआ, माने घरानेदार गायकी के इनकार से ही वे चले। तो भीमसेनजी का प्रारम्भ परम्परागत कट्टर गायकी से हुआ। यही नहीं बल्कि वह उनके रक्त में घुलमिल गई। कुमारजी का अगला प्रवास स्वनिर्मित कलात्मक बन्धनों को स्वीकार करते हुए हुआ तो भीमसेन स्वयं को पुराने बन्धनों में से मुक्त करने के प्रयास में लगे। मतलब कुमारजी का प्रवास 'स्वतंत्रता से बन्धन की ओर' जा रहा है तो भीमसेन बन्धन से स्वतंत्रता की ओर जा रहे है कुमारजी स्वयं की भूमिका वर्णन 'बन्धनयुक्त स्वतंत्रता' करते हैं और भीमसेन किन शब्दों में करते हैं तो उन्होंने आज तक कहा नहीं है। लेकिन उनकी कृती से वह स्वतंत्रता बन्धन होगी यही प्रतीत होता है। ये दोनों कलाकार इस प्रकार आमने-सामने नज़र आते हैं। किंन्तु उनके प्रवास के मार्ग एकरूप न होकर समान्तर ही रहेंगे यह स्पष्ट है क्योंकि प्रत्येक की आवाज़, धारणा, मनोवृत्ति, प्रतिभा और कुल मिलाकार व्यक्तित्व ही भिन्न है।

क्या कुमारजी की नई गायकी जड़ पकड़ पायेगी? मतलब क्या वह एक 'घराने' के रूप में प्रस्थापित हो सकेगी? प्रश्न बहुत मुश्किल है। कभी ऐसा लगता है कि उनके गुणों की समृद्धि अधिकांशतया व्यक्तिगत ही है। लिहाज़ा उसका 'कायदा' नहीं हो सकेगा। ऐसी आवाज़ तथा प्रतिभा के लोग बिरले ही होते हैं। कम-से-कम अब तक बिरले ही रहे हैं। रहिमत खाँ साहब का घराना नहीं बन पाया। भास्कर बुआ का नहीं बना। और नाट्य संगीत में नारायणराव बाल गंधर्व का भी कोई घराना कायम नहीं हुआ। फिर भी कुमारजी की आवाज़ से, उसकी चपलता से एक हद तक सहधर्मी, आवाज़ के गायक आजकल नज़र आते हैं। ऐसे शिष्य-प्रशिष्य उन्हें मिलें तो निश्चय ही उनका स्वतंत्र घराना कायम हो सकेगा।

घराना कायम होगा या नहीं यह सवाल इस प्रकार संदेहास्पद हो, तो भी एक श्रेष्ठ कला के नाते उनकी गायकी अभिजात अवश्य ही मानी जायेगी, प्रतिष्ठा प्राप्त करेगी। आज भी उसे वह प्रतिष्ठा काफ़ी कुछ मिल चुकी है। काफ़ी कुछ कहने की वजह यह है कि आज भी एक ऐसा घरानेदार वर्ग है कि जो उनके संगीत से स्तिमित होता है, वे पूर्वजन्मों के गुण लेकर पैदा हुए हैं यह मानता है, उनके नवनिर्माण के प्रति आदर रखता है, उन्हें एक 'जीनियस' के रूप में स्वीकार करता है, फिर भी दबी ज़बान से शिकायत भी करता है कि उनके संगीत से हमें तस्कीन नहीं मिलती। इस सिलसिले में एक बात हमेशा ध्यान में रखनी होगी कि किसी भी नवीनता अथवा नवनिर्माण को सामान्यतया बीस-पच्चीस वर्ष यानि मोटे तौर से एक पीढ़ी का अर्सा उम्मीदवारी में गुज़ारना पड़ता है। यह नवनिर्माण का अलिखित कानून है। इस दृष्टि से कुमारजी की उम्मीदवारी की अवधी कब से गिनी जाये यह भी एक सवाल है। मेरी राय में उसकी शुरुआत सन 1947 से यानि जब उन्हें साक्षात्कार हुआ कि 'मुझे गाना आ गया' तब से गिनी जानी चाहिए। माने उम्मीदवारी के उनके सत्रह वर्ष बीत चुके हैं और आगामी पाँच-दस वर्षों में उनकी गायकी अपने-आप कायम हो जायेगी ऐसा अनुमान किया जा सकता है।

भीमसेन जोशी और कुमारजी, 1968

उम्मीदवारी के इस अर्से में नये अनुभव आते हैं और कला (आकृति तत्त्व) में उसी हिसाब से सुधार होता चलता है। मन-ही-मन निर्धारित हिसाब से बार-बार जाँचे परखे जाते हैं। बदलते समय की आहट मिलती है। सुननेवालों की अपेक्षाओं की जानकारी भी बढ़ती जाती है। स्वयं की कला तथा गायकी के स्थिर मूल्य क्या तथा कौनसे हैं, यह भी समझ में आता है। और ऐन जवानी की भड़कीली अतिरंजनापूर्ण तथा अविवेकी भावना काफ़ी सौम्य होने लगती है। जैसे-जैसे यह प्रक्रिया होती है, वैसे-वैसे इस नई गायकी में स्वयं गायक ही परिवर्तन करता चलता है। इस के बाद ही वह नवीन गायकी निश्चित होती है और उसे अभिजात्य की प्रतिष्ठा प्राप्त होती है। तब तक जो रूठा हुआ तथा असंतुष्ट वर्ग होता है, वह भी समय के साथ मिटता जाता है।

पिछले पाँच-पचास वर्षों में हुए अल्लादिया खाँ तथा अब्दुल करीम खाँ जैसे नवनिर्माताओं को भी इस प्रक्रिया तथा उम्मीदवारी के अर्से से गुजरना पड़ा है यह तथ्य लेखक की पीढ़ी को अच्छी तरह से ज्ञात है। पहले के कुछ वर्ष उपहास तथा तिरस्कार, फिर उनकी गायकी की समर्थता का धुंधला सन्देह, फिर नये आविष्कार की जिज्ञासा, उसके बाद उसके विशिष्ट आनन्द की अनुभूति व जानकारी और तब कहीं मान्यता एवं प्रतिष्ठा इस प्रवास से कोई भी नवनिर्माता बच नहीं पाया। इसकी तुलना में कहना होगा कि कुमारजी की यात्रा बहुत ही सुखपूर्वक हुई है। उपहास और तिरस्कार का तो प्रश्न ही नहीं बल्कि प्रारम्भ से ही उनको प्रशंसा प्राप्त होती रही। श्रोताओं ने उन्हें सिर पर उठा लिया और जो आलोचना हुई वह भी बेहद सौम्य स्वरूप की थी।

लेखक की पीढ़ी अथवा जो परंपरा के अनुसार शिक्षित है वह युवा वर्ग भी कुमारजी के संगीत से 'ख़ुश' न हो इस में अचरज की कोई बात नहीं। पचीस वर्षों से भी अधिक समय से मैं उनकी सराहना करता चला आ रहा हूँ फिर भी स्वयं मुझे उनके गाने में ख़ास आकर्षण प्रतीत नहीं होता था। कोई भी नई बात समझ लेनी पड़ती है, दिमाग़ को कुछ खपाना पड़ता है। नई पद्धति की कुछ बंदिशें गले में उतारने की कोशिश करनी पड़ती है। तथा उनकी नई राहों को कुछ आत्मसात करना पड़ता है। यह सब कुछ मैंने भी जानबूझकर नहीं किया। अभी-अभी तक मेरी उत्सुकता भी जागृत नहीं थी। पर पिछले कुछ वर्षों से मेरे ख़ास दोस्तों पर कुमारजी कुछ इस तरह से हावी हो गये कि स्वयं को अछूता रख ही नहीं पाया। मित्रों के घर जब भी कुमारजी आकर ठहरते, वह एक त्योहार माना जाता था। मित्रों के यहाँ कुमारजी का गाना होता ही था और ऐसे सब अवसरों पर मैं भी हाज़िर रहता था। इसलिए कुमारजी की गायकी से अधिकाधिक परिचय होता गया। बाद-बाद में कुमारजी मेरे भी घर पर मुकाम करने लगे और मेरे बच्चे भी वह त्योहार-समारोह बड़े उत्साह के साथ मनाने लगे। और उनके मन पर कुमारजी की गायकी का असर इस क़दर ज़बर्दस्त है कि जिसका कोई हिसाब नहीं है। वे उनकी बंदिशें रातदिन गुनगुनाया करते हैं। मेरे घर पर कुमारजी ने जब इस प्रकार आक्रमण कर दिया तब मुझे उनकी गायकी का ज़ायका अधिकाधिक समझ में आने लगा और अब तो बात यह भूमिका लिखने तक बढ़ चुकी है। मतलब यह कि कुमारजी की गायकी की विशेषताएँ समझ में आने के लिए मैंने जान-बूझकर कोशिशें की हैं अथवा मेरे द्वारा हो गई हैं। तो, आलोचक भी इस नई गायकी, नये युग तथा उसके नये मूल्य समझ पाने के लिए-जब तक स्वयं के मस्तिष्क तथा कण्ठ को कष्ट नहीं देंगे उसकी विशिष्ट कलात्मकता समझ नहीं पायेंगे। और शायद मेरे जैसे भारी गले में वह उतर न भी पाये तो भी उसके भिन्न एवं विशिष्ट स्वाद का चाव अवश्य लग जायेगा।

इस सारे विवेचन के पश्चात् भी मेरे मन में एक बात खटक रही है कि कुमारजी की गायकी की आत्मा मैं उँगली रखकर बता नहीं पाया हूँ। उनकी गायकी में ही पारे के समान कुछ ऐसा गुण है कि उसकी आभा मन को मोह लेती है, चपलता आँखों में समा जाती है और जब तक हाथ में है उसका वज़न भी

कुमारजी के डॉक्टर मधुकर देशमुख (टी.बी.विशेषज्ञ), तत्कालीन रक्षामंत्री यशवंतराव चव्हाण, कुमारजी एवं वा.ह.देशपांडे, मुंबई

महसूस होता है; लेकिन उसे मुट्ठी में पकड़ लेना बड़ा मुश्किल होता है। पकड़ में न आने की, फिसलकर निकल जाने की उसकी ख़ूबी भी बेहद है। और एक बार छूट निकलने पर हाथ में कुछ भी शेष नहीं रहता। छूट निकलने की उसकी प्रक्रिया भी इतनी अजीबोग़रीब है कि किस दिशा से वह निकल जायेगी इसका कोई अन्दाज़ नहीं लगाया जा सकता। कुमारजी की गायकी mercurial है। जब तक सुनते रहो उसकी तेजस्विता से सुननेवाला अभिभूत हो जाता है; उसके वज़न का भी अनुभव करता है। लेकिन बाद में उसकी चर्चा करने के लिए हाथ में कुछ नहीं होता। क्योंकि उसकी चपलता भी उतनी ही अप्रत्याशित होती है। अब आगे क्या होगा, हरकत या तान, या बोलतान कुछ भी कहना, असम्भव है। फिर वह किस प्रकार की होगी इसका अनुमान तो लगाया ही नहीं जा सकता। मेरी तो ख़ैर बात छोड़िये मेरा सांगीतिक जीवन एक विशिष्ट मार्ग से ही गया है, जो भी सीखा है सो परम्परागत रूप में। मन पर जो संस्कार हैं सो पहली पीढ़ी के हैं। फिर थोड़ा बहुत गा भी लेता हूँ तो भी गायक ही हूँ। लेकिन कुमारजी के साथ संगति करने वाले वादक भी इस कठिनाई को अनुभव करते हैं। संगत करनेवाला वादक स्वभाव से ही सूक्ष्म दृष्टिवाला होता है। क्योंकि उसे तो प्रत्येक स्वर पकड़ना पड़ता है। उसे भी जब यह कठिनाई अनुभव होती है तो मुझे भी अनुभव हुई इसमें आश्चर्य नहीं। एक वादक ने मुझे बताया है कि अन्य किसी की संगत करते समय दस में से छः-सात अन्दाज़ सही उतरते हैं लेकिन कुमारजी की संगत करते समय मुमकिन है कि दस के दस अन्दाज़ ग़लत साबित हों। यानि उनकी गायकी, बंसी में नहीं अटकती। लेकिन अचरज की बात यह है कि युवक गायकों के गले में वह एक हद तक उतर जाती है। रसिकों को रिझाती है और सुननेवालों को वह सम्मोहित कर लेती है।

कुमारजी को मैं इतने वर्षों से निहारता रहा हूँ, पूर्व जन्मों के गुणों का उनके द्वारा किया गया विकास देखकर प्रसन्नता अनुभव करता रहा हूँ और मैंने पाया है कि वे कलाकार के नाते बड़े हैं उसी प्रकार मानव के नाते भी बड़े हैं। कुमारजी की रोज़मर्रा की बोलचाल भी मधुर, सुसंस्कृत और चतुरता - भरी होती है। इस हद तक कि किसी समाज और मजमें में उनका व्यक्तित्व उभर कर नज़र आता है। उनमें कई ख़ूबियाँ हैं, अनेक हुनर हैं। किसी भी विकट परिस्थिति का मुकाबला ठण्डे दिमाग़ से करने की मानसिक शक्ति

है, तथा सभी पहलुओं से बात को सोच-विचार कर तत्काल सही निर्णय करने की बौद्धिक क्षमता भी है। सूझबूझवाले सयाने भी जहाँ गड़बड़ा जायें, वहाँ कुमारजी सही निर्णय पर पहुँचते हैं, यह अनुभवसिद्ध है। तथा सामान्यतया जो शारीरिक व्याधि प्राणलेवा होती है उसे समेट कर उन्होंने अपना सन्तुलन बनाये रक्खा है। अन्तर में व्यथा समेटे हुए तथा बंदिशों में 'शोक' नामधारी यह व्यक्ति अत्यन्त धीरज वाला है। और कलाकार स्वयं को कला के हेतु पूरी तरह समर्पित कर दे किन्तु जीवन में बह न जाये, सन्तुलन न छोड़े यह आचरण धर्म भी वह निभाते रहे हैं।

कुमारजी के सारे कृतित्व की जड़ में उनकी सौन्दर्यशोधक दृष्टि तथा विशेष तीव्र प्रकार की संवेदनक्षमता है। इस संवेदनक्षमता के कारण ही जहाँ-जहाँ जिस जिस गायक में तथा जिस जिस गायकी में उन्हें एक भी गुण दिखाई दिया वहाँ वहाँ से उसे उन्होंने सोख लिया। स्वयं को मिले किंचित् लाभ का भी ऋण अत्यन्त खुले दिल से मान्य करते समय उनका अहंकार कभी भी उनको नहीं रोकता। और उनकी सौन्दर्यवेधी दृष्टि मात्र संगीत की ओर ही लगी रहती हो सो नहीं बल्कि समूचे नादविश्व की ओर लगी रहती है। उन्होंने स्वयं की गायकी का जो विकास एवं विस्तार किया है उससे मैं प्रभावित हुआ हूँ तथा उनकी नई गायकी, नये राग, नई बंदिशों ने मुझे आकर्षित किया है। उनकी विकास क्षमता भी मुझे अभिभूत कर डालती है। "मैं हमेशा कुछ न कुछ नया प्रयोग करने की फ़िराक में रहता हूँ" यह उनका वाक्य मेरे कानों में हमेशा गूँजता रहता है। गायकी के सभी अंग का विकास चाहनेवाले इस कलाकार को यह एहसास है कि जो करना है वह अभी आगे ही है।

(कुमारजी की बंदिशों की पुस्तक 'अनुपराग विलास' से साभार)

निरभय निरगुण गुण रे गाऊँगा

६

प्रभाष जोशी

सारा मालवा एक गाँव है। और उस गाँव की काँकड़ पर सामने वाले नीले विंध्याचल से आए पत्थरों से बना एक ओटला है। इस ओटले को काली धरती की कोख से निकली पीली मिट्टी से सुहागिनों ने छाबा है। छाबते हुए वे गाती रही हैं- 'सुब की घड़ी म्हारे आनंदे बदावोजी राज, म्हारी देराणी जिठाणी ने उरी रे बुलावोजी राज।' फिर, 'सखी घोलू चंदन लिपू ओंगेणो जी' गाते हुए हरे हरे गोबर से इस ओटले को कुआँरियों ने लीपा है। सखियों ने मोतियों से चौक पूराया है क्यों कि आज कंचन दन उगीयो जी।

मोतियों के चौक पर बैठे हैं-भेरूजी! भेरू जी यानी मालवा के ग्राम देवता- शिव। भेरू जी यानी शिवपुत्र सिद्धरामैया कोमकाली यानी कुमार गंधर्व।। कुमार गंधर्व यानी कर्नाटक बेलगाँव के सुलेभावी गाँव में जन्मे, बंबई में गाना सीखे और देवास आ कर संगीत के नीले अनंत आकाश में कबीर की तरह अपना चिमटा गाड़ देने वाले हमारे भेरू, लाल सिंदूर बिंदी वाला। भेरूजी बालक तमारा भेस। ओ लंबा तमारा केस। ओ भँवरे पटा पर मरवो मोगरो जी।

आज साठ साल के हुए बाल रूपा भेरुजी आपके लंबे-लंबे बालों पर सजा मोगरा बहुत भाता है। पूजा में देर इसलिए हुई कि कुम्हार के घर के कलश और सुतार के घर से चौखट लेने गया था। भेरूऽऽजीऽऽ भेरू जीऽऽऽऽ। हमारी लोक धुनों की झारी से शास्त्रीय संगीत को नहला-धुला कर आपने अनहद नाद कर दिया है। भैरू जीऽऽऽऽऽ भेरूऽऽऽऽ जी! चिमटे की ताल पर गाते हमारे कनफटे साधुओं के निरगुनी भजनों से आपने गगन मंडल गुँजा दिया है। आप है तो हजारों साल से गाया और जिया जा रहा मालवा फिर जी रहा है - भेरूऽऽ जी! हम निरभय निरगुण, होकर आपके गुण गाएँगे। भेरू जीऽऽऽऽ।

कुमार गंधर्व का संगीत कैसा है और शास्त्रीय संगीत में उनका क्या योगदान है, इसे चेतन करनानी, दोन तीन देशपांडे, एक ठो राहुल बारपुते और रौब जमाना चाहें तो कोई दर्जन-भर अशोक वाजपेयी को पढ़ लीजिए। लेकिन तब क़िस्सा ऐसा भी हो सकता है कि गाने वाले ने गाया, सुनने वाले को मज़ा नहीं आया और उसने पूछा कि क्या गाया था? तो बताया कि भैरवी। भैरवी। वाह-वाह तब तो मज़ा आ गया।

लेकिन सुनते समय आपको लगे कि भोर हो रही हैं, घंटे-घड़ियाल बज रहे हैं - अगरु गंध फैल रही है और ओस से आचमन किए गए मोगरे के फूल किसी के चरणों पर रख दिए गए हैं - तो मालूम हो या नहीं, जो गाया जा रहा है, वह भैरव है।

संगीत का आनंद लेने के लिए उसका शास्त्र जानना ज़रूरी नहीं है। शास्त्र में से होते हुए शास्त्र के परे संगीत है - यही तो कुमार गंधर्व पचास साल से गा रहे हैं। उनका सबसे बड़ा योगदान यही है कि शास्त्रीय गणित होते हुए संगीत को उन्होंने फिर कला बना दिया और इसलिए नहीं कि कि 1947 से 1952 तक के पाँच साल में टी.बी.ने उनके जवान फेफड़ों में से वह ताकत निकाल दी, जिससे विवाह के तीन महीने बाद ही तपेदिक हो गया, उस पत्नी भानुमती को जिसने डूबती आवाज़ में कहा था - भानु जब तक मैं गाना करूँगा नहीं, मरूँगा नहीं - उस कुमार गंधर्व को शास्त्रीय संगीत का पुनरुद्धार करने के लिए टी.बी. का मरीज़ होना ज़रूरी नहीं था। महानता क्या रोग की मोहताज़ होती है? ये तो फ़ितरत है। कुमारजी जहाँ भी होते नुमाया होते। वो समंदर में भी होते तो तूफ़ाँ होते।

इसे राहुलजी ने कुमारजी की अपने ही बूते पर अपने कष्टों से पार पाने, फ़ैसले करने और उन पर निश्चय से अमल करने की अद्‌भुत शक्ति बताया है।

तो देवास कुमारजी के लिऐ आत्मसाक्षात्कार की जगह थी। इसलिए टी.बी. से जूझने के लिए उनका वहाँ आना एक माने में संकट की घड़ी में अपने को पाने की इच्छा थी। बंबई की दवाइयों से शायद वे अपने साक्षात्कार से अपनी बीमारी को जीतना चाहते थे। लेकिन यह आत्मिक बल से दैहिक व्याधि को जीतना ही नहीं था। यहीं याने देवास के मालवा में उनके संगीत का भी आत्मसाक्षात्कार हुआ। यानी उनका संगीत बीमार शास्त्र के शरीर से मुक्त हो कर लोक संगीत से आत्मसात् हुआ।

सब कहते हैं कि 1952 मे अच्छे होने के बाद कुमार ने जो गाया वह ख़ुद उसने या किसी ने भी पहले नहीं गाया था। देवास में हुए दुहरे आत्मसाक्षात्कार के बाद कुमारजी का संगीत काशी में गंगा की तरह हो गया था। और काशी में गंगा सबसे बड़ी तीर्थ इसलिए है कि पूरब की तरफ़ बहते हुए सिर्फ़ वही वह उत्तर की ओर मुड़ती है। काशी वह जगह है, जहाँ गंगा अपने मूल गंगोत्री की तरफ़ देख कर टेरती है। जैसे कुमारजी के गाने में लोक संगीत की आदिम हूक उठी है। यही आदि हूक कबीर के भजन सुनते हुए मुझे और आपको इस शून्य शिखर पर ले जाती है, जहाँ अनहद बज रहा है गंगा के उत्तर की तरफ़ मुड़ने वाली वही काशी-विश्वनाथ की नगरी है और कबीर की भी। देवास में टी.बी. से मुक्त हुए शिव के भक्त कुमार गंधर्व ने शिव की नगरी की गंगा और उसके सबसे बडे कवि कबीर को पा लिया। कुमारजी के संगीत में शिव, गंगोत्री को टेरती गंगा और कबीर के रागमय दर्शन की त्रिवेणी है।

मैने कहा कि कुमार गंधर्व का देवास आना संयोग नहीं था। यह मात्र संयोग नहीं है कि वहाँ पाँच साल तक बिस्तर पर पड़े क्षय से जूझते हुए कुमार गंधर्व मालवा के अक्षय लोकसंगीत के स्वर और धुने सुनते रहे। कोई भी रिनेसाँ (पुनर्जागरण में रिनेसाँ की सभी ध्वनियाँ कहाँ आती है?) मूल को, जड़ों को खोजे और उनसे जूड़े बिना नहीं होता। योरप के रिनेसाँ में ग्रीक और लैटिन की जड़ों की खोज हुई और अलग-

अलग स्तरों पर अद्भुत प्रतिभा के लोगों ने उनसे अपने को जोड़ा। तभी पश्चिम की सभ्यता में नई जान आई और वह संसार-भर में फैल गई। ऐसे पुनर्जागरण या पुनर्जन्म का सत्य यह है कि हमारी जड़ हमारी गर्भनाल है। जन्म लेते ही उसे काटना पडता है; लेकिन हमारी आदि हूक गर्भनाल से फिर जुड़ जाने की हमारी अक्षय-अक्षत इच्छा है। सारा सृजन गर्भनाल से जुड़नें की इस इच्छा से होता है। यह कैसे हो सकता था कि कुमार गंधर्व जैसे सृजनशील कलाकार शास्त्रीय संगीत की लोक संगीत की गर्भनाल से नही जोड़ते? उन्हें टी.बी. नहीं कोई और रोग भी हो सकता था। वे देवास नहीं आते और कही भी जा सकते थे. वे अपनें संगीत की जड़ें मालवी नहीं किसी और इलाके लोकसंगीत से भी जोड़ सकते थे; लेकिन लोकसंगीत से शास्त्रीय संगीत का अभिषेक किए बिना वे नया सृजन नहीं कर पाते। दूसरे शास्त्रीय गायकों की तरह चौखटों और घरानों की कुलीगीरी करते रहते।

यह कुलीगीरी भी कुमारजी का ही शब्द है। भारत की भक्ति कविता की बात करते हुए जब वे कबीर, सूर मीरा और तुलसी पर आते हैं तो कहते हैं कि सूर,मीरा और तुलसी भक्ति की महान् परस्पर के वाहक हैं। उनकी कविता अच्छी है, बहुत अच्छी, लेकिन कबीर की बात ही अलग है। वे अपने को राम की बहुरिया मानते हैं, लेकिन उनका अहम भी ग़ज़ब का है। सबकी झीनी झीनी बीनी चदरिया है। देवता, ऋषि-मुनि सबने चदरिया ओढ़ी है, लेकिन उसे मैली कर दिया है। एक दास कबीर ही है, जिसने इतने जतन से चादर ओढ़ी कि ज्यों की त्यों रख दी है। कबीर अपने को दास भी मानते हैं और इतना जतन वाला भी कि देवता और ऋषिमुनि से भी चादर ओढ़ने में अपने को ऊँचा। वे सिद्ध भी हैं और समाधि भी मौनी भी हैं और बोलते भी हैं। न आते हैं न जाते हैं न मिटते हैं। वे सबमें हैं, सब उनमें है, फिर भी वे अक्सर अकेले हैं। युगों-युगों से योगी है और सहज अनाहत भोगी भी। ऐसे कबीर स्वयं को कोई ब्रह्म से कम नही मानते होंगे। कुमारजी कहते हैं कि सूर, तुलसी, मीरा सब गिड़गिड़ाते हैं, अपने को दीन-हीन समझते हैं, बल्कि तुलसीदास तो अपने को कुटिल, खल, कामी भी बता देते हैं। एक कबीर हैं, जिनमें यह हीनता, दयनीता और आत्म-दया कहीं नही दीखती।

कुमार गंधर्व सिर्फ़ गायक नहीं हैं। कन्नड जिनकी मातृभाषा है और मराठी दूसरी भाषा, उन कुमारजी से आप हिंदी की भक्ति कविता पर चाहे जैसे बात कर लीजिए। और कबीर पर तो उनका अधिकार हजारीप्रसाद द्विवेदी से कम नहीं है। कबीर को गाकर जैसी व्याख्या कुमार गंधर्व ने की है वैसा तो ख़ैर कोई कर ही नही सका है। संगीत में कुमारजी अपने को कबीर मानते हों तो हमें अचरज नहीं होना चाहिए। दूसरे बड़े कई शास्त्रीय गायकों की तुलना में कुमार गंधर्व ऊँचे बैठते हैं, क्योकि वे कुलीगीरी नहीं करते।

कई समझदारों ने कहा है कि कुमारजी एक बंदिश, एक भजन, एक लोकगीत सभी जगह एक जैसा नहीं गाते। वे गाते हुए सृजन करते हैं, लेकिन इससे भी बड़ी बात यह है कि सृजन की पीड़ा और आनंद को सुनने वालो तक पहुँचाते हैं और सृजन में उन्हे हिस्सेदार बना लेते हैं। कुमारजी को मालवा क्यों पसंद है इसलिए कि 'मालवा आनंद प्रदेश है भई।' यहाँ न ज़्यादा गर्मी, न ज़्यादा ठंड, न ज़्यादा बारिश। ज़्यादा गर्मीं ठंड-सुख-दुख की तरह है। आनंद है सम में मालवा की हवा-पानी समशीतोष्ण है - समशीतोष्ण यानी आनंद।' कालिदास के मालवी होने का कुमारजी एक ग़ज़ब का सबूत देते है। कहते हैं, जिसने मालवा की वर्षा देखी वही मेघदूत लिख सकता है। बंगाल-असम के कालिदास होते तो बरसात से परेशान हो जाते और किसी जगह के होते तो पानी के लिए तरसते। काश्मीरी होते तो बरसात का मज़ा ले ही नहीं सकते थे। वर्षा का जो मज़ा आपको मेघदूत में मिलता है, वह सिर्फ़ मालवे की बरसात में है। और कुमारजी की वर्षा की ध्वनियों और स्वभाव की समझ देखनी हो तो घन गरजन और आए यानी 'गीत वर्षा' सुन लीजिए।

कुमारजी एवं वसुंधराजी सहगान
करते हुए, दिल्ली, 1976

ऐसे कुमार गंधर्व फितरती हैं - महान गायक नहीं होते तो लेखक होते, लेखक नहीं होते तो चित्रकार होते - यानी समंदर में होते तो तूफान होते। उनके जैसे विभूति पुरुष ही मालवे के भेरूजी हो सकते थे- ग्राम संस्कृति के रक्षक-शिव, ग्रामदेवता! मालवा में जन्में मेरी पीढ़ी के लोग वड्स्वर्थ की तरह कह सकते हैं कि आज़ादी की उस भोर में जन्म लेना आनंद था, लेकिन उसमें जवान होना तो बिल्कुल स्वर्गिक आनंद था, वह आनंद जो कुमार गंधर्व के भैरव के साथ शुरू होता और कलाई के हलके से उछाल के साथ शाम के आकाश में थिगते कोठारी कनकैया नायडू के छक्के के साथ डूबता। सी. के. जैसा छक्का कोई नही मार सकता और है कोई अवघूत जो कुमारजी जैसी तान लगा सके?

पूर्वप्रकाशित
साभार : समाचार पत्र, जनसत्ता, अप्रैल 1984

कुमार गंधर्व : परंपरा के अंतर्गत एक प्रयोग

७

अशोक रानड़े

अभी पिछले दिनों डॉ. कुमार गंधर्व ने अपनी पचासवीं वर्षगाँठ मनायी है। हममें से जो लोग कलात्मक प्रौढ़ता और बौद्धिक वयस्कता के आधार पर किसी व्यक्ति की आयु आँकते हैं उनके लिए तो कुमार बहुत पहले इस अवस्था को पार कर चुके हैं। फिर भी, शायद सभी लोगों के लिए ज्ञानवृद्ध और वयोवृद्ध के इतने बड़े अंतर का आनंद उठाना संभव नहीं होता, अतः महज़ स्मरण दिलाने के लिए भी इस समारोह की उपयोगिता निःसंदेह थी। इसमें दो राय नहीं हो हो सकती कि कुमार गंधर्व की वह विशेषता, जो उन्हें औरों से अलग एक विलक्षणता प्रदान करती है; उनकी महज़ वरिष्ठता न होकर यह सांगीतिक परिपक्वता ही है। यह वर्षगाँठ हमें भी एक अवसर देती है : इस विशिष्ट परिपक्वता को समझने और उसके सभी अवयवों को विश्लेषित करने का!

मेरे विचार में कलात्मक प्रौढ़ता या परिपक्वता उस सामर्थ्य में निहित होती है जो महज़ रूढ़ि और असल परंपरा के बीच विवेक कर सकती है। यहाँ परंपरा और रूढ़ि के फ़र्क को ब्यौरों में जाकर स्पष्ट करने की गुंजाइश नहीं है। संक्षेप में इतना ही समझ लेना काफ़ी होगा कि दोनों के बीच का असल फ़र्क एक की समावेशी सामर्थ्य और दूसरे के लोचहीन कट्टरता से ताल्लुक़ रखता है। निश्चय ही संगीत में दोनों की अपनी अपनी जगह ज़रूरी भूमिकाएँ हैं, किंतु जहाँ तक सृजन-प्रकिया और कलात्मक अवधारणाओं का संबंध है; वहाँ महत्त्व रूढ़ि का नहीं होता। वहाँ तो परंपरा की ही भूमिका सक्रिय और सार्थक होती है। यह परंपरा का अर्जित बोध ही है जो किसी कलाकार को बिना कुछ भी नष्ट किये क्रांतिकारी परिवर्तन लाने की शक्ति देता है और साथ ही यह विवेक भी देता है कि वह नवीनता को नवीनता की जगह रख सके और आधुनिकता को आधुनिकता की जगह। रूढ़िवादिता हमेशा कला-परंपराओं के प्रवाह में रोड़े अटकाने वाली सिद्ध हुई है, जिसका नतीजा यह होता है कि अतीत और वर्तमान के बीच ख़ामख़ा एक दरार पैदा हो जाती है। इस दरार के फलस्वरूप एक अवांछनीय वैचारिक गतिरोध पैदा होता है जिसके

चलते नये-नये फैशनों, नयी-नयी सनकों और ज़्यादतियों की ऐसी बाढ़ आ जाती है वो कला के नाम पर समाज में अराजकता फैलाने लगती है। ऐसी परिस्थिति पर वही कलाकार काबू पा सकता है – उसकी सचमुच ज़रूरत भी महसूस होती है – जो अतीत की व्यावहारिक उपलब्धियों का पुनर्नवीनीकरण कर सके और साथ ही उन नवोन्मेषी तत्वों को आधुनिक दृष्टिकोण के साथ मजबूती से जोड़ सके। एक बड़ी प्रतिभा का ऐसा बड़ा पुरुषार्थ ही समूचे कलात्मक परिदृश्यों को समूचे समाज की वास्तविक ज़रूरतों के संदर्भ में अर्थवान और प्रासंगिक बना सकता है।

जिस समय कुमार गंधर्व ने भारतीय संगीत जगत् में पाँव रखा, ख़याल-गायकी अपना सारा लचीलापन खो चुकी थी और उतनी ही रूढ़िग्रस्त थी जितना कि बैसाखियों पर टिका हुआ ध्रुपद। तराना का मतलब था चाहे जैसे मनमाने ढंग से जुबान को तोड़ा-मरोड़ा जाये; टप्पा एक नीरस सरकसी उछल-कूद बन कर रह गया था; भजन अभी मंत्र-पाठ के स्तर पर ही था और कुल मिलाकर पूरा का पूरा संगीत ही अपने सभी रूपों में अजीब जड़ता और गतिरोध का शिकार था। कुमार गंधर्व ने लगभग अकेले अपने बूते पर इस दमघोंट परिस्थिति को बदलने की कोशिश की। उनके इस प्रयत्न में भरपूर निष्ठा और अचूक स्वर-संवेदना तो थी ही, उन बारीक ब्यौरों के निर्वाह की भी ऐसी अभूतपूर्व सजगता थी जिन्हें कि अधिकतर संगीतजन जानबूझकर अनदेखा कर रहे थे और अपने आत्मतुष्ट प्रमाद को ही वास्तविक परंपरा समझे बैठे थे। निश्चय ही, कुमार गंधर्व अपने सभी प्रयत्नों में सफल नहीं हुए और न ही उन्हें अपने सभी सफल प्रयत्नों में एक जैसी सफलता मिली है। किंतु सभी दृष्टियों से इतना तो प्रकट ही है कि उनकी आंशिक सफलताएँ या विफलताएँ भी जिन चीज़ों से, उस यथास्थिति से हर हालत में बेहतर थीं जिन्हें कि उन्होंने बदलना चाहा था। उन्हीं के प्रयत्नों का सुफल है कि जैसी विरासत उन्हें मिली थी उसे देखते हुए आज का संगीत-संसार कहीं बेहतर है। किसी भी संगीतज्ञ के लिऐ यह एक श्रेयस्कर उपलब्धि होगी।

प्रश्न यह है कि कुमार गंधर्व ने ये ठोस नतीजे कैसे प्राप्त किये? इस संबंध में विश्लेषण और मूल्यांकन तक पहुँचने के कई रास्ते हो सकते हैं। एक रास्ता तो यही है कि संगीत के अनेक रूपों में कुमार गंधर्व का जो योगदान है; उसी की हम बारीकी से जाँच-पडताल कर देखें।

पहले ख्याल-गायकी को ही लें। जितने भी चालू घराने थे, सभी में ख्याल- गायकी का ढंग-ढर्रा बुरी तरह नियमपाबंदियों में जकड़ा हुआ था। ऐसे समय कुमार गंधर्व उसकी संरचनात्मक एकरसता को तोड़ने के लिए आगे आये। श्रोताओं ने गौर किया होगा कि भले ही ख्याल की बंदिश शुरू करने के पहले वह नोम-तोम का पिटा-पिटाया रवैया नही अपनाते, फिर भी गाये जानेवाले राग के कुछ ध्वन्यात्मक खाके अवश्य अपनी आवाज़ से बनाते हैं। ये स्वर-लहरियाँ बार-बार इसलिए दुहरायी जाती हैं कि राग के मूल स्वरूप का आवाहन किया जा सके, न कि राग का विस्तार करने के लिए। इसी से स्पष्ट हो जाता है कि जहाँ पहले महज़ राग का व्याकरण बघारने की प्रवृत्ति थी, कुमार गंधर्व ने उसके स्थान पर स्वर की व्यंजनात्मक और रसात्मक विशेषताओं को उभारने पर ज़ोर दिया है। यह तो हुई विलंबित की बात। जहाँ बंदिश को सीधे मध्य लय में गाना हो वहाँ तो उन्हें इस भूमिका की भी ज़रूरत नहीं होती। यह निश्चय ही तर्कसंगत है क्योंकि मध्य लय के स्वभाव में ही यह निहित है कि संगीत-कर्म में सीधी छलाँग लगायी जाये।

दरअसल, कुमार अपने गायन में मध्य लय का ही ज़्यादातर इस्तेमाल किया करते हैं और इसके कारण उनके संगीत में श्रोताओं को तुरंत अपने में लपेट लेने की ख़ूबी पैदा हो गयी है। एकाएक सारा वातावरण संगीतमय हो उठता है। कुमार का गायन उस प्रकार की गलेबाजी नहीं है जो धीरे-धीरे बड़े आडंबर के साथ शुरू होती है और बमुश्किल काफ़ी देर बाद – श्रोताओं के धीरज की ख़ासी बलि लेने के बाद –

अपने संगीत साधने का एहसास कराती है। कुमार के गायन में श्रोता और संगीतकार शुरू से ही संगीत-प्रवाह के बीचों-बीच डूबे रहते हैं। एक तरह से देखा जाये तो कुमार का संगीत आरंभ नहीं होता, वह सिर्फ़ चलता रहता है; लगातार। मध्य लय के इस सर्वव्यापी उपयोग को छोड़ भी दें तो कुमार के संगीत की यह प्रत्यक्षता, यह सीधे-सीधे अपने में बाँध और लपेट लेने वाली विशेषता उनकी इस उपरोक्त रूढ़िविरोधी प्रवृत्ति का प्रतिफलन है : ख्याल-गायकी की उस तैयारी के नाम पर खड़े किये गये सारे तामझाम से एकबारगी मुक्ति पा लेने का। जोश में आने के लिए अपनाये जानेवाले ये आडंबर पूर्ण तरीक़े कई तरह के हैं : जटिल और दीर्घ स्वर-विन्यासों तक पहुँचने के लिए पहले उनकी थाह लेने की कोशिश करते हुए-से कई झिझकते उपक्रमों का सहारा लेना, या अपने कंठस्वर की क्षमता को बहुत ही संभाल-संभाल कर, बचा-बचा कर, ज़रूरत से ज़्यादा चौकन्नापन बरतते हुए प्रदर्शित करना, या मंद्र और मध्य सप्तक के छोटे फलक पर ही पूरी तरह एक ही ढर्रे में निर्भर रहते हुए उसी को पीटते रहना और ऐसी ही कुछ और युक्तियाँ। कुमार की ख़्याल-गायकी इन सारी बैसाखियों की ज़रूरत से मुक्त है और इसीलिए वह हमें स्वरों के समुद्र में सीधे अवगाहन करने का सुखद अनुभव प्रदान करती है।

हमने देखा कि ऊपर बतायी गयी ये दोनों विशेषताएँ— व्याकरण-प्रदर्शन की जगह स्वरों की व्यंजनाशक्ति का उपयोग और प्रत्यक्षता हासिल करने के लिए मध्य लय का आग्रह — ख़्याल-गायकी के प्रचलित और सर्वव्यापी ढर्रे से कुमार की असहमति का संकेत करती है। इनके अलावा एक और नया तत्त्व जो कुमार के यहाँ दिखाई पड़ता है; वह यह है कि कुमार ख्याल-गायकी की शुरुआत में ही पूरी बंदिश गा देने की अनिवार्यता भी नहीं पालते। कभी-कभी वह पूरी बंदिश पेश करने से पहले काफ़ी देर तक बार-बार बंदिश के मुखड़े को भी बदल-बदल कर या आलाप के सुरों में गाते रहते हैं। जाहिर है कि यह भी राग के स्वरूप का आवाहन करने की ही प्रक्रिया का अंग है। इसका अर्थ यह भी है कि कुमार बंदिश को पूर्वराग की तरह नहीं बल्कि समापन की तरह देखते हैं। ऐसा नहीं कि वह बंदिश को महत्त्व नहीं देते : महत्त्व देते हैं, यह तो इसी से ज़ाहिर है कि वह उसे कई बार पूरा-पूरा गा कर सुनाते हैं। फ़र्क़ इतना ही है कि ताल शुरू होते ही वह तुरंत उसे गाने नहीं बैठ जाते। यह भी परंपरागत रिवाज़ से हटकर है और कभी-कभी श्रोताओं को इससे थोड़ी असुविधा भी हो सकती है; क्योंकि कई बार कुछ श्रोतागण बंदिश के आधार पर ही राग को पकड़ने के आदी होते हैं। इससे लेकिन इनकार नहीं किया जा सकता कि इस बदले हुए तरीक़े के पीछे जो तर्क है वह प्रस्तुति के विषय में एक नयी चिंतनशीलता को प्रामाणिक करता है अगर आप बंदिश को ख़्याल-गायकी का महत्त्वपूर्ण अंग मानते हैं तो फिर आपको यह भी मानना चाहिए कि उसे तब तक समूचा पेश न किया जाये जब तक आपको यह विश्वास न हो जाय कि श्रोता की ग्रहणशक्ति और गायक की एकाग्रता दोनों अब चरम पर पहुँच चुकी है। कुमार का बंदिश पेश करने का ढंग किसी भी अर्थ में कामकाजी या चलताऊ नहीं है। उसका एक एक अक्षर पूरी स्पष्टता के साथ उच्चारित किया जाता है; उसकी धुन और सुरों को पूरे कौशल के साथ अदा किया जाता है; उसकी लय-ताल को पूरी तरह उभारा जाता है। दूसरे शब्दों में, बंदिश को महज़ जैसे-तैसे पेश कर देना हीं बल्कि उसके संपूर्ण सांगीतात्मक अर्थ को संप्रेषित करना उनका असली ध्येय है। पुराने ढर्रे के मुताबिक शुरू में ही उसे न रख कर, थोड़ा अंतराल दे कर लाने से कभी-कभी सचमुच रस की सृष्टि हो जाती है।

इसके बाद जो अगला चरण है, वह है राग-विस्तार का। इस सीढ़ी पर कुमार आलाप से ज़्यादा बोल-आलापों पर निर्भर करते हैं। जब वह 'आ'-कार ('आ' स्वर का प्रयोग) पर ज़ोर देते है तो उनके आलाप-अंग छोटे और द्रुत होते हैं। प्रारंभ में ऐसा लग सकता है कि लंबी साँस न खींच सकने का शारीरिक कारण इसके पीछे होगा, पर एक गहनतर कलात्मक आशय भी कहीं न कहीं इसमे अवश्य निहित लगता है। ऐसा प्रतीत होता है कि कुमार के लिए संगीत की बुनियादी इकाई अकेले स्वर का लंबा-खिचा, कानों

को तृप्त करने वाला आलाप नहीं है, बल्कि गायकी अंग का छोटे से छोटा टुकडा ही अपनी विशिष्टता में वह इकाई है। मेरी राय में, भारतीय राग के विशिष्ट स्वभाव और चरित्र से परिचित किसी भी व्यक्ति को इसमें आपत्ति नहीं हो सकती। आखिर यह सांगीतिक मुहावरों (म्युजिकल फ्रेज़ेस) को एक दूसरे से गूँथकर खड़ी की गयी संरचना ही तो है जो किसी गायन को शास्त्रीय राग के स्तर तक उठाती है, एक राग को दूसरे रागों से अलग उसका विशिष्ट व्यक्तित्व और पहचान देती है, और समान उद्देश्य, समान शैली में एक ही राग को प्रस्तुत करने वाले एक कलाकार को दूसरे कलाकार से अलग करती है। राग के असली निर्माता ये छोटे-छोटे 'म्यूजिकल फ्रेज़ेस' ही हैं। वही राग की व्यक्तित्व देते हैं। उनकी अभिव्यक्ति इसीलिए सुस्पष्ट, सचोट और एकाग्र होनी आवश्यक है। 'आ'कार का उपयोग कुमार के यहाँ बहुत सोद्देश्य है। रूढ़िवादी संगीतज्ञों को उनका तरीक़ा ज़रूर आपत्तिजनक लगता होगा, क्यों कि वे तो राग-विस्तार की पूरी प्रक्रिया के दौरान 'आ'कार का उपयोग करते चले जाते हैं।

'आ'कार के सीमित उपयोग के अतिरिक्त कुमार के राग विस्तारण का कुछ और भी विशेषताएँ हैं। सर्वप्रथम तो यही कि उन्होंने वादी-संवादी स्वरों या 'पकड़' आदि के स्वीकृत प्रतिमानों से हटकर भी किसी राग के स्वरूप में नये स्वरात्मक संबंधों को खोजने और रेखांकित करने का प्रयत्न किया है। दूसरे, यह कि कुछ रागों जैसे देसकार, भूप, मालकौस में उन्होंने विवादी स्वरों का जानबूझ कर माधुर्य लाने के लिए प्रयोग किया है। तीसरे, उन्होंने मारवा, मुलतानी, रामकली जैसे रागों के गायन में कभी-कभी स्वरों के ध्वन्यात्मक मूल्यों को बदलने की कोशिश भी की है, या तो उन्हें दबा कर या अतिरिक्त रूप से पैना करके। चौथे, कुछ रागों को समूची व्याख्या ही बदल डाली है। उदाहरण के लिए, राग धानी को उन्होंने अधिक शांत बना दिया है और भूप का अधिक अलंकृत! आश्चर्य की बात है कि ऐसी साहसिकता के बावजूद कोई गंभीर ख़तरे उभर कर सामने नही आते, क्योंकि श्रोतागण सारे समय संगीत के प्रभाव में खोये रहते हैं। एकाध प्रतिरोध शुरू-शुरू में शास्त्रीय ढंग का भले ही सिर उठाये, वह बाद में अपने आप विस्मृत हो जाता है। कुमार के राग-निर्वाह के बारे में एक सामान्यीकरण निकालना उचित लगता है : यह कि कुमार 'राग' को संगीतशास्त्रीय ढाँचे से निर्धारित एक संरचना के रूप में न देखकर सांगीतिक वातावरण की ही एक अवधारणा के रूप में लेते हैं। दूसरे शब्दों में, पुराने संगीतज्ञों की इस धारणा को कि राग की 'छाया' राग के ब्यौरों से कहीं अधिक महत्त्व रखती है — कुमार की निजी शैली उदाहृत और पुष्ट करती है। आख़िर ब्यौरों की सार्थकता संपूर्ण प्रभाव से ही निर्दिष्ट होती है, न कि संपूर्ण प्रभाव की ब्यौरों से। देखा गया है कि संगीत की महफ़िलों में यह संपूर्ण प्रभाव-ग्रहण कराने वाला गुण ही श्रोताओं को राग के जटिल विवरणात्मक प्रदर्शनों की अपेक्षा अधिक रमता और बाँधता है।

कुमार बोल-तान के उपयोग में काफ़ी मितव्ययता से काम लेते हैं; हालाँकि इधर हाल में वह उनका कुछ ज़्यादा उपयोग करने लगे हैं। तानों के मामले में भी वह बड़े संयम के पक्षधर हैं। कुमार की ख़्याल-गायकी की इन दोनों प्रवृत्तियों को 'प्रभावशाली और कल्पनाशील' कहके प्रशंसा करना महज़ अख़बारी आलोचना लग सकती है; क्योंकि ये ही विशेषण दूसरे भी कई संगीतज्ञों पर चिपकाये जा सकते हैं। वास्तव में कुमार का वैशिष्ट्य यहाँ भी एक दूसरे स्तर पर महसूस किया जा सकता है। यहाँ भी प्रचलित ढर्रे से अलग चले जाने में ही उनकी विशेषता ज़ाहिर होती है। यह अलगपन तानों और बोलतानों के रूढ़ क्रम का यथावत अनुसरण न करने में ज़ाहिर होता है। सामान्यतः गायक लोग गायन की शुरू की सीढ़ियों पर तानों से एकदम बचे रहते हैं और बाद ही सीढ़ियों में ही उन्हें पेश करते हैं; वह भी एक बँधी-बँधायी लीक पर—पहले बोलतान और फिर तानें! कुमार की अदायगी इसके विपरीत काफ़ी लचीलापन लिये होती है और उन्हें किसी बँधे हुए सिलसिले का आग्रह नही रहता। इसके फलस्वरूप उनका संगीत — जहाँ तक इन चरणों का सवाल है —क्रम पूर्वानुमेय बन जाता है। इस बात को ज़रा और विस्तार से देखा जा सकता है : परंपरा से कुमार के विचलन को उचित परिप्रेक्ष्य में रखने के लिए!

आख़िर बोलतानों और तानों के एक बँधे हुए सिलसिले का पालन करने से उपलब्धि क्या होती है? पहली तो यही कि अगर संगीतकार संपूर्ण प्रभाव की सृष्टि में असफल हो गया है या होनेवाला है और बिना किसी प्रेरणा के खीचे जा रहा है तो इससे उसे एक टेक मिल जाती है। अपने गायन को निष्प्रभता और निरर्थकता की परिणति से उबारने के लिऐ यह क्रमबद्धता की रूढ़ि मददगार हो सकती है। चूँकि गायन के जिस चरण में इन बोल-तानों की ज़रूरत पड़ती है, वह द्रुतलय में होता है, अतः गायक धड़ल्ले से तानों पर तानों की झड़ी लगाता रहता है। इस चरण पर कोई उससे दूसरी उम्मीद तो बाँध सकता नहीं, इसलिए गति और जीवंतता का भ्रम उचित प्रेरणा के अभाव में भी आसानी से खड़ा हो जाता है। दूसरे, यह रूढ़िपालन इसलिए ज़रूरी समझा गया था कि गायन की निश्चित परिणति यानी 'क्लाइमैक्स' तक पहुँचने के लिए पुख़्ता ज़मीन हासिल की जा सके। 'क्लाइमैक्स' तक पहुँचने का एक बुनियादी सिद्धांत यही है कि क्या लय की दृष्टि से, क्या जटिल संयोजन की दृष्टि से और क्या स्वर के घनत्व की दृष्टि से, सभी तरह से यह ज़रूरी है कि गायक धीमे से शुरू करके द्रुत की ओर बढ़े, सरल से जटिल की और बढ़े सरल से जटिल की ओर बढ़े और मद्धिम सुर से आरंभ करके धीरे-धीरे आवाज़ बढ़ाते हुए तीव्र की ओर संचरण करता जाये। इन सभी बातों में कुमार काफ़ी भिन्न पड़ जाते हैं क्योंकि संगीत में मूल्यों का जो ढाँचा उन्होंने अपने लिऐ स्वीकार किया है, वह पद्धतियों और रूढ़ियों के ऊपर संपूर्ण प्रभाव को, आविष्कार-क्षमता को तथा वातावरण निर्मिति को तरजीह देता है। जाहिर है कि यहाँ वह नया कुछ पाने के साथ कुछ खो देने का ख़तरा भी मोल ले लेते हैं। मगर यही तो बात है कि सुरक्षा का मोह छोड़ देने और ख़तरा मोल लेने की प्रवृत्ति के कारण कुमार के संगीत में एक प्रयोगशील साहसिकता और अप्रत्याशित की उत्तेजना आ सकी है।

ख्याल के अलावा उन्हें भारतीय संगीत को दो और तीव्र प्रकृति के रूपों में भी उल्लेखनीय सफलता मिली है : 'तराना' और 'टप्पा' में। कुमार के कलात्मक स्वभाव को ये दोनों काफ़ी रास आते हैं : अपनी तेज लयगति, लघु इकाइयों वाली संरचनाओं और ध्वन्यात्मक विन्यासों की सूक्ष्मता के कारण। कुमार यदि उन्हें कम कसती, अधिक कलात्मक रूप देने में सफल हुए हैं तो इसका कारण यही हो सकता है कि वह हल्की-फुल्की वाहवाही लूटने वाली 'चीज़ो' के रूप में न लेकर सार्थक संगीत-कलारूपों की हैसियत से अपनाते हैं। 'टप्पा' पर सामान्यतया जानबूझकर जो कठिन बौद्धिक व्यायाम की प्रसिद्धि थोपी गयी है, उससे उन्होंने उसे उबारा है। उनकी विशेषता इन कलारूपों के प्रति उनके नये दृष्टिकोण में निहित है न कि आवाज़ की लोच या किन्हीं अन्य शारीरिक हरकतों में। लोच आदि गुण कई दूसरे गायकों में भी मिल जायेंगे मगर सिर्फ़ उनके बूते यह नयापन वे पैदा नहीं कर सकते क्योंकि उनमें नयी दृष्टि की मौलिकता नहीं है।

इसके पहले कि हम कुमार गंधर्व के गायन के बारे में कुछ सामान्य निष्कर्ष निकालें, हमे दो और कलारूपों पर भी विचार कर लेना चाहिए। 'भजन' इनमें से एक है जिसके साथ काफ़ी मनमानी बरती जाती रही है। देश के सभी प्रांतों और सभी भाषाओं में भजन की एक सुदीर्घ परंपरा चली आयी है, जिसके कारण इसमें श्रोताओं को आकर्षित करने और बाँधने की अपूर्व क्षमता है। इसके माध्यम से भारतीय श्रोताओं के लिए — चाहे वे जिस भी स्तर के हों — संगीत को समान रूप से आस्वाद्य बनाना आसान है। चाहे भक्तिभाव हो या न हो, भजन गाकर आप विशाल जनसमूह को रिझा सकते हैं। इस लोकप्रियता के चलते इस कलारूप में कई कलात्मक ख़ामियाँ आ घुसी हैं, जैसे पिष्टपोषण, स्कूली आसान और घिसी-पिटी प्रस्तुति। कुमार को यह श्रेय दिया जायेगा कि उन्होंने भजन की कलात्मक साख बढ़ायी और उसे सचमुच के कलारूप के स्तर पर प्रतिष्ठित किया। उन्होंने भजन को संगीतात्मक चिंतन का माध्यम बना दिया। प्रचलित भजनों के छंदों को बदले बिना ही उन्होंने उन्हें अपनी संगीत-कल्पना में कुछ उसी तरह गढ़ा और तराशा जैसे कि कोई प्रतिभाशाली कंपोजर किसी काव्य को संगीत में बदलता

है। इसके अलावा उन्होंने भजन मे एक सूक्ष्म लोकतत्त्व का प्रवेश कराया जिसके कारण उनमें एक विशिष्ट निखार आ गया। एक और ख़ूबी कुमार के भजन-गायन की यह देखने में आयी कि परंपरागत रूपों की भावपूर्ण टकार को उन्होंने कायम रखा और इस प्रकार परंपरा और प्रयोग दोनों को भरपूर लाभ उठाने में सफल हुए।

भजन की ही भाँति कुमार गंधर्व ने लोकगीतों को भी महफ़िल-गायकी के एक प्रतिष्ठित अंग के रूप में मान्यता दिलाने का बीड़ा उठाया। यहाँ भी नृतत्त्वशास्त्रीय प्रामाणिकता की बजाय संस्कारी संगीतज्ञ का स्वर-विवेक ही उनके लिऐ चयन की कसौटी रहा है। गीत में लोकतत्त्वों को उन्होंने कुछ इस तरह मर्यादित किया है कि उनका स्वर-वैशिष्ट्य उभर कर सामने आये। अपनी सांगीतिक अभिव्यक्ति में उन्होंने जिन मुख्य लोकतत्त्वों पर ध्यान केंद्रित किया है वे हैं : शब्द विन्यासों का तीखापन, लयात्मक विन्यासों के ध्यानाकर्षक स्वराघात और हल्के-से उभारे या दबाये गये ध्वन्यात्मक मूल्य। साथ ही विषय-वस्तु के आधार पर गीतों का वर्गीकरण करते हुए उनकी साहित्यिक गुणवत्ता का पूरा ध्यान रखते हुए उन्होंने कंठ-संगीत में समृद्धि की है। इस प्रकार कहा जा सकता है कि अशास्त्रीय गायन-रूपों में उन्होंने एक और इज़ाफ़ा किया है। इतना तो स्पष्ट ही है कि संगीत-रचनाओं के रूप में लोकगीत भले ही हममें दिलचस्पी जगायें, विशुद्ध संगीत की दृष्टि से उनमें उताना टिकाऊपन नहीं होता और न वैसी तेजस्विता।

यहाँ पर यह उचित होगा कि हम कुमार गंधर्व के संपूर्ण संगीत संबंधी दृष्टिकोण के कुछ सामान्य चारित्रिक पहलुओं पर विचार कर लें। उनकी सफलताओं की चर्चा की पृष्ठभूमि को ध्यान में रखते हुए उन सफलताओं को उनके स्रोत से — अर्थात् कुमार की संगीत-प्रतिभा के मूलतत्त्वों से जोड़ा जा सकता है। और चूँकि हम बाद में उनकी विफलताओं का भी लेखा-जोखा करेंगे, इससे उनकी सांगीतिक प्रवृत्तियों की आंतरिक श्रृंखला और तर्क-संगति भी अधिक उजागार होकर सामने आ सकेगी। अंततः हमें कला-जगत के इस विचित्र विरोधाभास का सामना करना ही पड़ता है कि किसी कलाकार की कलात्मक विफलताएँ भी सामान्यतः उसकी गुण-संपदा से ही जुड़ी रहती हैं। यदि ऐसा है तो इसे भी कलाकार-व्यक्तित्व की एकरूपता के प्रति एक ऋणात्मक श्रद्धांजलि के रूप में ही लेना होगा।

कुमार के संगीत-संबंधी दृष्टिकोण की सबसे उल्लेखनीय पहचान है उनकी संपूर्ण सार-संग्रही वृत्ति। निस्संदेह इस उदार चयनधर्मिता के बीज उनके गुरु प्रो. बी. आर. देवधर की शिक्षणपद्धति में देखे जा सकते हैं। किंतु मुख्यतः इसका मूल कुमार की उस विवेक-दृष्टि में खोजा जाना चाहिए जिसके बल पर उन्होंने दूसरे संगीतज्ञों की अलग-अलग ख़ूबियों को ग्रहण किया और फिर इन सारे ऋणों को एक समीकृत संपूर्णता में रूपांतरित कर डाला। इसका यह अर्थ नहीं कि उनके द्वारा दूसरों से ग्रहण क्रिये वे सारे तत्त्व इस क़दर घुलमिल कर एकजान हो गये हैं कि उन्हें अलग कर पहचान-पकड़ा नही जा सकता। उन्हें निश्चय ही पहचाना जा सकता है, क्योंकि उपयुक्त अर्थ में गायन के तत्त्वों का वैसा रासायनिक संयोग संभव ही नहीं है। यहाँ योग का अर्थ यौगिक के मूल्य तत्त्वों का पहचान से परे विसर्जित हो जाना कदापि नहीं है। यहाँ योग का मतलब एक अच्छी बुनावट से है। ऐसी बुनावट से, जिसमें मूल सूत्र पहचाने तो जा सकते हैं; लेकिन एक-दूसरे से अलग नहीं किये जा सकते।

कुमार आवाज़ के इस्तेमाल के मामले में अब्दुल करीम खाँ के तरीक़े पर बहुत ज़्यादा निर्भर रहे हैं। यह तरीक़ा संगीत की निजी शब्दावली में 'अपर रजिस्टर' कहलाता है जिसके द्वारा ऊँचे सुरों में तीक्ष्णता लायी जाती है। दूसरा ऋण उन पर पंडित ओंकारनाथ ठाकुर का है जिनकी सांगीतिक अभिव्यक्ति को नाटकीय बनाने की कई सारी युक्तियों का सीधा असर उन पर देखा जा सकता है। ये युक्तियाँ हैं : आवाज़ को ऊँचे और मंद्र उपयोग के दौरान इच्छानुसार घटा-बढ़ा सकने का लचीलापन, शब्दों को इस तरह उच्चरित

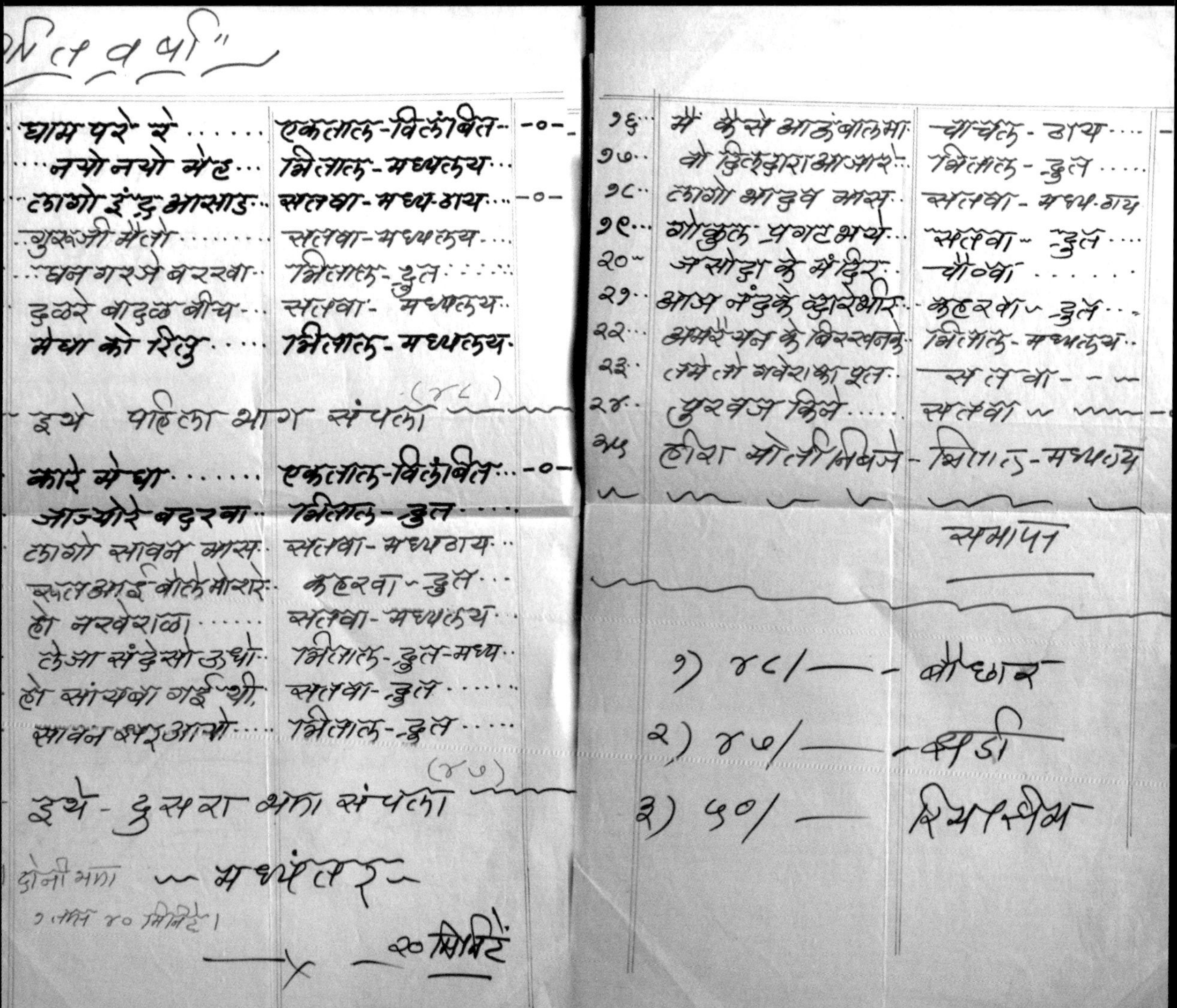

"गीत वर्षा"

घाम परे रे	एकताल-विलंबित --०--
नयो नयो मेह ...	झपताल-मध्यलय ...
लागो इंद्र आसाड ...	सतवा-मध्यलय ... --०--
गुरुजी मैलो ...	सतवा-मध्यलय ...
घन गरजे बरखा ...	झपताल-द्रुत ...
दुलरे बादल बीच ...	सतवा-मध्यलय ...
मेघा को रितु ...	झपताल-मध्यलय ...

(४८)

इथे पहिला भाग संपला

कारे मेघा	एकताल-विलंबित ... --०--
जाज्योरे बदरवा ...	झपताल-द्रुत ...
लागो सावन मास ...	सतवा-मध्यलय ...
खेल आई बोले मोरारे ...	कहरवा-द्रुत ...
हो नरबेराळा ...	सतवा-मध्यलय ...
लेजा संदेसो ऊधो ...	झपताल-द्रुत-मध्य ...
हो सांवरा गई थी ...	सतवा-द्रुत ...
सावन सर आयो ...	झपताल-द्रुत ...

(४७)

इथे-दुसरा भाग संपला

दोनों भाग ~ मध्यंतर ~

१ तास ४० मिनिटें।

— x — २० मिनिटें

१६	मैं कैसे आऊं बालमा ...	चांचर-लय ...
१७	वो छिलछारा आ आरे ...	झपताल-द्रुत ...
१८	लागो भादव मास ...	सतवा-मध्यलय
१९	गोकुल प्रगट भये ...	सतवा-द्रुत ...
२०	जसोदा के मंदिर ...	चौरवा ...
२१	आज नंद के द्वार भीर ...	कहरवा-द्रुत ...
२२	अम्बरै घन के बिरखन के ...	झपताल-मध्यलय ...
२३	तुमे तो गवेरा का फूल ...	सतवा ---
२४	पुरवज किले ...	सतवा ~
२५	हीरा मोती निबजे	झपताल-मध्यलय

समापन

१) ४८/— बौधार

२) ४७/— खडी

३) ५०/— तिसरीम

कुमारजी के हाथों लिखी 'गीत वर्षा' कार्यक्रम की सूची

करना कि वे हमें सामान्य बोलचाल की तात्कालिकता का स्वाद देने लगें, लयों का आकस्मिक संघात, इत्यादि। एक और भी ख़ासियत कुमार के गायन की हमारा ध्यान खींचती है और वह है विरामों (मौन) का सोद्देश्य कौशलपूर्ण उपयोग। हमें स्व. पंडित रामकृष्णबुआ वझे का स्मरण हो आता है उनकी शालीन गतिशीलता और सुनिर्दिष्ट विरामों का। ये विराम संगीत को हमारे अंदर थिरानें में सहायक होते हैं। इसी प्रकार उक्त गायक को छोटी-छोटी सांगीतिक इकाइयों के अप्रत्याशित निर्वाह में बड़ी महारत थी। कुमार के सांगीतिक वातावरण से सुपरिचित लोग इन सारी समानताओं को बख़ूबी पहचान सकते हैं। सिर्फ़ एक ही चीज़ कुमार की ऐसी है जिसे मैं किसी अन्य संगीतज्ञ के साथ आसानी से नहीं जोड सकता और वह है उनका 'ध्वनि-शास्त्र'। 'हेमलेट' की शब्दावली में कहूँ तो कुमार शब्दों का उच्चारण जिस तरह से करते हैं, उसे 'ट्रिपिंगली ऑन द टंग' कहना होगा। जहाँ तक हिंदी, ब्रज या अन्य हिंदुस्तानी रचनाओं का प्रश्न है, उच्चारण का यह तरीक़ा शब्दों को अधिक तरल और गत्वर बनाता है। शब्द इस तरह जड़ नहीं पकड़ते, अवरोध पैदा नहीं करते और गायक को अपनी घुलावट में जकड़ते नहीं। मेरी धारणा यह है कि कुमार अवचेतन रूप से अपनी मातृभाषा यानी कन्नड़ की लयगति से प्रभावित है। रोज़मर्रा की बातचीत में भी उन्हें इतनी जल्दी-जल्दी बोलने की आदत है कि कभी-कभी आधे शब्द जुड़–से जाते हैं। यहाँ पर यह याद कर लेना भी ज़रूरी है कि स्वर्गीय बाल गंधर्व भी शब्दों का इसी तरह उच्चारण करते थे, हालाँकि उनके ऐसा करने का कारण दूसरा था : स्त्री पात्रों की भूमिका अदा करने के लिए उन्हें यह तरीक़ा अधिक स्वाभाविक लगता होगा। किंतु प्रभाव समान है। इससे उनके संगीत में एक श्रवणशीलता का समावेश हो जाता था। मैं समझता हूँ, कई दूसरे संगीतज्ञों की भी अलग-अलग खूबियों का प्रभाव कुमार पर अवश्य पड़ा होगा। इसके बावजूद कुमार की चयनधर्मिता के बारे में हमारा निष्कर्ष पूर्ववत् संगत रहेगा।

बेहतर शब्दावली के अभाव में मैं कुमार की संगीत-दृष्टि की दूसरी विचित्रता की 'सांगीतिक साक्षरता' की संज्ञा देना चाहूँगा। कुमार ने संभवतः सांगातिक अभिव्यक्ति और सांगीतिक अनुभव की अनेक रूप समृद्धि का अपनी अंतदृष्टि से साक्षात्कार कर लिया है। इस कारण वह अनेक प्रकार के रचनात्मक उत्तेजन प्राप्त करने और अपनी ही विविध प्रणालियों से उन्हें अभिव्यक्त करने में सफल हो सके हैं। सभी जानते है टप्पा-गायकी उन्होंने किसी से विधिवत सीखी नहीं थी। फिर भी पुस्तकों में उपलब्ध अनेकानेक स्वरलिपियों की अपनी सूझ-बूझ के मुताबिक व्याख्या करते हुए उन्होंने खुद ही इस गायकी को अपने लिए एक प्रकार से पुनराविष्कृत कर डाला। संगीत में पात्रता की एक विशेष मंजिल छू लेने के बाद भी गुरु पर निर्भर रहना मनुष्य के व्यक्तित्व के अनुरूप नहीं है। अगर इस आधुनिक युग में भी - श्रव्य-दृश्य साधनों की अपूर्व विपुलता के बावजूद— कोई आदमी अपना भंडार और अपनी संगीत-चेतना के संवेदन-स्तर को नहीं बढ़ा सकता तो इससे उसका पिछड़ापन ही साबित होगा। बालगंधर्व के मंच-गीतों वाले अपने कार्यक्रम में कुमार सांगीतिक साक्षरता के एक और आयाम (पहलू) पर अपने अधिकार को प्रमाणित करने में करीब-करीब सफल हो सके हैं। उन्होंने किया यह कि बालगंधर्व के उन गीतों का, जो कि रिकॉर्ड के रूप में सुलभ थे, गहरा अध्ययन किया और उन्हें बीज-रूप में सामने रखते हुए अपने ढंग से पुनर्रचना की। इस प्रकार वह बालगंधर्व का नया संस्करण प्रस्तुत कर गये। एक दूसरा पक्ष भी उनकी इस सांगीतिक साक्षरता का ध्यान देने योग्य है और वह सचमुच साहित्यिक पक्ष है। अपनी स्वयं की रचनाओं में उन्होंने नया सामाजिक कथ्य उँडेलते हुए पदों को नयी अर्थवत्ता दी है और पुराने लोगों के इस ख़्याल को ज़बर्दस्त चुनौती दी है कि संगीत में शब्दों का महत्त्व स्वरों को टाँगने की खूँटियों से ज़्यादा कुछ नहीं है। अपनी रचनाओं में उन्होंने मालवी के लोक-मुखर शब्दों का प्रयोग किया है जिससे ध्वन्यात्मक वैविध्य बढ़ा है। ये सारी बातें कुल मिलाकार एक ऐसे संगीतकार की तस्वीर हमारे सामने पेश करती है जिसकी खोजी बुद्धि उसे सांगीतिक सार्थकता के नित नये अन्वेषणों के लिए प्रेरित करती रहती है।

इस सबके बावजूद यह चयनधर्मिता और साक्षरता भी प्रयोग के ही स्तर पर रह जाती, यदि कुमार में यह बुनियादी गुण न होता जो इन्हें ताक़त पहुँचाता है। वह गुण है संगीत का उत्कट एकाग्रता, जो कि एक

बड़ी दुर्लभ वस्तु है। चाहे अपने वाद्यों की सार-सँभाल का प्रश्न हो, चाहे किसी महफ़िल का कार्यक्रम बनाना हो, छोटी-से-छोटी और बड़ी-से-बड़ी चीज़ों में भी वही उनकी बुनियादी एकाग्रता काम करती दिखाई देती है। सभी संगीतज्ञ इस बात पर सहमत होंगे कि गायक के लिए अच्छी तरह मिला हुआ तानपूरा उसकी सफलता की पहली शर्त है; क्योंकि उसके कारण वातावरण निर्मित होता है; सही मूड जमता है और श्रोताओं का ध्यान भी एकाग्र होता है। मगर यह सचमुच खेदजनक है कि बहुत थोड़े-से संगीतज्ञ इस मामले में सजग और सावधान दिखाई देते हैं। यदि कोई संगीतज्ञ महफ़िल में गायी जानेवाली चीज़ों का पूरा ख़ाका लिखित रूप में अपने लिए तैयार करता है तो यह प्रमाण है कि महफ़िल की एक संपूर्ण सांगोपांग कल्पना उसके पास है, जिसमें राग, ताल, अपनी आवाज़, अपनी मनःस्थित, स्थान-काल आदि सभी अवयवों को एक संगत अवस्था में संदर्भित और स्वायत्त कर लिया गया है। संगीत से जुड़ी हुई सारी वस्तुओं के प्रति यह गंभीर एकाग्रता एक सृजनात्मक अंतर्विवशता की द्योतक है। यह प्रमाण है कि सृजनधर्मी कलाकार के लिए संगीत से जुड़ी छोटी-से-छोटी बातें भी कभी उपेक्षणीय नहीं होतीं। आख़िर गायन-वादन का कोई भी गंभीर प्रदर्शन कई अभिव्यंजना प्रणालियों की एकाग्रता से संभव होता है। स्वधर्म-निर्वाह का ऐसा ऊँचा स्तर ही कलाकार की गरिमा के अनुकूल है।

मेरी समझ में यह एकाग्रता का गुण ही कुमार को उन थोड़े से अग्रणी कलाकारों में शामिल करता है जो सचमुच अपनी तात्कालिक प्रेरणाओं पर आशु-आविष्कार-क्षमता के भरोसे काम करते हैं। हालाँकि सभी संगीतज्ञ इस आशु-प्रतिभा का दावा करते हैं, सच्चे अर्थों में आशु-प्रतिभा या तात्कालिक आविष्कार-क्षमता वह क्षमता है जो हमें संगीत का अक्षय समृद्धि का अनुभव कराती है — अपने अप्रत्याशित अननुमेय संयोजनों के द्वारा। जब कोई कलाकार सचमुच इस आशु-प्रतिभा का धनी होता है तो वह संपूर्ण राग के स्वरूप को मन में सँजोये रखकर भी प्रत्येक क्षण एक नया निर्माण करता है, प्रत्यक्ष क्षण हमें राग की रमणीयता का नया, ताज़गी-भरा और प्रत्याशित अनुभव देता है। संगीत की यह आशु-रचनात्मकता हमें निरंतर एक उत्कट आशा और आकस्मिक परितृप्ति के अनुभवों से गुज़ारती रहती है। कुमार इस आशु-रचनात्मकता पर कितना निर्भर रहते हैं, यह इससे ज़ाहिर है कि वह राग-विस्तार की सीढ़ी-दर-सीढ़ी आगे बढने की सुरक्षापूर्ण विधियों की परवाह नहीं करते। ऐसा लगता है कि हर बार किसी राग को गाते समय वह नये सिरे से उसकी संभावनाओं का अन्वेषण कर रहे हैं। हर गायक की महत्वाकांक्षा रहती है कि क्षण-विशेष की मनःस्थिति का सांगीतिक अभिप्राय क्या है, इसे तुरंत पकड़ सकने की सिद्धि उसे किसी तरह से हासिल हो जाये। यह प्रेरणा कई रूपों में संगीतकार की चेतना हो पकड़ सकती है। कभी वह उसे एक ही अंग के वैविध्य में इस तरह रमा सकती है जैसे वही समूची सृष्टि हो; कभी बंदिश का कोई वाक्यांश नये-नये लयात्मक विन्यासों के अंतहीन अवसर प्रदान करता प्रतीत होता है; कभी-कभी कोई ख़ास चलन (गति-परिवर्तन) संगीतकार का ध्यान खींचता है और संगीतात्मक बिंबों की लड़ियाँ गुँथी चली आती हैं। आशु-रचना या 'इंप्रोवाइजेशन' का मतलब ही यह है कि गायक किसी भी क्षण संभावना की एक क्षणिक झलक पाते ही अपने पूर्व-नियोजित ढंग को बदलने और अप्रत्याक्षित मोड़ देने के लिए प्रस्तुत रहे। स्पष्ट ही, इसमें ख़तरे ही ख़तरे हैं। ऐसे ही क्षणों में कलाकार जीवन और मृत्यु के साक्षात्कार से गुज़रता है। कुमार ऐसे क्षणों को न केवल आमंत्रित करते हैं; बल्कि उन पर सब कुछ निछावर कर देने — कोई भी ख़तरा उठाने — हमेशा तैयार रहते हैं। इसी प्रेरणा के बल पर वह लोकधुनों में राग-तत्त्व की झलकियाँ पा सके हैं। इसी कारण, प्रेरणा के इसी गतिशील सिद्धांत के बल पर वह ख़याल गायकी के विस्तारात्मक चरणों के सामान्य क्रम में उलट-फेर कर लेते हैं। किसी धुन, राग, बंदिश या चलन के अंतर्निहित रहस्यों का पारदर्शन संगीतज्ञ के लिऐ बहुत बड़ा आकर्षण होता है। मगर वैसा करना हमेशा सिद्धि की ओर ले जायेगा, इसकी कतई कोई गारंटी नहीं है। अनपहचाने रास्तों पर भटक जाने की गुंजाइश काफ़ी होती है। जो जाना-पहचाना और आजमाया हुआ सुनिश्चित रास्ता है; उसे छोड़कर अचीन्हे रास्ते पर चल देना बड़े दुर्लभ आत्मविश्वास की माँग करता है। कुमार महान् संगीतज्ञों की

सर्वोत्तम और स्पृहणीय परंपराओं से जुड़ते हुए इस कठिनतर मार्ग का वरण करते हैं।

दरअसल ये सारी विशेषताएँ हमारे ख़याल संगीत में कोई दो पीढ़ी पहले बराबर मौजूद थीं। मगर इस तथ्य को लोग सामान्यतः भूल ही जाते हैं। मध्य लय के लिए आप उस्ताद रहिमत खाँ के रिकॉर्ड सुन लीजिए, लचक और सुकुमार स्पर्शों का अनुभव करना हो तो कराची के मुबारक अली खाँ और बंबई के सिंदे खाँ की रचनाएँ सुनिए, तराना और टप्पा के कल्पनाशील प्रयोगों को देखना हो तो ग्वालियर घराने के दिग्गजों की याद कीजिए जिनके, दुर्भाग्यवश, कोई रिकॉर्ड उपलब्ध नहीं है। यदि आपको यह जानने में दिलचस्पी हो कि भजन जैसे परंपरागत अर्द्ध-लोकधुनों को गंभीर शास्त्रीय गायकी का दर्जा कैसे हासिल होता है तो आप वल्लभ संप्रदाय के मंदिरों में गाये जाने वाले पुष्टि-संगीत और अब लगभग मृतप्राय अष्टपदी की परंपरा का अवलोकन कर देखिए। सच्ची बात तो यह है कि कुमार के संगीत को पुनरुत्थानवादी, अतीतमूलक तक कहा जा सकता है, क्योंकि उनके यहाँ हम पुराने तौर-तरीक़ों का पुनः आविर्भाव देखते हैं। वही पुरानी वृत्तियाँ हैं : केवल संदर्भ नया हो गया है। यही कारण है कि मैंने उन्हें परंपरा के भीतर प्रयोग करनेवाला कहके निरूपित किया है। रूढ़िवादी से वह इसलिए अलग पड़ जाते हैं कि वह परंपरा को रूढ़िमात्र मानने के इनकार करते हैं। इसी तरह मात्र प्रयोगवादी और नवीनता का आग्रही भी उन्हें मानना गलत होगा, क्योंकि वह वर्तमान को हमेशा अतीत के परिप्रेक्ष्य में देखते आये हैं।

इस पृष्ठभूमि में हम उनकी कलात्मक विफलताओं का भी विश्लेषण कर सकते हैं। मेरी राय में कुमार गंधर्व तीन बातों में बहुत दूर तक असफल हो चुके हैं। ये तीन बातें है : नाद-सर्जना, ठुमरी और अभंग एवं भावगीत।

नाद प्रस्तुति के मामले में कुमार गंधर्व के यहाँ बड़ी भारी त्रुटि या कि कमी का अहसास होता है। ज़्यादातर उनका ज़ोर उस स्तर की आवाज़ पर रहता है जिसे संगीत की शब्दावली में 'फॉल्सेटो' (उच्चस्वर) कहा जाता है। कोई भी कंठस्वर जो 'फॉल्सेटो' (उच्चस्वर) पर ही आश्रित रहता है; संगीत के प्रति पूरा न्याय नहीं कर सकता, क्योंकि 'फॉल्सेटो' आवाज़ें हमें चमत्कृत तो अवश्य कर सकती हैं किंतु नाद का वह स्वरूप खड़ा नहीं कर सकतीं जो मुख्यतः 'ओवर टोन स्ट्रक्चर' के संपूर्ण निर्वाह पर अवलंबित होता है। आवाज़ निकालने का यह इकतरफ़ापन संगीतज्ञ को किस कदर पंगु कर दे सकता है, यह इसी से प्रमाणित हो जाता है कि कुमार अभी तक पूरिया, दरबारी, मल्हार, मालकौंस सरीखे उन रागों के प्रति न्याय नहीं कर पाये हैं जो नीचे के सुरों पर ही विकास पाते हैं। मंद्र पंचम से लगाकर मध्य षड्ज तक के ध्वनि-विस्तार में कुमार का कंठस्वर एकदम निष्प्रभावी है। इससे यह स्पष्ट निष्कर्ष निकलता है कि फॉल्सेटो आवाज़ पर वे ही गायक निर्भर करते हैं जिनके कंठस्वर में विस्तार और घनत्व अपेक्षाकृत बहुत क्षीण होता है। इस कमी के अलावा जो एक दूसरी दिक्क़त उनके साथ है, वह यह है कि उन्हें ताक़त लगाकर आवाज़ खीचनी पड़ती है। इस प्रकार के कंठस्वर को ठीक-ठीक परिभाषित करना तो बड़ा कठिन जान पड़ता है, पर मोटे तौर पर कह सकते हैं कि इसकी प्रवृत्ति बिना समस्वर गूँज पैदा किये आवाज़ का महज़ आयतन बढ़ाने की हुआ करती है। यह तो ज़ाहिर बात है कि महज़ साँस के ज़ोर से आवाज़ में गूँज और गोलाई नहीं पैदा की जा सकती। सौभाग्य की बात है कि कुमार के स्वर (वॉवेल्स) अधिकतर सुनिर्मित होते हैं। मगर इतना तय है कि ऊँचे तारत्व (पिच) वाली आवाज़ स्वरों के उच्चार में निहित संभावनाओं को पूरी तरह नहीं निबाह सकती, क्योंकि उच्चतर आवृत्ति की रेंज में स्वर अपने आप अस्पष्ट हो जाते हैं — ऊँचे सुरों के 'ओवरटोन-स्ट्रक्चर' के कारण! (यह भी एक गौरतलब बात है कि कुमार आलाप की बजाय बोल-आलापों पर ज़्यादा निर्भर रहते है। क्योंकि बोल-आलापह मुख्यतः व्यंजन-समूहों से बने होते हैं : स्वर वहाँ स्वतः दबे रहते हैं।)

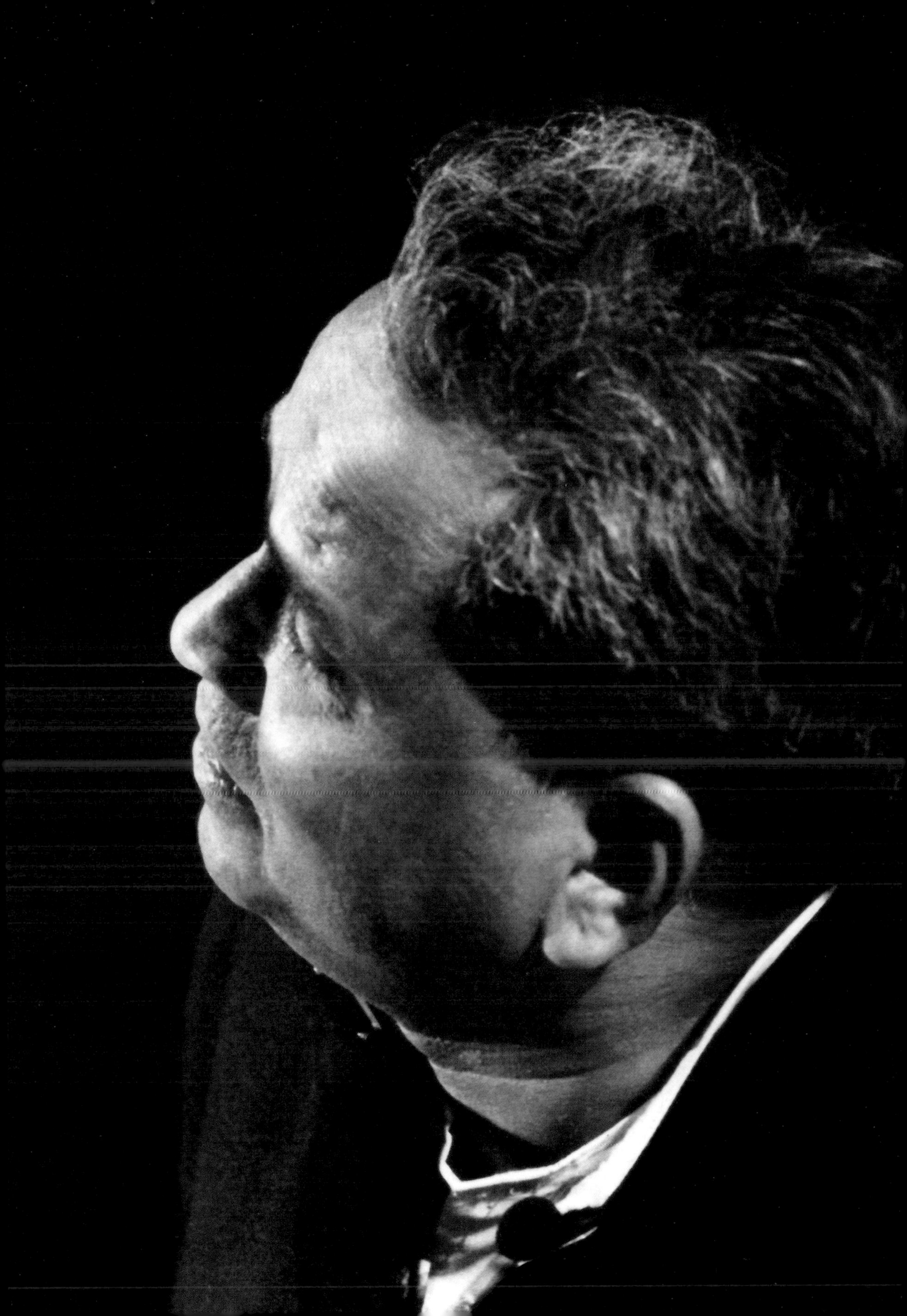

इतनी सीमित नाद-संपदा के रहते किसी भी संगीतज्ञ के लिए यह लगभग असंभव है कि वह अपनी आवाज़ में ऐंद्रिकता का गुण ला सके या कि पूरा भराव पैदा कर सके। जहाँ तक ठुमरी-गायन का प्रश्न है, प्रेरणा की दीप्ति या स्वरों की बारीक से बारीक नक्काशी भी आपको अच्छा ठुमरी-गायक नही बना सकती अगर आवाज़ में वह दमखम, वह भराव और ऐंद्रिकता न हो। ये गुण उस 'फॉल्सेटो' आवाज़ से बिलकुल विपरीत नाद-गुणों की माँग करते हैं जिन पर कि कुमार का सारा संगीत-कौशल आधारित है। यह थोड़ा विस्मयकर लगता है कि कुमार की सजग संगीत-संवेदना उस तर्क-संगति का अनुसरण क्यों नहीं करती जिसपर ठुमरी की सारी प्रभावोत्पादकता अवलंबित है। स्वभावतः यहाँ वह अपनी ही क्षमताओं से पिट जाते हैं और विफल होकर रह जाते हैं।

किंतु भावगीत और अभंग के क्षेत्र में कुमार की विफलता का कारण इससे कुछ भिन्न है। कुमार इन कलारूपों के भाषाकेंद्रित आकर्षण को पकड़ नही पाये हैं। ये कलारूप काफ़ी हद तक रचनाओं के शब्दों के सही उच्चारण और सही 'इनटोनेशन' पर निर्भर हैं। कुमार के मराठी उच्चारण कुछ ज़्यादा ही व्यक्ति-वैचित्र्यपूर्ण है और अपनी तेज गति के कारण थोड़े अस्पष्ट भी हो जाते हैं। कुमार जैसा व्यक्ति, जो अपनी हिंदुस्तानी रचनाओं के शब्दार्थ और ध्वन्यार्थ के प्रति इतनी सजग संवेदनशीलता का परिचय देता है, मराठी के संगीत-रूपों के प्रति इस क़दर चलताऊ रुख अपनाकर कैसे संतुष्ट हो लेता है; यह बड़े अचरज का विषय है। ऐसा प्रतीत होता है कि उनकी श्रवण-संवेदना में एक गलत चयनधर्मिता है। प्रत्येक भाषा आपसे यह माँग करती है कि आप उसकी अंतर्निहित परंपराओं का सम्मान करें। यदि महाराष्ट्र के कुछ दूसरे संगीतज्ञों पर यह आरोप लगाया जा सकता है कि उन्होंने हिंदी या दूसरी भाषाओं मे रचे गये पदों को गाते समय अक्षम्य भूलें की हैं तो कुमार ने भी मराठी के साथ उसी तरह की मनमानी की है।

एक और आपत्ति मुझे उठानी है और अगर कुमार गंधर्व इतने उच्चकोटि के कलाकार न होते तो शायद इसकी भी ज़रूरत मैं नहीं समझता। जैसे उनकी कीर्ति है, संगीत की जैसी बहुमुखी प्रतिभा का परिचय उन्होंने दिया है; उसे देखते हुए कुमार से हमारी यह अपेक्षा अनुचित न होगी कि उन्हें एक योग्य गुरु की अतिरिक्त दायित्व-भावना भी स्वीकार करनी चाहिए। मुझे यह कह देने में कोई हिचक नहीं कि अभी तक कुमार का कोई भी शिष्य इस कोटि तक नही पहुँचा है कि उसके बारे में पूर्ण-पारंगत कलाकार का दावा संगत लगे। मुझे यह भी कहना पड़ेगा कि कुमार की शिक्षण विधियाँ क्या हैं, इस विषय में कोई प्रत्यक्ष साक्ष्य अभी तक सुलभ नहीं है। तो भी यदि कुमार के शिष्यों के गायन पर से ही मुझे अपना निर्णय देना हो तो मुझे लगता है कि कुमार वही ग़लती दुहरा रहे हैं जो उनके जैसे विलक्षण प्रतिभासंपन्न कलाकार अकसर किया करते हैं : वे यह मानकर चलते हैं कि हर थोड़ी-बहुत संभावना वाला संगीतज्ञ उन्हीं की जैसी प्रतिभा और उन्हीं की जैसी प्रकृति और रुझान का होगा। ऐसा ही लगता कि भावदशा को साधने के अलावा भी किसी अन्य विधि का अनुसरण उन्हें अभीष्ट होगा। मगर सभी कलाकार इस बात में एकमत होंगे कि सिखाने और सीखने की प्रक्रियाओं में 'ड्रिलिंग' (अभ्यास) की उपयोगिता निश्चय ही काफ़ी होती है। सिर्फ़ बहुत बिरली परिस्थितियों में इस नियम को थोड़ा शिथिल किया जा सकता है। गुरु के लिए तो यही मानकर चलना श्रेयस्कर है कि उसका शिष्य 'जीनियस' नहीं है और उसे शिक्षण के समूचे अनुशासन से गुजरना ही है। यह तो स्पष्ट प्रतीत होता है कि कुमार अपने शिष्यों की नकलची प्रवृत्तियों पर अंकुश लगाने में असफल रहे हैं। हालाँकि कोई भी गुरु अपने शिष्यों को अपने अनुकरण से पूरी तरह नहीं बचा सकता, फिर भी इस दिशा में जागरूक प्रयत्न आवश्यक है — तब तो और भी ज़्यादा जबकि कलाकार-गुरु स्वयं संगीत जगत् का माना हुआ कलावंत और नयी दिशाएँ खोलने वाला हो। कुमार चूँकि सारे कलावंतों के बीच अपनी आत्म-सजगता के लिए प्रख्यात हैं, उनकी ज़िम्मेदारी और भी प्रखर हो जाती है।

इस सारे विवेचन के उपरांत यह कहने की शायद कोई ज़रूरत नहीं रह जाती कि कुमार ने हिंदुस्तानी संगीत के इतिहास में एक बिलकुल नया पृष्ठ जोड़ा है। भारतवर्ष आज जिस सर्वाधिक प्रबुद्ध और संपूर्ण संगीत-संवेदना और संगीत-चेतना का गौरव ले सकता है, उसका सच्चा प्रतिनिधित्व कुमार के यहाँ मिलेगा। संगीत की साधना को अपने जीवन-कर्म के केंद्र में स्थान देते हुए भी उनमें व्यावसायिकता लेशमात्र को नहीं है; साथ ही गहनतम भाव-संवेदना के धनी होते हुए भी उनमें अपने युग और अपने देश-काल का पूरा स्वीकार दिखाई देता है। उनका आत्मविश्वास इस प्रश्नाकुल बीसवीं सदी को संदेह की दृष्टि से नहीं देखता। अब जबकि एक गायक, स्वर-कार, कर्मकुशल संगीतज्ञ और परंपरानिष्ठ अन्वेष्टा की हैसियत से वह भारतीय संगीत में भली भाँति प्रतिष्ठित हो चुके हैं; उन्हें गुरु की प्रौढ़ भूमिका भी अंगीकार करनी ही होगी, क्योंकि वह इस कार्य के लिए असंदिग्ध रूप से परिपक्व हो चुके हैं।

(अनुवाद : रमेशचंद्र शाह)
पूर्वप्रकाशित
साभार : पूर्वग्रह, सितंबर-अक्टूबर 1976

8

'घरानों को अब विसर्जित कर देना चाहिये' : कुमार गंधर्व

मुकेश गर्ग

कुमार गंधर्व यानी हिन्दुस्तानी संगीत का जीता-जागता नया सौंदर्यशास्त्र। कुमार गंधर्व यानी बग़ावत। घरानों के खिलाफ़ बग़ावत। ऐसी बग़ावत जिसने घरानों के नाम पर चली आ रही 'श्रेष्ठता' का पर्दाफाश किया। बताया कि नक़ल कर लेने से कोई बड़ा नहीं होता। बड़ा होता है सृजन से, कुछ नया रचने से। 'मैं तोताराम नहीं हूँ' – कहना है उनका।

कुमार गंधर्व की बग़ावत से घरानेदार संगीत के हिमायतियों में खलबली मच गयी। जिन्हें अभिमान था कि संगीत को घरानों ने पनपाया है, उनके सामने अब ऐसा आदमी आ खड़ा हुआ जो कह रहा था कि घरानों की ही वजह से हमारा संगीत नीचे गया है। यह कोई छोटी बात नहीं थी, वह भी आज से चालीस साल पहले।

नतीजा यह कि हर तरफ़ से हमले होने लगे कुमार पर। कोई कहता – ''यह भी कोई गाना है इयेऽऽ करके बिल्लियों की तरह आवाज़ निकालना!'' (आचार्य बृहस्पति)। बहुतों को कुमार के राग-रूपों से शिकायत होने लगी – 'अगर राग के परंपरागत रूप की रक्षा नहीं कर सकते तो उसका नाम बदलकर कुछ और क्यों नहीं रख लेते?'' किसी ने इल्ज़ाम लगाया – ''मेरे बनाए राग 'वेदी की ललित' में तुमने तीव्र निषाद लगा दी और कह दिया लगनगंधार। हमारे राग के ऊपर तुम एक सुर और नया लगाते हो!'' (पं. दिलीपचंद्र वेदी)। गरज यह कि परंपरा के प्रति भावुक लगाव रखनेवाला हर संगीततज्ञ कुमार गंधर्व को एक ख़तरे के रूप में देखने लगा। और यह ग़लत भी नहीं था। कुमार ने उन जड़ों को ज़ोरदार झटका दे दिया था, जिन पर हिंदुस्थानी संगीत का वटवृक्ष सीना ताने खडा था।

क्या सचमुच कुमार परंपरा विरोधी हैं, इसकी पड़ताल के लिए हमने उन्हीं से पूछा – 'कुछ लोगों का आरोप है कि आप परंपरा को नहीं...। इतना सुनना था कि आवेश में आ गए– "परंपरा के ऊपर आप क्यों इतने लट्टू होकर बैठे हैं? हमको समझ नहीं आता। फिर क्यों नहीं रहते आप पुरानी तरह से? यह इतना फालतू लफ़्ज है। लोग इसमें क्यों इतने अटके हैं? आप आगरा-फोर्ट देखने जाइए न। मैं तो नकार नहीं कर रहा। हम भी जाते हैं आपके साथ। अच्छा भी लगता है। आपको फिर राजा लोग चाहिए क्या? फिर बैलगाड़ी चाहिए आपको? यानी, फिर कुआँ चाहिए क्या? तो फ्लश-संडास निकाल दीजिए घर से। आपको फ्लश संडास भी चाहिए घर में, नल भी चाहिए और कुआँ भी चाहिए। और कुआँ का अभिमान भी छूटना नहीं चाहिए आपको!"

जवाब सुनकर मैं हैरान रह गया। कैसी बेलाग टिप्पणी है हमारे दोगले जीवनमूल्यों पर।' फिर राजा लोग चाहिए क्या' में कितनी गहरी समझ है। किसी कट्टर घरानेदार से यह वाक्य सुनने को नहीं मिलेगा आपको। उलटे रजवाड़ों के न रहने का रोना ही सुनेंगे उससे। यह वो चीज़ है जो एक तरफ़ कुमार गंधर्व की समाजसापेक्ष चिंतनशीलता का सबूत देती है, तो दूसरी तरफ़ उनकी गायकी का रहस्य भी खोलती है। यह बताती है कि क्यों परंपरागत गायकी और कुमार गंधर्व की गायकी एक-दूसरे को पीठ दिए बैठी रहती हैं। एक ही उत्स से जन्म लेकर भी क्यों दोनों अलग दिशाएँ पकड़ती हैं और आगे जाकर उन में इतनी दूरी आ जाती है कि समझौते की सम्भावना तक बाक़ी नहीं बचती।

असल में हमारे ज़्यादातर संगीतज्ञ, जिन में पढ़े-लिखे भी हैं, 'परंपरा' का जो मतलब समझते हैं, गड़बड़ उसी में है। उनकी नज़र में परंपरा का अर्थ है पिछली पीढ़ियों से मिली कलात्मक सम्पदा को ज्यों-का-त्यों अपना लेना। उसी को शुद्ध और आदर्श मानना। उस में ज़रा-सी मिलावट, प्रयोग की हल्की-सी आहट भी उन्हें विचलित कर देती है। ताज्जुब की बात यह है कि इनमें ऐसे लोग भी हैं, जो मानते हैं कि हमारी संगीत कभी एक-सा नहीं रहा, बदलता रहा है। आप उनसे कह दें कि आज की ज़रूरतों के हिसाब से कुमार गंधर्व भी संगीत को बदल रहे हैं, वे आपे से बाहर हो उठेंगे – "यह बदलना नहीं, शास्त्रीय संगीत की धज्जियाँ उड़ाना है।"

जो हो, कुमार को इस सबकी परवाह नहीं। ऐसा इसलिए नहीं कि वे दुराग्रही हैं, अहंकारी हैं और बुजुर्गों की इज़्ज़त नहीं करते। बल्कि इसलिए कि 'परंपरा' क्या है, इसके मर्म को उन्होंने समझ लिया है। वह

जानते हैं कि पुरखों ने जो कुछ पैदा किया, अपने जमाने के हिसाब से किया। वह यह भी जानते हैं कि जो कलात्मक विरासत हमें मिली है, उसे हमारे पूर्वजों ने ही सदियों की जद्दो-जेहद के बाद हासिल करके हमें दिया है। उन्हें मालूम है कि इस धरोहर में ऐसा बहुत-कुछ है, जो हमारे काम का है। मगर, साथ ही वह यह भी जानते हैं कि इसमें बहुत कुछ ऐसा भी है जो आज सार्थक नहीं रह गया, जो मरणासन्न है? हमारी परंपरा में क्या जीवंत है और क्या मृत, इसको पकडने वाली बारीक नज़र कुमार गंधर्व के पास मौजूद है। इस नज़र ने ही वह ताक़त दी है, जो क़दम-क़दम पर बाधाओं के बावजूद उन्हें अपने पथ से विचलित नहीं होने देती। वह मज़बूती दी है, जो चौतरफ़ा हमलों के बावजूद उन्हें समझौता नहीं करने देती। व्यावसायिक मंच से जुडे होने पर भी इतना बड़ा ख़तरा मोल लेने का साहस कुमार गंधर्व की काठी का आदमी ही दिखा सकता है।

मजे की बात यह है कि कुमार अपने को सच्चा परंपरावादी मानते हैं – 'मेरे जितना ऑर्थोडॉक्स कोई है ही नहीं। कोई नहीं है संगीत में मेरे जितना ऑर्थोडॉक्स।'' कितना आत्मविश्वास है उन्हें – 'और मैं ऑर्थोडॉक्स हूँ, इसीलिए कुछ कर सकता हूँ। आप फंडामेंटल विचार करना छोड़ बैठे हैं संगीत में, तो इसमें मेरा क्या कसूर?''

इसीलिए कुमार गंधर्व को स्वच्छंदतावादी कह देना इतना आसान नहीं। 'स्वच्छंदता' से निजी स्वार्थ की और परंपरा के तिरस्कार की गंध आती है। कुमार में ये दोनों ही नहीं हैं। उनका विद्रोह स्वैराचार नहीं है। बंधनों से मुक्ति नहीं चाहता वह। 'राग-संगीत में बंधन है। जितना बंधन आप डालेंगे, उसका 'पावर' बढता जाता है।' किसी स्वच्छंदतावादी से कभी सुनी ही आपने ऐसी बात?
कुमार गंधर्व 'बंधनयुक्त स्वैर' में विश्वास करते हैं। 'स्वैरयुक्त बंधन' में उनकी दिलचस्पी नहीं। बंधन ज़्यादा और फिर स्वैर यानी स्वच्छंदता. यह बड़ा मुश्किल है। बंधन वे ख़ुद पैदा करते हैं। राग लगनगंधार के उतरे-चढ़े दोनों कोमल गंधार और दोनों कोमल निषाद उन्होंने ख़ुद बनाए। ख़ुद बंधन तैयार किया अपने लिए। बार-बार उसे निभाते हैं, बँधते हैं। अपनी ही रस्सी से जकड़ते हैं खुद को। जेवडा तुडाकर नहीं भागते, ख़ुद खूँटे से बँधते हैं। मगर यह जेवडा उनका अपना ही है, खूँटा भी अपना है। अपना कहना भी ग़लत है। यह रस्सी, यह खूँटा अपनी विरासत को समझने, उसे आत्मसात् करने से पैदा हुए हैं। हमारी परंपरा के सकारात्मक हिस्सों का निचोड़ है इनमें।

कुमार गंधर्व का संगीत आदमी की पुर्नप्रतिष्ठा की ज़बरदस्त कोशिश हैं। हमारे रागदारी संगीत का अधिकांश आज भी दरबारी मानसिकता से जकड़ा हैं। वह भी उस दौर की मानसिकता से जब रजवाड़े अंतिम साँसें ले रहे थे। दरबारी संगीत पूरी तरह आदमी से कट गया था। तानबाजी की विकरालता और लयकारी के गणितीय चमत्कार हावी हो चले थे। असुरक्षा की भावना ने अपने गुर छिपाने की मज़बूरी उस्तादों के सामने ला धरी थी। गोपनीयता की इस प्रवृत्ति ने समाज के बड़े हिस्सों से संगीत का रिश्ता ख़त्म कर दिया। कला जब सिमट कर बिलों में घुसने लगे तो ज़िंदगी की ताज़ा हवा से उसका महरूम हो जाना लाज़िमी है। वह बीमार पड जाती है। आदमी से डरने लगती है। यह अकारण नहीं कि आज भी शास्त्रीय संगीतज्ञों का एक बड़ा हिस्सा अपने संगीत को आम आदमी से दूर रखने की सिफ़ारिश करते कोई शर्म महसूस नहीं करता।

कुमार ने हमारे रागदारी संगीत को ताज़ा हवा में साँस लेने का मौक़ा दिया है। जड़ बंधनों को काटकर उसे पनपने और फिर से तंदुरुस्ती हासिल करने का अवसर दिया है। लोकसंगीत का उनका अभ्यास उनके रागदारी संगीत को ऑक्सिजन देता है। इस तरह उनका संगीत अभिजात होते हुए भी लोकोन्मुखी है। लोक उसमें अनायास घुल गया है। बेशक उसका चरित्र उच्चवर्गीय है, मगर खाद-पानी जुटाने के

लिए वह बार-बार ज़मीन से जुड़ता है। उससे रसग्रहण करता है। इसके लिए कुमार सोची-समझी कोशिक नहीं करते। लोकसंगीत का उनके रक्त में घुलमिल जाना अनजाने इस प्रक्रिया को संपन्न कराता रहता है।

कुमार गंधर्व की शिकायत है कि घरानों ने हमारे संगीत की सृजनात्मकता समाप्त कर दी है। वे कलाकार से कुलीगीरी कराते हैं। 'कुलीगीरी यानी लीक पर चलना, जो पुराने कहते चले आ रहे हैं, उसे कहना। बोझ लेकर चलना। घराना तो एक बोझा ही हुआ न। मेरे ऊपर बोझा नहीं है। मेरे अपने संगीत का जब मुझ पर बोझा नहीं, तो आपका बोझा कहाँ लेता फिरूँ मैं। मैंने कल जो गाया, वह ख़तम हो गया। आज फिर 'फ्रैश' विचार करूँगा। मेरे पास राग है और ताल हैं। जो गाया, उसको काहे को, क्यों याद रखूँ? आप जब लिखते हैं, तो कुछ याद करते हैं क्या? कविता करते में कुछ याद करते हैं आप? एक कविता करने के बाद दूसरी लिखते वक़्त पहली को याद करते हैं आप? अच्छी पेंटिंग करने के बाद नई पेंटिंग बनाते समय आपको उसे याद रखना पडता है क्या? फिर संगीत से ही ऐसी उम्मीद क्यो करते हैं? संगीत को आप फिर कला क्यों कहते हैं? बहुत कुछ याद करके आप विद्वान भले ही हो जाएँ, ज्ञानी नहीं हो सकते! एक तरफ़ कलाकार कहना, दूसरी तरफ़ सृजन का बिलकुल लोप, यह कैसे? यह तो जमती नहीं बात। हमारे विचार में नही जमती। रोज आपको नई भूख लगनी चाहिए, तो ही आपका पेट है और आप जिंदा हैं। अपन 'म्यूजियम' क्यों बनते हैं?'

कुमार गंधर्व के ये सवाल किसी सिरफ़िरे के सवाल नहीं। न किसी एक आदमी के सवाल हैं ये। हमारा पूरा युग इनके पीछे हिलोरें ले रहा हैं। सामंतीय कला के सामने लोकतंत्रीय आशा-आकांक्षाओं से पैदा हुए सवालिया निशान हैं ये। दरबारी सौंदर्यशास्त्र के खिलाफ़ लोकतंत्रीय सौंदर्यशास्त्र की बग़ावत हैं ये। इन्हें झुठलाया नहीं जा सकता, दबाया नहीं जा सकता।

पूर्वप्रकाशित
साभार : समाचार पत्र, नवभारत टाईम्स, 14 अप्रैल 1990

१ | कुमारजी की पाठशाला

कलापिनी कोमकली

रात के ग्यारह - साढ़े ग्यारह बजे अचानक मेरी नींद खुलती है। कमरे में बिल्कुल अकेली। आस-पास अंधेरा। अंधेरे के पार, बाबा के कमरे से आई के गाने की आवाज़। मुझे रोना आ जाता है। मैं दौड़कर जाती हूँ। बाबा आई को गाना सिखा रहे हैं। मैं आई के पीछे से जाकर उसका मुँह दबाकर गले में हाथ डालती हूँ और कहती हूँ 'अब तुम मत गाओ न।' बाबा कहते हैं - "चलो अब छोड़ दो, ये रो रही है।' मेरे बचपन की संगीत को लकर यह पहली स्मृति है।

जब से आँख खोली, घर में चारों तरफ़ संगीत पाया। मेरे पिता कुमार गंधर्व जिन्हें मैं बाबा कहती थी सूर्य की तरह घर मे विद्यमान थे। वसुंधरा जी - अपनी ताई को ख़ामोश नदी की तरह मैं रोज़ अलसुबह जब कुमार जी सोते रहते, रियाज़ करते हुए पाती। बड़े होने पर मैंने देखा कि ताई के कमरे में जाओ तो ताई और मुकुल दादा ऊपर बैठे रियाज़ कर रहे हैं। और भी शिष्य आते-जाते थे। कुमार जी उन्हें सिखाते। शिष्य रियाज़ करते। तानपूरा बजता रहता। मज़ेदार-सी बात यह है कि मैं कभी इन सब चीज़ों से शुरू में नही जुड़ी।

घर में इतना गाना, संगीत के संस्कार कानों पर पड़ते रहने के बावजूद मेरा संगीत की तरफ़ कतई रुझान नहीं था। उलटे मैं तो यह चाहती थी कि घर में और कोई भी न गाये। आई तो बिल्कुल ही नहीं। क्योंकि जब आई-बाबा गाते थे तो वे मुझे बहुत दूर के लगने लगते। मुझे एक तरह से घर में प्रवाहित संगीत 'बैरी' लगता।

ऐसा कभी नहीं हुआ कि मैंने बाबा को केवल एक पिता के रूप में देखा हो। पिता वाला भाग बहुत कम अर्थो में आया करता था। योगी शीलनाथा बाबा के भजन की तरह 'आठों पहर अड़ख रहे आसन, कदे न उतरे शाही हो जी।।' उनकी सांगीतिक दिनचर्या ही ज़्यादा हुआ करती थी, मैं उन्हें घर में दो रूपों में देखती - एक अपने कमरे में लोगों से संगीत के बारे में विचार-विमर्श करते या संगीत सिखाते हुए और एक अपने पिता को।

स्कूल के दिनों में लता मंगेशकर, आशा भोसले के हिन्दी गाने गुनगुनाने जितना ही गाने से मेरा रिश्ता था। इनके गाने सुनते हुए मैं तल्लीन हो जाती। उस अबोध आयु में शास्त्रीय संगीत शुरू होते ही मैं भीतर जाकर सो जाती। तब यही लगता था कि गाना बिल्कुल ही न हो। ऐसे में मेरा गाना सीखने का प्रश्न ही नहीं था। माँ गाती है, पिता गाते हैं, भाई गाते हैं, बाबा के शिष्य भी गाते हैं, इन सब में मैं भी क्यों?

बागवानी करने जब माली आता तब बाबा बागवानी की बात भी उतनी ही गंभीरता से करते। हमारे घर कम से कम सौ पेड़ थे। बचपन में बाबा मुझे हर पेड़ के पास ले जाकर उनके नाम बताते। यह झाड़ फलाना है, जूही के फूल कैसे, उसकी बेल कैसी, चमेली की बेल अलग कैसी, उसके पत्ते अलग कैसे, यह सब बताया जाता था। पेड़ याने क्या? पेड़ कैसा हो और किसलिए? छाँव देने वाला, फूल देनेवाला और फल देनेवाला हो। ऊँचे से ऊँचा जाने वाला अशोक वृक्ष इनमें से कुछ भी देता है क्या? नहीं। फिर ऐसा पेड़ अपने यहाँ नही होना। घर आये मेहमानों को बगीचे की सैर कराना मेरा काम रहता। अपना बगीचा मालकौंस की बंदिश की तरह 'फूल बेदाग ये बन, बन घन भरे, खिरै सुंदर' हो यह मंशा।

हमारे घर के पीछे साप्ताहिक हाट-बाजार लगा करता था, मवेशियों का। कई गाँव से लोग आते। उन्हें यहाँ आसपास बैठने की कोई ठीक जगह नहीं मिलती तो वे सब बाक़ायदा दोपहर की गरमी में मधमाद सारंग की बंदिश की तरह सूरज की तपन से बचने के लिए 'रूखवा (रूख=वृक्ष) तले' आया करते। घर के पेड़ों की छाँव में रोटी-पानी किया करते। उन 'बटमार'-राहगीरों की प्यास बुझाने के लिए बाबा ने अलग से एक नल लगा रखा था ताकि जब भी हफ़्तें में एक बार खेत खलिहानी वाले ये किसान भाई आयें, तब उन्हें यहाँ पर पानी उपलब्ध हो सके। ये लोग जब भी आते, बाबा उनसे खेती-किसानी की बातें करते।

रूखवा तले आया, आया तले आया
बेठा बटमार, तपन करि दूरा।
अरे वो बाजी आवो
पियास बुझाले तोरा।।

बाबा मुझसे बोलें, मेरे साथ खेलें ऐसा मुझे बहुत लगता था। उन्होंने अपने बच्चों को सिनेमा दिखाने, घुमाने ले जाने जैसा अलग से कुछ नहीं किया। हालाँकि उन्हें ख़ुद ताँगे में घूमने का शौक था। अहमद मियाँ के ताँगे में बैठकर जब वे घूमने निकलते तब हमें भी अपने साथ ले जाते। अलग से लाड़-दुलार करना उन्हें नहीं जमता। लेकिन एक वाक़या इस बात से बिल्कुल अलग याद है वह यह कि हमारे घर के पीछे आम-नीम के बडे पेड़ हुआ करते थे। सावन में उन पर झूले डलते। मालवा में सावन की फुहारों के बीच मुझे मियाँ-मल्हार की बंदिश की तरह झूलना अच्छा लगता।

सावन झरियो झरि आयोरी, इतते उतते चहूँ दिसते, बादरी गरज बरसायो री।
बाँधियो आंबा पे झूलारी, आवो सहेल्या मिल गावो री।।

एक दिन बाबा ने कहा मैं तेरे लिए घर पर ही झूला तैयार करता हूँ। वे बाज़ार से लाल चटक रस्सी लाये, बाँस लाये, और अपने हाथों से मेरे लिए सुरमल्हार की बंदिश में वर्णित झूला तैयार किया।

'नीको नीको लग्यो री, रंग सुरंग साचो आछो री।
रेसम की डोर बनाऊ, बँधाऊँ झूलाऊँ री।।'

हम शहर पार एक किनारे पर रहते थे। घर के पीछे के झूलेवाले झाड़ के नीचे वैसे तो थोड़ी-बहुत चहल-

पहल रहती थी। लेकिन ज़्यादातर वहाँ एकान्त रहता था। इसीलिए शायद बाबा ने घर पर ही झूला बाँध दिया था। तब मैं बहुत ख़ुश हुई थी। घर पर ही झूला झूलने को मिलेगा इससे ज़्यादा इस बात की ख़ुशी कि झूला खुद बाबा ने बाँधा।

हाँ, मुकुल दादा को पतंग उड़ाते देखना मुझे भाता, जब वह मांझा सूतता था तो हुचका पकड़ने में उसे मेरा साथ खलता नहीं था। भीमपलास की बंदिश की तरह मैं कहती - 'उडाय दो पतंग म्हारा, दो बीरा। नीरे उडायनी आवे है थाने (ओ मेरे बड़े भाई (बीरा)। मुझे पतंग उड़ाने दो)।' बड़ा भाई होने का पूरा फ़ायदा उठाते हुए वह कहता - 'हमनी देहें, जाजा गेली, उड़ायनी आवे लड़ायनी आवे थाने (जा, मैं नही देता, अरे पगली (गेली) तुझे तो पतंग उड़ाना और पेंच लड़ाना भी नहीं आता)।।'

उड़ाय दो पतंग म्हारा, दो बीरा। नीरे उड़ायनी आवे है थाने।
हमनी देहैं, जाजा गेली, उडायनी आवे लडायनी आवे थाने।।

दाँयें से : यशोवर्धन (कुमारजी के मंझले पुत्र), नर्तक गोपीकृष्ण, मुकुल (कुमारजी के ज्येष्ठ पुत्र), एवं कलापिनी

मेरा मंझला भाई, यशोवर्धन जिसे मौसी (डॉ. त्रिवेणी कंस) ने गोद लिया था, कभी-कभार देवास आता तब उसके साथ खेलने में बहुत मज़ा आता। बाबा अपने सृजनात्मक संसार में छायानट की बंदिश 'सपत सुर गावैं गुनियन, भाव राग ताल काल की उगम' की तरह 'काल ही सृजन का उगम है' में इतने तल्लीन और रमे हुए होते कि उन्हें मुझसे बात करने का समय ही नहीं रहता। आई-बाबा की तरफ़ से, बड़े भाई के तरफ़ से जो बातें कभी नहीं मिल पाईं, उसका आज भी अफ़सोस तो है ही। ख़ास तौर से बचपन में जब आप केवल घर के अपनों से ही हिलेमिले रहते हैं और किशोर-वय में जब कई उलझनों का सामना करने की नौबत बन आती है, तब मैंने अपने आपको निपट अकेला पाया। मानों मेरे मन में घुमड़ते प्रश्नों को सुलझाने की किसी को परवाह ही नहीं थी। अब लगता है उनका तरीक़ा ही सही रहा। इन संवेदनाओं की सुगंध परिपक्व होने पर पता चली। कि जो हुआ वो ठीक हुआ, वरना आज जिन कुमार गंधर्व की बात हम कर रहे हैं, वे वैसे नहीं होते।

जब मैं मिडिल स्कूल में थी, तब हमारे स्कूल की एक पत्रिका निकला करती थी। एक दिन हमारी प्रधान अध्यापिका ने मुझे बुला कर कहा कि वे यह चाहती हैं कि मैं स्कूल-पत्रिका के लिए कुछ लिखूँ। मेरे आई-बाबा गाते हैं, यह बात मैं उस दौर के लगभग एक गाँवनुमा शहर के लोगों को समझा नहीं पाती थी। कक्षा में किसी के पूछने पर कि मेरे माता-पिता क्या करते हैं तब मैं जब बताती कि गाते हैं तो उनका कहना होता कि यह तो ठीक है लेकिन वे करते क्या हैं!

बहरहाल, ताई ने कहा - क्यों न तुम बाबा के ऊपर ही कुछ लिखो। मैंने कहा- मुझे उनकी कुछ माहिती नहीं है। उन्होंने कहा - यदि तुमको माहिती नहीं है, तो कुछ माहिती करना चाहिए। मेरी स्थिति 'पावा मैं दूरासे दरस तेरो नीको री नीको' की तरह थी।

मैंने बाबा के संगीत पर लिखे लेख पढ़े, उनके रिकार्ड सुने। तब मुझे पता चला कि मुझे सच में ही बाबा

मुकुल एवं कलापिनी

कुमारजी का साधना कक्ष, भानुकुल, देवास

के बारे में कुछ नहीं मालूम। उस उम्र में उन सब लेखों का सही-सही आकलन कर पाना तो मेरे लिए संभव हीं नहीं था। फिर भी मैंने एक लेख लिखा। मैंने लेख मुकुल दादा को दिखाया। उसने पढ़ा और कहा कि अच्छा लिखा है, साथ ही यह भी पूछा कि ये जानकारियाँ मुझे कहाँ से मिलीं। मैंने टालता-सा जवाब दिया। तब उसने कहा कि मैं लेख बाबा को पढ़ने को दूँ। मेरे सामने संकट। यदि पसंद न आये तो? लेकिन दादा के आग्रह पर मैंने स्कूल जाने के पहले घबराते हुए उनसे कहा, 'यह लेख आप पर लिखा है, आप पढ़ लें।' मेरी और ज़रा भी घ्यान दिये बिना उन्होंने टेबल पर रख देने को कहा। स्कूल से लौटी तो बाबा ने कहा 'राहुल (बारपुते) को फोन लगाओ।' राहुलजी बाबा के घनिष्ठ मित्र, साहित्य मर्मज्ञ और नईदुनिया अख़बार के संपादक! वे बोले -'हमारी पिनूडी ने मुझ पर लेख लिखा है, वह तुम्हें पढ़ना चाहिए।' यह सुनकर मुझे राहत महसूस हुई। लगा कि मैं उनसे कुछ संवाद कर सकती हूँ। यूँ धीर-धीरे सिलसिला शुरू हुआ।

सीखने के लिए मैं आई के सामने बैठती थी। गाने का शास्त्र और व्याकरण मैंने आई से ही ज़्यादा समझा।

गुरू के रूप में कुमारजी काफ़ी सख़्त थे। मैं रोज घंटा-दो घंटा सीखने बैठती। शुरू में जब उनके सामने सीखने बैठती थी तब मुझे कुछ समझ में आता नहीं था कि वे क्या सिखाते हैं।

मैं बाबा के कमरे में तानपूरा रखती और सीधे रसोईघर में आती। माँ खाना बना रही होती। मैं फूट-फूटकर रोने लगती और कहती कि मुझे समझ में नहीं आ रहा है कि बाबा क्या बता रहे हैं!

'आसान करो आसान, सुर लय सधूं कैसो उलझ गयो बिच में'

तब आई मुझे जो बात पल्ले नहीं पड़ी होती उसे खोलकर समझाती। गुरु से ज्ञान हासिल करने के पहले शिष्य की भी थोड़ी-बहुत तैयारी ज़रूरी हुआ करती है। बाबा जिस स्तर का गाना सिखाते थे वह मेरी पहुँच से बाहर की बात थी। संगीत के अमूर्त सौन्दर्य को समझना और समेटना मेरे लिए आसान नहीं था।

लेकिन अब कह सकूँगी कि उन्हें यह दिख रहा था कि मैं गा सकती हूँ। यह गुरु का बड़प्पन है कि वह बहुत संभाल कर शिष्य को अपनी बात कहता है और डाँटता भी है। बिल्कुल गुरु के रूप में - वहाँ पिता वाला कोई भाव ही नहीं था। उनके सिखाने में शिष्य के लिए एक अलग ही तरह का तनाव हुआ करता था कि हम बराबर गुरु के प्रति ग्रहणशील हैं या नहीं! बाबा हमेशा अपेक्षा रखते थे कि शिष्य गंभीरता से संगीत को समझे, इसलिए किसी तरह उनकी कसौटी पर खरा उतरने के बजाय हम अपनी कसौटी पर ही बने रहें, यह बहुत ज़रूरी हुआ करता था। कई बार तो मुझे लगता था कि बाबा को मेरी वजह से निचले पायदान पर आकर सिखाने के लिए बाध्य होना पड़ रहा है... उसके बावजूद वे क्या सिखा रहे हैं वह मैं समझ नही पाती थी। यह उनका बड़प्पन था कि उन्होंने मुझे उंगली पकड़कर खड़ा किया।

सिर्फ़ महफ़िल जीत लेना ही संगीत का कभी उद्देश्य नहीं हो सकता। उनका कहना कि तुम्हें निरंतर जाँचते रहना चाहिए कि तुम संगीत का अध्ययन करने के लिए संगीत के विद्यार्थी हुए हो या नहीं! मेरे सामने हमेशा उनकी भूमिका रही कि अच्छा गायक होने के पहले अच्छा विद्यार्थी होना ज़रूरी है। मुझे यह पता था कि अपने घर का गाना आला दर्जे का है, लेकिन संगीत को लेकर मन में डर बना हुआ था - कि उनसे सीखना है तो मुझसे ये निभेगा या नहीं।

उन्हें लगता था कि उनके बच्चों और शिष्यों को बहुत पढ़ना चाहिए। लेकिन हमारे हाथ में ज़बरदस्ती किताब पकड़ा, मारकूट कर पढ़ने नहीं बैठाया। जब मुझे शौक़ लगा, तब उन्हें खुशी हुई। नौवी-दसवी में थी, इरावती कर्वे का 'युगान्त' पढ़ने की इच्छा हुई। लेकिन बाबा ने कहा कि अगर तुम्हें 'युगान्त' सही ढंग से समझना है, तो पहले 'महाभारत' पढ़ना पडेगा। सुनकर काफ़ी ग़ुस्सा आया था। मुझे तो 'युगान्त' पढ़ना था। इसके अलावा आकार के हिसाब से 'महाभारत' की तुलना में यह अपनी क्षमता के अन्दर लगता था। हिन्दी माध्यम में पढ़ाई होने के कारण मराठी पठन-पाठन में बहुत ज़्यादा गति नहीं थी। खैर, 'महाभारत' पढ़ना है, तो वह भी न.र.फाटक द्वारा संपादित पूरे सात खंडों वाला...! अगले तीन साल मैं केवल 'महाभारत' पढ़ती रही। निश्चय ही वह बहुत आनंददायक अनुभव रहा। एक परिपूर्ण भारतीय ग्रन्थ पढ़ने का आनंद मुझे मिला। फिर मैंने 'युगान्त' पढ़ा। राहुल सांकृत्यायन की 'वोल्गा से गंगा' और 'जय यौधेय', भी पढ़ने को दी। निराला, महादेवी वर्मा, भवानी प्रसाद मिश्र जैसे अनेक हिन्दी के और अनेकानेक मराठी लेखकों, कवियों से मेरी पहचान हुई।

आगे चलकर ऐसा कुछ हुआ कि जिसके कारण बाबा के साथ प्रवास करने की ज़रूरत पैदा हुई। कुछ तो इसके पारिवारिक कारण थे। आई का घर पर रहना आवश्यक हो गया था, वह उनके साथ ज़्यादा लम्बे दिनों तक प्रवास पर नहीं जा सकती थीं। इसके अलावा बाबा की तबीअत संबंधी समस्या भी थी। ऐसे में मेरी पसन्द-ना-पसन्द का प्रश्न नहीं था। मुझे गाने की और मुड़ना ही पडा। तब मैंने गंभीरता से इस ओर ध्यान दिया। बाबा के साथ संगीत दौरों पर जाना, उने पीछे तानपूरे पर संगत करना धीरे-धीरे बढ़ता गया। और मेरी समझ में आने लगा कि इतने दिनों में मैंने क्या खोया है। लगा कि मुझे पहले ही गाने की और मुड़ना चाहिए था। मेरी झोली में अब जो कुछ है, उससे कही अधिक संगीत लाभ मिलता।

कुमारजी की ख़ासियत रही कि वे हमेशा अपनी प्रस्तुति के पूर्व उसकी योजना बनाते थे कि आज मैं अमुक राग गाऊँगा, फिर अमुक बंदिश, फिर ठुमरी गाऊँगा, इत्यादि। हालाँकि यह कोई बहुत पहले तय नहीं होता था, पर सामान्य रूप से यह बात उनके दिमाग में रहती थी। यह देखते हुए मैं पहले से कुछ बातचीत ताई व कुमारजी के साथ कर लेती थी और उसे आत्मसात् कर, कुछ अभ्यास करके ही कुमारजी के साथ सफ़र पर जाती। कार्यक्रम वाले दिन कुमारजी तानपूरा लगाकर सुबह बैठना पसंद करते थे। वह मेरे लिए अभ्यास का अच्छा अवसर रहता। वे यात्रा के दौरान अलग-अलग संगीतज्ञों व वाद्यों के संबंध में अपनी बात कहते, मुझे याद आता है, एक बार हम इंदौर से जोधपुर जा रहे थे, उस ज़माने में रेल की छोटी लाईन हुआ करती थी सो काफ़ी लंबा सफ़र था। पता नहीं, कहाँ-कहाँ से होते हुए गाड़ी जाती थी। उस पूरे सफ़र के दौरान बाबा ने मुझे मेघ मल्हार की चार बंदिशों के बारे में बात बताई - कैसे राजा भैया पूछवाले ने इन बंदिशों को रचा, रातंजनकर जी ने कैसी बंदिश बनाई, इत्यादि। यह तभी संभव है जब आप उनके साथ चौबीसों घंटे रहने की ताक़त रखते हो। मैं 'ताक़त' शब्द इसलिए इस्तेमाल करूँगी क्योंकि कुमारजी के साथ रहना बहुत ही कठिन था। वे प्रखर सूर्य की तरह थे, कब तप्त अवस्था में आ जाएँ, कहा नहीं जा सकता था।

कुमारजी की आवाज़ ईश्वरप्रदत्त थी - यह रेशम की तरह गुंथा हुआ मामला था कि उन्हें अलग से रियाज़ की ज़रूरत ही नहीं थी, हाँ शुरुआती दौर में जब वे गुरु-गृह में प्रोफेसर बी. आर. देवधर के यहाँ थे, तब उन्होंने बहुत रियाज़ किया था। अंजनी माई मालपेकर के सान्निध्य में राग रूपों के 'स्वर लगाव' को गहराई से आत्मसात् किया। पर मूलतः कुमारजी का स्वर, ठेठ छुटपन से ही प्रवाही रूप ले चुका था, फिर भी जब कभी वे अलग विषय-वस्तु को प्रस्तुत करते, तब रियाज़ करते थे। उदाहरण के लिए उन्होंने 'ठुमरी टप्पा तराना' नाम से जब एक अलग कार्यक्रम किया तब ताई ने उनके लिए नोटेशन की विष्णु दिगंबर पद्धति सीखी। उन्होंने अपने गुरु-गृह में जो भातखंडे पद्धति सीखी थी, वह अलग थी। जब 'ठुमरी टप्पा तराना' कार्यक्रम करने का अवसर आया, तब ताई ने विष्णु दिगंबर पद्धति सीखकर, टप्पों को भातखंडे पद्धति में परिवर्तित किया और फिर कुमारजी ने उस पर काम किया। मुद्दा यह कि इन टप्पों को प्रस्तुत करने की बात आने पर कुमारजी ने टप्पे की तानों को कैसे गाया जाए, उस पर विचार किया। उसके लिए वह सुबह बैठते थे, उनकी मनन-चिंतन-प्रक्रिया निरंतर चलती रहती थी। इसी तरह कुमारजी को 'मला उमजलले बालगंधर्व' की प्रस्तुति के पूर्व लगभग एक वर्ष तक बालगंधर्व जी के रेकार्ड्स को ग्रामोफोन पर कम गति में लगातार सुनते हुए उनकी गायकी के मर्म को और तानों के नोटेशन को अपनत्व और संजीदगी से लिखकर, अभ्यास करते देखा है। इसी प्रकार कई विशिष्ट कार्यक्रमों जैसे - गीतवर्षा, गीतहेमन्त, गीतवसन्त, तुलसीदास एकदर्शन, तुकाराम एकदर्शन के समय भी उन्हें तल्लीन रहते देखा।

कई बार नया रचते समय बाबा पर पड़ने वाला रचनात्मक तनाव तो रहता ही था, इसके अलावा उन्हें ब्रोंकाईटिस की भी तकलीफ़ रहती थी। ऐसे कई कार्यक्रमों के पहले मैंने उन्हें तबीअत के मारे बेज़ार होते घंटो पलंग पर पड़े खाँसते देखा है। मुझे याद है 'गांधी मल्हार' के समय तो वे वैचारिक तनाव में लस्त-पस्त हो गये थे। ऐसे समय वे बहुत ग़ुस्सा होते। लेकिन आई उन्हें संभाल लेती। कितनी ही बार तो मुकुल दादा और आई घंटों-घंटों तानपूरा बजाते रहते। एक-दूसरे से कोई एक शब्द भी नहीं बोलता।

तानपूरों को लेकर बाबा पराकोटि के जागरूक थे। उनके लिये तानपूरा केवल तुंबा और लकड़ी से बना वाद्य नहीं बल्कि उनके संगीत का अभिन्न अंग था. एक जीवंत संगतकार। कुमारजी को अत्यन्त आत्मीयता और अपनत्व की भावना से तानपूरों पर प्रेम करते देखा है।

तानपूरों का रख-रखाव, उन्हें सहेजना, प्रवास के दौरान दोनों काखों के बीच दबाकर रेल में सफ़र करना

और प्रथम श्रेणी के डिब्बे में स्वयं की आरक्षित 'बर्थ' के साथ बाकायदा तानपूरों के लिए भी एक 'बर्थ' लेते देखा है।

मिरज शहर के शहाबुद्दीन एवं अब्दुल सत्तार सितार मेकर्स उनके लिए पसंदीदा तानपूरा जोड़ी बनाते थे। एक बार तो जोड़ी इतनी अप्रतिम बनी कि ख़ुश होकर कुमारजी ने मिरज जाकर उन्हें 'स्वर्ण पदक' भेंट किया।

बाबा के लिए तानपूरा अचूक मिलना और बजाना महत्त्वपूर्ण विषय रहा।

तानपूरा किस स्वर का है और उसे किस प्रकार किस लय में बजाया जाना चाहिए इस पर बहुत ज़ोर देते थे।

सिखाते समय डग्गा (बायाँ) बजाते। उनके लिये ज़रूरी मात्राओं का खुलासा करने के लिये डग्गा काफ़ी था। अलग-अलग तालों की अलग-अलग 'लय' में वजन पर उनका सूक्ष्म ध्यान रहता। लय के इन 'सूक्ष्म' बदलावों से 'कहन' में कितना फ़र्क आ सकता है, इसे वे समझाते।

ताल और उसकी अंतर्गत लय पर उनका दृष्टिकोण बेहद सटीक हुआ करता था। झपताल, रूपक, झूमरा जैसे तालों को वे द्रुत की छटा से दूर रखना तो पसंद करते ही थे साथ ही इन तालों को कितना 'विलम्बित' या मध्य लय स्वरूप में रखा जाये इस पर भी विश्लेषण करते।

उनका कहना था, 'आलाप-तान लेते हुए एक बाज की तरह 'सम' पर पहुँचना चाहिए न कि कबूतर की तरह। इतना ही क्यों, विभिन्न तालों के आकार रूप को लेकर वे इतने संजीदा रहे कि उन्होने कभी विद्वत्ता या प्रभुत्व दिखाने के लिए 'तीनताल' की बंदिश 'एकताल' में या 'झूमरा' की बंदिश 'रूपक' में नहीं गायी।

तालों की अंतर्गत लय और मात्राओं के संवाद को वे बखूबी निभाते। सिखाते समय भी उन्हें कभी लय-ताल से लड़ंत करते नहीं देखा।

सधा हुआ ठेका और मात्राओं के सौंदर्य को समझकर बंदिश पेश करने का उनका ढंग निःसंदेह निराला था।

जब वे गा रहे होते, लगता लय-ताल के साथ समानांतर रूप में हलके होकर विचरण कर रहे हैं। कही कोई ज़बरदस्ती नहीं। एक अनोखा संतुलन 'कहन' और 'पेशकश' में रहता था। कई बार आलापचारी के समय जब वस्तुतः ठेका शुरू नहीं हुआ होता तब भी लगता कि वे अंतर्गतलय से बँधे हैं। और अपनी बात सामने ला रहे हैं।

हर बार तानपूरे से निकलते स्वयंभू स्वरों का आनंद उनके चेहरे पर साफ़ दिखाई देता। ऐसा लगता दो तानपूरों के बीच बैठकर स्वरों की 'ताक़त' को समझकर वे ताल के साथ अलग-अलग रागों के प्रदेशों में विचरण कर रहे हैं।

एक बार ऐसा हुआ कि भानुकुल में राहुलजी, गुरुजी, चंदू नाफड़े, मंत्री आदि मित्र मंडली आयी थी। उस दिन बाबा ने दोनो तानपूरे मिलाये और गुरुजी (चिंचालकर) से कहा की ध्यान से सुनिये आज मैं नहीं मेरे तानपूरे गायेंगे। — तानपूरे बजते रहे — बाबा बीच में एक ऐसा स्वर लगाते कि लगता था की

नया आकार उभर आया है। फिर कुछ देर बाद एक और स्वर — और नया रूप। इस अनुभव से सभी रोमांचित! उस दिन तानपूरों के स्वरों से संवाद बनाते हुए नये उभरते चित्ररूपों का एहसास बख़ूबी वे करवाते रहे।

बंदिश पेश करते हुए आलापचारी के लयदार घुमावों के साथ श्रोताओं को भी स्वर-लय की संवाद प्रक्रिया में वे खींच लाते डोलने पर बाध्य करते।

जब कोई संगीतकार नई बंदिश बनाता है तब उसकी बनाई बंदिश में यह पता चलता है कि राग के प्रति उसकी नई सोच क्या हैं! उसने क्या खोजा है! अलग से, यह पूरा खेल प्रक्रिया का है। कली से फूल बनने में समय लगता है, प्रस्फुटन में भी। ऐसा नहीं कि एकाएक कल तैयार हुई, आज बनी और एकदम से फूटकर आ गई! यह अंदर ही अंदर बनने वाली प्रक्रिया का मामला है।

कुमारजी का यह कहना कि वे जो विचार रख रहे हैं, वे 'प्रयोग' न होकर 'परंपरा का प्रवाह' है, जिसे उन्होंने नये ढंग से पेश किया है।

बंदिश प्रस्तुत करते समय दोहराव आवश्यक है, लेकिन कितनी बार हो और उसे कैसे किया जाये, यह मायने रखता है। जहाँ किसी चीज़ से बंधते हैं वहाँ दोहराव आवश्यक हो जाता है। बल्कि विचारपूर्वक किया गया वह विस्तार दोहराव न रहकर आवर्तन कहलाता है। जैसा कि विनोबा भावे जी ने लिखा है - 'सूर्य स्वतंत्र है, फिर भी वह नियमित है, इसी में उसकी स्वतंत्रता का सार है।' एक निश्चित मर्यादा को ध्यान में रखते हुए विचरण करने पर ही 'आवर्तन' के नये आयाम खुलते हैं।

कुमारजी में मालवा रच-बस गया था, उन्होंने बंदिशों में मालवी बोली को प्रवेश देकर भारतीय संगीत में एक नयी बोली को मंच प्रदान किया। बंदिशों में 'मालवी' बड़ी मधुरता के साथ सहज रूप से विचरण करती है।

मालवा में कहते है 'मालव माटी गहन गंभीर, पग-पग रोटी डग-डग नीर' जैसे-जैसे भूमि बदलती है, वैसे-वैसे संगीत बदलता है। लोकसंगीत में जो स्वर होते हैं वे निहायत निष्कपट सीधे, सरल होते हैं। इन निराभिमानी संवेदनाओं की अनुभूति और उनकी अभिव्यक्ति महत्त्वपूर्ण होती है। ये धुनें 'स्वान्तःसुखाय' होती हैं। मैं हमेशा महसूस करती हूँ कि हमारे यहाँ के प्रायः सभी गीत महिलाओं के गाये हुए हैं। वह खेतों में काम करने वाली सहिष्णु स्त्री है। वह राजपूत रणरागिणी या विरांगना नहीं है। उन लोक गीतो में उसके पल्ले पड़ा सुख-दुख व्यक्त होता है। कुछ गीतों में जहाँ आनंद है, तो कहीं अतीव दुख की भावना भी। लेकिन वह विलाप नहीं है; और न ही आक्रोश। मालवी गीतों की अभिव्यक्ति में अभिजात्यता झलकती है।

उदाहरण के तौर पर-

सैंया म्हारी आज प्रभुजी म्हारा पावेणा
उतऱ्या तरबेणी के घाट
बदावो म्हारे नतेनवो

'आज मेरे यहाँ मेहमान त्रिवेणी (तरबेणी) के घाट उतरा है, इसलिए मुझे बधाई दो।'

सैंया म्हारी बिना ओ खुटिने बिना डोर से
तंबो तो दिया असेमान
बदावो म्हारे नतेनवो

'मैंने आसमान का निरालंब तंबू तान दिया है। उसमें न खूटी है न डोर'

कुमारजी और कलापिनी

सैंया म्हारी तंबोडा की कोर हीरा जड़या
मोती का लूम लगावो
बदावो म्हारे नतेनवो

'आकाश का तंबू चाँद सितारों की झालर से झगमगा रहा है।'

लोकधुनों के आसपास रांगोली की तरह जो सौंन्दर्यपूर्ण बिन्दियाँ कुमारजी को दिखी उसे जोड़ने का प्रयास उन्होंने किया। इन आकृतिबंधों को प्रस्तुत करना एक आह्वान था। कलाकार का यह दायित्व होता है कि कला निर्मिति में ऐसे सौन्दर्य को संगीत में प्रतिष्ठित करे। कुमारजी ने इस चुनौती को स्वीकारा। परंपरागत गाये जानेवाले भारतीय संगीत के रागों को कुमारजी बहुत पसंद करते थे, लेकिन जब वे मालवा आये, तब मालवा का संगीत, यहाँ की लोकधुनों से उपजा एक रसायन उनके दिमाग में बनता चला गया और उन्हें आधार मानकर कुमारजी ने नया शास्त्र रचा उन धुनों का। 'मालवती', 'लगन गंधार', 'अहिमोहिनी' जैसे ग्यारह 'धुन उगम रागों' की रचना हुई।

संगत के दौरान जब भी सही-सही स्वर लगते, उनकी शाबाशी किसी पुरस्कार से कम नहीं लगती। क्योंकि मुझे अच्छी तरह से मालूम था कि उनसे शाबाशी पाना आसान नहीं था। ऐसे में प्रोत्साहित हुए बिना नहीं रहा जाता। मुझे लगता हैं जो बात आपको सहज रूप से नहीं मिलती और उसे न पाने का रंज रहता है, तब आप उसे ज़्यादा विचारपूर्वक देखते हैं, आत्मसात करने का प्रयत्न करते हैं। संगीत को लेकर बचपन से जो नकारात्मक धारणा मन में घर कर गई थी, वह और पिता के रूप में कुमारजी से जो दूरी लंबे समय तक रही उसे संगीत ने ही अंततः दूर किया।

कुमारजी के सान्निध्य में जीवन को समझने देखने की एक अलग ही दृष्टि पाई। मेरे लिए संगीत मुझे बार-बार बाबा से मिलाने की प्रक्रिया है। मैं संगीत के बहाने बार-बार अपने पिता से, गुरु से मिलती हूँ। इसी प्रक्रिया में रहना चाहती हूँ।

गुरुजी ने दिया अमर नाम, गुरु तो सरीखा कोई नाही,
अलख भऱ्या हैं भंडार, कमी जामें है नाही।

थोड़ा-थोड़ा हमें भी | १०

अशोक वाजपेयी

जैसे सूर्योदय बुलाता है
कलरव ओस हलकी सी ठण्ड
उषा की केलि को
वैसे ही पुकारती है
एक ही मृत्यु
दूसरे के जन्म को—
तिल-सकट कच्चे दूध मे पड़े तिल
माघ की ठण्ड में हुए शुभारम्भ को—
एक जन्म ही नहीं फ़ुँकता
एक जीवन की ही नहीं होती अन्त्येष्टि
कुछ और जन्म भी झुलसते हैं
कुछ और जीवन भी सरकते हैं
अन्त की ओर—
जो होने न होने को गाता है
उसी का होना अन्ततः मौन है
उसी का न होना शान्ति।
हम अपनी चुप्पी के पार
एक पुकार सुनते हैं
और अनसुनी करते हैं।
जो जाता है
थोड़ा-थोड़ा हमें भी ले जाता है
और इसलिए कभी
पूरी तरह से नहीं जाता है।

साभार : बहुरि अकेला

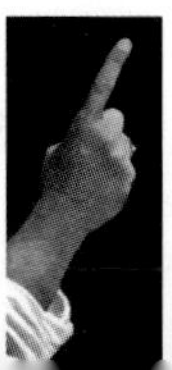

११

गंधर्व-गाथा

संगीतकार के साथ एक कवि-यात्रा

अशोक वाजपेयी

कुमार गंधर्व का आशय

होना
पृथ्वी
न होना
आकाश।

इन दिनों लगता है कि हमारे आस-पास आवाज़ों का तुमुल कुछ ज़्यादा ही सघन-मुखर, कुछ अधिक आक्रमक और लगभग अभेद्य-सा हो गया है। आवाज़ों से यह घेराव कुछ इस क़दर हम पर हावी है कि अकसर हम अपनी ही आवाज़ नहीं सुन पाते। तुमुल कोलाहल में हमारी आवाज़ 'हृदय की बात' की तरह खो जाती है : हमारी आवाज़ को यह तुमुल दबोच और दबा देता है। हम बेचैन होते हैं और आवाज़ों की इस क़ैद से निकलकर कहीं मौन की तलाश करते हैं या किसी ऐसी जगह की जहाँ हम क़ैद से निकलकर कहीं मौन की तलाश करते हैं या किसी ऐसी जगह की जहाँ हम शोर नहीं आवाज़ सुन सकें — अपनी आवाज़ और हमें पुकारती, हमसे झगड़ती-बतियाती दूसरों की आवाज़। शायद ऐसा समय पहले था जब ऐसी जगह प्रायः संगीत में मिल जाती थी। पर अब हम जिस समय में हैं उसमें शोर को ही संगीत बनाया जा रहा है : मानों आवाज़ों के घमासान को ही उस शांत केंद्र में रखा जा रहा है जो पहले संगीत का अंतरंग था। ऐसे में अपनी आवाज़ के लिए शरण्य खोजते हुए हमें क्या किसी दूसरी आवाज़ में ऐसा शरण्य मिल सकता है? मेरा पहला प्रस्ताव यह है कि कुमार गंधर्व की आवाज़ हमारे समय में ऐसा शरण्य है। वह समय की आवाज़ है पर उसमें समयातीत भी बोलता है। वह अगर ध्यान से सुनें तो उस आवाज़

में हमारे समय की बेचैनी, उसकी अपार अधीरता, उसकी सारी विकलता, उसका जीवट और नश्वरता, उसका सगुण और निर्गुण बोलता है। उसमें आर्तनाद है, विलाप है : उसमें उच्छल उत्साह, उद्दाम आवेग और अदम्य आनंद है। अगर थोड़ा और ध्यान से सुनें तो उसमें सिर्फ़ संसार नहीं, पृथ्वी भी बोलती है बल्कि आकाश भी। वह पृथ्वी को घेरती आवाज़ है : वह आकाश को टेरती आवाज़ है। उसमें फूल और चिड़ियाँ बोलते हैं। वह आवाज़ है जिसमें धूप और चमक है, चाँदनी और शीतलता है। वह आवाज़ों की आवाज़ है–उसमें कबीर हैं, तुलसी-सूर-मीरा और आदिनाथ तक। उसमें मालवा की अज्ञातनाम स्त्रियाँ बोलती हैं और अज्ञातकलशील निर्गुनिया साधु और फ़क़ीर भी।

संगीत कुमार गंधर्व के यहाँ सिर्फ शरण्य नहीं है : वह आश्रय भी है जिसमें गाना सिर्फ़ कहना या बहना या सुरों में तैरना भर नहीं है। यह सिर्फ़ सुधर संरचना नहीं है। वह प्रश्नांकन का माध्यम भी है। वह जो दिया हुआ है उसे साज-सँवारकर रखना या पेश करना भर नहीं है, वह उसे कण-कण नबेरना है। वह अस्ति, नश्वरता और समय से घिरे होकर भी एकबारगी अनंत को स्वायत्त करना है। वह यथास्थिति का संगीत नहीं है, वह परिवर्तन का संगीत है पर ऐसा कि उसे पहले हुए की कृतज्ञ और सक्रिय स्मृति है। मेरा दूसरा प्रस्ताव है कि कुमार गंधर्व का संगीत इस शताब्दी का परिवर्तनशील फिर भी सनातन संगीत है जिसमें इस शताब्दी की प्रश्नाकुलता के लिए जगह है और जो स्वयं संगीत की अपनी परंपरा के बारे में प्रश्नवाची है : ठीक वैसे ही जैसे एक मायने में यह शताब्दी स्वयं इस शताब्दी के बारे में प्रश्नवाची रही है।

अगर सच्ची कला आपको वहाँ ले जाती है जहाँ आप पहले कभी न गए हों या कि जानी-पहचानी जगह को भी अप्रत्याशित ढंग से देखने के लिए विचलित करती है तो निश्चय ही कुमार गंधर्व अप्रत्याशित के अत्यंत विश्वसनीय शिल्पी हैं। उनके यहाँ किसी राग-रचना में वर्जित स्वर ऐसे जगह पा जाता है कि आप चकित रह जाते हैं या किसी लोकगीत में अकस्मात् किसी राग की झलक दिखने लगती है। यही नहीं, कुमार गंधर्व के यहाँ किसी राग के सभी निर्धारित व्याकरण का पालन होता है लेकिन फिर भी यह राग कुछ अलग और कई बार अपरिचित लगने लगता है। वे एक ही राग को कई तरह से गाकर उसमें अनेक रंगतें पैदा कर सकते हैं। कृति का रूप स्थिर और जड़ नहीं है और पाठ से उसका रूप बदलता जाता है यह भले साहित्य में एक उत्तर-आधुनिक धारणा है जिसका चलन हुए दो-एक दशक भी न बीते होंगे, लेकिन उससे बहुत पहले से और बिना उत्तर-आधुनिकता से परिचित हुए कुमार गंधर्व के यहाँ राग का हर संस्करण एक नई सृष्टि करता रहा है। इसलिए मेरा अगला प्रस्ताव यह है कि कुमार गंधर्व का संगीत अप्रत्याशित का शिल्प है और यह भी कि वे परंपरा में रहकर भी अपने सर्जनात्मक व्यवहार में आधुनिक और उत्तर-आधुनिक है। यह सीधी-सादी बात नहीं एक जटिल तथ्य है कि हमारे समय में शास्त्रीय संगीत को बिना अपनी ज़मीन या जड़ों से विच्छिन्न किए आधुनिक अर्थवत्ता और उत्तर-आधुनिक पूर्वाभास देने का निहायत रैडिकल काम कुमार गंधर्व ने बिना किसी नाटकीय दावे के और बिना पश्चिम से किसी ख़ास परिचय के किया।

कुमार गंधर्व का संगीत जोखिम और संघर्ष का संगीत है। उसकी कल्पना बार-बार जोखिम उठाती है : वह जाने हुए को ठेलकर 'बिनजाने' के अहाते में ले जाती है। संगीत की जो प्रचलित और सुप्रतिष्ठित रूढ़ियाँ रही हैं उनके चलते ऐसे जोखिम भरे संगीत की स्वीकृति आसान नहीं रही। अभी तो ऐसे कई हैं जो कुमार जी के शास्त्रीय संगीत को उतना महत्त्व नहीं देते जितना कि उनके निर्गुण संगीत को। अंततः जो परिवर्तन-केंद्रित रूपाकार कुमार जी ने विकसित किया उसके समूचे भारत में असंख्य प्रशंसक और रसिक बने लेकिन ऐसा कर पाने में कुमार गंधर्व ने कभी कोई समझौता नहीं किया। वे संगीत को उसकी शास्त्रीयता में ही मुक्त करने की अपनी ज़िद पर अड़े रहे हैं। अगर किसी की ज़िद भी उसके प्रति आकर्षण

का कारण बन सकती है तो निश्चय कुमार गंधर्व की ज़िद ऐसी रही है। इस बात को अनदेखा नहीं किया जा सकता कि अपनी दृष्टि पर इस इसरार का अर्थ एक लगभग जीवनव्यापी संघर्ष रहा है। यह संयोग नहीं था कि कुमार गंधर्व संगीतशास्त्रियों के लिए तो चुनौती बने ही - वे अपने बुजुर्ग और समवयसी संगीतकारों के लिए भी आसानी से ग्राह्य नहीं रहे।

अकसर ऐसा होता है कि हम किसी बड़े कलाकार को किसी विशेष रस में अपने शिखर पर पाते हैं। यह नहीं कि वह दूसरे रसों में नहीं रमता। अगर बड़ा हुआ तो निश्चय ही उसमें कई रसों का परिपाक कर पाने की क्षमता होती है। फिर भी उसकी सर्जनात्मकता अपने चरम पर किसी विशेष रस में ही होती है। कुमार गंधर्व इसके भी अपवाद थे। वे उल्लास से अवसाद तक, राजसी ठाठ-वाट से आध्यात्मिक कातरता तक अपने संगीत को कई रसों को रूपायित कर सकते थे। वे इधर से उधर जा सकते थे ऐसे कि इधर न छूटे और उधर भी सध जाए। शायद यह साहस इस बात से आता था कि कुमार गंधर्व के लिए संगीत पर्याप्त था। जीवन को समझने, देखने और बदलने के लिए एक माध्यम के रूप में संगीत की पर्याप्तता पर उन्हें पूरा भरोसा था। इसी भरोसे की वजह से उन्होंने अपने जीवन का इतना कुछ संगीत में उड़ेला बल्कि होम कर दिया था। उनका शास्त्रीय संगीत नाम या छापहीन संगीत नहीं है : उस पर कुमार गंधर्व की गहरी अैर अमिट छाप है। हम यह जानते हैं कि यह कुमार गंधर्व का गाना है। वह इतना अधिक उनका था कि किसी और का हो ही नहीं सकता था।

हमारा शास्त्रीय संगीत एक अड़ियल माध्यम है। वह व्यक्तिगत प्रतिभा को काफ़ी प्रतिरोध देता है और आसानी से उसके बस में नहीं आता। उसमें आत्माभिव्यक्ति करना बिरले के बस की बात है। ज़्यादातर शास्त्रीय संगीत में तो आप कोई राग सुनते हैं। पर कुमार गंधर्व के यहाँ राग के बहाने हम कुमार गंधर्व को सुनते हैं। उनकी मान्यता थी कि राग तो दिगम्बर है उसे कपड़े तो संगीतकार पहनाता है – कुमार गंधर्व के कपड़े में राग छिप नहीं जाता, न ही सजा-धजा दिखाई देता है। वह ऐसा दिखाई देता है मानों उसके सत्य और उसके अलंकरण में कोई द्वैत नहीं है। जैसा वह दिखता है वैसा ही वह है : याने एक अर्थ में कुमार गंधर्व है।

कुमार गंधर्व रचनाकार भी थे और उनकी बंदिशें उनकी कला के जीवन संभार का स्पंदित साक्ष्य है। उसमें कुमारजी की रसिकता और उसके भाव-संसार की समृद्ध विविधता सहज ही प्रकट है। उनका संगीत, शास्त्रीय संगीत की आत्यंतिक अमूर्तता के बावजूद, बिंब-बहुल संगीत है। उसकी विपुल बिंब-रचना में बंदिशों की सक्रिय भूमिका है। इन बंदिशों में आई जीवन-छबियाँ मार्मिक हैं : उसमें जोत, संजा, पिया, बसेरा, नाद, गान, ऋतु, रंगरेज़, ऋतुराज, बसंती चीरा, सिर पै धरी गंग, निमौरी, नयन, चिड़िया, पतंग, आँगन, अरुण, छंद, मोतिया, गुलाब, छोरा, गोरा, गेहूँ-चने की खेती, मंगल दिन आदि शामिल हैं। अगर महानता का निकष किसी संगीतकार के जीवनानुभव का रेंज हो तो कुमार गंधर्व उस पर भी खरे उतरते हैं।

हालाँकि कुमार गंधर्व ज़्यादातर संगीतकारों की ही तरह ज़्यादा पढ़े-लिखे नहीं थे, उन्होंने संगीत को अपनी परंपरा का गहन अध्यवसाय किया था। अपने इसी संगीतजन्य विवेक से उन्होंने जब महात्मा गांधी की जन्मशती के अवसर पर एक नया राग गांधी मल्हार बनाया तो उसकी दुत लय की बंदिश में 'अंतर एकाकी भीतों के आधार' कहकर गांधी जी की एक किंचित् विडंबनापूर्ण परिभाषा की। एक संगीतकार को गांधीजी अकेलापन याद आए यह तो समझ में आता है। पर जो —है वह उन्हें 'भीतों का आधार' कहना : गांधी जी एक तरह से पूरे राष्ट्र जीवन की सभी संरचनाओं के मूलाधार थे लेकिन कहीं न कहीं उन्हें कई तरह की दीवारें खड़ी करने का आधार भी बनाया गया है। कुमार जी बहुत सूक्ष्मता से इन विडंबना को अपनी बंदिश में लपेट लेते हैं।

मेरा अंतिम प्रस्ताव यह है कि कुमार गंधर्व का संगीत अभय, संयत और जिजीविषा का संगीत है। अंततः वह जीवन का श्रृंगार है। सुर, लय, ताल, शब्द, राग सभी से कुमार गंधर्व का संबंध निहायत ऐंद्रिक है : वे मानों सबको बारी-बारी से छूते-दुलारते चलते हैं बल्कि गाते हैं। यह भी कहा जा सकता है कि कुमार गंधर्व का सच्चा ऐश्वर्य उस आश्चर्य और रहस्य लोक में है जो उनका संगीत रचता है। होने का आदिम आश्चर्य, चीज़ों को छूकर देखने से होनेवाला आश्चर्य, सुरों से एक पूरा संसार गढ़ने का, शून्य से शहर और शहर में बस्ती गढ़ने का आश्चर्य। होने का रहस्य, जटिल संरचना में किसी सरल से सच के छिपे होने का रहस्य, संसार की पदार्थमयता और छंदमयता का रहस्य, सुरों से सुरों के जुड़ने और सृष्टि की लय अवतरित होने का रहस्य। इस संसार और संगीत द्वारा विरचित संसार के नश्वर होने के सजग अहसास के बावजूद कुमार गंधर्व के यहाँ संगीत अटूट और अक्षय है। जब कुमार गंधर्व की आवाज़ चुप हो जाती है तब भी तानपूरे गा रहे होते हैं। जब तानपूरे भी शांत हो जाते हैं तो स्मृति गा रही होती है, सृष्टि गा रही होती है। यह संसार एक — गान है और हममें से कितने ही आजीवन कृतज्ञ रहेंगे कि कुमार गंधर्व ने हमें यह पहचान सकने का अवसर दिया।

शब्द, स्मृति और संगीत

आधुनिकता से ग्रस्त रहने और अतीत से सम्पूर्ण सम्बन्ध-विच्छेद के बावजूद अगर समकालीन साहित्य-जगत् में कुमार गंधर्व जैसे शास्त्रीय संगीतकार की कला के प्रति प्रबल आकर्षण रहा है तो यह बात किसी हद तक अचरज की होते हुए भी समझ में आने वाली है। दूसरे संगीतकारों के मुकाबले कुमार गंधर्व ने निश्चय ही संगीत-संस्कृति की नयी प्रासंगिकता दी है और परम्परा का ऐसा अनोखा पुनराविष्कार अपने यहाँ किया है कि शास्त्रीयता और समकालीनता का वह द्वैत, जो समकालीन साहित्य-रचना का लगभग स्थायी भाव है, ग़ायब हो जाता है और हम पहचान पाते हैं कि हमारी परम्परा में रचनात्मक जिज्ञासा, बौद्धिक खुलेपन, विचारशीलता और क्रान्तिकारी पहल के लिए पूरी गुंजाइश है। और यह सब परम्परा को क्षति पहुँचाये या उसकी अनुभव सम्पदा और गरिमा को निरुपयोगी बनाये सम्भव है। यह दिलचस्प है कि साहित्य में परम्परा और नयी दृष्टि के बीच किसी तरह के सार्थक और अटूट सम्बन्ध को सृजनात्मक रूप से लगभग अव्यावहारिक मानकर हमने छोड़-सा दिया है और रचनात्मक कल्पना प्रायः इन दोनों के रासायनिक संयोजन को असम्भव या अनावश्यक मानती लागती है। इसके ठीक बरक़्स कुमार गंधर्व की संगीतकल्पना है जो समकालीन दबावों को नज़रअंदाज़ नहीं करती, लेकिन उन्हें अत्यन्त सहजता से पारम्परिक स्थायित्व देते हुए इस तरह चरितार्थ करती है कि परम्परा और नयी दृष्टि सजग अनुभव में बदल जाते हैं। दूसरे शब्दों में, कुमार गंधर्व के प्रति लेखकों और बुद्धिजीवियों का झुकाव इसलिए है कि वह एक अत्यन्त 'परिवर्तन और मरणशील माध्यम' में वह कर पा रहे हैं जो हमारी रचनात्मक चिन्ता के लिए केन्द्रीय है और जो साहित्य में अधिकतर सम्भव नहीं हो पाया।

अक्सर संस्कृति की चर्चा करते समय हम उस अंश की ही बात करते हैं जो दरअसल शब्द-संस्कृति है–बहुत हद तक साहित्य से निर्मित -नियमित क्षेत्र ही। चूँकि साहित्य में परम्परा की सृजनात्मकता का प्रश्न सुलझ न पाने के कारण अप्रासंगिक मान लिया गया है, इन दिनों संस्कृति के सन्दर्भ में भी परम्परा की बात कम ही होती है। अधिक से अधिक हम-अक्सर खेदपूर्वक ही-यह स्वीकार करना काफ़ी मान लेते हैं कि हमारे समाज में परम्परा की जकड़ अभी भी है। यह बात हम भूल जाते हैं कि प्रदर्शनकारी कलाओं में, विशेषतः संगीत और नृत्य में, परम्परा केन्द्रीय तत्त्व है और उनमें कलात्मक सक्रियता का लगभग प्रमुख उद्‌गम है। इस तथ्य को यह कहकर टाला या समझाया नहीं जा सकता कि ये कलाएँ परम्पराधर्मी हैं क्योंकि उनकी सृजनात्मक ऊर्जा से इनकार करना मुमकिन नहीं है। अगर दूसरे माध्यमों में हमारे ही समय में परम्परा अर्थात् उससे प्राप्त दृष्टियाँ, शैलियाँ, युक्तियाँ प्रभावकारी और सार्थक रूप से सृजनक्षम और सक्रिय हैं तो हमें यह छूट नहीं है कि हम साहित्य में परम्परा को निरर्थक मानकर बैठ जाएँ। फिर

भी, आज का बहुत-सा साहित्य अपने स्मृतिहीन होने को सुविधाजनक पाता है। लेकिन समूची संस्कृति में समाज की स्मृति को जीवन्त रखने का मूल्यवान् कार्य कुमार गंधर्व जैसे कलाकार का संगीत कर रहा है।

अनेक कवियों और विशेषतः युवा पीढ़ी की रचनाएँ पढ़कर उनके सीमित संसार के अलावा किसी और की या पिछले कवियों की याद नहीं आती। वे अपने समय से सर्वथा सीमित अभिव्यक्तियाँ हैं – स्मृतिहीन संयोजन हैं : भले ही प्रभावशाली और ईमानदार, पर अन्ततः परिणतिहीन। लेकिन कुमार गंधर्व का संगीत एक बिलकुल दूसरा और अधिक समावेशी विकल्प है : उसे सुनना अपने को, अपने से पहले भी होने को याद करना है। यह कहना अतिशयोक्ति न होगी कि जब साहित्य हमें नितान्त समकालीनता के बाड़े में बाँधता लगता है; कुमार गंधर्व नयी मुक्ति देते हैं और पूरी परम्परा को हमारा घर बनाते हैं, उस सबको हमारे सीधे अनुभव के दायरे में लाते हैं जो हमारा उत्तराधिकार है। उनका संगीत हमें न केवल मुक्त करता है बल्कि हमें, हमारी अस्मिता और संस्कृति को विस्तार देता है। उनकी संगीत की जड़ों की खोज, उनका उत्खनन, कोई पुरातात्विक कार्रवाई न होकर उस उद्‌गम की खोज हो जाती है जो हमारे समूचे अस्तित्व का है, जो आज भी हमें पोसता है, जो हमें अपना वह अद्वितीय चेहरा देता है जो सिर्फ़ हमारा है और मुखौटे लगाकर बदला नहीं जा सकता। अपनी परम्परा की रचनाशीलता को एक-दूसरे माध्यम से पहचाना, नयी सम्भावना प्रकट करना है और कल्पना को नयी शक्ति देना भी है।

परम्परा का पुनराविष्कार कुमार गंधर्व समकालीन सजगता के साथ करते हैं, अर्थात् वे उसमें उन तत्त्वों को केन्द्रीयता देते हैं जो हमारी आज की मानसिकता के अधिक अनुकूल हैं। लेकिन उनका महत्त्व और ख़ूबी इसमें है कि वे इन तत्त्वों का ऐसा विन्यास करते हैं कि उनका अर्थ बहुत हद तक अप्रत्याशित और नया हो जाता है। अकेलापन, उदाहरण के लिए, आधुनिकता की एक बड़ी चारित्रिक विशेषता मानी जाती है और हमारा बहुत-सा साहित्य आदमी के अकेलेपन की रचनात्मक पड़ताल करता रहा है। कुमार गंधर्व का संगीत भी सुरों के बीच के मौन या कबीर-गायन में अकेलेपन की सृष्टि करता है। लेकिन अपनी पूरी विकलता और उत्कटता के बावजूद उनके यहाँ आदमी का अकेलापन निरी सम्बन्धहीनता का पर्याय नहीं बनता : उसमें आध्यात्मिक भराव भी है और सामुदायिकता की इच्छा का अत्यन्त विकल रचाव भी। वह अकेलापन थके, त्रस्त, अहंकेन्द्रित और सम्बन्ध-अक्षम व्यक्ति का अकेलापन नही रह जाता। वह मिट्टी के अन्धकार में धंसी जीवनदायी जड़ों का अकेलापन है जो कि गहरी रचनात्मक तन्मयता में अर्जित अकेलापन बन जाता है जिसमें मौन या नीरवता, उत्सुकता और इच्छाओं का निषेध नहीं, बल्कि समय जिजीविषा की अभिव्यक्ति है। वह एक ऐसा अकेलापन है जो बिना किसी हिचक या संशय के हमें समुदाय से भी जोड़ता है : एकान्त और समुदाय इस संगीत में सहज घुलमिल जाते हैं। संगीत का जो नया सौन्दर्यशास्त्र कुमारजी ने विकसित किया है, उसमें मौन का एक अत्यन्त संवेदनशील और अर्थगर्भी उपयोग है। उनका अकेलापन समुदाय से जोड़ता है और अस्तित्व के एक गूँजते हुए समवेत में हमें शामिल करता है। उनका मौन हमें शब्द की ओर ले जाता है।

संयोगवश, कुमार गंधर्व ने संगीत में शब्द को नयी प्रतिष्ठा भी दी है – विशेषतः काव्य-शब्द को। लेखकों, विशेषतः कवियों के, उनके प्रति आकर्षण का एक कारण यह भी है। भक्तिकाव्य, विशेषतः कबीर, सूर, तुलसी, मीरा आदि के अनूठे पदों का कुमार गंधर्व ने सिर्फ़ अपने गायन को अधिक आकर्षक बनाने के लिए आलंकारिक उपयोग नहीं किया है; बल्कि उनका गहरा सांगीतिक अन्वेषण किया है और ऐसी अभिव्यक्ति दी है जो उन कालजयी शब्दों का कवित्व उजागर करते हुए उनके अन्तर्वर्ती संगीत को ध्वनित करती है। कबीर जैसे क्रान्तिकारी कवि की रचनाएँ गाते समय कुमार गंधर्व जिस शून्य का निर्माण करते हैं, और फिर जैसे उस शून्य को वस्तुओं से भर देते हैं; वह विस्मयकारी होने के साथ-

साथ कविता की अपनी रचना-प्रक्रिया से बहुत मिलता-जुलता है। भक्तिकाव्य के प्रति एक समूची युवा पीढ़ी का ध्यान आकर्षित कर पाना और वह भी तब, जब सतही आधुनिकता के एकाधिपत्य के दौर में समूची नयी सभ्यता के स्मृति-हीन हो जाने का ख़तरा हो, अपने-आप में ऐतिहासिक काम है। कुमार गंधर्व का संगीत हमें अपनी यातना, अकेलेपन और विकलता को सर्वथा अद्वितीय और अभूतपूर्व होने की ग़लतफ़हमी में गिरफ़्तार होने से बचाता है – वह हमें मनुष्य के सुख-दुख की श्रृंखला में 'लोकेट' करता है, आधुनिकता की चालू अनैतिहासिकता से मुक्त कर वह हमें 'ऐतिहासिक' बनाता है। इसके अतिरिक्त भक्तिकाव्य की रचनात्मक समृद्धि को हमारे लिए तात्कालिक बनाकर वह कलाओं की उस बुनियादी अन्तर्निर्भरता को उजागर भी करता है जो भारतीय परम्परा की उल्लेखनीय उपलब्धि थी और जिसे विशेषीकरण के अपने अन्धे उत्साह में हम खो चुके हैं और जिसे फिर से प्राप्त करना हमारे लिए ज़रूरी है और बहुत मुश्किल भी। कविता और संगीत के बीच समृद्धिकारी सम्बन्ध की स्थापना और शब्द की अनन्त सम्भावनाओं में पुनर्विश्वास स्वयं साहित्यिक संस्कृति के लिए बहुत मूल्यवान और, उम्मीद की जानी चाहिए, दूरगामी उपलब्धियाँ हैं। अभी पिछले दिनों कवि केदारनाथसिंह ने भाषा की लापरवाह फ़िजूलख़र्ची के विरुद्ध शब्दों की गरिमा की लेखकों द्वारा रक्षा की बात की है : यह विचित्र संयोग है कि किसी हद तक यह रक्षा कुमार गंधर्व जैसा संगीतकार कर रहा है।

हमारी परम्परा कितनी लचीली और ग्रहणशील है इसका एक दिलचस्प प्रमाण कुमार गंधर्व द्वारा लोक-संगीत और शास्त्रीय संगीत के बीच स्थापित जीवन्त सौहार्द है। गहरे अर्थ में यह साधारण जन की सृजनात्मकता का स्वीकार भी है। सामान्यतः जब शास्त्रीय संगीत को अभिजात व्यापार माना जाता है और उसे विशिष्टों या भद्रलोक का विलास कहकर लांछित किया गया है; लोक-संगीत में उसके उद्‌गम की खोज और अद्वितीय प्रतिभावानों की बजाय नामहीन सामुदायिकता द्वारा जटिल सृजन की सम्भावना को सिद्ध करना सच्चा जनतान्त्रिक प्रयत्न भी है। भारतीय मनुष्य ने अपने जीवन-संघर्ष के चलते मनुष्य, प्रकृति और मनुष्येतर संसार में असंख्य रंगारंग रिश्ते खोजे हैं : उनमें से कुछ को अपने संगीत में कुमार गंधर्व फिर से हमारे लिए ज़ाहीर करते हैं और हमें अपनी अस्मिता की कल्पनाशील पहचान देते हैं। उनके संगीत में बौद्धिक प्रखरता के साथ-साथ रंगारंग भराव और लोक-संगीत की जीवन्त ऊर्जा भी है। दरअसल वह सृजन होने के कारण इन अन्तर्विरोधों का धनी है जो उसे प्रामाणिक रूप से आधुनिक।

अवसान

सच्चा गान माँगता है दूसरे ही क़िस्म की साँस।
एक शान्ति। देवता की एक कँपकँपी। एक अन्धड़।
- रेनर मारिया रिल्के

मृत्यु के बारे मे क्या बात करना, वह हमारी दुनिया नहीं।
- कुमार गंधर्व

गगन-मण्डल बीच गुरु ज्ञानी निश्चय ही उनकी आवाज़ सुनते होंगे। पर हम, जो यहीं इस मटमैली धरती पर अपने जीवन-व्यापार में धँसे-फँसे हैं, बरसों से उनकी आवाज़ सुनते रहे हैं। रोग और बुढ़ापे के बावजूद वे अभी भी 'द्रुम-द्रुम लता-लता' सुर सजा रहे थे। एक शैव चबूतरे पर बैठकर वे गा रहे थे और, जैसा कि बरसों पहले उनकी षष्टिपूर्ति पर मधु लिमये ने कहा था, 'संसार का रहस्य, हमें लगा, हम छू सा रहे हैं।' उन्हें इस बार अपने अन्त का कुछ पूर्वाभास-सा हो गया था। एक सप्ताह पहले अचानक बिना किसी पूर्व-सूचना के इन्दौर अपने मित्रों से मिलने पहुँचे थे। इस बीमारी में अपनी पत्नी और बेटी से कहते रहे थे कि इस बार मुझे जो तकलीफ़ है वह पहले कभी नहीं हुई और मैं अब नहीं रहूँगा। मैं हर

बार लड़ने की पूरी तैयारी करता हूँ और कुछ नया ही हो जाता है। उन्होंने शव को किस दिशा में रखा जाए यह भी बताया था। यह इच्छा भी पहले ही प्रगट कर दी थी कि उनकी अन्त्येष्टि जहाँ सबकी होती है वहीं हो, किसी विशेष स्थल पर नहीं। अपने साथ तबला का अभ्यास करने वाले व्यक्ति से उन्होंने पूछा था कि श्मशान में जाने पर कैसा लगता है और फिर अपनी ओर से जोड़ा था कि वहाँ जाने पर बुरा नहीं लगना चाहिए-लगना चाहिए कि अच्छी जगह आये हैं। देवास शहर की सड़कों से होती हुई वहाँ के सार्वजनिक श्मशान में जब शवयात्रा, पूरे राजकीय सम्मान के साथ, पहुँची तो वह जग सचमुच हरे-भरे खेतों से घिरी एक उद्यान की तरह निकली। कुमारजी के अनेक अंतरंग थे। देवास का जनसमुदाय और भोपाल, इन्दौर, उज्जैन, देवास आदि से आये अनेक कलाकार शामिल थे। अग्नि दी बेटे और गायक मुकुल शिवपुत्र ने जो घर से शवयात्रा शुरू होने के ठीक वक्त नेमावर के पास किसी मन्दिर से सीधे पहुँचे थे। हरे शस्य से घिरे श्मशान में चिता जली। पर किसका अवसान हुआ? कुमार गंधर्व का या कि शिवपुत्र सिद्धरमैया कोमकाली का?

काल से होड़ लगाने की हिम्मत और उनकी अथक परम्परा की कुमार गंधर्व के यहाँ लगभग अर्द्धशती बीत चुकी। उन्होंने अपने गायक-जीवन का अधिकांश एक फेंफड़े से गाते हुए बिताया। काल को उन्होंने अपनी अदम्य जिजीविषा से मानों पचास वर्ष तक बरजे रखा : उनके यहाँ गाना जीने का ही पर्याय बन गया। जिजीविषा और सिसृक्षा को उनके यहाँ अलगाना सम्भव नहीं। पर सिर्फ़ यही नहीं। उनके यहाँ जीना जैसे-तैसे जीना नहीं, साहस और गरिमा के साथ, प्रश्न पूछते-जिज्ञासा करते, आकस्मिक और अप्रत्याशित से निपटते जीना रहा। कुमार गंधर्व अपने को सबसे नश्वर कला का साधक मानते थे और कहते थे कि 'मैं तो गाते-गाते रोज़ मरता हूँ।' यों तो हम सभी नश्वर हैं, भले ही जीने की उलझन और झंझट में यह अकसर भूल जाते हैं। कुमारजी को अपनी नश्वरता बराबर याद रही हालाँकि वे मृत्यु से नहीं जीवन के भूरे-पूरेपन से, उसके अनग़िन आस्वादों से आक्रान्त कलाकर थे। चूँकि उनके आरम्भिक रोग ने उन्हें मृत्यु के बहुत पास ला दिया था, वे एक तरह से हमेशा उसके पास रहे, बिना उसकी चपेट में आये। उनका संगीत इस नश्वरता का, बिना किसी आत्मदया के, दुस्साहसिक प्रतिरूपक है।

जीवन-भर अपनी अदम्य जिज्ञासा से कुमार गंधर्व ने मानों इस अनिवार्य नश्वरता का जीवनदायी आशय खोजा। उनके संगीत में अद्‌भुत निर्भयता है। भावों का इतना विशाल फलक कि उसमें सब कुछ है : दूसरे ही क़िस्म की 'साँस', 'शान्ति', 'कँपकँपी' और ' अन्धड़' और अपार असमाप्य रसिकता। और रसलोलुपता से लेकर फक्कड़पन और निर्मोह तक सभी एक ही संगीतकार के संगीत में। ऐसे बड़े गायक हैं जो किसी एक रस के या कि किसी एक शैली के अकाट्य धुरन्धर हैं। पर कुमार गंधर्व सब कुछ समान अधिकार और गम्भीरता से गाते थे – ख्याल, ठुमरी, तराना, भजन, टप्पा। वे अनेक रसों को एक जैसी गहराई के साथ निष्पन्न कर सकते थे। वे निर्गुण के श्रेष्ठ गायक थे तो संगीत में शब्द और कविता की सगुण उपस्थिति के सशक्त प्रवक्ता भी। उनके गाने में शुरू से अन्त तक एक जैसा शान्त तनाव बना रहता था। उनके संगीत में सब कुछ रस-बस जाता था : राग और विराग, हर्ष और विरह, प्राकृतिक सुषमा और बेचैनी, अकेलापन और सामुदायिकता, भीषण शक्ति और अभेद्य मौन, मुखरता और शान्ति, द्वन्द्व और समरसता। सांगीतिक कल्पना ने अपने अनुभव और भावसम्पदा की ऐसी प्रचुरता और भरापूरापन किसी एक ही संगीतकार में बहुत कम पाये हैं।

संगीत में घरानेदारी की मिथ का ध्वंस करते हुए कुमार गंधर्व ने हमारी परम्परा की हमारे समय के लिए क्रान्तिकारी पुनःपरिभाषा की : उन्होंने आवृत्ति या दुहराव से नहीं प्रयोग से परम्परा के सत्यापन का सर्जनात्मक विकल्प उपस्थित किया। प्रयोग करने और नया कुछ पाने के लिए परम्परा से बाहर जाने की नहीं, उसी का सोच-विचार करते हुए उत्खनन करने की ज़रूरत पर उन्होंने ज़ोर दिया। वे यह मानने को

तैयार नहीं थे कि दुहराव अन्य कलामाध्यमों में तो हेय है पर 'कलाओं की भी कला' संगीत में वह अभीष्ट हो सकता है। वे उन गिने-चुने संगीतकारों मे से थे जो कलाओं के एक व्यापक सहकार में विश्वास करते और हिस्सा लेते हैं : उनकी कविता, ललितकला, नाटक, स्थापत्य आदि में गहरी रुचि थी। रस्मी ढंग से कम पढ़े-लिखे होने के बावजूद उनकी पढ़ने में गहरी रुचि थी। उनके घर 'भानुकुल' में लगभग दो हज़ार पुस्तकों का संग्रह है जिसे बड़े क़रीने से वे रखते और लगातार पढ़ते थे। मिलने पर पूछते आपने विन्दा करन्दीकर का गद्य पढ़ा है या कि इरावती कर्वे की फलाँ पुस्तक? यह आकस्मिक नहीं है कि उन्होंने संगीत को विचार और द्वन्द्व का माध्यम बनाने ओर समझने की कोशिश की। रागसंगीत, बन्दिश, ताल, लय, भावाभिव्यक्ति आदि सबके बारे में उनमें गहरी और सदा-सजग प्रश्नाकुलता थी। यह प्रश्नाकुलता संगीत के बाहर ही नहीं उसके अन्दर भी बराबर प्रकट होती रही। रूढ़िवादी उनकी इस प्रश्नशीलता से बिदकते थे पर इसका कोई उत्तर उनके पास नहीं था कि सुर सब लगे हैं पर कुमारजी के यहाँ रागरूप इतना अप्रत्याशित या अलग क्यों दिख रहा है। ध्रुपद गायक रमाकान्त गुन्देचा कह रहे थे कि कुमारजी यमन के सारे सुर लगाकर यमन राग को खोजते थे। उनमें श्रद्धा की कमी न थी पर विचार और प्रश्नशीलता को वे श्रद्धा का क्षय या विलोम मानने से इनकार करते थे।

जैसे परम्परा और प्रयोग के रूढ़िवादी बैर को उन्होंने समाप्त किया वैसे ही शास्त्र और लोक की दूरी भी उन्होंने आश्चर्यजनक रूप से कम की। उनके अलावा आज तक किसी संगीतकार की यह हिम्मत नहीं हुई कि पूरी ढाई घण्टे की संगीतसभा सिर्फ़ लोकसंगीत की गा सके जैसे कि उन्होंने 'मालवा की लोक धुनें' गायीं। उनके यहाँ कम से कम इस सदी में पहली बार, और शायद आख़िरी बार भी, शास्त्र की स्थिरता और लोक की गतिशीलता, शास्त्रीय गरिमा और लोक ऊर्जा ने सबसे सुधर सन्तुलन पाया। उन्होंने शास्त्र-अवबोध को लोकधारा में अवस्थित किया, अभिजात को साधारण के परिष्कार के रूप में पहचाना। वे लोक से शास्त्र में रस, सुगन्ध और स्पर्श लाये। वे शायद सब कुछ पर-फिर वे देवता हों, सन्त हों, दी गयी दुनिया हो या यथास्थिति के जो भी ढाँचे या शिल्प हों उन पर उँगली उठाने की सहजता भी शायद वहीं से लाये। शायद ही किसी संगीतकार ने शास्त्रीय यथास्थिति को ऐसी लगातार चुनौती दी हो और संगीत पर अपने निराले ढंग से देखने-सोचने की ऐसी अमिट छाप छोड़ी हो। एक तरह से अपने जीवन भर कुमार गंधर्व शास्त्रीय संगीत का प्रतिपक्ष बने रहे, उनका संगीत अनेक अर्थों में प्रति-संगीत। इसके बावजूद उनमें स्वयं प्रतिष्ठान न बन जाने के प्रति सजगता भी थी। अपनी परम्परा चलाने की उनकी कोई इच्छा नहीं थी। पर अपने विचारों पर वे स्वतन्त्रतापूर्वक विचार का आग्रह ज़रूर करते थे।

शास्त्रीय संगीत के प्रचलित सौन्दर्यशास्त्र के मूलाधार को कुमार गंधर्व ने एक बारगी बदल डाला : उन्होंने परिवर्तन को संगीत का केन्द्र बनाकर उसे सर्वथा आधुनिक बना दिया। उन्होंने नियमित शास्त्रीय निबन्ध भले न लिखे हों पर जब-तब अपने विचार व्यक्त कर और सबसे बढ़कर उन विचारों को अपने संगीत में आत्मसात् कर अपने उदाहरण से एक नया काव्यशास्त्र ही रच डाला जिसे एकत्र और संग्रथित कर समझा जाना बाक़ी है।

शब्द और कविता को कुमार गंधर्व ने शास्त्रीय संगीत में नयी प्रतिष्ठा दी। यहाँ तक माना जाता है कि उनके गायन ने कबीर, सूर, मीरा आदि के साहित्य की समझ गहरी की और बढ़ायी है। पर यह याद रखना ज़रूरी है कि ऐसा उन्होंने संगीत में सुर के आधिपत्य का अवमूल्यन करके नहीं किया : शब्द की जगह है, महिमा भी है पर संगीत में अर्थ का माध्यम सुर ही है इस पर वे बराबर विचार और आचार दोनों में आग्रह करते रहे हैं। यथास्थिति के विरुद्ध संघर्षशील प्रतिभा के ज़रूरी कर्तव्य की तरह कुमारजी ने कई मोर्चों पर एक साथ लड़ाई लड़ी : उन्होंने 'शोक' उपनाम से नयी बन्दिशें रचीं, नये राग बनाये और वाचिक परम्परा से विशेषतः देवास के पास के नाथ-पन्थियों से कबीर, गोरखनाथ आदि की अनेक

कुमारजी के साथ तानपूरा संगत :
दाँयें हेमंत सक्सेना और बायें मधुप मुद्गल

लिखित रूप में विलुप्त रचनाओं का संग्रह किया। पर यह सब बिना किसी दिखावे या नाटकीयता से किया। नया राग रचा तो उसे रसिकों के समक्ष आस्वाद और विचार के लिए सविनय प्रस्तुत किया, किसी प्रेस कॉन्फ्रेंस में उसकी घोषणा नहीं की। कुमारजी की साधारण बातचीत में भी अनायास काव्योक्तियाँ आती रहती थीं – वे एक साथ भारतीय संगीत के कबीर थे और उसकी परम्परा के रसिक-गृहस्थ भी। विचारशील और अकसर द्वन्द्वमूलक होने के बावजूद उनके गायन में अदम्य ऐन्द्रियता थी। बढ़ते हुए अलगाव-विलगाव के इस युग में वे लगाव के कवि थे और अलगाव के उत्कट वास्तुकार भी। उनकी पहली पुस्तक 'अनूप रागविलास' नाम से काफ़ी पहले प्रकाशित हुई थी। वे कई बरसों से एक नयी पुस्तक 'सगुण निर्गुण' नाम से प्रकाशित करने की सोच रहे थे। वे सगुण और निर्गुण के युग्म को समस्त करने वाले सर्जक थे। उनके कारण शास्त्रीय संगीत के लिए इधर एक नयी रसिकता विकसित हुई जिसमें असंख्य युवकों-युवतियों के अलावा बेशुमार कवि-लेखक, चित्रकार, नर्तक, वास्तुकार आदि शामिल थे। शास्त्रीयता को आधुनिकता का अपनी ही शर्तों पर सहचारी बनाने में उनकी निर्णायक भूमिका रही है।

डर लगता है कि कहीं कुमार गंधर्व का अवसान शास्त्रीयता के पुनर्नवा होने और प्रश्नाकुल-बेचैन विचारशीलता का अवसान न हो। उनका कुछ देर के लिए स्थगन तो यह है ही। पर जब तक कलाओं में साहस-कल्पना-विचार के त्रिगुण की और शास्त्रीयता में समकालीनता और गतिमयता की सम्भावना बची रहेगी तब तक कुमार गंधर्व सच्चे हरकारे और चौकन्ने रखवारे की तरह हमारे साथ रहेंगे। मूर्तिभंजक परम्परा अपना एक और अमिट नाम लिखती है समय पर और हमारी जातीय स्मृति पर - कुमार गंधर्व।

शून्य गढ़ शहर

निर्गुण में शून्य निर्माण करने की जो अच्छाई है, अद्भुत फक्कड़पन की है कि फेंकें तो, मगर लगना नहीं चाहिए। कोई भी चीज़ फेंकें, कितनी ही तेज़ चीज़ हो, फेंकने पर उसको लगनी नहीं चाहिए। उसको मज़ा आना चाहिए कि अच्छा मारा यार इसने।

- कुमार गंधर्व

आवाज़ में शून्य पैदा करना चाहिए, राग कपड़े-कपड़े नहीं पहनते – वे सब नंगे हैं; कहने का अधिकार

राग को है अक्षर को नहीं, काल में बार-बार करने का गुण नहीं है, कला का पेट बहुत बड़ा है, जो स्थिर नहीं है उस पर संगीत का पूरा जीवन आधारित है – ऐसी न जाने कितनी बातें हैं जो कुमार गंधर्व अनायास ही कह जाते थे और उनमें से हरेक एक नायाब टिप्पणी या उत्तेजक विचार है। एक बार भारतीय सुगन्ध के व्यापार से सम्बन्धित कोई अधिकारी देवास आये और कुमारजी से मिलने उनके घर पहुँचे। वे अन्तर्राष्ट्रीय व्यापार में भारतीय सुगन्ध के बेहद घट गये प्रतिशत के बारे में उन्हें बता रहे थे। कुमारजी ने टिप्पणी की : 'व्यापार की छोड़िये हमारे संगीत में ही सुगन्ध इतनी कम हो रही है।'

उनकी निर्गुण रचनाओं को छोड़ दें तो कुमार गंधर्व का संगीत उनकी गहरी रसिकता में रसा-बसा संगीत है। उसमें जो भोगता है और जो रचता है उसके बीच मानों कोई दूरी नहीं रह गयी है – उसमें सुगन्ध और स्पर्श है, निपट स्थानीयता है, सारे तनाव और द्वन्द्वों के बावजूद और सारी बौद्धिक और आध्यात्मिक बेचैनी के रहते भी शुद्ध आनन्द लेने रस पाने-बाँटने का ऐसा खुला साहस और न्योता है जिसकी अनसुनी नहीं की जा सकती। दूसरी ओर उसमें ठीक उलटा करने की भी उतनी ही हिम्मत है – जीवन की व्यर्थता और नश्वरता को गाने की कुमार गंधर्व के वहाँ इतना उच्छल राग है; इसीलिए इतना गहरा विराग भी मानो कह रहा हो कि जिसने जीवन का उत्सव मनाया है उसे ही यह हक़ है कि उस जीवन को अकारथता को पहचान सके। उनके एक प्रिय कबीर-भजन का रूपक उधार लें तो कह सकते हैं कि कुमार गंधर्व शून्य में जाते हैं तो शहर और फिर बस्तियाँ गढ़ने के लिए, वहीं शून्य में संन्यासी की तरह रमने के लिए नहीं।

उनके संगीत को जगाने वाला संगीत भी कहा गया है – इस अर्थ में भी वह एक साथ अनेक इन्द्रिय-बोध जगाता हैं। हम सोचते हैं, सुनते हैं, हमें लगता है कि हम कुछ छू रहे हैं, एक याद कौंधती है, एक चित्र उभरता है, एक सुगन्ध बेचैन करती है। उनमें गहरा बौद्धिक उद्वेलन है और प्रसन्न विनोद भी। कुमार गंधर्व के लिए राग एक सहारा भर है – वे उसके सहारे अपने को याने कुमार गंधर्व को गाते हैं। उस कुमार गंधर्व को, अपने अदम्य जीवट के साथ रूप-रस-गन्ध में, जीवन की अपार विविधता में गाते थे जो कि वे थे। उनका संगीत ऐसा स्पन्दित वर्तमान अभी भी 'है' कि उसके सिलसिले में 'थे' कहना बहुत कष्टप्रद है।

कुमार गंधर्व उन गिने-चुने संगीतकारों में से थे जिनकी अन्य कलाओं जैसे चित्रों, स्थापत्य, नाटक आदि में गहरी दिलचस्पी थी। इस कलानुभव का उन्होंने स्वयं संगीत को समझने और उसकी परिपाटी बदलने में दिलचस्प इस्तेमाल किया। उदाहरण के लिए वे रागरूप को देखने, उसका प्रोफाइल बनाने की बात करते थे। अपने गाने में ख़ाली छोड़ दी गयी जगहों को किसी चित्र के स्पेस के ढंग से समझाते थे। ताल, राग और शब्द की तात्कालिकता को किसी चित्र में रूप-रंग आकार के एक साथ होने जैसा कहते थे। स्थापत्य की तरह राग-संरचना का उन्हें बहुत सजग बोध था। अगर महान् कला वह है जिसमें कलाकार अपने जीवन का अधिक से अधिक होम करता है और उससे अपना जीवन, अपनी लालसाएँ और विफलताएँ छुपाता नहीं बल्कि उसी में खपाता है तो निश्चय ही कुमार गंधर्व का संगीत अनूठा और महान् था। यह माध्यम पर व्यक्तित्व के अनिवार्य प्रभाव से कहीं आगे की बात है : जैसे एक समूचा रंगारंग जीवन सुरों पर, आवाज़ और लगाव-बढ़त के ढंग पर, उभरते-मिटते रूपाकारों पर अपनी अमिट छाप डाले। ऐसा संगीत आत्मा-भर का नहीं समग्र जीवन का शिल्प है। ऐसा कलाकार जीवन में जो कुछ पाता है मानो अपनी कला में वह सब वापस कर देता है : कला जीवन का ऋण-शोध है। और फिर चादर ज्यों कि त्यों उतार देता है : मोह और निर्मोह का यह सन्तुलन कुमार गंधर्व के यहाँ अचूक है। तभी वे कह सकते थे : 'हम जो गाते हैं, वह अभी आपको पसन्द आएगा, पर वह रह नहीं सकता है। सौ साल के बाद कुमार गंधर्व को गाली देंगे कि क्या गाना था। यह तारीफ़ है संगीत की। संगीत जीवन के साथ चलता है।'

एक ऐसे समय में जब हमारी परम्परा या तो संकोच से भरी लगती है या कि नासमझों और दुष्टों के हाथों अचानक बेहद आक्रमक, कुमार गंधर्व परम्परा के निर्भय के गायक थे। उन्होंने सारे घरानों की सत्त्व लेकर घरानादारी का निषेध किया पर रहे परम्परा में। उन्होंने दुस्साहसिक प्रयोग किये पर परम्परा में ही। लोक और शास्त्र को एकजुट किया पर परम्परा की समृद्धि के ही लिए। यह निर्मम विनय भी उनमें कभी कम नहीं हुआ कि 'मेरी परम्परा चले, मेरी कोई इच्छा नहीं है।' उनकी तरह किसी और संगीतकार ने जिज्ञासा, प्रश्नवाचकता और बौद्धिक बेचैनी को शास्त्रीय संगीत में जगह नहीं दी। अचरज की बात यह है कि उन्होंने अपने इस निराले और प्रायः अप्रत्याशित संगीत के लिए व्यापक और लोकप्रिय मान्यता भी पायी। उनके निधन पर सिर्फ़ देश का कलाजगत् और महानगर ही नहीं बण्डा, रहली जैसे बुन्देलखण्ड के कस्बों के नागरिक भी शोकसन्तप्त हैं।

संगीत में ही नहीं कुमार गंधर्व के संगीत और विचारों ने साहित्य और दूसरी कलाओं की दुनिया में भी असर डाला। अगर संगीत जैसे अपेक्षाकृत अमूर्त माध्यम में इतनी सबल जीवनाभिव्यक्ति सम्भव है तो बाकी माध्यमों को ऐसी समग्रता की आकांक्षा क्यों नहीं करनी चाहिए? अकसर दूसरे लोगों को अपने मित्र या प्रेमी मानते हुए कुमार गंधर्व ने जीने और गाने का जो आभिजात्य विकसित किया यह जीवन और उसके संघर्षों से मुँह-फेरे या कि दूसरों को छोड़कर पाया गया आभिजात्य नहीं है। उसमें सच्चा आत्मबल है। इसीलिए कुमार गंधर्व अदम्य जिजीविषा और सर्जनात्मकता का नाम है : समयविद्ध लेते हुए भी समय को बदलने और उसके पार जा सकने की हिम्मत का नाम।

होना न होना

शास्त्रीय संगीत को अनेक दार्शनिक और आध्यात्मिक अभिप्रायों से सतही तौर पर जोड़ा जाता है। राघव मेनन ने उन्हें संगीत को सूक्ष्मताओं, प्रशिक्षण, साधना आदि से जोड़कर नई और सच्ची अर्थाभा दी है। कुमार गंधर्व ने लोकजीवन में कैसे, बिना नृतत्त्वशास्त्री या समाजवैज्ञानिक हुए, जीवन की परिपूर्णता पाई और कैसे उस जीवन में व्याप्त धुनों को बाद में उन्होंने नए-पुराने रागों में सँजोया, इसकी रोचक कहानी भी मेनन के विश्लेषण में है। मेनन के अनुसार, जब कुमारजी कोई ख्याल गाते थे तो वह जिस राग में

होता था उससे बँधा नहीं लगता था बल्कि मानों इस राग से ही निकलता था जैसे कि समुद्र में डूबी हिमशिला उससे निकलती है। अगर कुमारजी के गाने में जब-तब अप्रत्याशित यतियाँ होती थीं तो किसी भौतिक विवशता के कारण नहीं बल्कि इसलिए कि वे प्रतीक्षा के पल थे जिनमें वे आश्वस्त होना चाहते थे कि उनका संगीतार्थ रसिकों तक पहुँच रहा है – अचानक यति एक तरह से उस बात को उजागर कर देती थी, कौंध की तरह, जिसे वह व्यक्त करने की चेष्टा कर रहे होते थे। मेनन ने कुमारजी को यह कहते उद्धृत किया है कि जो मौन के स्वभाव को नहीं समझता न वह बोल सकता है और न ही गा।

राघव मेनन का कुमार गंधर्व का गुणगान गहरे और ठोस विश्लेषण और गहन चिन्तन पर आधारित है। उन्होंने यह सर्वथा उचित ही कहा है कि कुमार गंधर्व भारतीय आकाश में एक उल्का की तरह आए जिसने भारतीय संगीत को दो भागों में विभाजित कर दिया – पहला, कुमार गंधर्व के पहले और दूसरा उनके बाद, कुछ-कुछ चालू कैलेण्डर की तरह, जैसे ईसा पूर्व और फिर ईस्वी।

जो कुछ है वह सब आगे ही है

बरसों पहले कुमार गंधर्व ने अपने संगीतविद्-मित्र वामन हरि देशपाण्डे को अपनी एक तुकबन्दी सुनाई थी जिसका आशय था : मैं जिसके पीछे पड़ा था, अब उसके आगे हूँ, पर जब मैं चारों ओर देखता हूँ तब मुझे नज़र आता है कि जो कुछ है वह सब आगे ही है।' एक ओर तो यह एक अथक प्रयोगशील संगीतकार के गहरे विनय की अभिव्यक्ति है तो दूसरी ओर इसमें यह भी संकेत है कि कला में प्रायः सब कुछ अर्जित करना पड़ता है। संसार, प्रकृति, ब्रह्माण्ड, परम्परा, भाषा आदि के बारे में जिन सृजनकर्मियों में गहरा रहस्य भाव नहीं होता वे कुछ मूल्यवान् कर पाते हैं इसमें सन्देह है। यों तो इसमें से सभी कुछ हमसे पहले से है और प्रायः हमसे स्वतन्त्र। फिर भी, हम यों लिखते या गाते या उकेरते हैं मानों हम संसार, प्रकृति, ब्रह्माण्ड आदि रच-गढ़ रहे हैं। मानों सब कुछ हमसे शुरू हो रहा है। जैसे सब इबारतें पोछ दी गई हैं और हम सबसे पहली इबारत लिख रहे हैं, हमसे ही इतिहास शुरू हो रहा है। अक्सर जब ऐसा लगता है तभी यह लगना भी शुरू होता है कि हम जो कुछ भी पीछे छोड़ या मेट आए हैं वह सब आगे खड़ा है। एक तरह की दिग्विजय के साथ ही गहरी हताशा : हम पहले नहीं, हमसे आगे बहुत कुछ है। हम, ग़ालिब के कुछ शब्दों में कहें, लौहे-जहाँ पर 'हर्फ़े-मुकर्रर' की तरह मिटा दिए जाएँगे।

कुमार गंधर्व को हर महान् कलाकार की तरह अपनी नश्वरता का तीखा और लगभग अनुक्षण अहसास था। उनमें यह अहसास शायद इसलिए और गहरा था कि वे मौत के मुँह में से सचमुच वापस आए थे, बरसों बीमारी के कारण गाना छोड़कर फिर गाने पर लौट सके थे। पर उसका असली कारक शायद इतना सीधा-सादा न होगा। नश्वरता हमारा एक बुनियादी सरोकार है : हम हर दिन अपनी मौत के कुछ और नज़दीक पहुँचते हैं लेकिन यह पहुँचना ही जीना है। हम जी कर ही मरते हैं : जीते हुए रोज़-ब-रोज़ मरते रहते हैं। कुमार गंधर्व ने एक बार अपने एक इण्टरव्यू में कहा था कि 'मैं तो रोज़ मरता हूँ - जो कुमार गंधर्व आज तिलक-कामोद गा चुके वह कुमार गंधर्व और तिलक-कामोद दोनों ही मर चुके। फिर कुमार गाएँगे और तिलक-कामोद भी, पर वही नहीं। वे दोनों मर चुके।'

वही और वही नहीं। सब कुछ पीछे, फिर सब कुछ आगे। होने में बार-बार न होने का तीखा अहसास। क्या मनुष्य होने की सच्ची आध्यात्मिक गरिमा इसी में नहीं? फिर ग़ालिब का एक मिसरा है : 'हरचन्द कहें कि है, नहीं है।'

बहुरि अकेला

ऐसे कई हैं जिनके जीवन में कुमार गंधर्व ने अपने संगीत, अपने जीवट और अपनी दृष्टि से रोशनी भर

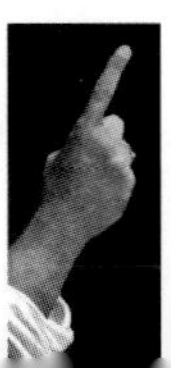

दी है : मैं निश्चय ही उनमें से एक हूँ। उन्हें इस सप्ताह एक बार फिर अशेष कृतज्ञता से याद करने के कई कारण हैं। पहला तो यही कि अगले सप्ताह 12 जनवरी को उन्हें दिवंगत हुए सात वर्ष पूरे होंगे। दूसरा यह कि अगर वे जीवित होते तो अगली अप्रैल में पचहत्तर वर्ष पूरे करते। तीसरा यह कि इस 'सप्ताहान्त पर'ला कार्बुजिए द्वारा परिकल्पित चंडीगढ़ में उसकी अर्धशती पर वास्तुकारों का एक विराट सम्मेलन हो रहा है और कार्बुजिए के वास्तुशिल्प को देख कुमार गंधर्व ने एक नया राग मालव-बिहाग रचा था। चौथा यह कि बातचीत में गुलाम मोहम्मद शेख ने बताया कि कबीर सम्बन्धी अपने चित्रों की रचना करते हुए वे अक्सर और बार-बार कुमार गंधर्व का कबीर गायन सुनते रहे हैं। पाँचवाँ यह कि कबीर-600 के दौरान ही कुमार गंधर्व-75 का संयोग आकस्मिक नहीं हो सकता। छठवाँ यह कि हाल ही में अपने एक भाषण में गोपाल गाँधी ने 'अन्तराल के क्षण' की व्याख्या करते हुए कुमार गंधर्व की गायन-विधि को याद किया। सातवाँ और अन्तिम कारण यह कि मुझे किसी भी बहाने कुमारजी को याद करना उल्लास और विषाद से भर देता है और जैसा कि बरसों पहले मधु लिमये ने कहा था 'लगता है हम पल भर के लिए ही सही, जीवन के रहस्य को छू सा रहे हैं।'

चंडीगढ़ की कथा यह है कि कुमार गंधर्व की और उनके संगीत में वास्तुकारों की हमेशा बहुत दिलचस्पी रही है। शायद कुमार गंधर्व का राग-रचना का अनूठा ढंग, जिसमें कई स्पेस गढ़े जाते थे और कई अनपढ़े छोड़े जाते थे, चरम द्रुत के बीच अचानक और अप्रत्याशित यति आ जाती थी, वास्तुकारों को स्थापत्य के अनुरूप लगता था और है। कुमारजी जब चंडीगढ़ देखने गए तो उसके स्थापत्य ने उनके मन पर गहरी छाप छोड़ी लेकिन तुरन्त या जल्दी कुछ नहीं हुआ। लगभग दस बरसों बाद उन्होंने एक नया राग 'मालव-बिहाग' रचा जिसके बोल में इस बात का उल्लेख है कि यह रूप का खेल है जिसे कोई महाधीर खेल रहा है। मुझे याद है कि बरसों पहले भारत भवन के स्थापत्य से इसी तरह प्रभावित होकर एक शाम कुमारजी ने वास्तुकार चार्ल्स कोरिया को यह बात बताई थी। कोरिया चकित हुए थे क्यों कि कार्बुजिए ने वास्तु को धीरज का खेल बताया था जो बात कुमारजी को पता ही नहीं थी। उस शाम कुमारजी ने यह भी कहा था कि हो सकता है कभी भारत भवन का स्थापत्य भी किसी नए राग सन्धान में उमड़े। अभाग्य से ऐसा नहीं हो पाया। मैं कई बार सोचता हूँ कि हमारे समय में कोई और संगीतकार ऐसा नहीं हुआ, जो अपने क्षेत्र के अलावा इतने सारे अन्य अनुशासनों में भी ऐसे पैठ-सा गया हो। कबीर की कविता की निर्गुण वृत्ति और उसमें अन्तर्भूत सगुण जीवनमयता का सीधा दर्शन तो हज़ारों को, किसी आलोचक की व्याख्या, किसी पण्डित के प्रवचन से नहीं, कुमार गंधर्व के गायन से ही हुआ था। अक्सर लगता था की उनमें कबीर पुनर्जीवित हो उठते थे : वे नहीं उनके माध्यम से कबीर स्वयं गाते थे। किसी कवि से किसी गायक का ऐसा तादात्म्य बीसवी ही नहीं किसी भी शताब्दी में अभूतपूर्व है।

गली तो सँकरी थी और दो नहीं समा सकते थे
पर थे दो ही उस गली में
एक सदियों पहले का था और एक आज का
पर गली प्रेम की समय से बाहर थी।
शब्द एक के थे और सुर दूसरे का
उस शैव चबूतरे के पास
जब वह जुलाहा आया अपना इकतारा लिये हुए
तो मुश्किल था उसके लिए भी एक को दूसरे के अलगाना
वे दोनों थोड़ी देर उस गली में अलग दीखते हैं
फिर एक ही हो जाते हैं ऐसे कि
एक की परछाई भी दूसरे की परछाईं से अलग नहीं हो पाती।

स्वर्ग का एक दृश्य यह भी हो सकता है कि वहाँ किसी चबूतरे पर अपने इकतारे के साथ कबीर बैठे हैं और कुमार गंधर्व गा रहे हैं :

हम सब मय, सब हैं हम मय, हम हैं बहुरि अकेला।

कबीर को घुँघरू नहीं

बरसों पहले यानी मध्यप्रदेश में एक वार्षिक कबीर समारोह शुरू करने के पहले हम कुछ लोक सोच रहे थे कि कबीर पर एक नए क़िस्म का नाटक तैयार किया जाए। मेरा सुझाव था कि उसे संगीत की गतियों में बाँधा जाए और जैसे ही एक अंक पूरा हो एक आवर्त समाप्त माना जाए और एक कबीर-अभिप्राय नाटकीय ढंग से स्थापित हो। कबीर स्वयं एक चरित्र के रूप में कभी न आएँ बल्कि सिर्फ़ उनकी उपस्थिति का अहसास जहाँ ज़रूरी हो वहाँ किसी और ढंग से जगाया जाए। इसके लिए एक विधि हमने यह सोची थी कि ऐसी उपस्थिति के लिए कुमारजी का उपयोग किया जाए : यानी उस दृश्य में उस अवसर पर कुमारजी संदेह आएँ और एक कबीर पद गा दें। इसके अलावा यह तो ख़ैर निश्चित ही था कि पूरे नाटक की सांगीतिक परिकल्पना कुमारजी की ही हो। हम में से यानी जगदीश स्वामीनाथन, ब.व.कारन्त और मुझमें से किसी को यह ठीक-ठीक पता नहीं था कि कुमारजी ने ऐसा संगीत-निर्देशन कभी किया है या नहीं। न ही यह कि उन्होंने कभी किसी संगीतनाटक में गायक-अभिनेता के रूप में कभी कोई भूमिका निभाई है या नहीं। कुमारजी को इस काम के लिए राज़ी करना आसान नहीं था। इसलिए हमने रणनीति यह बनाई कि जब अगली बार कुमारजी भोपाल आएँ तो हम तीनों एक साथ बैठकर उनसे बात करें! कुमारजी आये और मेरे घर मण्डली जुड़ी। संक्षेप में कुमारजी को कबीर पर एक नए नाटक की योजना बताई गई, बिना यह उल्लेख किए कि उनसे उसमें क्या अपेक्षा होगी। इसके पहले कि बात आगे बढ़े कुमारजी बोले : 'लेकिन कबीर को घुँघरू नहीं। तुलसी-सूर-मीरा सब क्यू में खड़े – भक्ति की क्यू में, लेकिन कबीर क्यू से बाहर। कबीर को घुँघरू नहीं।' उनकी इस उक्ति से हम लोग चकित रह गए और फिर उसी की व्याख्या में शाम बीत गई। उनसे उस नाटक के सिलसिले में आगे बात करने का मौक़ा ही नहीं बना।

यह तो निर्विवाद है कि कबीर को जैसा कुमार गंधर्व ने गाया वैसे हमारे समय में किसी अन्य शास्त्रीय संगीतकार ने नहीं। इस गायन में जो तादात्म्य उपजता है वह विलक्षण है। कुमारजी निर्गुण की व्याख्या करते हुए कहते थे कि निर्गुण गाते समय आवाज़ में शून्य पैदा होना चाहिए। एक बार उन्होंने यह भी कहा था कि सूर, तुलसी, मीरा आदि सब क्यू में खड़े हैं, कबीर के लिए कोई क्यू नहीं... वह उन सबसे बाहर। 'कबीर को घुँघरू नहीं।' कुमार जी ने मालवा की लोक परम्परा में कबीर को जिस तरह से पाया था वह हमारे आधुनिक सांगीतिक इतिहास की एक अभूतपूर्व घटना है। अपनी उदग्र प्रतिभा से कबीर-गायन में कुमार जी ने लोक और शास्त्र की दूरी को अतिक्रमित किया। यह नहीं है कि कुमार जी ने सगुण भक्त कवियों को न गाया हो, उनका तुलसी दर्शन विख्यात है और सूरदास और मीरा को भी गाया है। पर उनकी जो पहचान अब रूढ़ सी हो गयी है वह उनके कबीर गायन से है। इस पहचान की व्याप्ति इतनी है कि उन्हें हमारे समय में संगीतकारों मे कबीर कहा जाता है।

इसमें कुछ पते की बात ज़रूर है। एक अर्थ में कबीर कुमार गंधर्व के एक गुरु भी थे। जब वे गाते थे कि सुनता है 'गुरु ज्ञानी गगन-मण्डल बीच में आवाज दे' तो यह लगता है कि वे कबीर को ही पुकार रहे हैं, सदियों के आर-पार। कुमार जी जब गाते हैं 'गुरुजी मैं जहाँ बैठूं वहाँ छाया' जिस छाया में बैठने का ज़िक्र है वह निश्चय ही कबीर छाया है। कुमार गंधर्व का संगीत, बहुत पहले से, काल की छाया में बुना गया संगीत है। उनकी अपार रसिकता और जिजीविषा इस सच्चाई को दबा नहीं सकती। आखिर

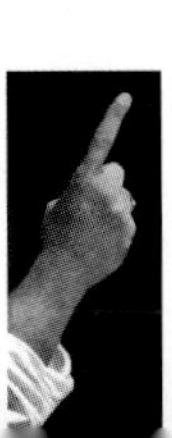

स्वयं कबीर ने कहा है कि 'खलक चबैना काल का कुछ मुँह में कुछ गोद।' अगर विराग राग से ही उपजता है तो कुमारजी का संगीत राग और विराग के दो ध्रुवान्तों के बीच विचरता है। आस्थावान् होते हुए भी कबीर ने अध्यात्म, कर्मकाण्ड, जातिप्रथा, मन्दिर-मस्जिद, वेद-पुराण-कुरान को प्रश्नांकित किया। यह प्रश्नवाचकता सारे शास्त्रीय संगीत को लेकर कुमार गंधर्व ने दिखायी। कबीर ने अपने समय में अकथ कहानी कहने का पराक्रम किया था तो कुमार गंधर्व ने यही काम हमारे समय में किया। कहीं न कहीं कबीर कुमार गंधर्व और कुमार गंधर्व कबीर। 'प्रेम गली अति साँकरी या में दो न समाय' इस परस्पर प्रेम में दोनों बहुत दूर तक तदात्म और एकाकार हो जाते हैं।

पिछली आठ अप्रैल को कुमार गंधर्व, अगर जीवित होते तो वो ९० वर्ष के हो गये होते। वे उन शास्त्रीय संगीतकारों में से थे जिन्होंने हम जैसे हज़ारों लोगों के लिए न केवल सिर्फ़ संगीत गाया बल्कि बीसवीं शताब्दी भी गायी। संगीत समय में होता है पर ज़रुरी नहीं कि वह समय को गाये-बजाये। उन्होंने समय में दुर्लभ होते जाने फिर भी प्राप्य एकान्त को गाया, गाया ऐसी सामुदायिकता को जो एकान्त को हड़पती नहीं जगह देती है। सदियों से अविवाक्षित लोक को शास्त्र की प्रणति देने का साहस किया और हममें से बहुतों को समझाया-महसूस कराया कि राग में अर्थ संगीतकार अपने निजी उद्यम और कौशल्य से भरता है और राग में अर्थों की बहुतता न सिर्फ़ संभव बल्कि अभीष्ट है। उनका संगीत बहुत जल्दी बह गयी काल की छाया में सिरजा गया संगीत है : उन्हें युवा रहते हुए यक्ष्मा ने ग्रस लिया था और अपने एक फेंफड़े से गाकर वे अपने जीवन के बहुत बडे भाग में काल से होड़ लगाते रहे। नश्वरता की अनिवार्यता के बरक़स कुमार गंधर्व का संगीत अनश्वरता की असमाप्य संभावना का संगीत रहा है। काल की छाया उनकी अपार रसिकता, अथक जिजीविषा और अविराम सिसृक्षा को कभी बाधित नहीं कर सकी। वे 'द्रुम-द्रुम लता-लता' मानों काल को मुँह चिढ़ाते रहे : काल उनके लिए विस्मय और रहस्य दोनों था : कई बार उनका संगीत इस विस्मय के भाव और रहस्यके अनुभव के रसायन से उपजता था। कुमारजी ने समय को उसके वर्तमान में नहीं, काल को उसकी निरन्तरता में गाया।

कुमार गंधर्व का संगीत मृत्यु की श्याम छाया में गाया गया उज्ज्वल संगीत है। उनके यहाँ उच्छल जिजीविषा और संसार की अद्‌भुत पदार्थमयता और निस्संकोच अभिवादन है। इस महान गायक ने निर्गुण खोजने-पाने की अपनी आकांक्षा का बेहद सगुण गान किया। उसने शास्त्र का मूल लोक में खोजकर न सिर्फ़ शास्त्र को नयी लौकिक ऊर्जा से भर दिया बल्कि साथ ही साथ लोक को भी शास्त्र के नज़दीक आकर अपने लिए नयी समकक्षता खोजने को प्रेरित किया। उनका एक ऐतिहासिक योगदान यह भी है कि उन्होंने परम्परा का उत्खनन कर उसी में से आधुनिकता निकाली बजाय उसे बाहर से थोपने या लाने के। उनकी आधुनिकता परम्परा में पूरी तरह से गृहस्थ है। कुमार गंधर्व सम्भवतः हमारे सबसे अदम्य प्रश्नवाची संगीतकार रहे हैं। उन्होंने खयाल क्यों? दरबार गम्भीर क्यों? लोक और शास्त्र में इतनी दूरी क्यों? राग-संगीत क्यों? घरानेदारी क्यों? आदि बीसियों बेचैन करने वाले प्रश्न पूछे और उनके उत्तर खोजे।

यह अलक्षित नहीं जाना चाहिए की एक लगभग ब्रह्माण्ड-दृष्टि को चरितार्थ करने के लिए कुमार गंधर्व ने निपट- स्थानीयता का सहारा लिया था। उन्होंने ऐसी अनेक बन्दिशें रचीं या पुनराविष्कृत कीं जिनमें स्थान का बोध अपने रूप-रस-गंध के साथ सीधे महसूस किया जा सकता था और है। अपने ठोस स्थान को वे ब्रह्माण्ड में विलय नहीं कर देते थे : वे ब्रह्माण्ड को स्थान में स्पंदित और अन्तर्ध्वनित होने देते थे। काल, ब्रह्माण्ड, लय और ताल, राग के बीच जो अविरत संबंध कुमार जी ने खोजा और प्रतिष्ठित किया वह कई अर्थों में अनूठा था।

कुमार गंधर्व आधुनिक शास्त्रीय गायक थे। उनकी आधुनिकता परंपरा को छोड़कर विन्यस्त नहीं हुई थी। उन्होंने परंपरा के उत्खनन से ऐसे अर्थ और आशय खोजे थे। जो हमारे समय के लिए सहज ही प्रासंगिक थे। उन पर उत्तराधिकार का आलोक था पर उसकी चकाचौंध नहीं! वे अपना संगीत परंपरा की बेचैनी को पहचानकर, उसे प्रश्नांकित करते हुए गुनते-गहते थे। कुमार गंधर्व के लिए आधुनिकता परंपरा का एक विस्तार-भर थी जो इसकी यादविहानी भी करती है कि निरीआवृत्ति से परंपरा आगे नहीं बढती।

१२ भारतीय संगीत के पुनर्जागरण का कबीर : कुमार गंधर्व

लाडली मोहन निगम

कुमार गंधर्व के अचानक न रहने से भारतीय संगीत के पुनर्जागरण के युग की समाप्ति हो गयी है। कुमार गंधर्व अपने युग के समकालीनों में एक ऐसे हरावल थे जिन्होंने संगीत को बंधनमुक्त किया, नये क्षितिज तक ले गये, घरानों की परिधि से संगीत को निकाल कर आम आदमी से संगीत के नये अहसास का परिचय कराया, इसीलिए लोग उनको विवादी संगीतज्ञ कहा करते थे। शिवपुत्र सिद्धरामैया कोमकली (कुमार गंधर्व) ने आधी शताब्दी से भी ज़्यादा, काल से होड़ लगाने की हिम्मत की,अनूठी बुनियाद डाली। उनका एक फेफड़ा राजयक्ष्मा (तपेदिक) जैसी संक्रामक और गंभीर बीमारी का शिकार हो गया था। लेकिन बावजूद इसके, उन्होंने अपनी गायकी की नयी पहचान दी - यह उनकी साधना, त्याग, जिजीविषा और समर्पित जीवन एवं तपस्या का ही परिणाम है कि भारतीय शास्त्रीय गायन को उन्होंने ये अंदाज़ दिये। यह असाध्य रोग उन्हें तरुण काल ही में हो गया था। उनके अदम्य साहस का ही फल है कि उन्होंने काल को भी पचास साल तक अपने से दूर रखा। जब वे इस रोग के शिकार हुए, उस ज़माने में इसकी इतनी जीवनदायिनी औषधियाँ विकसित नहीं हुई थीं जैसी कि आज हैं। अपने इसी रोग से लड़ते हुए वे मध्यप्रदेश के एक छोटे – से कस्बे – देवास आये थे। मालवे की गंध और यहाँ की आबो-हवा ने उनको यहाँ बस जाने के लिए प्रेरित क्रिया।

सन 1950-55 का काल, मैं एक लंबे संघर्ष के दौरान देवास में फँसा था। एक रोज़ का वाकया है कि एक शाम आगरा-बॉम्बे रोड के निर्जन पहाड़ी इलाके से गुजर रहा था। एक अज़ीब दिलकश और मन को आनंदित करनेवाली स्वरध्वनि की गूँज मुझे सुनायी दी। मैं बरबस उधर खिंचा चला गया। पहाड़ी के ऊपर एक छोटी-सी बंगलेनुमा झोपड़ी से आवाज़ आती हुई मालूम हुई। अपने अनजाने पैर उस तरफ़ बढ़ते चले गये। सुनसान बरामदे के पास ठिठक कर खड़ा हो गया। इतना मोहक संगीत मैंने पहले कभी नहीं सुना था। मुझे यह कबूल करने में कोई गुरेज़ नहीं है कि संगीत की वर्णमाला मैं नहीं जानता लेकिन,

इसके बाद भी संगीत के लगाव और सिर्फ़ ऐसा संगीत जो मेरे अंतर्मन को झंकृत कर दे, मैं चुपचाप वहीं बरामदे में एक खंभे से टिक कर मंत्रमुग्ध हो कर सुनता रहा। वातावरण में सुर ऐसे बह रहे थे जैसे शीतल दरिया का प्रवाह हो। उसकी आवाज़ मुझको लगातार भिगो रही थी। सहसा संगीत रुका। अंदर से खाँसने की आवाज़ आयी। एक छाया बाहर निकली। उसने मुझको देखा। परिचय पूछा। मैंने कहा मैं एक राहगीर हूँ, संगीत की आवाज़ सुन कर खिंचा चला आया हूँ। अगर इजाज़त हो तो यहाँ बैठा रहूँ। उन्होंने मुझको कमरे के अंदर आने को आमंत्रित किया। कमरे के अंदर देखा - पलंग पर एक जीर्णशीर्ण काया दीवार के सहारे टिकी लेटी हुई और उसके पैर के पास एक अद्वितीय सुंदर महिला हाथ में तानपूरा लिये गा रही है। थोड़े अंतराल के बाद फिर गाना शुरू हुआ। पाँच-सात मिनट हुए होंगे, लेटी काया के चेहरे पर जैसे कुछ झुंझलाहट आयी और उठते-उठते क्षीण आवाज़ में उन्होंने कहा : 'ऐसे नहीं... ऐसे.'' और फिर कंठ से स्वर का प्रवाह फूटा। इसके साथ ही एक मिनट बाद एक ज़ोर की खाँसी, साथ ही बहुत-सा बलगम। गा रही महिला ने तत्काल तानपूरा रख कर, बिना कोई बरतन उठाये, अपने हाथ की अंजुली मुँह के पास कर दी जिससे बलगम उसके बिस्तरे पर न गिरने पाये। फिर असहाय हो कर वह बिस्तरे पर लेट गया। महिला उठी, अंदर गयी और फिर बाहर आयी। उनके सिरहाने को ठीक किया। तानपूरे को उसकी जगह रखा। फिर इशारे से मुझको जाने के लिए कहा। मैं निकला ही था कि महिला भी पीछे आयी। मुझसे पूछा कैसे आये! मैंने उपरोक्त वाकया दोहराया और निवेदन किया कि मैं शामलात रोड के राम मंदिर में एक का मेहमान बनके पड़ा हूँ। अभी कुछ दिन रहूँगा। मैंने उनसे आज्ञा चाही कि अगर शाम को व़क्तन-फ़वक़्तन चाहूँ, तो क्या यहाँ आ सकता हूँ। इस पर उन्होंने अपनी स्वीकृति की मोहर लगा दी।

एक-दो रोज़ के बाद बरबस शाम को पुनः उस टेकड़ी के नीचे जाने की बेसब्री हुई और बेसाख़्ता उस तरफ़ चल पड़ा। फिर वही आवाज़ तैरती मिली। उसके बाद तो जैसे एक क्रम बन गया। जिस शाम भी फ़ुरसत मिलती वहाँ पहुँच जाता। यह थी मेरी कुमार गंधर्व और उनकी पत्नी भानुमती से पहली मुलाक़ात। आना-जाना, परिचय, फिर मित्रता और फिर संबंधों में अनौपचारिकता के फलस्वरूप रिश्तों में बदलाव का क्रम! कुमार का इलाज इंदौर के डॉक्टर मुखर्जी और डॉक्टर बोर्डिया की ज़ेरे निगरानी में चल रहा था। वह धीरे-धीरे स्वस्थ हो रहे थे। इसी दौरान मुझे वह अपने अनुज की तरह चाहने लगे थे। दोनों का ही प्यार और अनुकंपा मेरे ऊपर थी। घर में इन दोनों के अलावा था एक भानुजी का पुश्तैनी सहायक कन्ना, जिसने उनकी बचपन में परवरिश की थी। कन्ना उनकी तथा उनकी बड़ी बहन की शिक्षा के लिए साथ रहने आया था। एक तरीक़े से वही घर का मुखिया और मालिक था। उसने भानु को माँ और पिता, दोनों का ही प्यार दिया। कुछ ही दिनों बाद उज्जैन और आसपास के विद्वान, प्रोफेसर, लेखक, कुमार जी के पास आने लगे। उस जमाने में उज्जैन के प्रो. श्याम सुंदर, जो मालवा के लोकगीतों पर शोध कर रहे थे, वहाँ अकसर आते थे। वहाँ मैंने देखा कि लोकसंगीत पर कुमार बड़ी परिष्कृत और सुलझी हुई बात करते हैं। अनौपचारिक हो जाने के बाद मैंने एक दिन कुमारजी से पूछा कि जब आप गायन के उच्चतम शिखर पर जा रहे थे, तब अचानक बीमार हो जाने से संगीत को बड़ा नुक़सान हुआ होगा. तब उन्होंने मुझसे कहा – ''लाडली, अगर मैं लगातार गाता ही रहता, और बीमार नहीं पड़ता, तो शायद मैं भौतिकवादी दुनिया में ही विचरण करता रहता और संगीत के विषय में मुझे सोचने का मौक़ा ही न मिलता।'' उन्होंने कहा- ''पाँच-सात वर्ष की मेरी इस बीमारी ने मुझे बहुत कुछ सोचने और संगीत को समझने की क्षमता दी है। मैंने नये तरीक़े से संगीत पर कुछ सोचा है और मेरी निश्चित राय है कि भारतीय संगीत का उद्गम लोक संगीत है, इसलिए मालवा और नाथजोगी परंपरा तथा देश के अन्य भागों के लोक संगीत का अध्ययन कर रहा हूँ। मेरा विश्वास है कि मैं संगीत को उसकी असली परिभाषा देने में सक्षम हूँगा।'' उन्होंने मुझसे कहा- ''इतना सब कुछ पा लेने के बाद भी तुम मेरी बीमारी से दुखी हो। मैंन इन पाँच-सात वर्षों में जो पाया है वह अगर मैं लगातार गाता ही रहता, तो भी उतनी दौलत नहीं पाता जितनी कि आज मैंने कमायी है।''

इस दौर की सोच ने ही उनके अंदर एक नये 'कबीर' को जन्म दिया। 'निराला' के फक्कड़पन का भी उदय हुआ। लोकगीत और शास्त्रीय गीत का जो समन्वय कुमार जी ने किया है वह भारतीय संगीत की अमूल्य धरोहर है। इंदौर के 'नई दुनिया' के प्रधान संपादक राहुल बारपुते एक बार उनसे मिलने आये। इत्तफ़ाक़ कि मैं भी उस समय वहीं था। मैं और बारपुते अपने इलाहाबाद के कॉलेज जीवन से एक-दूसरों को जानते थे। कुमार गंधर्व का भी उनके साथ एक प्रगाढ़ मित्रवत प्रेम था। मेरी और बारपुते की अंतरंगता को देख कर कुमार चकित रह गये। बारपुते ने तब उन्हें मेरा विगत बताया और मेरे सियासी जीवन के बारे में भी उनसे कहा। उसके बाद से फिर तो कुमार जी के और मेरे बीच जो कुछ भी थोड़ी-बहुत औपचारिकता की लकीरें थीं, वे सब मिट गयीं। मुझे उनके परिवार का एक सदस्य होने का सौभाग्य प्राप्त हुआ। भानु से मुझे अपने किसी सगी भाभी से भी ज़्यादा स्नेह और दुलार मिला।

कुमार अब क़रीब-क़रीब स्वस्थ हो गये थे। इंदौर के दाते साहब (अरुण दाते के पिताजी व मध्यप्रदेश के इंडस्ट्रियल जज) जिनको सब काका साहब कहते थे, उनका कुमार पर विशेष स्नेह था। उन्हीं की वजह से कुमार के स्वस्थ होने के बाद मांडू के ऐतिहासिक क़िले में (जहाँ कभी रूपमती और बाज बहादुर के स्वर गूँजते थे) उनका पहला गायन कार्यक्रम हुआ। इसे तत्कालीन सूचना एवं प्रसारण मंत्री केसकर ने आयोजित किया था तथा इसमें हिंदुस्तान के प्रथम प्रधानमंत्री पंडित जवाहरलाल नेहरू भी उपस्थित थे। पहली बार कुमार ने काका साहब (दाते साहब) की वजह से होली के दिन अपना बनाया पहला राग - लोक संगीत आधारित - 'मालवती' गाया। यूँ तो हर गायक-संगीतकार राग-रागिनियाँ बनाता है, लेकिन कुमार जी की विशेषता यह थी कि उन्होंने इन सबको लोक सौंदर्य और लोक संगीत का आधार दिया। वे एक समर्पित कलाकार थे। वे कहा करते थे कि राग बनाये नहीं जाते, वे तो पहले से ही बने हुए हैं। सवाल है सिर्फ़ उनको खोजने का! उनको खोजने के लिए हमें अपने-आप को वक़्त के उस काल में ले जाना होगा जब अनजान निर्माताओं ने शताब्दियों पूर्व अथाह लोकसंगीत के समुद्र में गोता लगा कर रागों को बनाया होगा। ऐसा करने में वे अपने को स्वर के अज़ीब ब्रह्मांड में ले जाते जो गंभीर संगीत की बंधी बंधायी चौखटों को तोड़ता हुआ एक नये लोक में ले जाता था। उनका मानना था कि शास्त्रीय संगीत की जड़ लोकसंगीत में ही है। इसका प्रमाण है उनकी उन नयी राग रचनाओं में जो उन्होंने अपने जीवन काल में कीं। वे एक कवि हृदय विरल संगीतकार थे। उनके अंदर प्राकृतिक रूप से स्वर और शब्द एक गान की शक्ल में ढल कर निकलते थे। उनकी कविता की इस अंतःप्रेरणा व प्रवृत्ति ने भक्ति संगीत में कबीर, मीरा, सूरदास, तुकाराम को नये अंदाज़ से परिमार्जित किया। उनके निर्गुण भजन भक्ति संगीत की बहुमूल्य विरासत हैं। कुमार के भक्ति संगीत में मौलिकता का अहसास होता है। संगीत में वे विवादी पुरुष की तरह विख्यात रहे, लेकिन कभी विवाद में नहीं पड़े। अपना संगीत, अपनी मानवीयता, सादगी, तर्क व व्यवहार से विरोधियों का मुँह बंद करते रहे।। बालपन की निर्मलता मन के अंदर सतत प्रवाहित होती थी।

जब उनके स्वास्थ्य में सुधार हो रहा था, मैंने एक बार उनसे कहा कि आप अभी और विश्राम कीजिए। तब उन्होंने एक घटना सुनायी। इत्तफ़ाक से मैं और वे, दोनों ही उस वक़्त वहाँ अकेले थे। उन्होंने मुझसे कहा कि 'तुमने देखा है कि भानू ने कितनी सेवा मेरी की है। यहाँ तक कि एक बार जब अचानक मुझे खाँसी आ रही थी, बलगम आने को था, तब जल्दी में उसने अपना हाथ आगे बढ़ा दिया था। तब मैंने उससे कहा था कि अब मैं बचूँगा नहीं। यह मेरी बीमारी असाध्य है, यह रोग तुमको भी हो सकता है। तब उसने मुस्कराते हुए कहा था कि, कुमार तुम अपनी फिक्र करो, तुम स्वस्थ हो जाओ, बस। जहाँ तक मेरा सवाल है, मुझे तो यह रोग होगा ही नहीं, और अगर होनेवाला भी होगा तो अब तक मैं तुम्हारे साथ रहते-रहते इतनी इम्यून हो गयी हूँ कि मुझे यह रोग कभी नहीं होगा.'' उन्होंने भावनावश फिर मुझे अपनी किताबों की तहों के बीच में से एक लिफ़ाफ़े को निकाल कर उसके अंदर से एक चित्र को निकालते हुए

कहा- ''यह चित्र देखो'' यह चित्र था भानु और कुमार की शादी का। कुमार बिलकुल एक नर-कंकाल से लग रहे थे। हड्डी-हड्डी गिनी जा सकती थीं। जैसे हड्डियों पर किसी ने शेरवानी पहना दी हो और बगल में एक अद्वितीय सुंदर कन्या। मैं हतप्रभ था कि क्या कभी कोई कन्या ऐसे व्यक्ति से शादी करना कबूल कर सकती है जिसके लिए डॉक्टरों ने साल-दो-साल की भी मोहलत मुश्किल से दी हो! उस चित्र को देखने के बाद मैं ठगा-सा रह गया। भानु से जब मैंने इसके बारे में पूछा तो उन्होंने कहा- ''लाडली, संगीत की दुनिया को इस व्यक्ति को बहुत कुछ देना है और अगर ये बच जायें तो मेरे लिए इससे बड़ी चीज़ क्या हो सकती है?'' कुमार की काल से लड़ने की शक्ति, उनकी जिजीविषा और भानुमती की आकांक्षाओं व मजबूत इरादों का ही परिणाम था कि कुमार आधी शताब्दी से ज़्यादा गाते रहे।

कुमार ने एक बार मुझसे यह भी कहा था कि ''मैं इस अद्वितीय महिला को क़र्ज़ में छोड़ कर नहीं मरना चाहता हूँ, जिसने अपना सर्वस्व मुझको दिया है, उसके भविष्य और साये का इंतज़ाम जब तक कर न पाऊँ तब तक तो मैं ज़िंदा रहना चाहूँगा, और मुझे ज़िंदा रहना है।'' भानुजी अगर किसी बड़े शहर में होती तो उनको किसी कॉलेज में या ऑफिस बड़ी नौकरी मिल सकती थी, लेकिन कुमारजी की बीमारी की वजह से उन्होंने उस छोटे से कस्बे में रहना कबूल किया, जहाँ उनका अपना कुछ नहीं था। एक बालिका स्कूल में अध्यापिका की नौकरी, और वह भी किसी की अनुकंपा से मिली थी। आमदनी सीमित थी, हाँ, डॉक्टरों की लगन और मित्रों की अनुकंपा ज़रूर थी। उस सुनसान टेकड़ी के आसपास जब भीड़ बढ़ने लगी, तब

कुमारजी एवं भानुमतीजी

कुमार देवास शहर से दूर मेंढकी तालाब के पास सुनसान जंगल के बीच, जहाँ से देवास का पानी आता था, वहाँ रहने लगे। एक तो आबो हवा भी ठीक, दूसरे शहर से दूर और उस बंगले का किराया भी कम। मेरी अंतरंगता बढ़ गयी थी, जब कभी बहुत उदास और अकेला महसूस करता तो मैं भाग कर देवास चला जाता और बिना किसी को बताये एक सप्ताहांश उन लोगों के पास रह कर लौट आता। एक नयी जीवनदायिनी प्रेरणा का अहसास और शक्ति लेकर वहाँ से लौटता था, वे राजनीतिक न होते हुए भी राजनीति की गतिविधियों के बारे में जानते और समझते भी थे। निःस्वार्थ राजनीति को वे इज़्ज़त भी देते थे। आम लागों, ग़रीब, पिछड़े लोगों के लिए कुछ करते थे। मुझ जैसे संगीत के अज्ञानी को भी उन्होंने कभी संगीत सुनाने में गुरेज़ नहीं किया, बल्कि, जब भी मैं उनको सुनता और कभी किसी पुरानी चीज़ को सुनाने का आग्रह करता, जिसको कि वे पहले सुना चुके थे, तो जब वे दुबारा सुनाते थे तब तक नये अंदाज़ और एक नयी पहचान के साथ सुनाते थे। मैं इतना ही कह सकता हूँ कि संगीत का अज्ञानी हो कर भी मुझे उनके संगीत में एक अजीब आनंद व तृप्ति का बोध होता था।

एक बार साथी मधु लिमये ने उनके गायन के बारे में कहा– ''हमें लगता है कि संसार के रहस्य हम छू से रहे हैं।'' इस लोक से रहस्यमय संसार के लोक में आम आदमी को ले जाना, यह उनके संगीत की विलक्षणता थी। यह उनका वैशिष्ट्य था। कुमार ने जीवन-भर अपनी जिज्ञासा से मौत में भी ज़िंदगी को खोजा। भावों का इतना विशाल फलक उनके पास था कि उसमें कभी ख़तम होने वाली रसिकता लगातार निर्झर बहती रहती थी। घोर रसिकता और रसलोलुपता से ले कर फक्कड़पन और निर्मोही मन तक - सारे भाव एक ही संगीतकार में बहुत कम, या यूँ कहिए मुश्किल से मिलते हैं; परंतु कुमार जी में यह परस्पर विरोधी सामंजस्य देखने को मिलता है। वे किसी एक शैली के अकाट्य धुरंधर नहीं रहे। वे सभी कुछ समान अधिकार व गंभीरता से गाते थे। खयाल, ठुमरी, तराना, भजन, टप्पा व उनके रसों, भावों को एक जैसी गहराई के साथ निष्पन्न कर सकते थे। निर्गुण के श्रेष्ठ गायक होने के साथ संगीत में शब्द और कविता की सगुण उपस्थिति के प्रवक्ता भी वे थे। उनके संगीत में सब कुछ रच-बस जाता था। राग, विराग, हर्ष, विरह, प्राकृतिक सौंदर्य, बेचैनी, अकेलापन और भीड़ की गूँज और मौन मुखरता, शांत, द्वंद्व और समरसता, सभी कुछ तो था उनके संगीत में! अपनी संगीत कल्पना के अनुभव से संगीत की संपदा को इतनी समृद्धि प्रदान की कि भारतीय संगीत के लिए आम आदमी के मन के अंदर भी एक रसिकता का बोध जागा। दक्षिण के होते हुए भी कुमार जी की यह विलक्षण देन है। उत्तर भारत की बनिस्बत दक्षिण साधारण रसिकों को भी संगीत की व्याकरण का ज़्यादा ज्ञान या परिचय होता है। कुमार जी ने उत्तर के आम आदमी के मन में रस और कला को प्रवाहित किया कि आम साधारण जन भी रसिक बन गया। उन्होंने परिवर्तन को संगीत की धुरी बना कर उसे आधुनिक बना दिया। उन्होंने पुस्तकें भी लिखीं। शब्द और कविता को कुमार ने संगीत में प्रतिष्ठा दिलायी - कबीर, सूर, मीरा को गाते हुए उन्होंने कभी भी संगीत में सूर के आधिपत्य का अवमूल्यन नहीं होने दिया। वे कहा करते थे, शब्द की अपनी जगह है, महिमा है, लेकिन संगीत के अर्थ का माध्यम 'सुर' होता है। कबीरपंथी, नाथपंथी और जोगीपंथियों की विलुप्त रचनाओं को उन्होंने एकत्र किया जब भी उन्होंने कुछ नया रचा, रसिकों के सामने विचार, और अपने संगीत के माध्यम से उसको प्रस्तुत किया। वे संगीत में कबीर और गायकी में निराला तो थे ही लेकिन इसके साथ-साथ एक रसिक गृहस्थ भी थे। ज़्यादा पढ़े-लिखे न होने के बावजूद भी उनके पास हजारों किताबों का अमूल्य खजाना था जिसको वे पढ़ते रहते थे। उन्होंने अपने संकल्प को पूरा करने के लिहाज़ से ही अपना निवास 'भानुकुल' बनाया। लेकिन इससे बड़ी विडंबना और क्या हो सकती है कि मकान तैयार हुआ और जिस भानू के लिए तैयार किया वह भानू नहीं रहीं।

भानू ने अपने अवसान के पहले ही कुमार से वचन ले लिया था कि वे शादी कर लेंगे ताकि बच्चे के लालन-पालन और उनकी संगीत साधना में व्यवधान न पड़े। उनके लिए संगीत की जड़ों की तलाश

इंसानी जड़ों की तलाश थी और शायद इसीलिए उन्होंने मीरा, सूर, तुलसी, कबीर, तुकाराम, नाथपंथी, जोगी व मालवा के गीत गाये। अपने संगीत में सूर के माध्यम से वे सामाजिक और आध्यात्मिक आशय खोज रहे थे।

उन्हें सत्ता और व्यवस्था से कभी प्रेम नहीं रहा। कन्नड़ उनकी मातृभाषा थी। मराठी बाद में जोड़ी और भावनाओं की अभिव्यक्ति का माध्यम हिंदी और मालवी बनीं। उनमें जो गति और प्रवाह था वह किसी खाँटी मालवावासी से कम नहीं था। अन्य कवियों से कबीर की तुलना करते हुए कुमार जी ने एक बार कहा था कि सब तो परंपरा की कुलीगीरी करते हैं, एक कबीर हैं कि जो अपने ढंग से अपनी बात कहते हैं और अपने मालिक हैं, किसी के दास नहीं हैं। कुमार ग्वालियर घराने के हो करके भी किसी घराने में बंधे नहीं। बल्कि उन्होंने घराना पद्धति का विरोध किया। उन्होंने कहा था, ''मेरे नाम से मेरे संगीत का जो रूप है उसका घराना होगा कि नहीं होगा, इस बारे मे मैंने कभी ग़लती से भी विचार नहीं किया। क्योंकि यह मुझे कभी महत्त्वपूर्ण बात नहीं लगी। मेरे संगीत के बारे में, कला के बारे में, जो विचार हैं, महत्त्व उनका है। घराने में जो दोष है वह यह है कि वहाँ साधना नहीं है। कला में मुझे यह मान्य नहीं हैं... मेरी परंपरा चले, मेरी कोई इच्छा नहीं हैं।'' इसलिए मैंने उनकी कबीर से तुलना की। न ही उन्होंने अपना कोई घराना बनाया और न बनेगा। पहले उस्तादों और पंडितों की नक़ल करके लोग गाना गाते हैं। लेकिन कुमार की नक़ल करके मेरे लिहाज़ से कोई नहीं गा सकता। उनकी सृजनशीलता की न कोई नक़ल हो सकती है और न कोई कुलीगीरी। उनके गाने का, या उनकी साधना का चमत्कार था कि जब वे गाते थे तो आम आदमी को लगता था कि सुर और तान ने उसके अंतर्मन में पंख लगा दिये हैं। लोग इहलोक से अनजाने लोक में पहुँच जाते थे। एक ऐसे लोक में जहाँ अंधेरा होते हुए भी एक रोशनी का अहसास होता है। कुमार को कबीर का एक गीत बहुत पसंद था, और वे प्रायः गाया करते थे : 'उड़ जायेगा हंस अकेला जग दर्शन का मेला...'

मुझे लगता है कि शास्त्रीय संगीत का यह हंस अड़सठ साल की उम्र तक मेला देखते-देखते अचानक उड़ गया। उन्होंने संगीत के माध्यम से जो आनंद, रस, महक बिखेरी है वह, और जो अरसिकों को भी रसिक बनाने की प्रेरणा देता रहा है ऐसा हंस क्या कभी वापस आयेगा? ऐसे साधक, विचारक और फक्कड़ी तथा रूढ़िभंजक ज्येष्ठ की याद को मेरी नतमस्तक पुष्पांजलि।

आलेख : पूर्वप्रकाशित
साभार : धर्मयुग, 1 मार्च 1992

१३ संगीत ब्रह्मर्षि

रामाश्रय झा

ऐसे तो आम लोग संगीत को साधारण रूप से गाना-बजाना तथा संगीत के साधक को गाने बजाने वाले ही समझते हैं। परन्तु वास्तव में ऐसा नहीं है। संगीत तो जिसको स्पर्श करता है अथवा जो संगीत का सच्चा साधक है वह स्कूल, कॉलेज तथा विश्वविद्यालय में शिक्षा पाये बिना ही सुशिक्षित और सुसंस्कृत तथा सन्तवत् हो जाता है।

संगीत जगत् के ब्रह्मर्षि पं. कुमार गंधर्व के जीवन पर यदि आप एक विहंगम दृष्टि डालें तो मेरे उपरोक्त कथन की वास्तविकता को आप स्वतः जान जायेंगे।

बाल्य अवस्था ही से पंडित कुमार जी संगीत की ओर उन्मुख होने के कारण स्कूल, कॉलेज तथा विश्वविद्यालय की शिक्षा से अपरिचित ही रहे। केवल संगीत साधना ही उनके जीवन का मुख्य उद्देश था। परन्तु शिक्षा से अपरिचित होने पर भी उनका रहन-सहन उनके विचार व दैनिक जीवन में परस्पर लोगों से व्यवहार एवं अपनी कला व आत्म सम्मान को बनाये रखने की उत्तम धारणा के साथ जो संगीत के प्रयोगात्मक तथा शास्त्र के व्याकरण का उच्चतम ज्ञान था वह समाज के किसी भी उच्च से उच्च शिक्षाविदों से किसी माने में कम नहीं था। यही कारण था कि भारत के महानगरों के अनेक संभ्रान्त परिवार के लोगों एवं सुप्रीम कोर्ट के मुख्य न्यायाधीश माननीय चन्द्रचूड़ जैसे समाज के प्रतिष्ठावान लोगों से उनकी अत्यन्त घनिष्ठता थी।

स्कूल, कॉलेज तथा विश्वविद्यालय के पढ़े हुए व्यक्ति के ज्ञान का माध्यम तो केवल पुस्तक व ग्रन्थ ही होते हैं परन्तु जो भगवत भक्त या सच्चा संगीतज्ञ होता है वह कबीर एवं हरिदास स्वामी की भाँति ही ज्ञान की खान हो जाता है। तभी तो कबीर ने किसी शास्त्रज्ञ पंडित से कहा था -

तू कहता कागद की लेखी, मैं कहता आँखन की देखी।

अभिन्न तबला संगतकार वसंत आचरेकर के साथ कुमारजी, देवास, 8 अप्रैल 1974

निःसन्देह पंडित कुमार गंधर्व भी इन्ही सन्तों की पंक्तियों के महामानव व महान संगीतज्ञ थे जिन्हें साधारण व्यक्ति या संगीतज्ञ नहीं कहा जा सकता है।

जहाँ तक उनके संगीत प्रदर्शन की बात है इस संदर्भ में मेरी ऐसी धारणा है कि वे संगीत का प्रदर्शन केवल लोक मनोरंजन की दृष्टि से ही नहीं वरन् निजानन्द के लिए करते थे। प्रदर्शन को सजाने में कुछ बातें तो उनकी अनोखी थी। जैसे सुन्दर सुरीले तानपूरे की जोड़ी, हार्मोनियम एवं तबले की जोड़ी तथा साथ में अपना संगत कर्ता। इसके साथ ही उनकी तानपूरा मिलाने की क्रिया इत्यादि अनेक बातें ऐसी थीं जो संगीत के अन्य कलाकारों में देखने को नहीं मिलतीं। सभा-महफ़िल में जब वे अपने तानपूरे को मिला कर छेड़ने लगते थे तो संपूर्ण सभा मण्डप संगीतमय हो उठता था। स्वर मर्मज्ञ श्रोता की तो बात ही क्या, साधारण श्रोता के मुख से भी 'अहा क्या तानपूरा बोल रहा है।' ये शब्द निकल पड़ते थे।

संगीत क्षेत्र के बड़े कलाकारों से कार्यक्रम संबंधी बात करने पर वे पहले अपनी फीस बता कर तभी अन्य बातें करते हैं। तथा यदि उनकी फीस मुँह माँगी मिल गई तो आप चौराहे पर भी उनका कार्यक्रम करा सकते हैं। परन्तु एक कुमार जी ही संगीत के ऐसे बड़े कलाकार थे जो उपयुक्त स्थान, व्यक्ति, श्रोता को जाने बिना कभी भी प्रदर्शन के लिए अपनी स्वीकृति नहीं देते थे। फीस के सम्बन्ध में तो कभी भी किसी से बात ही नहीं करते थे। चूँकि, हमेशा उनका कार्यक्रम उनके परिचितों के द्वारा आयोजित होता था। इस हेतु जो भी पत्र-पुष्प के रूप में लोग उन्हें भेंट करते थे उन्हें सहर्ष ले लेते थे। धनोपार्जन की दृष्टि से कभी उन्होंने संगीत की प्रतिष्ठा एवं कलाकार के उच्चतम स्वाभिमान का हनन नहीं किया। यही कारण था कि आठ वर्ष की आयु से लेकर अड़सठ वर्ष की आयु तक इसी शोहरत और सम्मान के साथ संगीत के आकाश पर सूर्य की भाँति चमकते रहे।

संगीत के कलाकारों के संबंध में यह बात सभी जानते हैं कि कार्यक्रम के लिए आने पर अधिकांश कलाकार हमेशा ही अपनी स्वच्छन्दता को कायम रखने के लिए होटलों में ही ठहरना पसंद करते हैं। परन्तु पंडित कुमार जी ऐसे कलाकार थे जो किसी शहर में कार्यक्रम के लिए जाने पर केवल अपने मित्रों

एवं परिचितों के निवास पर ही ठरहते तथा उनकी परिचित तथा मित्र व भक्तजन भी उन्हें सम्मान से अपने निवास पर ठहराने में गौरव का अनुभव करते थे। इस संदर्भ में एक उदाहरण देना मैं आवश्यक समझता हूँ -

एक बार कुमार जी अम्बाला के मेरे गुरु भाई पं. गणेश प्रसाद शर्मा के माध्यम से संगीत सम्मेलन में भाग लेने दस वर्ष पूर्व अम्बाला पहुँचे। वहाँ के नामी धनी मुख्य आयोजक ने जिनके घर आधुनिक भौतिक सुख सुविधाएँ सभी उपलब्ध हैं, कुमारजी को अपने घर ठहराने की इच्छा व्यक्त की। परन्तु कुमार जी ने तत्काल यह उत्तर भेज दिया कि मैं संगीतज्ञ हूँ और संगीत का वातावरण ही मेरे लिए अधिक सुविधाजनक है, इस हेतु मैं अपने प्रिय स्नेही पं. गणेशजी के घर ही निवास करूँगा।

आप सोच सकते हैं कि हम ऐसे साधारण संगीत सेवी के घर का रहन-सहन कैसा हो सकता है और क्या सुख सुविधा मिल सकती है। परन्तु महान सन्त संगीतज्ञ कुमार जी ने अपने प्रियजनों के सम्मान के हित -

दुर्योधन घर मेवा त्यागे साग विदुर घर खाई।

इसी प्रकार भारत के किसी नगर में संगीत प्रदर्शन के लिए जाने पर वे केवल अपने मित्रों एवं भक्तों के घर ही उनकी सुख-सुविधा के अनुसार ही निवास करते थे।

कुमार जी के सम्बन्ध में अधिकांश लोगों में यह भ्रान्ति अधिक प्रमाण में व्याप्त थी कि उन्होंने किसी से सीखा नहीं था अर्थात् परम्परागत गायकी उनकी नहीं थी। वे स्वयं अपनी बुद्धि एवं संस्कार के बल पर अपने अनुरूप राग एवं राग गायकी का प्रयोग कर लेते थे जो कभी-कभी परम्परागत राग धर्म एवं राग गायकी व वर्तमान संगीत क्षेत्र के मान्य संगीत शास्त्र के अनुकूल नहीं दिखता।

मेरे विचार से उन सभी बड़े संगीत कलाकारों के लिए लोगों की ऐसी ही धारणा बन जाती है। जिन विशिष्ट कलाकारों ने सीखने के उपरान्त अपनी प्रतिभा एवं विवेक तथा पूर्व जन्म उपार्जित संस्कार के बल पर कुछ नई बात कह कर आम लोगों पर अपनी धाक जमाई और महान संगीतज्ञ की पंक्ति में सम्मान से उनका नाम जुड़ गया और उनकी प्रतिभा से प्रभावित होकर लोग उनका अनुकरण करने लगे। फलस्वरूप कुछ लोगों के न चाहने पर भी संगीत के शास्त्र और प्रयोगात्मकता पर उनका प्रभाव पड़ने लगता और लोग उनके अनुयायी बनने लगते हैं।

पंडित कुमार गंधर्व ऐसे ही उच्चतम श्रेणी के कलाकारों में से थे जिनकी परम्परागत संगीत शिक्षा होने पर भी उनकी प्रतिभा एवं स्वयं का संस्कार इतना प्रबल था कि परम्परागत शिक्षा का अस्तित्व उसमें विलीन हो गया जिसे आम लोग देख और समझ नहीं पाते थे।

ऐसे में मैं तो उन्हें संगीत जगत् का दत्तात्रेय कहता हूँ क्योंकि जिस तरह दत्तात्रेय भगवान के चौबीस गुरु थे, उसी प्रकार कुमारजी के भी अनेक गुरु थे जैसे- सर्वप्रथम उनके पिता के अतिरिक्त पं. देवधर जी, पं. ओंकार नाथ ठाकुर, उस्ताद अब्दुल करीम खाँ, श्रीमती अंजनीबाई मालपेकर, जगन्नाथ बुवा पुरोहित, उस्ताद रजबली खाँ, राजा भैया पूछवाले, उस्ताद विलायत हुसेन खाँ, सवाई गंधर्व, उस्ताद अल्लादिया खाँ इत्यादि गुरुजनों में से किसी से तो प्रत्यक्ष में सीखा अथवा किसी का सुन के अनुकरण किया। प्रतिभा सम्पन्न एवं संस्कारित व्यक्तियों का सीखना इसी प्रकार होता है। एक दृष्टि से साधारण लोगों से ऐसे लोगों की शिक्षा अधिक होती है। अन्तर यह होता है कि साधारण शिक्षार्थी 'कूप मण्डूप' एवं 'लकीर के

फकीर' अथवा 'दादा वाक्यम् प्रमाणम्' के अनुसार ही सीखता परन्तु पंडित कुमार गंधर्व ऐसे युग पुरुष प्रत्यक्ष अथवा अप्रत्यक्ष रूप से सीखा कर अपने पूर्वजन्म संचित संस्कार के बल पर भविष्य का निर्माण कर भावी पीढ़ी एवं समाज को एक नई ज्योति तथा नवनिर्मित रसानन्द का अनुभव कराते हैं।

पं. कुमारजी की गायकी को लेकर उनके आलोचकों में यह चर्चा का विषय था कि आख़िर कुमारजी की गायकी किस घराने से सम्बन्धित है अथवा ये किस घराने के गायक हैं! क्योंकि किसी घराने से इनकी गायकी मिलती नहीं है।

मेरे विचार से तो कुमार जी स्वयं एक घराना थे जिसमें अनेक घरानों की गायकी स्वतः आकर समाहित हो गई थी जिसकी आलोचना करना साधारण एवं संगीत के मार्मिक तथ्यों व व्याकरण से अपरिचित आलोचकों के बस की बात नहीं थी।

एक बार कुमारजी के समकालीन और प्रतिष्ठावान गायक पं.डी.वी. पलुस्कर ने उस्ताद बड़े गुलाम अली खाँ से पूछा था कि उस्ताद आप को मेरा गाना कैसा लगता है? इस पर बड़े गुलाम अली साहब ने उत्तर दिया था कि भाई महाराष्ट्रियों का गाना मुझे पसन्द ही आता मगर एक लड़का जो वह कुमार है उसके गाने का मेरे ऊपर बड़ा असर है। इस बात से आप कुमारजी के गाने की गहराई व आकर्षण को समझ सकते हैं क्योंकि उपरोक्त वाक्य भारतीय संगीत जगत के एक उच्च कोटि के गायक के थे। इतना ही नही उस्ताद फैयाज खाँ एवं पंडित ओंकारनाथ ठाकुर ऐसे संगीत जगत के महारथी कलाकार भी कुमार जी का गायन बड़े कौतुहल से सुनते थे और आश्चर्य चकित रह जाते थे।

हमारे परम मित्र तथा प्रयाग नगर के सुप्रसिद्ध साहित्यकार श्री केशव वर्मा ने उस्ताद अलीअकबर खाँ साहब से पूछा था कि आप बजाते समय क्या सोंचते हैं या क्या महसूस करते हैं? इस पर उन्होंने उत्तर दिया था कि भाई पाँच-दस मिनट तो मैं बजाता हूँ, उसके बाद केवल सुनता हूँ। अर्थात् दस मिनट के उपरान्त ऐसा वे संगीत में डूबते कि उन्हें स्वयं पता नहीं कि क्या बज रहा है और कौन बजा रहा है?

ठीक यही दशा कुमार जी की थी। विलम्बित गाने के उपरान्त जब वे मध्यलय के गायन पर आते थे तो ऐसा लय और स्वर एवं बन्दिश की त्रिवेणी संगम का समाहित विलक्षण स्वरूप प्रगट हो जाता था जिसमें श्रोता और कलाकार दोनों ही विलीन हो जाते थे। और वह क्षण वर्णनातीत होता था जिसे काग भुसण्डि जी के अनुसार यही कह सकते हैं कि-

सो सुख जाने मन अरु काना।
नहिं रसना पहिं जाई बखाना।।

देव गंधर्व या भूगंधर्व कहूँ, कुमार गंधर्व कहि मन भरता नहीं।
बालक, किशोर, युवा, वृद्ध इन चारों पन,
गाये हो अमर संगीत भूलता नहीं।।
कलाकार, रचनाकार, नायक और वाग्येयकार,
ऐसो लय-सुर समुद्र अन्येत्र दिखता नहीं।
'रामरंग' मानस गुरु विनवौं पद बार-बार,
तेरों सम तू ही, अतिशयोक्ति कहता नहीं।।

संगीत का एक नया सौंदर्यशास्त्र | १४

कुमार गंधर्व से अशोक वाजपेयी, रमेशचंद्र शाह, राहुल बारपुते, मंगलेश डबराल की बातचीत

वह बारिश का दिन न होता तब भी कुमार गंधर्व के देवारा स्थित 'भानुकुल' में — जहाँ यह बातचीत हुई — वही बहुत धीमा, कोमल सा अंधेरा, बल्कि बहुत धीमा-कोमल उजाला होता। और वह स्निग्ध-सी शांति भी होती जिसका कुमार गंधर्व के संगीत से अवश्य एक संबंध है। चौतरफ़ अनेक तरह की वनस्पतियों से घिरे उनके घर में आँखों को दिखने और चुभने वाली संपन्नता बिलकुल नहीं है। वहाँ संगीतज्ञ की हवेली जैसा कोई वंशगत वातावरण भी नहीं है और न वैसी चमकीली भव्यता है जैसी अंतर्राष्ट्रीय ख्याति-प्राप्ति के बाद अकसर भारतीय संगीतज्ञों के यहाँ पायी जाती है। बहुत क़रीने से रखे गये तानपूरों, तबलों — जिसमें से बायें का उपयोग कुमार गंधर्व कुहनी टेकने के लिए करते हैं — और एक 'सामान्य जीवन' को जतलाने वाली चीज़ों के उस घर में एक ऐसी सौम्यता है और वह इतनी आत्मीय है कि एकाएक वहाँ रहने की इच्छा होने लगती है। बातचीत में शरीक एक व्यक्ति को पहली बार में ही वह बहुत परिचित घर लगा जैसे वह कई बार वहाँ आया है।

इस पूर्व-निर्धारित बातचीत के लिए कुमार गंधर्व प्रश्नकर्त्ताओं की प्रतीक्षा में थे। अधिकतर सवाल पहले तैयार कर लिये गये थे, लेकिन करीब पाँच घंटे की बातचीत मे कुछ पूरक या नये प्रश्न भी पैदा हुए और कई जगह बातचीत बहस में भी बदलने लगी। ऐसे स्थलों को विस्तार-भय और बातचीत का स्वरूप बनाये रखने की दृष्टि से निकाल दिया गया है। कुमार गंधर्व शायद कन्नड़भाषी होने के कारण हिंदी बहुत तेजी से बोलते हैं। मराठी भाषी होने के कारण मराठी शब्दों का भी बहुधा उपयोग करते हैं और उनकी हिंदी सुनना तो दिलचस्प है ही, जो वाक्यांशों में बँटी होती है और अकसर वह वाक्यों को आधा कहकर अपनी भंगिमाओं और चुप्पी से उन्हें पूरा कर देते हैं। बात करने का यह लहज़ा स्वाभाविक रूप से इस आलेख में नहीं आ सका है और कई महत्त्वपूर्ण बातें इस विवशता के चलते काट देनी पड़ी हैं; लेकिन कॉपी संपादन करते हुए भी यह ध्यान रखा गया है कि कुमार गंधर्व का बातचीत का वह ढंग धुंधला भले ही हो, एकदम ग़ायब न हो जाये!

आपकी कल्पनाशीलता और प्रयोगों से गायन में एक अद्‌भुत बदलाव आया है और शास्त्रीय संगीत वह नहीं रह गया है जैसा कि पहले था या आपके बिना होता। संगीत के इतिहास में आया यह मोड़ बहुत बड़ी घटना है। शास्त्रीय संगीत का जो एक पारंपरिक ढाँचा औरों के यहाँ है, आपके यहाँ वह बहुत बदला है। कई नये तत्त्व-ऐसे जो औरों के यहाँ नहीं हैं आपके यहाँ हैं। जो एक प्रचलित संगीत है, जिसकी आज...

नहीं, ऐसा है कि कारण क्या है, कोई भी प्रयोगशील कलाकार उस क्षेत्र में पहले का जितना ज्ञान होता है उसे हासिल किये बिना कुछ कर नहीं सकता। शास्त्रीय संगीत में ख़ास करके। हम कोई फ़िल्म के संगीत निर्देशक तो हैं नहीं कि धुन बनायी और चले गये। संगीत-शास्त्र में तो कुछ बदल ही नहीं सकता। और मेरे बिना, इस प्रकार का मैं नहीं गाता तो संगीत अधूरा रहता, यह बात अलग है। मेरी जगह दूसरा कोई होता। सब लोगों का प्रश्न है कि कुमार का संगीत अलग क्यों लगता है। विचार तो उसके पीछे है ही, मगर क्या विचार है? खाना वही है, पदार्थ भी वही है, पर कुछ अलग मज़ा आ रहा है लोगों को। इसलिए टीका भी होती है। अभी तक किसी संगीतकार के ऊपर इतनी बड़ी टीका नही हुई। विरुद्ध भी लिखा गया है और पागलपन जैसा भी लिखा गया है। और कवि लोगों ने कविताएँ भी लिखी हैं। कुमार गंधर्व पर लिखे बिना उनको मज़ा ही नहीं आता।

तो संगीत में विचार — यहीं मैं अलग होता हूँ। रियाज़ी गाना अलग चीज़ है। कला में सिर्फ़ रियाज़ का कोई स्थान नहीं है। एक तरफ़ तो संगीत को कला कहने का और फिर रियाज़ लगाने का उसके पीछे, जैसे दंड-बैठक निकालते हैं — रियाज़ का मतलब अपने यहाँ ऐसा ही है। कुछ सीमा तक किसी कला को शिक्षण के लिए, व्याख्या के हिसाब से उसको बाँध के रख देते हैं कि उसे समझा सकें। राग सिखाने को आसान है। राग का रूप जब विद्यार्थियों को सिखाने लगते हैं तो फ़ौरन उसको उसकी स्वरावली आ जाये और पाँच-पाँच गाने आ जायें तो उसे राग आ गया ऐसा हम लोग समझते हैं। पर अभी ठुमरी का कोई शास्त्र नहीं हुआ है, यानी शास्त्रीय संगीतकार को ठुमरी गाना आयेगा, ऐसा नहीं। उसकी रचना, भावभूमि ही अलग है। इसलिए अच्छे-अच्छे गवैये लोग भी ठुमरी गा नहीं सकते। वे उस मूड में जा ही नहीं सकते, क्योंकि सिखाने वाला कोई नहीं होता और तालों का भी बंधन नहीं और बराबर उसमें रूप बनाना चाहिए। शास्त्रीय संगीत में क्या है कि राग से पहले रूप है, ताल का रूप है। बिना कुछ करे स्वाभाविक आकार आ जाता है। ठुमरी आपको गाना नहीं आयेगा तो रूप ही नहीं आयेगा।

आपने अभी कहा कि विचार के कारण आपके संगीत में या कि आपके संगीत के ज़ायक़े में अंतर आया है। इसे कुछ स्पष्ट करें।

मैं इधर क्यों मुड़ा। जो चालू संगीत है; मैं भी उसे गाता था। यह उस व़क्त की बात है; जब मेरी यानी मेरी दुकान काफ़ी चल रही थी। कोई कमतरी मुझे नहीं थी। पर फँस गया उसमें। आनंद नहीं व्यक्त हो रहा था। लोग जो हैं, ज़रूर अच्छा गाते हैं; अपन भी गाते हैं। ऐसा कैसा चलेगा? राग-संगीत में रस और भाव बहुत मुश्किल बात है; क्योंकि यह बंधनयुक्त संगीत है। राग-संगीत में बंधन ही बंधन है। अभी जितना संगीत अच्छा-बुरा जो भी चला आ रहा है, वे सब गायक व्याकरण में अटके हुए लोग थे। वह उन पर बोझ है; उसमें से वे बाहर नहीं निकले। ऐसा मुझे महसूस हुआ।

तो जिन-जिनको मैंने सुना, वे एक ढंग की आवाज़ निकालकर गाने वाले थे। एक प्रकार की आवाज़ आप निकालेंगे तो दूसरा भाव कैसे व्यक्त करेंगे? ठीक बात है न? कोई टीका-टिप्पणी की बात नहीं है; मैं व्याख्या-भर कर रहा हूँ। अब जैसे कृष्णराव शंकर पंडित की आवाज़ आपने सुनी। वह गाना ज़रूर होगा,

अच्छा संगीत होगा, हम-आप बैठ के सुनेंगे। अच्छा लगना न लगना, बात अलग है। मगर उसमें क्या रस निष्पत्ति होती है, बतलाइए? उसमें रस की वह बात करेंगे खूब बड़ी-बड़ी, मगर आवाज़ क्या निकाल रही है? अब्दुल करीम खाँ साहब का ज़िक्र निकला था; गाना बहुत सुंदर, बहुत ही सुंदर आवाज़, मगर रस कहाँ है? सभी संगीत उनका एक ही रस में होता था। और भी नाम ले सकता हूँ मैं। किसी का भी गाना सुनने के बाद अपने को मज़ा आया, मगर उसके अलावा? एक प्रकार की आवाज़ आपकी निकल रही है तो आप एक ही ढंग से कुछ कह सकते हैं भले ही आपकी बहुत इच्छा हो यह व्यक्त करने की, वह व्यक्त करने की! आप उसमें हरकतें खूब करेंगे। तानें लेंगे, लयकारी करेंगे। आवाज़ को अच्छी तरह से लगायेंगे। आगे निकलेगा नहीं। फैयाज़ खाँ साहब की आवाज़ वैसी निकालने के बाद आपको कुछ करने की ज़रूरत नहीं है; आप वैसा ही गायेंगे। यह आवाज़ का सिद्धांत है। वैसे आवाज़ निकालने के बाद उसमें वही चीज़ निकलेगी, दूसरी कुछ निकल नहीं सकती। और इसके सिवा भी जब मुझे समझ नहीं थी तब भी मैं जो राग गाता था, सही गाता था। बचपन की बात है, लोग आश्चर्य में रहते थे कि ऐसा कैसा गाता है यह लड़का। मैं रिकॉर्ड्स सुनके भी जो गाता था — रिकॉर्ड्स भी छोटे बनते थे उस जमाने में — तो मैं उसे 15 सेकंड नहीं गाता था, उसकी नक़ल नहीं करता था; वह मुझे आ जाता था।

तो, अब्दुल करीम खाँ साहब का गाना लोगों ने सुना। फैयाज़ ख़ाँ साहब का भी सुना। और अच्छी तरह से सुना। बहुत महान् था। अभी हम कहें नयी पीढ़ी को कि फैयाज़ ख़ाँ साहब का जब अच्छा गाना होता था तो लोग रोने लगते थे। इतनी ख़राब आवाज़ में गाना और लोग रोते थे। आज यह उनको झूठ लगेगा। वह भाव व्यक्त करने का सवाल है। उनको मान्यता थी। राग-संगीत में आवाज़ आख़िर में गौण है। वह क्या कहता है, इसका सवाल है। और उसमें उसकी आवाज़ अच्छी निकले तो बहुत ही सुंदर है।

अब्दुल करीम ख़ाँ साहब और केसरबाई का नाम हो गया। सबका हो गया। उनका रंग अलग है; उनका अलग है, यानी सब महान् है। और किस्मत से घराने में पैदा हुए । घराने का जो आधार है वह यानी जैसा ताश का क़िला होता है न वैसा है। फूँक मारने से गिरनेवाला है। इसमें प्रगति का कोई कारण नहीं हो सकता। जिसको कुछ करना नहीं है वह घराने पर चले। आजकल जो संगीत है, जिसे घराने का संगीत कहते हैं — अभी तो ख़त्म हो गया, अच्छे लोग थे तब — तो अभी जो गा रहे हैं, जो सुंदरता व्यक्त कर रहे हैं, उसका जो रूप है, वह नहीं चल सकता। इसे बहुत सुंदर होना चाहिए। बहुत सुंदर। संगीत की सुंदरता का, उसके स्वर का और उसकी तरफ़ देखने का दृष्टिकोण। कोई समय ऐसा होगा, आज से पहले, कि बहुत अच्छा संगीत रहा होगा। वास्तुकला में देखते हैं। इतनी ऊँची कला। साहित्य में देखते हैं। तो संगीत नीचे कैसे हो सकता है? संगीत बहुत ही ऊँचा होना चाहिए। तो अपने बाज़ीगरी की चीज़ों में अटके हुए हैं मगर हज़ार साल, पाँच सौ साल पहले यह संगीत नहीं रहा होगा। निश्चित। बहुत सुंदर साधक होने चाहिए। संगीत को दखने का उनका दृष्टिकोण भी वैसा ही रहा होगा।

यानी संगीत के स्वर्णयुग का नॉस्टेल्जिया आपको प्रभावित करता रहा कि ऐसा था संगीत। और जो शास्त्रीय संगीत है और जो शास्त्रों में कल्पित संगीत है, उसके बीच में आपके हिसाब से बहुत अंतर है।

बिलकुल। उसके राग मिलते हैं न। इतिहास के रूप में मिलते हैं। जो शास्त्र है उसका उससे पता लग जाता है। बिना व्यावहारिक हुए शास्त्र उसको मान्यता ही नहीं देता।

आज के संगीत में बहुत अंतर है। वह वैसा सुंदर है ही नहीं। वे संगीत का जो वर्णन करते हैं — स्वर के बारे में, वैसा स्वर कहाँ लगाते हैं संगीतकार? स्वर-साधक कौन है? तान-साधक बहुत मिलेंगे। एक तरफ़ कहा कि संगीत स्वर-शास्त्र है, वही उसका आधार है, फिर ताल, उसके बाद लय। तो लय यानी

क्या? लय को संगीतकार क्या समझ बैठे हैं? क्या मारा-मारी करने को, हाथापाई करने को? लय वह चीज़ है कि आत्मा को नाचना चाहिए। लय ऐसा माध्यम है। लय समझने के बाद उसका गुण समझना ज़रूरी है। हाथ में अगर लठ्ठ मिल गया तो किसी को लेके ठोकना है क्या। हाथ में लठ्ठ मिलने के बाद भी कुछ हो ठोको। अरे और कभी काम आयेगा।

संगीत मूलतः बाज़ीगरी करने की चीज़ है ही नहीं। आनंद-वृद्धि करने के लिए जो कलाएँ हैं उनसे आनंद-वृद्धि की बजाय कुछ और ही होता है। ज़ायका बदलने के लिए आप करें तो बात अलग है। थोड़े दिन के लिए। अभी का जो संगीत है उसमें तानें लगा रहे हैं; घीस रहे हैं ताने लेके। तान में क्या रखा है? स्वर लगाते हैं पहले और चलना होता है तो भागने लगते है और गिर जाते हैं।

यह एक तरह से संगीत की जड़ों की ओर जाने की आपकी उत्सुकता थी...

जड़ों की ओर जाने की नहीं, उन्हें फिर से जीवित करने की...

इसका कुछ आभास लोकसंगीत के भीतर डूबकर...

नहीं, लोकसंगीत बिल्कुल दूसरी चीज़ है। इसमें कुछ बात अलग चाहिए थी। अलग चाहिए, पर वह कोई हमको मिली थोड़े ही। एक चीज़ को लेने के लिए बराबर कितनी जगह जाना पड़ता है। एक जगह कोई सुंदर चीज़ दिखती ही नहीं। उसके बिखरे हुए हिस्से जब कई जगह गिरे हैं। आदमी का एक रूप कहीं दिखता ही नहीं। कहीं हाथ है, कहीं उँगली बँटी हुई है — ऊँगली बहुत सुंदर है, इसमें कोई शक नहीं, हाँ। पर कही एक जगह पूर्ण आदमी, सुंदर आदमी नहीं दिखता। यानी ताल है तो गला नहीं होता है। अरे ताल है तो स्वर क्यों नही लगता साले तेरे को! किसी को स्वर लगते हैं तो उसे ताल-ज्ञान नहीं आता। कोई बंदिश बहुत सुंदर गाता है, उसको गायकी आती नहीं। यानी कपड़े हैं, दर्जी नहीं है। और अच्छे कपड़े मिल जायें तो डालने पर दूसरा कहेगा कि दूसरे के कपड़े डाल कर बैठा है।

तो जब ऐसे उत्तर मुझे संगीत में मिलने लगे तो मैं हैरान हो गया। इस हैरानी में से बाहर निकलने में काफ़ी साल लगे। इसमें 1940 में बाहर निकला। 1946 के बाद लगा कि अपने जो संगीत को समझ रहे हैं, उसे कुछ सुना सकते हैं। बाद में उसका रूप, बीमारी के बाद, बाहर आने लगा।

46 के बाद एक नये विचार के साथ आपने, उसे संभवतः नया संगीत न भी कहें, पर एक दूसरे ढंग का संगीत...

मैं तो उसे नया संगीत कह नहीं सकता। लोग भले कहें, क्योंकि लोग कह सकते हैं, क्योंकि वह लोगों का कहना है। मुझे अपने संगीत के बारे में कुछ कहना नहीं है। कहना है लोगों को, क्योंकि उनको समझ है कि नहीं वे सिद्ध करें; मैं क्यों सिद्ध करूँ? बराबर है?

उस समय ज़्यादातर श्रोता तो ज़्यादातर चालू संगीत के पढ़ाये-सिखाये या उसके शिकार श्रोता रहे होंगे। इस नये संगीत के प्रति उनका जो रुख था, उससे आपको अपनी प्रयोगशीलता को और आगे बढ़ाने की प्रेरणा मिली?

नहीं ऐसा नहीं। उसमें मैं दृढ़ हूँ, क्योंकि मैं समझता हूँ, दूसरे समझते नहीं। संगीतकार ही संगीत को नहीं समझते तो दूसरे का सवाल कहाँ आता है?

यह साहित्य में भी है। एक कवि दूसरे कवि की कविताएँ नहीं समझता।

सच है। क्योंकि देखिए एक बढ़ई है। वह लकड़ी का परंपरागत काम करता आ रहा है। लकड़ी का उसे कुछ ज्ञान नहीं है। लकड़ी का ज्ञान होने के बाद वह कुछ और ही होगा। उसको चीज़ अलग दिखेगी। हमें जब राग दिखते हैं, अलग दिखते हैं। पहले जब समझ नहीं थी और गाते थे, वे राग अब अलग रूप में सामने आये। कोई उनमें परिवर्तन नहीं है। और मैं संगीत में इतना क्या परिवर्तन कर सकता हूँ। मगर हिम्मत तो ज़रूर है। अकेला दरिया में क्या करें। मैं क्या कर सकता हूँ अकेला, मगर कुछ-न-कुछ लहर तो पैदा कर सकता हूँ।

यह जो आपकी हिम्मत और बदलने का इच्छा है; इस पर श्रोताओं की ओर से जो प्रतिक्रिया हुई; जो नया किया गया – आप नहीं हम कहेंगे नया – वह ऐसा था जिसमें शास्त्रीय संगीत के बहुत ही पारंपरिक साँचों में ढले श्रोताओं ने भी एक ताज़गी महसूस की।

साहित्य में भी एक भाषा जो होती है न। पहले की भाषा, बाद की भाषा, अभी की भाषा। क्या अर्थ है? मेरे संगीत की भाषा अलग हो जाती है। मैं भूप वही गाता हूँ, मगर भूप गाते समय मुझे जो सुंदरता दिख रही है, औरों को नहीं दिख रही। जितना सुंदर है वह – और बहुत सुंदर है वह, यानी चारों तरफ़ से सुंदर है – तो चारों तरफ़ सुंदरता व्यक्त करने के लिए अलग ही कुछ चाहिए। खाली एक ढंग का चलेगा नहीं। भूप को नये ढंग से पेश करना है तो भाषा ही बदलेगी, भूप नहीं बदलेगा। वह घटना नहीं बदलेगी। रागों को रूप कहा है; जैसा आपका रूप है वैसा रागों का। वह तो दिखना चाहिए पहले। राग कपड़े-वपड़े नहीं पहनते। वे सब नंगे हैं। बाद में, जब रचना हो जाती है; जब ताल में आतें हैं, वे अलग-अलग कपड़े पहनकर आ जाते हैं। मगर शुद्ध राग-रूप आपको मालूम नहीं क्या? बंदिश के याद आये बिना राग तो आता नहीं है संगीतकार को। बिना बंदिश के, बिना ताल के राग को गाकर सुनाये। ख़ाली राग को। कोई बंदिश नहीं, ताल नहीं। भाग जायेंगे सब।

शास्त्रीय संगीत की दुनिया प्रायः लोकसंगीत से दूर या ऊपर रही है। लेकिन आपका लोकसंगीत से उतना ही गहरा रिश्ता है जितना शास्त्रीय संगीत से। बल्कि, मालवी लोकधुनों का एक समूचा कार्यक्रम भी आपने तैयार किया है। जो कि शास्त्रीय संगीत के इतिहास में एक नयी बात है। आपके गाये कबीर, मीरा आदि के पदों में शास्त्रीय रागों के साथ लोकसंगीत का स्पर्श भी जगह-जगह मिलता है। क्या आप शास्त्रीय गायन में लोकसंगीत का उपयोग रचना को एक पूर्णता देने के लिए करते हैं। अगर ऐसा है तो शास्त्रीय संगीत में आपको क्या कोई अधूरापन लगा।

जो परिपूर्ण संगीत है यानी राग-संगीत, उसे हम और क्या परिपूर्ण कर सकते हैं? उसकी खोज कर सकते हैं और वह मुझे दिखा लोकसंगीत में। हम उसमें भर डाल सकते हैं। उसमें जो भराव है — चाहिए, बहुत चाहिए। किसी ने किया नहीं है। मैंने पहले भी कहा है, राग बनाये नहीं जाते, राग बनते हैं। बनाये जाने वाले राग अलग हैं। वे जो पुराने राग-रूप हैं, वैसे रूप बनाने के लिए आदमी का प्रयत्न—सिर्फ़ समझ हो सकती है, वे बनाये नहीं जा सकते हैं। पुराने जितने राग हैं, बहुत कम हैं, यानी रागों के नाम बहुत होंगे, मगर शुद्ध रूप उनका जो है, ऐसे राग बहुत कम हैं। इसलिए मुझे संगीत के तल में जाने की इच्छा हुई। लोकसंगीत में जाने का उद्देश्य यही था। मेरी धारणा ही है कि लोकधुनों पर ही राग-संगीत का आधार है। दस-बारह जो राग हैं, उससे बने हैं।

यह सभी कहते रहे हैं कि शास्त्रीय संगीत लोकधुनों से उपजा है। संभवतः वह कैसे होता है, यह कीमिया आपने कर दिखाया है।

कीमिया कैसा? उसका मूल क्या है; वह मुझे समझ में आ गया। कुछ पहले से बीज गिरे हुए थे। गुरुजी वाले। बंबई में जब मैं सीखता था तो ग़लती से गुरुजी जो किताब लाये थे होली के गीतों की। उसमें से उन्होंने एक प्रोग्राम दे मारा रेडिओ पर। लोकगीत ऐसे रहते हैं, यह शुरू में ही थोड़ा याद था। जब इधर आये तो संपर्क में श्याम परमार आये, ये आये वो आये। पढ़ना भी काफ़ी हुआ। तब से धुन एकत्रित करने की बात आ गयी। वैसे लोकधुन जिसे कहते हैं, और मैंने भी वे पेश की हैं; वह एक अलग स्थल है। और रागों की गुण-रीति की दुनिया ही अलग है। उसमें समरूपता लाने के लिए मैं लोकधुनों के पीछे पड़ा। मालवी लोकधुनों का प्रोग्राम बिलकुल अलग है। उसकी इसमें बात नहीं। लोकधुन भी कैसे सुंदर ढंग से गा सकते हैं, उसके रूप को न बिगाड़ते हुए, वह अलग एक संगीत-निर्माण कर सकती है यह कहना है कुमार गंधर्व का। अपने भारत में राग-संगीत न जन्मा होता तो संगीत ख़त्म हो जाता क्या? दूसरे देशों में कहाँ है राग-संगीत? संगीत है ज़रूर। यह आपकी भारत-भूमि का वैशिष्ट्य है कि ऐसा संगीत कहीं दुनिया में नहीं है। आधुनिक वास्तुशिल्प तक पहुँचता है आपका राग-संगीत। पहले से सारी चीज़ें तैयार हैं और उनसे आपको नयी दुनिया का निर्माण करना है। राग-संगीत गानेवाले को क्या करना है? भूप तैयार है, तीनताल तैयार है। उनमें से निर्माण करना है। उसको चुनौती है यह। तो, वह तो घिसा-पिटा करता है, रगड़ के वही-वही गाता है। उसमें वह कलाकार नहीं होना चाहता, मजदूर होना चाहता है।

कबीर, सूर, तुलसी, मीरा, तुकाराम, मच्छिंदरनाथ जैसे अनेक भक्ति-कवियों की रचनाओं से कुछ अद्‌भुत चयन आपने दिये हैं, जिनका संगीतात्मक ही नहीं साहित्यिक महत्त्व भी है। ख़ास तौर से आपके गाये कबीर के पदों में से ज़्यादातर कबीर के उपलब्ध संकलनों में नहीं मिलते। इस तरह से यह कबीर का अन्वेषण भी है। गायन के लिए रचनाओं का चुनाव या खोज आप किस दृष्टि से करते हैं?

सन्तवाणी के बहुत से ग्रंथ सब लोगों के हाथ लगे नहीं, कुमार गंधर्व के हाथ लगे। एक बात। बहुत-सी किताबें छपती हैं; किसी के हाथ नहीं भी लगती हैं। बराबर है न? और लोग भी प्रेम के मारे जहाँ कोई ग्रंथ हाथ लगा, कुमार को दे देते हैं। एक जमाने में कहीं किसी ने छाप दिया और ख़त्म हो गया। पहले देवास में नाथ संप्रदाय का काफ़ी बोलबाला था। श्री शीलनाथ महाराज के समय में यहाँ नाथ संप्रदाय के लोग, बड़े-बड़े साधु लोग आते थे। वे सब मौखिक गाने वाले थे। कनफटे लोग। श्री शीलनाथ महाराज ने उन गीतों को छपाया। उसमें गोरख मच्छिंदर का भी मिलेगा। एक भक्त ने आकर मुझे वह किताब दी। उसमे उस छंद में ही सब चीज़ें छपी हुई हैं। निरगुणी भजन गाने का जो तरीक़ा है, वह बिलकुल अलग है। ख़ासकर के नाथ संप्रदाय के जो लोग हैं, जिनका बस्ती से बहुत कम संबंध रहता है; उनकी दुनिया बिल्कुल अलग है। जीवन अलग, रहना अलग। पेट के लिए घूमने वालों को छोड़ दीजिए पर जो सचमुच के हैं उनका सब प्रकार का जीवन, जीवन पर उनका विश्वास। तो उसमें से निकले हुए जो स्वर हैं, उनका मेरा अभ्यास है। मैं जिस बंगले में पहले रहता था, उसमें एक दिन बरामदे में आ के बैठा। तो भीख माँगने के लिए एक आदमी आया। 'सुनता है गुरु ज्ञानी' गा रहा था। मैं जब आया बाहर, अंतरा में कुछ गा रहा था। उनको तो भीख मिलने तक गाना चाहिए। ऐसा नहीं कि बहुत अच्छा गा रहा था। तो मैने विचार किया कि यह निरगुणी स्वर है, इसका अपन ज़रूर अभ्यास करेंगे। दूसरे दिन मैंने 'सुनता है गुरु ज्ञानी' कंपोज़ किया। निरगुण में शून्य (वैक्यूम) निर्माण करने की जो अच्छाई है, अद्‌भुत है। वह फक्कड़पन की है कि फेंके तो, मगर लगना नहीं चाहिए। कोई भी चीज़ फ़ेंको, कितनी ही तेज चीज़ हो, फेंकने पर उसको लगनी नहीं चाहिए। उसको मज़ा आना चाहिए कि अच्छा मारा यार इसने। निरगुण में यह व्यक्त करने का, आवाज़ निकालने का जो तरीक़ा है, वह उनके जीवन में स्वाभाविक था। वैसी प्रकृति आये बिना आप वैसी आवाज़ निकाल नहीं सकते। उनके जैसे विचार वैसे ही स्वर आयेंगे। 'मैं जागूँ म्हारा सतगुरु जागे, आलम सारी सोवे' — यह उनकी दुनिया है। वे जब गाते

हैं तो उस वक्त कौन रहता है? कोई नहीं रहता। ऐसे मे स्वर जो निकलेंगे वे ड्राइंग रूम में निकाले गये स्वर नहीं होंगे। बराबर है न? निरगुण में एकांत की चीज़ व्यक्त होनी चाहिए।
चुनाव — मैं सच कहूँ, कबीर हो चाहे मीरा हो — अभी हम समझ गये, ये बात अलग है। पर उसको सुंदर रूप देने के लिए चुनना आसान नहीं है। कभी एकाध दिन में वह चीज़ कह देती है कि मैं ऐसी हूँ। भजनों मे से जब मुझे कुछ कंपोज़ करना होता है तो मैं उस कवित्त को ख़ाली देखता नहीं। देखता हूँ छोड़ देता हूँ, देखता हूँ छोड़ देता हूँ। पहले मैं उसकी भावभूमि समझ लेता हूँ कि वह क्या कहना चाह रहा है और उस व्यक्ति की क्या परिस्थिति थी। मैं होता तो कैसा कहता। तो, पूरा जो उसने कहा है, कहके देखता हूँ : नहीं वो चीज़ नहीं है। उससे भी ऊँची कोई चीज़ कहते हैं स्वर के माध्यम से, तब तो इसका कुछ मतलब है।

किसी विशिष्ट पद का चयन लय पर भी निर्भर है। जैसे ही वह गीत बनकर सामने आया—उसमें स्वर व्यंजन कैसे गिरे हैं और वह क्या कह रहा है और अपने कहने में, लय के माध्यम में वह कैसा उभरेगा। अच्छे स्वर में गाना एक बात है, उसे व्यक्त करना बिलकुल दूसरी बात है। एक भजन है : 'माया महा ठगनि हम जानी'। इसी के ढंग का वह 'रमैया की दुलहिन लूटा बजार'। कबीर के ये दो भजन एक ही विचार व्यक्त करने वाले भजन हैं। छंदों का फेर है तो मैंने 'माया महाठगनी' ले लिया। जो कहना है वह इसमें संगीत की दृष्टि में ज़्यादा अच्छा कहा है। मगर साल-दो साल हो गये, पड़ा रहा। जमता नहीं था। दो-ढाई साल के बाद वह सुंदर बना।

और, रागों की जो संरचना है वह तो अलग ही संसार है। उसमें एक ही समय सब व्यक्त होता है। पहले कविता नहीं होती। ताल, राग और शब्द—एक साथ ही आते हैं। ऐसा नहीं कि पहले पंक्ति बन गयी, फिर उसे राग में बैठाया। वह बंदिश नहीं होगी। एकाध अक्षर फ़र्क की बात अलग है। लय भी एक ही समय व्यक्त होती है।

रचनाओं को रागबद्ध करने की अपनी प्रक्रिया के बारे में कुछ बतलाइए। आप रचना के कथ्य और संवेदना के अनुकूल राग का चुनाव करते हैं या फिर कोई और तरीक़ा है? जैसे 'सिर पे धरी गंग' शंकरा में है। वह शंकरा में ही क्यों है?

मैने पहले कहा था कि राग-रूप जो है, उनके माध्यम से कुछ भी कह सकते हैं। वह पूर्ण रूप है। बागेश्री एक भाव लेकर जो कुछ कहेगा वह अपने ढंग से कहेगा, उसकी भाषा अलग है। और मालकौंस जो कहेगा—भाव वही है—अपनी भाषा में कहेगा। तो वह किस भाषा में अच्छा लगता है; किस स्वर में अच्छा लगता है, यही चयन का सवाल है।

शंकरा राग में है और दूसरे रागों में भी शंकर का वर्णन है। शंकरा में बंदिशें बहुत कम हैं, अतः उसमें पहले बनाया। भूपाली में यह आता तो अलग ढंग से आता। ये पंक्तियाँ नहीं आतीं। शंकरा जब आया तो राग, लय और शब्द सब एक ही साथ आये। चिपकाये हुए नहीं हैं। बंदिश मे तीनों का जन्म एक ही साथ होता है। ख़ाली कविता को किसी राग में बैठाने से वह बंदिश नहीं होती। ऐसा नहीं कि पहले महीने पंक्ति तैयार हो गयी और अगले महीने शंकरा को ठोंक दिया। वह एक ही क्रिया है।

राग-संगीत में बंदिश करके जो चीज़ है, बहुत मुश्किल है। कोई कहके बना नहीं सकता। उदाहरणार्थ कहूँ कि मालवती राग है कुमार गंधर्व का। उसमें सिर्फ़ दो रचनाएँ बनायी हैं। एक विलंबित और एक द्रुत : 'चला रे चला जा रे बदरा' करके और दूसरी 'मंगल दिन आज बना घर आयो'। ये जो बंदिश है, जिसने

राग निर्मित किया उसने बनायी है। इसके बाद दूसरा कोई गायेगा तो वह अक्षर के ऊपर अक्षर रखके नया ख्याल गायेगा। उसका साहित्य बदलेगा, स्वरों का जो ढाँचा है, वह बदलना बहुत मुश्किल है। यह बात मैं इसलिए कह रहा हूँ कि यह हजार-पाँच सौ साल से चली आ रही है। कोई संगीतकार रागों में नयी बंदिश नहीं बाँध सके, रद्दी बंदिशें ही गाते रहे। किसी कविता को राग में ढालकर संगीतकारों ने गाया है; क्योंकि आख़िरकार काम तो चलना ही चाहिए। कुछ नहीं तो सुर की लाईन लेके गाओ यार दरबारी में—क्या बिगड़ता है, राग तो है कम-से-कम। दरबारी कहते हैं बड़ा गंभीर, बडा गंभीर राग है। पर उसकी जितनी भी बंदिशें हैं श्रृंगार रस की है। किसी ने नही सोचा कि गंभीर राग है तो उसका विषय भी गंभीर बनाये। 'मधवा भरन लगी' दुनिया गाती जा रही हैं। मै बोलता हूँ कि आओ हम नचाते हैं तुमको दरबारी गाके। हम नचाते हैं। तुम मुँह गिराके बैठोगे तो इससे गंभीर होता है क्या? मैने बंदिश के माध्यम से ऐसे विचारों का खंडन करने की कोशिश की है।

शास्त्रीय संगीत में बोलों को इसलिए महत्त्व नहीं दिया जाता रहा है कि सुनने की चीज़ स्वर है, शब्द नहीं। आपने जिस तरह की रचनाएँ गायी हैं उनमें और उनके गायन के ढंग में यह आग्रह लगता है कि उनके शब्दों का जो संदेश है वह भी सुना जाये। ऐसी स्थिति में आप संगीत के स्वाभाविक अमूर्तन और शब्दों को मूर्त्तता के बीच कैसे तादात्म्य बिठाते हैं? राग के स्वरों और भाषा के बीच जो तनाव उपस्थित होता होगा उसे किस प्रकार सुलझाते हैं?

वह कहने का एक ढंग हो गया है, बड़प्पन में कहने का कि संगीत में जो बंदिश हैं, जो अर्थ है, उसका कोई मतलब नहीं। तो फिर बंदिश क्यों गाते हैं? और यह बोलने वाले जितने संगीतकार हैं, वे जो गाते हैं, उसे बिना समझे गाने वाले लोग हैं। और ऐसे लोगों का यह भागने का एक रास्ता है। तुम्हारी बंदिश में जो अर्थ है, उसे तुम जानते नहीं तो तुम व्यक्त क्या करोगे? मैं अक्षर को कम नहीं समझता। भाषा के स्वर-व्यंजन का अगर संगीतकार उपयोग नहीं करता तो उसका संगीत बहुत ऊँचा नहीं जा सकता? संगीत अमूर्त्त है तो अमूर्त्त का साधन करने में मुझे कोई हर्ज नहीं। पर वह उनका भागने का रास्ता है।

मतलब यह था कि जैसे बंदिश है, उसमें अकसर कोई चित्र, कोई दृश्य भी हो सकता है। और संगीत जो अपने स्वरों से चित्र बनाता है वह अमूर्त्त है। इनके बीच कहीं-न-कहीं कोई तनाव महसूस होता होगा?

संगीत अमूर्त्त है, इस पर विवाद का सवाल नहीं। हाँ उसको अपन ने थोड़ा मूर्त्त कर दिया तो संगीत आसान हो जाता है। मेरे देखे तो तनाव उसमें है ही नहीं। बिलकुल तनाव नहीं। वह कौन सी बंदिश है — लाचारी तोड़ी की — बहुत पुरानी बंदिश है : 'ए लंगर तुरुक बटमार बरजोरी गरवा मइका लगाय लेत?' और अंतरा है : 'इत गरजे उत एक न माने, कासे कहूँ री दैया, कैसे घर जाऊँ रँगीले समझाय रहे?' ये इसके अक्षर हैं। तो उस वक्त जो मुस्लिम लोग हिंदू स्त्रियों से छेड़छाड़ करते थे, उस घटना का यह कवित्त है। यह कम-से-कम डेढ़ सौ साल पुरानी बंदिश है। उस समय का कहने का सौंदर्य और उस समय के गायक की सुंदरता की जो कल्पना थी वह इसमें है। इसमें जो दो-दो धैवत, दो-दो निषाद, दो-दो रिषभ जो दो-दो स्वर लगाये हैं उन्होंने कितना सुंदर मोड़ दिया है इसके अक्षरों को! ...अब वह घटना, वह हो गयी; उसमें अपने को लेना-देना नहीं पर वह क्या तस्वीर है उसके आनंद का सवाल है। कैसे उसका राग के माध्यम से मूड आता है। इसमें जो चित्रण है उसको कैसा पकड़ रहा है, कैसी तस्वीर है उसे हम देखेंगे। उसका मायना, उसकी घटना मालूम न हो तो उसे फेकेंगे कैसे?

मैं अक्षर को ब्रह्म मानता हूँ—ब्रह्म-स्वरूप। उसको मैं सौ टका न्याय देने के लिए तैयार हूँ। पर राग-संगीत कहते ही वह जो कहेगा उसकी भाषा ही अलग है। अक्षर अलग नहीं है। मुझे बराबर मालूम है

तुम अलग नहीं हो, पर तुम ज़्यादा बड़बड़ मत करना। तुम्हें जो कहना है, ख़ाली इशारा बस। और बाक़ी मैं कर लूँगा। राग-संगीत में घटना चाहिए और थोड़े अक्षर हों और ज़्यादा न कहें, क्योंकि कहने का अधिकार राग को है अक्षर को नहीं। यहाँ शास्त्रीय संगीत अलग हो जाता है। अब इस पुरानी बंदिश का मायना समझ कर कंपोज नहीं किया गया क्या? पुरानी है यह, मेरी रचना थोड़े है। कितना मुश्किल है!

गाते हुए प्रायः आप एकाएक रुककर स्वरों के बीच एक अंतराल देते हैं। इससे पूरी संगीत-संरचना में एक खास तरह का सौंदर्य उपजता है जैसे चित्रकला में स्पेस दी जाती है। आपके गायन में यह अंतराल और मौन क्या जतलाते हैं?

वह अलग है, यह अलग है। गाते समय यह जो पैदा होता है, इसके दो कारण है। तानपूरे और तबला मेरे मिले हुए रहते हैं। इनका जितना उपयोग में करता हूँ, उस प्रकार से अभी तक नहीं किया गया है। मैं इनको ख़ाली ड्रोन समझता नहीं। ये जो दो तानपूरे हैं, मै इन पर स्वर के साथ पेंटिग करना चाहता हूँ। यह मेरा कॅनवास हैं। मैने पहले भी कहा है यह। मुझे जिस रंग का कॅनवास चाहिए वह रंग मेरे लिए तैयार हो जाता है, पीछे तानपूरे गाते रहते हैं। मै ऐसे कोण पर स्वरों को छोड़ देता हूँ कि मुझे कुछ करना नहीं पड़ता, वे स्वतःस्फूर्त तरीक़े से उसमें विलीन हो जाते हैं। यानी ऐसे मौक़े पर स्वरों को छोड़ना चाहिए कि उस ढंग से छोड़ते ही उसमें जो चीज़ थी वह तानपूरे में निकलने लगती है। जिसे आप स्पेस कह रहे हैं वह ऐसे ही निर्मित होती है और बार-बार आ के इसी तरह मिलती है। यानी जैसे बूँद गिरती है न, एक बूँद गिरते ही दूसरी बूँद तैयार रहती है उसके पीछे। यानी कोई पंचम पर आया तो यह चीज पंचम पर खत्म नहीं होगी, वह गंधार या निषाद पर ख़त्म होगी। या फिर मध्यम पर ही खत्म होगी। क्योंकि आगे जो पंक्ति आने वाली है, वह मध्यम से आने वाली है। जैसे एक अक्षर का उच्चारण करते समय उसमें अगले अक्षर का भी उच्चारण रहता है। एक के बाद दूसरे शब्द का उच्चारण करते हों, ऐसा नहीं होता। उसमें लय बनी रहनी चाहिए कि छोड़ने के बाद उधर से लेने पर तकलीफ़ भी नही होती। कुमार को लोग कहते हैं कि ऐसे कैसे जगह आती है। तो पहले से छोड़ा है, इसलिए आती है। स्वर छोड़ते समय उसका मुँह ऊपर है कि नीचे है कि वहीं है। उसने नीचे देखा तो उसका अपना असर हो जाता है। किसी स्वर को लगाते ही उसके कितने ही रूप सामने आ जाते है। राग-संगीत में यह बड़े महत्त्व का है। यह परंपरागत चलता है और ग़ायब हो रहता है। कोई रहने वाली कला नहीं हैं यह। आपके नये माध्यम, कुछ रिकॉर्डिंग वगैरा थोड़े दिन रहेंगे। संगीत कला ही रहने के लिए नहीं है। उसका गुण है कि रहे नहीं। रहने की चीज़ तो साहित्य है।

आपके गायन में संवेदना के अनेक स्तर हैं, उसी तरह जैसे आप में अनेक परंपराओं के अंतर्सूत्र हैं और उनके मेल से एक कोई और ही चीज़ बनी है। वह भावात्मक रूप मर्मस्पर्शी भी है और बौद्धिक स्तर पर विचलित करने वाली भी। उसमें एक गहरा रूमान भी है, आध्यात्मिक आवेग भी है और लोकतत्त्व की सहजता भी। यह सब एक साथ कैसे संभव हुआ?

एक दफ़े ऐसा हुआ कि हमारे यहाँ शिल्पकार अण्णा साहब फड़के हैं न, थे। शुरू से काफ़ी परिचित थे। प्रेम था हमारा। पत्र-व्यवहार भी होने लगा कुछ। मैं बीमार था। बात करने का विषय था उनका संगीत और तबला। मूर्तिकला-चित्रकला पर यह बात नहीं करते थे. खुद तबला बजाते भी थे। तो जब चित्रकला की, मूर्तिशिल्प की बात आती थी, उनके जो विचार थे उन्हें वह संगीत पर लागू करने के लिए तैयार नहीं थे। मैंने पूछा कि ऐसा क्यों, तो बोले कि चित्रकला में नक़ल करना मना है और संगीत में नक़ल करना अच्छा है। मैने कहा कि यह अच्छा धंधा है कि संगीत को नीचे गिरा रहे हैं आप यानी यहाँ आपको घराना चाहिए। हमकों मालूम है कि सब लोग नक़ल करते हैं; पर जो अतिशय परिवर्तनशील कला है;

उसको आप नीचे रखना चाह रहे हैं और अपनी कला में आप नक़ल करना उचित नहीं समझते। तो आपके विचार से क्या हो गया कि संगीत कोई कला नहीं है। यह तो मेहनत की चीज़ हो गयी और चित्र और मूर्ति कलाएँ कला हो गयीं। अण्णा साहब गड़बड़ा गये एकदम। कुछ बोले नहीं। मैं संगीत को कला समझ के बैठा हूँ, ख़ाली साधना और अय्याशी नहीं। नहीं तो मैं भजन गाने वाला हो जाता।

कला का पेट बहुत बड़ा है। सब कुछ चाहिए उसको। सब उसको व्यक्त करना आता है। गणपति का पेट है न वह। यानी सेर नहीं चलता, सवा सेर चाहिए उसको। ऊपर जब क्षुधा गुज़र जाती है, किलो से डालना पड़ता है और ऊपर से भी कुछ। अभी भी रिवाज है — महँगी हो तो भी।

कबीर को गाते हुए आप एक प्रखर बल्कि भयानक अकेलेपन की सृष्टि करते हैं और साथ ही उसमें ऐसा भी आभास होता है जैसे किसी आदिम समुदाय का दैनिक गायन हो रहा हो। 'त्रिवेणी' में कबीर के एक पद 'युगन-युगन हम योगी' की पंक्ति 'हम ही बहुरि अकेला' शायद इस एहसास को सबसे अधिक व्यक्त करती है। कबीर-गायन में आपको संगीत-कल्पना जितनी ऊँची, विस्तृत और गहन हो पाती है उतनी शायद दूसरी रचनाओं को गाते हुए नहीं। इस पर कुछ प्रकाश डालें। अकेलेपन और सामुदायिकता के द्वंद्व पर कुछ कहें।

पहले अपन जो बात कर रहे थे वीरानियत पैदा होने की, वह कबीर में अकसर दिखती है। निरगुण में यही ख़ासियत है व्यक्त करने की। मीरा में वह बात नहीं है; उसका स्तर अलग है। और उच्चारण के साथ ही वह चीज़ दिखनी चाहिए, यह मेरी हमेशा कोशिश रहती है। स्वर और लय को उसके अर्थ और भाव के साथ व्यक्त होना चाहिए। वैसे ही वह लय में गिरना चाहिए। उसमें वे अक्षर कैसे आ रहे हैं; कैसे करवट ले के जा रहे हैं। अक्षर पढ़ने के बाद समझ में आ जाता है; मगर गाते समय वह चीज़ वैसी है, ऐसा लगना चाहिए। और निरगुण गाते समय अकेलेपन का निर्माण नहीं हुआ तो निरगुण है ही नहीं वह।

अकेलेपन का निर्माण आप करते हैं, लेकिन एक समुदाय के सामने करते हैं जबकि निरगुण गायक की स्वाभाविक स्थिति तो यह है कि वह जहाँ गाता है वहाँ कोई नहीं होता। उसके लिए भौतिक रूप से भी एकांत है; आपके लिए नहीं है। यानी श्रोताओं का एक समुदाय बैठा है, उसके सामने आप गा रहे हैं। दूसरा यह कि सुनते हुए कई बार लगता है जैसे कई लोग गा रहे हों। तो एक तरफ अकेलापन बनाना, समुदाय के सामने बनाना और गायन में भी ऐसा आभास हो जैसे अनेक लोग गा रहे है।

अक्षरों का उच्चारण करते समय अपन किस भाव से करते हैं; इस पर सब निर्भर है। 'निरभय निरगुण' कहते समय आप 'भ' कैसा कहते हो। निरगुण कैसे मुँह से निकला है, किस स्वर को लेके, किस लय में निकलता है; तभी होगा। नहीं तो उसे इतना ऊँचा काहे को रखता मैं? कबीर चिल्ला के कह रहा है गाने में कि 'निरभय निरगुण गुन रे गाऊँगा'। वह किसी के सामने डर नहीं रहा है। खड़ा है, बैठा नहीं है। तो यह व्यक्त करने और महसूस कराने के लिए पहले निर्भय का उच्चार आना चाहिए। वह कहते समय वही भाव चाहिए। 'युगन-युगन हम योगी' में भी वही बात है।

आपने उसमें कहा है कि 'हम ही बहुरि अकेला'। गायन भी एक तरफ़ साथ होना भी है और अकेला होना भी। तो कबीर-गायन की यह जो विशेषता है, वह दूसरे गायन के लिए आवश्यक भी न होगी।

नहीं। वह चीज़ ही, रंग ही अलग है। कबीर का स्तर ही अलग है। दूसरों के भजन हैं, वे कह भी अलग रहे हैं और कहने का उनका स्तर भी अलग है। अंदर-बाहर कुछ है ही नहीं कबीर में। डर काहे का। और

यह जो 'युगन-युगन हम योगी है, यह तो खुद आत्मा ही बोल रही है, शरीर कुछ बोल ही नहीं रहा इसमें। कबीर की पंक्ति छोड़ दीजिए आप, कबीर को निकाल दीजिए। अब, अवधूत युगन-युगन हम योगी। यह कौन कह रहा है? किसी आदमी की हिम्मत नहीं है यह कहने की वह ख़ुद आत्मा बोल रही है। अपनी विनयपत्रिका ख़ुद लिख रही है वह। कह रही है कि मैं क्या हूँ।

कबीर की वाणी में यह जो चुनौती है, समूचे संसार और ब्रह्म के प्रति भी, जो रचनात्मक कलाकार का ज़बर्दस्त साहस है, वह आपको आदर्श लगता है या आकर्षित करता है, इसीलिए कबीर को इतना अच्छा गाते हैं।

शुरू में जब निर्गुण भजन गाया मैने महाराष्ट्र में, तो लगा कि लोग समझेंगे कि नहीं। और किसी-किसी को बहुत तकलीफ़ हो गयी उससे। निर्गुण भजन सुनके। मित्रों ने कहा कि भैया ये क्या लाया तुम भिखारी लोगों का भजन। ठीक है। और अभी वही लोग, अब समझ में आ गया उनको। क्योंकि इस प्रकार के भजन, इस प्रकार के स्वर उन्होंने सुने ही नहीं। सुनने के आदी नहीं। मीरा का उनको समझ में आता है, पर कबीर तो महाराष्ट्र के लोग अभी-अभी सुनने लगे है। 'त्रिवेणी' में कबीर के तीन-चार भजन हैं, उसमें 'कौन ठगवा नगरिया लूटल' भी है। उसे मैंने कैसे कंपोज़ किया है, देखिए. वह दूसरे भजनों की तरह ...हीं है, अलग निरगुण हो के भी। कबीर तो जीव ही अलग है।

...' तो आपका प्रसिद्ध संगीत-संयोजक है ही। कबीर, सूर, मीरा के और भी सुंदर पद आपने गाये ...से 'नैया मोरी नीके-नीके चालन लागी' या 'हिरना समझ बूझ बन चरना' — जो कि 'त्रिवेणी' ... इसी तरह, तुलसी के पदों को गाने में भी आपने एक निजी क्रम दिया है। 'मानस' के ...तावली' और 'विनयपत्रिका'से किया गया चयन कथाक्रम के अनुरूप नहीं है। इस संयोजन ...ष्टि रही है? 'त्रिवेणी' बाहर के पदों में क्या भिन्न किस्म का संगीत-अनुभव है?

...अलग है; और 'त्रिवेणी' का जो कार्यक्रम पूरा है, उसमें सूर, मीरा और कबीर तीनों ...चुने। रिकॉर्ड में तो सब जा नहीं सकते। तो, कबीर के चार भजनों में कबीर क्या ...की है। मीरा और सूर के भी चार-चार लिये। सुनते समय आपको तो ऐसा ... और वो अलग है यानी कबीर का नाम निकाल देने के बाद भी वह अलग ... वैसे सूर का भी। सूर तो गायक था। पूरा गायक था। तो 'त्रिवेणी' में ... गाने के ढंग से, गायकी से सुनेंगे। जैसे 'उठि-उठि सखि सब मंगल ...करण बिलकुल गायकी है, ख़ाली कविता नहीं। या वह जो बिहागड़ा का... सो उपाय कछु कीजे'। गायकी, गानेवाला दिखता है। यह चीज़ दिखा... की।

तो, आप ...सीदास को क्रमबद्ध रखने का विचार नहीं था, क्योंकि सब लोगों को क्रि... रखें। मुझे सिर्फ़ 'मानस' नहीं, तुलसीदास व्यक्त करना था। 'मानस' मे... कपड़े डाले हुए हैं। निश्चित। और 'गीतावली' में जो तुलसीदास दिखते... ाम है, ठीक है। और 'विनयपत्रिका' में तुलसीदास जो है वह बहुत ही ... 'मानस' लिखने वाले तुलसीदास नहीं हैं। उसमें जो परिपक्वता तुलसी... है। रामायण बहुत लोगों ने लिखी। पर जब वह 'विनयपत्रिका' लिख... मुझे रामायण नही कहनी थी, तुलसीदास कहना था। इसलिए मैंने चा... व में से। 'गीतावली' में के जो ख़ास गाने-

जैसे हैं और जिनमें वह अलग दिखते हैं, वे लिये। 'विनयपत्रिका' से चार चुने। तुलसीदास को मैंने 1946 में पढ़ा रामायण बाद में पढ़ी, 'विनयपत्रिका' पहले। और यह आदमी बहुत जटिल आदमी है। इसको कंपोज़ करना आसान नहीं है क्योंकि संगीत-भाव उसमें बहुत कम है, देखा जाये तो। अभी पुणे में 'केसरी' का चार दिन का फंक्शन था। मित्रों ने इच्छा व्यक्त की कि तुलसीदास सुनाइए। मैने कहा नहीं सुनाऊँगा। क्यों? तुम लोगों को समझ में आयेगा नहीं। मित्रों के सामने सुनाना बात अलग है। मैं गाऊँगा, लोग सुनेंगे और जायेंगे, कोई मतलब नहीं। विचार लेके सुनाना पड़ता है। गा दिया, ऐसा थोड़े ही है। समझदार जो साहित्यिक है, उनको बहुत सुंदर लगा था वह।

सन्त लोग रागों का मीटर करके उपयोग करते थे। आप तुलसीदास, सूर के जो गीत हैं, लाइए, जो राग उन पर लिखा होगा उसी राग में मैं आपको सुनाऊँगा – बिना राग बिगाड़े। उन्होंने उसी राग में गाया है वह लिखते समय।

हम लोग यह मानते रहे हैं कि कबीर ख़ुद गाते हों तो मालूम नहीं – लेकिन कबीर का सबसे प्रातिनिधिक प्रामाणिक गायन कभी हुआ है तो आप ही ने किया है; इसमें कोई संदेह नहीं।

बरोबर।

शुरू में आपने कहा था कि एक तो जैसा हो रहा है वैसा करते जाना। शास्त्रीय संगीत में मुश्किल यह है कि गाना उस कला का एक तरह का संरक्षण भी है क्योंकि वही एक तरीक़ा है। उसका और कोई म्यूजियम नहीं है — सिवाय इसके कि गायक उसको गाते रहें। दूसरी तरफ़ रचनात्मकता का सवाल है। आपके विचार से वह क्या है? अभी आपने यह कहा था कि संगीत तो ग़ायब हो जानेवाली कला है। इसे कुछ और स्पष्ट करें।

संगीत में एक बहुत अच्छा गुण है कि पहले के संगीतकार जो कुछ गा गये हैं, कुछ रहा नहीं। रहता ही नहीं. यह उसका धर्म है। तो भी संगीत ही एक ऐसी कला है कि उसकी श्रृंखला टूटती नहीं। शुरू में आदमी का जो रूप आ गया, तब से आज तक आदमी को श्रृंखला है। यानी चंद्रमा में कोई आदमी जाके उतरा तो आनंद अपने को होगा-यानी एक आदमी उतरा, मैं उतरा। चंद्रमा में जाके एक आदमी ने पाँव रोपे तो जो आनंद भूमि को मिला, इसका वर्णन हम कर नहीं सकते। हमें ऐसा लगा कि हम चंद्रमा में उतरे। आदमी उतरा—मैं का सवाल नहीं है। मैं तो निकला दीजिए, मैं बड़ा गंदा शब्द है।
संगीत का शास्त्र रहेगा, क्योंकि उसे निचोड़ लेकर आगे जाना है। संगीत सब लेके बैठने लगा तो अटल हो जायेगा ना? उसे जमाने के साथ जाना है और सार लेके जाना है। हमें डेढ़ हजार साल पहले के स्वर मालूम हैं, पर हम वैसा गा थोड़े ही सकते हैं – डेढ़ हजार साल पहले जैसा। बहुत से संगीतकार ऐसे हैं कि उन्हें पुराने नोट्स मालूम ही नहीं होंगे।

संगीत तो संरक्षित हो ही नहीं सकता? बाँधकर रखने की कितनी भी कोशिश करिए आप कि अगली पीढ़ी के लिए उसका उपयोग होगा, पर वह गुण उसमें नहीं है। आज के जो माध्यम है वे सब बनावट है। सिर्फ़ साहित्य छोड़ के। अक्षर छोड़ के। तो आगे देना है लोगों को, समझ देनी है तो सिर्फ़ अक्षर-ज्ञान है। इसलिए मैं अक्षर को ब्रह्म कहता हूँ। हम जो गाते हैं, वह अभी आपको पसंद आयेगा, पर वह रह नहीं सकता। सौ साल के बाद कुमार गंधर्व को गाली देंगे कि क्या गाना था। यह तारीफ़ है संगीत की। संगीत जीवन के साथ चलता है। आपका साहित्य कहाँ चलता है जीवन के साथ।

संगीत जीवन के साथ कैसे चलता है? यह आप कैसे कहते हैं?

ऐसा है कि अक्षर से क्या होता है। यानी साहित्य। मुझे पूरा विश्वास है जिस देश का संगीत होता है, प्रांत का संगीत होता है, वहाँ की जो भाषा होती है, जो अक्षर होते हैं, वहाँ से उसकी शुरुआत होती है। अक्षर के ऊपर ही सब लयकारी निर्भर है। दक्षिण में भाषा और उच्चारण की वजह से संगीत के स्वर अलग हो जाते हैं। हरेक भाषा की लय अलग होती है। हम कैसी भी अच्छी हिंदी बोलें, पर उत्तर प्रदेश का जो आदमी हिंदी बोलेगा उसकी पंक्तियों और घुमावों में जो सुंदरता होगी, उसकी भाषा के हिसाब से, वह हमारे यहाँ नहीं आयेगी। हम उससे तादात्म्य अनुभव कर सकते हैं, पर यह तो अभ्यास हो गया। मराठी भाषा की लय और स्वर हिंदी की लय और स्वर नहीं है। इसी पर तो संगीत निर्भर है। अक्षरों को नाद की दृष्टि से लिख देखें। नाद पर लगा हुआ आघात ही तो अक्षर है।

आपने शायद किसी बातचीत में कहा था कि संगीत को अभी बहुत कुछ कहना है। संगीत में यह वक्तव्य यह बतलाता है कि सिर्फ़ परंपरा का विकास आवश्यक नहीं है, बल्कि उससे भी आवश्यक है रचनात्मक अन्वेषण। यह रचनात्मक आपके गायन में निरंतर मिलती है। संगीत में रचनात्मकता का तात्पर्य क्या है और उसका परंपरागत साँचों से क्या संबंध है? रचनात्मकता के आपके कुछ अपने आग्रह होंगे, कोई निजी परिभाषा होगी?

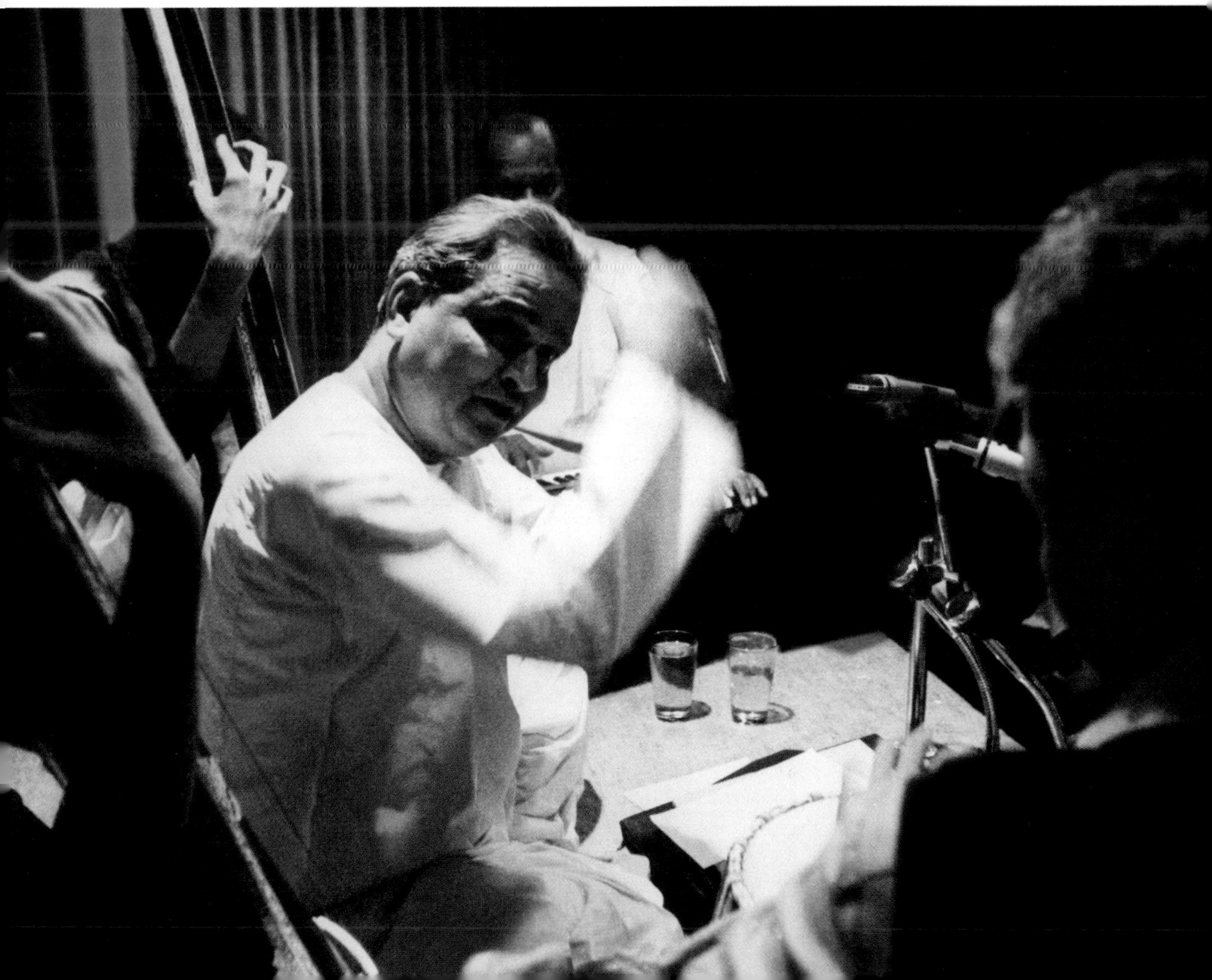

संगीत की एक भाषा है। अपन अकसर क्या करते हैं कि सामान्य जीवन में सोचते नहीं है कि बोलचाल की जो भाषा है, कहाँ तक अपनी है। जब दूसरे क्षेत्र आते हैं; जैसे ललित कलाओं में; उनकी भाषा क्या है? जैसे रंग है। लाल रंग को लाल लिखने से पूर्ण विराम होता नहीं। यह लाल रंग है, वह पीला, हरा रंग है, यह सब अपन जान सकते है। पर वह जानने से हम पेंटिग भी जान आयें, ऐसा कुछ नहीं है। उस चित्र में क्या कहा जा रहा है, यह समझ में आना, रंगों के माध्यम से वह एक अलग भाषा है। संगीत की भाषा अलग है। संगीत जो कहेगा, स्वरों के माध्यम से कहेगा। स्वर और लय एक मेरी बंदिश है नट राग में। उसमे मैंने कहा, 'सपत ससुर गावें गुनि जन, भाव-राग-ताल काल की उगम'। ऐसा संगीत जो पेश कर रहा है वह मेरा आदर्श है। कैसा? वह सप्त सुर कैसे पेश कर रहा है : भाव-राग-ताल काल की उगम? काल कोई रुकने वाली चीज़ नहीं है। कला का जो आधार है — सिर्फ़ इस कला में, दूसरी कलाओं में नहीं — वह काल है। मैं कल शांतू को बोल रहा था कि तुम कल के जैसे आज ज़िंदा हो क्या। ज़िंदा तो हो ही, कोई सवाल नहीं। मगर कल के जैसे तुम आज हो क्या? संगीतकार अपनी कला कैसे, किस आधार से पेश करते हैं, उसकी व्याख्या है इसमें। तो वे सात सुर गाते हैं। भाव-राग-ताल-काल की उगम है, यानी जो टिकनेवाली नहीं है।

कविता ने कोई बिंब सूझने पर कवि उसका विस्तार करता है यानी उस बिंब की संवेदना के सहचर शब्दों की और उनकी ध्वनि या लय की खोज करता है। संगीत में यह प्रक्रिया किस रूप में होती है? दूसरे शब्दों में आपके गायन में कल्पनाशील विस्तार और संरचनात्मक विस्तार में क्या संबंध है? क्या संगीत में कल्पनाशीलता हमेशा संरचनात्मक रूप लेती है? ...यह किंचित कर्कश प्रश्न जान पड़ता है।

नहीं, प्रश्न अच्छा है। शुरू से आख़िर तक पूरा अच्छा न हो तो बीच-बीच में अच्छा है, और आख़िर में तो बहुत ही सुंदर है। जो आपने पूछा है न कि क्या संगीत में कल्पनाशीलता हमेशा संरचनात्मक रूप लेती है; इस पर तो संगीत का आधार है। दूसरी कलाओं में है कि नहीं, मुझे मालूम नहीं। पर इसके बिना संगीत तो हो ही नहीं सकता। अभी मैं कह रहा था कि 'सपत सुर गाये गुनि जन, भाव-राग-ताल-काल की उगम'। हिंदुस्तानी संगीत में ताल एक ऐसी चीज़ है कि जितने ताल बने हैं उनको अपने संगीतकारों ने सचमुच समझ के जाना और उनका आघात सह लिया, तो यह एक चुनौती है। राग-रूप और ताल-रूप जितने भी रूप हैं, जो बाद में एक-दूसरे से मिलते हैं, उनका आघात वह स्वाभाविक रूप से महसूस करने लग जाये तो उसमें ऐसी रचना है कि एक बार वह जो कलाकृति संगीत में निर्मित कर जायेगा, उसे फिर कर ही नहीं सकता। ख़ाली लय में नहीं, ताल में वह गुण है। फिर आप वही नहीं कर सकते, इसलिए शास्त्रीय संगीतकारों को गाते समय आप गौर करेंगे कि वे ह्रस्व आणि दीर्घ पर ध्यान नहीं देते। वह ह्रस्व-दीर्घ नहीं जानता, ऐसा नहीं है; ताल ऐसा करने नहीं देता। वह उसे अपने साथ ही ले जायेगी, क्योंकि आपको ताल निभाना है। तो दीर्घ ह्रस्व और ह्रस्व है तो दीर्घ हो जायेगा। इसी संदर्भ में कहूँ, अकसर लोग कहते हैं कि परदेस के जो वायलिन बजानेवाले हैं, दस लोग बजायें, एक ही समय ऐसा बो आता है। दिखता होगा, दृश्य बहुत अच्छा दिखता होगा बजाते समय। मगर भारतीय संगीत में जो तालशास्त्र है, यह किसी को एक सरीखा करने नहीं देगा। एक ही बंदिश आप कहेंगे और मैं कहूँगा, तो भी एक ही स्वर गाते हुए आपका अलग हो जायेगा। तालशास्त्र ऐसी चीज़ है — रिद्म (लय) उसके नीचे की चीज़ है। लय स्वयं संवाद नहीं करती, ताल संवाद करता है। जैसे सप्तक परिपूर्ण है; राग परिपूर्ण है, वैसे ही ताल भी परिपूर्ण है। ताल अपने संगीत में एक ऐसी निर्मिति है कि आपने एक बार जो गाया है; फिर आप उसे ही नहीं गा सकते।

इसलिए हर रचनात्मक परफॉर्म्स एक निर्मिति है, जिसे दुहराया नहीं जा सकता?

दुहराया नहीं जा सकता। मगर संगीत में चलन यह है कि न जानने की वजह से लोग वही-वही गाते हैं

बार-बार। जो अशक्य बात है, वह अपने संगीतकार करते हैं। यह मेरा उन पर आरोप है। आपने एक दो जो गाया है, फिर कैसे गा सकते है? उस तथ्य को आप जाने तो 'नाद सो जानु रे सुन गानी' — यह भीमपलासी की बंदिश है — 'महाकठिन विस्तार धर्म है'। यानी स्वर का विस्तार जो होता है, वह समझने की बात है। खाली बड़े-बड़े स्वर लगा देने से विस्तार नहीं होता है। 'सुरत देखाय जब ये नाद लय करो रे आघात सहलो। तब ताल सुर बन सार धर्म है।' तो आघात सहन नहीं करते हो, खाली सुर तुमको मालूम है, मात्रा मालूम है, इससे ताल का ज्ञान होगा, ऐसा नहीं है। एकताल क्या है तीनताल क्या है, उसमें का 'धिन' क्या बोलता है, इसमें का 'धिन' का 'धिन' क्या बोलता है। ख़ाली सम पर आने से वह चीज़ पूरी नहीं होती। सम में आना ज़रूरी है। पर सम क्या है; यह मालूम नहीं। तीन ताल में सोलह मात्रा है, यह मालूम है, उसके बोल मालूम हैं, पर उसका गुण क्या है, यह वे नहीं जानते। अभी बहुत ताल हैं। पूरे ताल गाये ही नहीं गये। तालशास्त्र निरंतर परिवर्तनशील है। उसमें आप एक संगीत-निर्मिति जो करते हैं वह फिर आयेगी ही नहीं। यानी बाक़ी सब निश्चित है, हम जान गये। पर कल का जैसा दिन आज आप प्रयत्न करें तो भी नहीं आयेगा। कल कैसा दिन गया, यह आपको याद रहेगा, मगर आज का दिन फिर नही आयेगा अपने जीवन में। यह ताल करवाता है, लय नहीं। मैं एक चीज़ पचास बार कर सकता हूँ, यह कारखाने की बात हो गयी। कोई कलाकार एक मुश्किल चीज़ को एक दो-चार बार करता है तो उसमें बड़प्पन की कोई बात नहीं है। यानी सुनने वाले उसका प्रभुत्व जानकर प्रभावित हो जायेंगे। मगर यह प्रभुत्व हो गया, दिखाने के लिए। अकसर संगीतकार कला के पीछे रहने की बजाय अपने प्रभुत्व के पीछे रहते हैं। इससे कला का मर्म नहीं आता। लय अंदर मिलनी चाहिए। यानी वहाँ 'धा' कहते ही इधर अंदर 'धा' बजना चाहिए। तो ये जानने के बाद एक बार गाया आदमी फिर वैसा गा नहीं सकता। भाव तो चाहिए, राग कहते ही उसमें रूप आता है। ताल और एक रूप है। और काहे से उत्पत्ति है? समय के फैक्टर पर ताल को बाँधा हुआ है। एक मकान बनाया है। यानी इन मकान में बैठने के बाद आपको जो लगेगा वह दूसरे मकान में बैठने पर नहीं लगेगा। वह भी मकान है, यह भी मकान है। तो तीनताल गाते समय आपको अलग नहीं लगे, अगर वह महसूस नहीं हुआ तो मुझे एकताल हो या तीन-ताल, क्या करना है लेके? अपने संगीतकारों में ऐसा ही है। वे तीनताल, एकताल और झूमरा इनमें फ़र्क सिर्फ़ मात्रा का मानते हैं। उसका जो रूप है, रूप क्या कह रहा है, इसकी तरफ़ ध्यान हीं होता। सम तो एक पाठांतर है, जो उनको समझा दिया गया है कि तुम्हारी बंदिश ऐसी है — यहाँ से उठकर वहाँ आ जाओ। यह काम भी मुश्किल होता होगा, मानते है। मगर चीज़ वहाँ ख़त्म नहीं होती।

सुना है कि आपके प्रशंसकों में बहुत से वास्तुशिल्पी हैं। शायद आपको यह बात मालूम हो। क्या यह कोई संयोग भर है या आप अपने गायन में स्वरों की जो संरचनाएँ करते हैं, उनकी बुनावट का वास्तुकारी की रचनाओं से कोई स्वाभाविक रिश्ता बनता है? संगीत जैसी अमूर्त्त कला के इस अत्यंत मूर्त पक्ष को लेकर कुछ कहेंगे?

यह सच बात है कि कई सारे वास्तुशिल्पी मेरे मित्र हैं। नये पुराने चित्रकार, सहित्यिक भी हैं मेरे मित्र। पर इसका कारण मैं अभी तक समझा नहीं। उनको मेरे संगीत में क्यों इतनी रुचि लगती है? अभी परसों मैं अहमदाबाद गया था। उधर दोषी मेरे प्रेमी हैं। तो वह आये कि कुमार ऐसा-ऐसा वास्तु बन रहा है; आपको दिखाने की इच्छा है। हम उठे और जाकर देखा। वह अहमदाबाद में नया थियेटर बना रहे हैं। बीस साल से। बहुत सुंदर है। तो उन्होंने दिखाया। हम ख़ुश हो गये? यह मुझे दिखाने की उनकी क्या इच्छा है? क्या मैं वास्तुशिल्पी हूँ? बिलकुल नहीं। मेरी उसमें रुचि होगी, पर मैं उस पर बात नहीं कर सकता। दूसरे दिन कार्यक्रम था। वह मध्यांतर में आये और बोले कि यह हमारे वास्तुशिल्प में नहीं बन सकता, यह जो आज आपने सुनाया। शंकरा राग था। उसे मैं कितनी भी ऊँचाई में सुना सकता हूँ, चाहे जो दिखा सकता हूँ। तो, दोषी को तो मेरे गाते समय अपना पूरा थियेटर ही दिखता होगा।

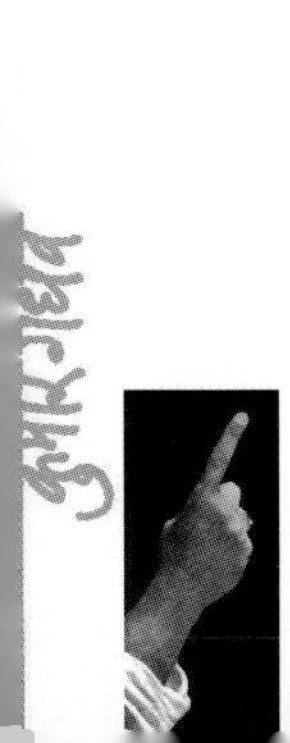

यह स्वरों की लंबाई की बात है। वास्तुशिल्प और क्या है? लाइन ही तो है, रेशा है। पेंटिग भी क्या है : रेशा है, रंग है। और स्वर में भी बहुत चीज़ दिखा सकते हैं। गोलाई दिखा सकते हैं। संगीत में एक और बात है, जो दूसरी किसी कला में नहीं है। संगीत में आप सिर्फ़ जा सकते हैं; बिना आये। जिसे आरोह-अवरोह कहते हैं — यानी जाना और आना। संगीत में बिना अवरोह के आरोह हो सकता है। सिर्फ़ जाना। और सिर्फ़ आना भी हो सकता है। इस पर बड़े-बड़े राग निर्मित हैं। कोई-कोई राग सिर्फ़ आने पर है। कोई जाने वाले हैं, आने वाले नहीं। बिना गये आ सकते है। सिर्फ़ आना। आ ही रहे है बस। आरोह करने के बाद अवरोह करने की ज़रूरत नहीं है, फिर से आरोह कर सकते है। तो उसमें आप जितना चाहे 'स्पेस' का निर्माण कर सकते हैं। और वजन भी है संगीत में। जितना वजन आप चाहें। एक स्वर लगाते समय आप दब जायेंगे उसके नीचे। आपको महसूस होगा कि अरे कितना वजन है इसमें। इसी तरह बहुत हल्का भी स्वर लगा सकते हैं। बिलकुल हल्का। आवाज़ कितनी भी बड़ी या छोटी हो, उसका सवाल नहीं। उसमें भी बहुत ही हल्का स्वर लग सकता है। और वही स्वर ऐसे आ सकता है कि आप दब जायेंगे।

एक बार आपने कहा था कि घरानों ने एक समय तक संगीत के बैंकों का काम किया, आज उनकी आवश्यकता नहीं रही। आपने स्वयं अपने को किसी घराने से नहीं जोड़ा है। आपने घराना परंपरा से एक तरह से विद्रोह किया है। दूसरे, गायन के स्वरूप और आस्वाद मे आपने जो परिवर्तन किये हैं, जो नयी प्रयोगशीलता उसे दी है; उसे घरानों के अनुशासन में बाँध पाना संभव नहीं है। घराना होते ही प्रयोग करने की अनवरत संभावना नष्ट हो जा सकती है। लेकिन आपके जो शिष्य हैं, जो आपके अंदाज़ में, आपके अनुशासन में गाते हैं, वे निश्चय ही जाने-अनजाने उसे परंपरा का रूप देंगे। संभव है वह घराने-जैसा कोई रूप ले।

पहली बात : मेरे नाम से, मेरे संगीत का जो रूप है उसका घराना होगा कि नहीं होगा,. इस बारे में मैंने कभी ग़लती से भी विचार नहीं किया, क्योंकि यह मुझे कभी महत्त्वपूर्ण बात नहीं लगी। मेरे संगीत के बारे में जो विचार है, कला के बारे में, महत्त्व उनका है। घराने में जो दोष है वह यह है कि वह सोचता नहीं है कला में मुझे यह मान्य नहीं है। जिसको सोचना नहीं है और मज़े से रहना है, वह घराना मानेगा-चलायेगा। मठ-स्थापना करने वाला जो व्यक्ति होता है, वह मैं नहीं हूँ। मेरी परंपरा चले, मेरी कोई इच्छा नहीं है। हाँ, कला के बारे में मेरे जो विचार है उन पर स्वतंत्रता से विचार ज़रूर हो।

अभी तक घरानों ने जो कुछ किया उसमें से अच्छा कुछ निकला नहीं। घरानों के पीछे इतना ही विचार रहा है लोगों का कि वे बने रहें। एक तरफ़ तो कहते हैं कि संगीत परिवर्तनशील है। हर संगीतकार कहेगा। पर करते कुछ नहीं। नयी चीज़ कोई सामने आ जाये तो उसे समझे जाने की बिलकुल कोई गुंजायश नहीं, क्योंकि वे वही-वही कहानी फिर से सुनना चाहते हैं। बच्चों जैसी बात है। और परंपरा काहे के लिए रहे? ख़राब होने के लिए? संगीत में यह अशक्य बात हुई है; इसीलिए तो वह पीछे गया है। संगीत का अस्तित्व घरानों की वज़ह से नहीं है, बल्कि घरानों की वजह से संगीत पीछे गया है। डेढ़ सौ साल पहले जैसा गाते थे वैसा तो कोई गाता नहीं अभी। तो घराने का क्या मतलब है? सब घरानों का मैंने अक्षर में निकालकर रखा है कि ऐसे-ऐसे अक्षर उच्चारण करो तो फलाँ घराना हो जायेगा। सीखने की ज़रूरत नहीं। एक प्रकार की आवाज़ निकालने के बाद घराना होता है क्या? मैंने शुरू मे कहा था कि घराना ताश के पत्तों का बंगला है। कितना ही बड़ा बनाओ, टिकनेवाला नहीं है। घरानों के पीछे विचार ही नहीं है कुछ। कितने संगीतकार बातें बहुत करते हैं, पर करते कुछ नहीं। ख़ुद मैं तो वैसे ग्वालियर घराने का आदमी हूँ।

आप भी ग्वालियर घराने के हैं और कृष्णराव शंकर पंडित भी। तो घराने के अंदर कुछ तो समानता नज़र आनी चाहिए, नाक-नक़्शे में...

ग्वालियर घराने में जो राजा भैया पूछवाले थे, उनके और कृष्णराव पंडित के गायन में क्या साम्य है? और पूछवाले के लड़के हैं, उनमें क्या साम्य है? राजा भैया और कृष्णराव पंडित — एक ही गुरु के शिष्य, एक ही ज़माने के हैं। पूछनेवाला कौन है? ग्वालियर घराने में इतने अच्छे-अच्छे संगीतकार थे कि सब वहीं से फले। तो मुख्य जगह का नाम लेना जैसे गोत्र का नाम लेते हैं न, वैसा ही है। किस को क्या वास्ता उसमें, पर पुरोहित पूछता है तो नाम लेने लिए बोल देते हैं कौशिक गौत्र। अरे, कौशिक क्या और कुमार गंधर्व क्या — कोई तुक है यार इसमें। इसमें सिर्फ़ अभिमान नज़र आता है कि हाँ बुजुर्ग ने जो वृक्ष लगाया था, उसमें के कुछ, यानी पत्ते होंगे आप। यही मतलब है।

मेरा स्पष्ट विचार है कि जिसको कलाकार होना है, वह घराने पर चलकर कलाकार नहीं हो सकता। वह संगीतकार होगा, गानेवाला होगा, कलाकार होने के लिए उसको ख़ुद को सोचना पड़ेगा। वैसे सत्संग बड़ी चीज़ है, उसे गाना ज़रूर आयेगा और निश्चित अच्छा होगा। क्योंकि देखते-देखते मैंन देखा है कि बचपन में जिनको लोग गायक कहते थे, बाद में वे गायक नहीं हैं यह सिद्ध हो गया। उनको गायक कहने के लिए कोई तैयार ही नहीं। यह क्या हुआ, किसने किया? किसी एक ने या मिलकर लोगों ने दुष्ट-बुद्धि से कुछ नहीं किया। स्वाभाविक है यह। उनको निकाल के फेंक दिया गया। बाद में प्रेमी लोगों ने उनको सँभाला। पहले के जमाने में पाँच-छह राग आ जाते थे तो गवैया हो जाता था। सुनने का मौक़ा कम आता था। साल-भर में कभी एक बार सुनते होंगे। आजकल तो हर जगह संगीत गिरता है : रिकॉर्ड-प्लेयर है, रेडिओ है, टी.व्ही., आ गया। टी.व्ही. आने के बाद सब संगीतकारों की ऐसी मुश्किल हो जायेगी की पूछिए मत। ये सब अलग-अलग माध्यम आ रहे हैं। मैं कहता हूँ आप चलिए मैं आता हूँ ताँगे से इंदौर। आप मानेंगे क्या? भैया, आप मत आओ। आप तांगे से आने वाले हैं; हम तो कार से

जायेंगे। इसमें आपका और मेरा कैसा मेल बैठेगा यार? पहले के ज़माने में कम पूँजी बहुत दिन चलती थी, अभी चाहे जितनी पूँजी हो ख़त्म हो जाती है। पहले मामूली भी जो गाता था गायक ठहरता था। रेडिओ में गाने वालों को अकसर दिक़्क़त रहती है कि अब नया क्या गाये। बिना समझ वाले जो ड्यूटी अफसर हैं वही पूछते हैं कि साहब वह तो आपने पिछले महीने गाया था। उसने जो थप्पड़ मारा, वह गायक को मालूम नहीं। यह बड़े-बड़े संगीतकारों के साथ होता है। आज क्या गायें, अगले महीने क्या गायें! कितनी बार दुहरायेंगे? कहने के लिए ठीक है कि कल्याण समुद्र है। गा के दिखाइए, समुद्र है कि नाला है। दो दिन में इनका कल्याण ख़त्म।

आज सुनने को बहुत मिलता है। ये जो नये माध्यम आये हैं, बहुत भयानक हैं। इनकीं वजह से लोगों का सुनने का दर्जा बहुत बढ़ गया है।

आपने अभी कहा कि आप चाहते हैं कि आपके संगीत या संगीत पर आपके जो विचार हैं, उन पर सोचा जाये। इसे कुछ और स्पष्ट करें।

मुझे लगता है कि जैसे दूसरी कलाओं में — साहित्य में, चित्रकला में — विचारों का आघात सहन करने की जो बात है; वह संगीतकारों में नहीं है। उन्होंने सोचा नहीं कभी। और इस क्षेत्र में जो अकाल है और पहले जो थे, रियाज़ करके संगीत पेश करते थे। अच्छा करते थे, इसमें कोई शक ऩहीं। पर विचार उसके पीछे कुछ नहीं था। कला कहते ही विचार चाहिए। आवाज़ अच्छी है तो उसे लेके क्या करें? कोयल की आवाज़ भी अच्छी रहती है; पर वह गायक है क्या? कला का काम ही व्यक्त करना है। मुझे क्या कहना है; जब यही मुझे मालूम नहीं है तो मैं कुछ भी कहूँ, क्या फ़र्क पड़ता है।

नाटक, कविता, चित्रकला, सारी कलाएँ अधिक परिवर्तनशील कही जाती हैं। उनमें बदलती हुई दुनिया के बदलाव अनेक रूपों में देखे जा सकते हैं। उसके विपरीत संगीत को कुछ यथास्थितिशील कला माना जाता है। क्या यह सही है?

इस बारे में तो पहले भी बात हो गयी है। संगीत इतनी परिवर्तनशील कोई कला नहीं है। आपको साहित्य हाथ के सामने दिखता है; चित्र आपके सामने है, शिल्प है, पर हजारों साल से संगीत एक जैसा रहा नहीं। यह कला रहती ही नहीं है। मैं आपको पुराना संगीत और नया संगीत सुना सकता हूँ कि वह कैसे बदल पाया, पर उस वक्त सौंदर्य का दृष्टिकोण अलग था। वह संगीत अब नहीं है। सौ-डेढ़ सौ साल पहले ग्वालियर घराना जैसा गाता था, वह मुझे गाना आता है। मैं 12 साल की उम्र से ग्वालियर घराना ही सुना रहा हूँ। मैं संगीत में सीमांत पर खड़ा हुआ व्यक्ति हूँ : पहले के संगीतकारों से मेरा अच्छा, स्वाभाविक संपर्क रहा और अभी जो परिवर्तन का ज़माना है इसका भी मुझे अनुभव है। ये कहाँ है मुझे मालूम है और में कहाँ हूँ इसकी भी मुझे पूरी परिकल्पना है। मैं संगीत में उत्खनन करने वाला आदमी हूँ।

अच्छा, आधुनिकता के प्रभाव संगीत में किसी तरह से आप देखते हैं?

आधुनिकता? जो नये-नये क्षेत्र आये हैं, पहले नहीं थे. यानी कुल साल पहले फिल्म का संगीत नहीं था। एक बिलकुल नया संगीत आ गया है। वह भी गीत ही है। मेरे गाने से भजनों को जो प्रतिष्ठा मिल गयी, वह पहले नहीं थी। पहले ख्याल और ठुमरी गानेवाले लोग थे। कुछ टप्पा गाते थे. बहुत ही कम। प्रतिष्ठित संगीतकार, ख्याल, ध्रुपद गानेवाले कभी तराना भी गा लेते थे। यानी हल्की चीज़। अब हल्क़ी चीज़ कुछ नहीं रह गयी है। सब जात चली गयी है। रेडिओ में ठीक है कि लोकसंगीत बिना समझे बजाते रहते हैं, बात अलग है। महाराष्ट्र में नाट्य संगीत बिलकुल अलग है। और स्वतंत्र होने के बाद वो लेफ्ट-राइट के गाने आ गये। मार्चिंग सांग। चीन का आक्रमण हुआ न जब, तो हमें स्टेशन डायरेक्टर ने कहा।

हमें लड़ाई का कोई अनुभव नहीं तो मार्चिंग सांग कहाँ से आयेगा? वह हमारे रक्त में ही नहीं है तो क्या करें? यह संगीत का एक तरह का उपयोग है। तो, इस तरह संगीत का क्षेत्र पहले से बहुत बढ़ा है। पहले ठुमरी गानेवाले की इतनी प्रतिष्ठा नहीं थी। बेगम अख़्तर की जो प्रतिष्ठा है वह पहले नहीं थी। सिद्धेश्वरी, रसूलन बड़ी नहीं थी पहले। पहले रागसंगीत ही गानेवाला गायक कहा जाता था।

संगीत और समाज के रिश्तों पर भी आपका ध्यान गया होगा। मनुष्य के प्रति संगीत का जो दायित्व है, उस पर। दूसरे शब्दों में हमारे समाज को संगीत की, इस संगीत की ज़रूरत क्यों?

ऐसा है कि यह भूख है। भूख। इंसान की ज़रूरत है। ख़ाली खाने-पीने पर उसकी ज़िंदगी आख़िर तक जा नहीं सकती। इसमें उसका बड़प्पन नहीं। नहीं तो वह चलता-फिरता जानवर हो जायेगा। साहित्य भी तो चाहिए। आपने संगीत क्यों पूछा? साहित्य, चित्रकला क्यों चाहिए? एक ही सवाल है यह। ललित कलाओं को हम सांस्कृतिक गतिविधि कहते हैं। बेकारी की, समय बरबाद करने की गतिविधि क्यों नहीं कहते? क्योंकि इसके बिना अपना चारा नहीं। और जीवन में कलाओं का उपयोग आनंद में वृद्धि करने के लिए है। आप किसी मुसीबत में उलझे हुए हैं, चलो खाना खा लेंगे, वह उलझन चली जायेगी, ऐसा हो तो बात है। चार-पाँच लड्डू खा लेंगे तो चिंता मिट जायेगी। ललित कलाओं का जीवन में बहुत बड़ा स्थान है। उनके बिना जीवन नहीं है। संगीत तो सबसे निकट है। आदमी पर उसका परिणाम भी आमने-सामने हो जाता है। चुप्पी उसमें है ही नहीं। वह चिल्लाने वाली कला ही है, चुप बैठती नहीं है। संगीत दूसरी कलाओं से ज़्यादा असर करता है। वह घेर लेता है। तानपूरे बजने लगें या कोई गाने लगे, तो ख़ाली यही थोड़े रहता है वह; पूरा फैल जाता है। मुसाफ़िरी है उसकी। चित्रकला इस तरह नहीं जाती। पेंटिग यहाँ रखने के बाद उस कमरे में नहीं जायेगी। इधर आना पड़ेगा आपको, देखने के लिए हरेक के जो माध्यम है, अलग-अलग है। संगीत ऐसा नहीं है। संगीत जीवन में शांति, आनंद के लिए है। आनंद-वृद्धि के लिए। यानी झगड़ा मत करो यार, मज़े में बैठो। बाद में देखेंगे, कल देखेंगे। किसी भी कला का यही उद्देश्य है। संगीत में बिलकुल निर्विकार आनंद है।

आपके प्रशंसक जानते हैं कि दूसरी कलाओं में भी आपकी गहरी रुचि है। क्या दूसरे कलारूपों से आपको संगीत में प्रेरणा मिलती है?

बिलकुल। दूसरी कलाओं से क्या, हरेक चीज़ से मिलती है। दूसरी कलाओं को देखने, साहित्य पढ़ने के बाद मेरे तो संगीत में परिवर्तन होता है। मैं जब कोई साहित्य पढ़ता हूँ तो मेरे काम की कोई चीज़ उसमें है कि नहीं, यह मैं देखता रहता हूँ। चित्रकला के साथ भी यही है। एक घटना मुझे याद आ रही है — कहाँ से क्या अपने को मिलेगा, इस पर। शायद एक बार नेहरू जी आने वाले थे, तो आसपास के गाँवो में बोर्ड लगाये गये थे। इधर बिंजाना करके एक गाँव है। बिंजाना। वाह, बड़ा अच्छा नाम है — बिंजाना। मैं 'बिंजाना-बिंजाना' करता हुआ गाड़ी में बैठा था। यह बड़ा अच्छा नाम है बिंजाना। ख़ैर। जब बोर्ड लगे हिंदी अंग्रेजी दोनों में, तो ख़्याल आया कि अरे यह तो बिनजाना है। मैने उसमें एक बंदिश बाँध दी। तो किस समय क्या आदमी को सूझेगा, बोल नहीं सकते। बंबई जाते समय रतलाम के पास एक मोरवानी स्टेशन है — वह मुझे अकसर बहुत अच्छा लगता है। बहुत से स्टेशन है, पर यह 'मोरवानी' ख़ूब नाम रक्खा यार इसका। कोई ज़रूरी नहीं कि रचनात्मक प्रेरणा के लिए कोई अच्छी घटना ही चाहिए। वह कहीं से भी मिल सकती है। यानी एक ख़राब घटना देखने के बाद आपको एक बहुत अच्छी चीज़ भी मिल सकती है। उसके बिलकुल विपरीत।

आधुनिकता के दबावों पर आपने काफ़ी कुछ कहा है। मसलन पहले जो माना जाता था कि शास्त्रीय ही एकमात्र संगीत है, यह धारणा अब बदल गयी है। जैसे फ़िल्म संगीत है जिसे लाखों-करोड़ों लोग उसी

स्वर में सुनते हैं तो यह जो लोकप्रिय संगीत है — फ़िल्म संगीत या जिसे रेडिओ सुगम संगीत कहता है या पश्चिम का पॉप संगीत आदि — उसकी चुनौती को शास्त्रीय संगीत किस तरह देखता है?

राग-संगीत को उसकी तरफ़ देखने की कोई ज़रूरत नहीं। उसका स्तर इतना ऊँचा है — आप साधना करें या न करें, यह दोष आपका है, राग-संगीत का नहीं। संस्कृत भाषा आपको नहीं आती है तो संस्कृत भाषा क्या करेगी? सुगम या फ़िल्म संगीत वगैरह का जीवन बहुत छोटा है। जैसे बारिश में कीड़े पैदा होते है, उनको कौन गिनता है? इतनी बड़ी दुनिया है राग-संगीत की। टिड्डी-दल एक प्रांत में खाकर जायेगा और क्या करेगा? राग-संगीत को डरने की ज़रूरत ही नहीं है। हम कहते हैं यह दूसरा संगीत लोगों को बिगाड़ नहीं रहा है, अच्छा कर रहा है। उसकी वजह से आप राग-संगीत की ओर झुकेंगे। लता के रिकॉर्ड कितनी बार सुनेंगे आप?

अर्थात् क्या फ़िल्म संगीत से ऊब में ही शास्त्रीय संगीत की संभावनाएँ निहित हैं?

नहीं, इसका सवाल ही नहीं है। वह अपना काम करें। इतना शास्त्रीय संगीत सब लोगों तक पहुँच भी कैसे सकता है? अच्छा स्वर, अच्छी लय सुनने की इच्छा सबकी होती है, क्या सबको शास्त्रीय संगीत सुलभ हो सकता है? सबको कुमार गंधर्व पर समय बरबाद करने की फ़ुर्सत नहीं है। पर संगीत तो उनको भी चाहिए — ऐसा, जो समझ में आये। तो चुनौती वगैरा कुछ नहीं है; राग-संगीत के लिए। जो सचमुच साधक होगा चालू ज़माने में, उसकी जो क़द्र होगी वैसी कभी पहले नहीं रही होगी। लोग नाचेंगे लेके उसको। पहले दरबार में जो संगीतकार थे — यानी राजाओं के जमाने में — तो सभी राजा संगीत नहीं समझते थे। जैसे घोडे-हाथी बाँधते हैं, ऐसे गायक भी रहते थे। कोई-कोई राजा होता था जो संगीत से प्रेम रखता था, संगीतकारों पर उसका प्रेम भी ज़्यादा दिखायी देता था। ऐसे कुछ राजा ग्वालियर में हो गये। मगर उन संगीतकारों ने लोगों की तरफ़ क्या ध्यान दिया? अपने संगीत के बारे में उन्होंने क्या सोचा? लोगो का गाना समझ में आये, इस दृष्टि से उन्होंने कुछ किया क्या? सीखने के लिए जो जाते थे उनको लात मार देते थे वे।

शास्त्रीय संगीत के समकालीन परिदृश्य के बारे में कुछ बतलाइए।

नये ज़माने में क्या एक बड़ी सुविधा हो गयी है कि माईक आ गया है। माईक की वजह से स्वाभाविक आवाज़ में संगीतकार आजकल गा सकता है। ज़बर्दस्ती उसे चिल्लाने की ज़रूरत नही पड़ती। और पहले यानी 20-21 साल पहले, एक जो शांत दुनिया थी वह अभी नहीं है। बिना माईक के कही फंक्शन नहीं कर सकते आजकल। पहले शोर था ही नहीं। दिमाग़ में यह जो हड़बड़ है, यानी हर तरीक़े से आवाज़, गाड़ी की आवाज़, ये खड़ख़ड़ आवाज़, ये आवाज़ वो आवाज़। पहले शांत दुनिया थी। मामूली आवाज़ भी दूर तक सुनाई दे जाती थी। माईक की दुनिया नहीं थी। माईक पर गानेवाले लोग भी नहीं थे। उनकी उस वक्त सुनने की क्षमता भी ज़्यादा थी। आज लोगों को सुनाई नहीं देता। बिना माईक से। क्योंकि वे इतना शोर सुनते हैं, इतना सुनते है कि कोई भी चीज़ दिखाने के लिए आँख के सामने ले जाना पड़ता है। इसलिए बड़े-बड़े शहरों में आप देखते होंगे कि एअरकंडिशन हॉल हो गये हैं सब। अतिशयोक्ति है यह जो आपने पूछा, मगर माईक की वजह से नुकसान तो ज़रूर हो गया — आवाज़ निकालने का।

और नये संगीतकारों यानी समकालीन जो हैं, उनके बारे में क्या बोलूँ मैं? गाते हैं। उन्होंने जो संगीत समझा, उनको जो आता है उसे अच्छी तरह से पेश करने का प्रयत्न करते हैं। मगर यह ज़रूर है कि गड़बड़ा गये हैं सब उनमें वह शांति नहीं है। विचलित हैं। पहले के संगीतकारों में यह एक शांत प्रकृति की उपस्थिति थी। आज के संगीतकारों को मालूम नहीं कि क्या गा रहे हैं। उसमें उनको ख़ुद को रस नहीं

है। जो अख़्तरी बाई शुरू में गाती थी — नाम होने के पहले — उनके जो रिकॉर्ड हैं, उनमें जो गहराई है वह बात नाम होने के बाद नहीं रही। यह बात अलग है कि आपने ग़ज़ल लिखी, आपने ग़ज़ल को गा दिया। बाकी क्या? अख़्तरीबाई का सोचना बड़ा विचित्र था कि मैं गा नहीं सकती। लोग पसंद करते हैं। तो गा देती हूँ। आप मान दे रहें हैं तो हम क्या करें। आजकल के संगीतकार बिलकुल हिले हुए हैं सब। विचार व्यक्त करना चाहते हैं तो वहाँ गड़बड़ा जाते हैं। कहने से होता ही है कि मैं अलग से अपना संगीत सुनाऊँगा। कोई भी संगीतकार कहे कि मैं नया कुछ निर्माण करूँगा, तो कहके किसी ने किया है? आप भी जो कुमार गंधर्व का नाम लेते हैं, उसने कभी ठहरा के कुछ नहीं किया। हो गया। होने के बाद आप उसे मानते हैं, यह अलग चीज़ है।

एकदम युवा पीढ़ी जो संगीत में पैदा हुई, उसमें आपको लगता है कि संभावनाएँ हैं।

युवा पीढ़ी में मेरे बाद क्या-तो उसमें बोल नहीं सकता। सभावनाएँ ठीक हैं। मगर ऐसा है न कि कौतुक करने की ललित कलाओं में कोई गुंजायश नहीं है। मेरे बच्चे ने एक तान अच्छी मारी तो वह अच्छा गवैया है मैं वह कहूँ? यह मेरे से नहीं होगा। क्योंकि बचपन से मेरा कौतुक इतना हुआ है। मेरे इतना कौतुक तो किसी संगीतकार का हुआ ही नहीं। मुझे मालूम है कि कौतुक क्या चीज़ हैं। मेरी जगह दूसरा कोई लड़का होता न, तो बंदर हो जाता। पूँछ निकल आती उसकी। ग़लती से क्या है कि उसका सदुपयोग मैंने कर लिया। तो हमारे बाद की जो पीढ़ी है उसके बारे में अभी कुछ नहीं कह सकते। फ़िलहाल जितने गायक करके जिनका नाम लेते हैं – पुराने छोड़ें – मेरे बाद के उनको पहले शिक्षण नहीं मिला है, एक दिक़्क़त है। उनको जैसा ज्ञान चाहिए — पुराना यानी पहले का संगीत साहित्य उनको मिला नहीं, बहुत थोड़ा मिला हैं। क्योंकि सिखाते ही नहीं थे न। वे सिखाने में बड़े कंजूस थे। एक तकलीफ़ कि अपने संगीतकारों को पढ़ना आता नहीं। अक्षर-ज्ञान न हो ऐसा नहीं, संगीत पढ़ना नहीं आता।

कई बार लगता है आपकी कला के उत्स आध्यात्मिक हैं। आप लोकसंगीत से भी तत्त्व ग्रहण करते हैं उनकी प्रकृति भी आध्यात्मिक है। क्या आप इन तत्त्वों का कलात्मक उपयोगिता के कारण चुनते हैं या अपने सामान्य जीवन में भी कुछ स्थान देते-मानते हैं? आपका उद्देश्य सार्थक-समृद्ध संगीत प्रस्तुत करना-भर है या ऐसा संगीत जिसके आध्यात्मिक आशय भी हों?

संगीत को समृद्ध करना तो है, इसमें तो कोई दो राय नहीं। लोकसंगीत की तरफ़ मैं इसीलिए गया। जैसा मैंने पहले बोला कि मैं रागसंगीत का उत्पत्ति स्थान, उसका उगम खोजने निकला। तो यहाँ आके टिका। तो, स्वाभाविक चीज़ भी ऐसी कुछ सुंदर रहती है कि शंका होती है, यह सचमुच स्वाभाविक है क्या। बिना कोई प्रयत्न किये कोई चीज़ दिखाई दे आपको, आप हैरान न हो जायेंगे तो और क्या करेंगे? लोकगीतों में जो धुन और अक्षर हैं, उनसे ऐसा ही है। मैं यहाँ सिर्फ़ स्त्रियों के गीतों के बारे में बात कर रहा हूँ। स्त्रियों के गीत परिवर्तनशील नहीं होते। जो टिका हुआ है, बहुत कुछ स्त्रियों की वज़ह से टिका हुआ है। स्त्री तो परंपरा प्रिय होती है। दूसरे गीत लोगों को ख़ुश करने के लिए रहते हैं; स्त्रियों के नहीं। स्त्रियों के गीत सिर्फ़ अपने लिए होते हैं। तो स्वाभाविक लय, बिना कुछ सोचे इतनी सुंदर है तो संगीतकार इतना क्यों प्रयत्न करते हैं लय निर्माण करने के लिए? क्यों इतना चिल्ल-पो करते हैं? ख़ाली स्वर और व्यंजन का अलग-अलग उच्चारण करने से लय निर्मित होती है क्या? लय तो उसके आघात में से निकलनी चाहिए। अलग लय करने की ज़रूरत ही नहीं।

और एक दूसरी बात कि जो स्त्रियाँ गाती हैं, बहुत बार ऐसा हुआ है कि लिख लेना मुश्किल हुआ है। इतना मुश्किल कि अपन को समझ नहीं आता, वे गाती कैसे हैं। बीहड़ भैरव की धुन — मगजपच्ची

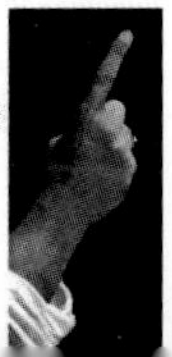

कर दी, पर समझ में नही आया कि यह क्या गा रही हैं। वह जब गाने लगी तो मैं हैरान रह गया। उसने जो आवाज़ निकाली, क्या कहूँ। उसके पीछे कोई प्रयत्न नहीं है। ईश्वर क्या है कि समझादारी आ गयी। उधर कोई समझदारी नहीं है। अब वह आवाज़ निकालना आसान थोड़े ही है। उनके लिए होगा, हमारे लिए नहीं।

यह आपने लोकसंगीत के बारे में बताया। हमारा सवाल यह है कि क्या संगीत के माध्यम से एक ऐसी दृष्टि आप अभिव्यक्त करते हैं जो कलात्मक होने के साथ-साथ आध्यात्मिक भी है, जिसका कलात्मक होना उसके आध्यात्मिक होने से जुड़ा है?

अगर चीज़ होगी तो लगेगी। जैसा करते है, वैसा ही ख़ुद होना चाहिए। इसके बिना नहीं हो सकता। मैं जैसा आपको गाने में दिखता हूँ वैसा मैं हूँ।

राग-संगीत के भविष्य की आपकी क्या कल्पना है। क्या कलाओं पर हमारे समय में जिस तरह के दबाव हैं उनके रहते शास्त्रीय परंपरा यथावत चलती रहेगी? कहीं उसके अजायबघर की चीज़ बन जाने का ख़तरा तो नहीं लगता आपको?

यह साधक लोगों पर निर्भर है। आप जो महसूस कर रहे हैं उसे किसी क़दर मैंने भी महसूस किया है। संगीत क्या सचमुच अजायबघर में जायेगा? मगर क्या जायेगा, यह भी सवाल है, क्योंकि संगीत कोई रखने या रहने की चीज़ नहीं है। वह कोई चित्र या मूर्ति नहीं है। यानी साधक रहेंगे तो रहेगा, नही तो नहीं रहेगा। मेरे पहले की जो पीढ़ी थी उसको रागों पर जो एक आस्था थी, उनके प्रति जो अभिमान था, वह अब नहीं रहा। उस समय अगर राग अच्छी तरह नहीं आता था तो नहीं गाते थे, अब बिना आये गाते हैं। तो नये लोगों में रागों के प्रति ज्ञान और रवैया बहुत शिथिल है। स्वरों के वजन का एहसास नये संगीतकार को नहीं है। और यह देखकर बड़ा दुख होता है। अब 'देसी' कौन गाता है? सब चालू गा रहे है। देखते-देखते ग़ायब होते जा रहे है। ग़लत राग गा रहे हैं, घराने के लोग भी। आगरा घराने के लोग अपने ही घराने की मिट्टी पलीद कर रहे हैं।

ऐसे आधुनिक लेखक और चित्रकार तो अनेक होंगे जो संगीत या दूसरी कलाओं में गहरी दिलचस्पी लेते हों और उनकी अच्छी जानकारी रखतें हो। लेकिन ऐसे संगीतकार कितने हैं जिनकी दूसरी कलाओं में ख़ास रुचि हो? ऐसा क्यों?

संगीतकार कहते ही उसको क्या आना चाहिए? यह पहला सवाल है। उसे कलाकार होना है। कलाकार को बहुत ही समझदार होना चाहिए, ऐसा मैं मानता हूँ। भले ही वह दूसरी बातों पर बात करे न करे, मगर ज्ञान की दृष्टि से जितना समृद्ध उसका जीवन होगा, उतना बड़ा कलाकार वह होगा। ख़ाली संगीतकार बड़ा नही हो सकता।

आलेख/साक्षात्कार : पूर्वप्रकाशित
साभार : 'पूर्वग्रह', सितंबर-अक्टूबर 1976

१५ कुमारजी का सान्निध्य

मधुप मुद्गल

ऐसे महान व्यक्ति के बारे में कुछ भी लिखना और कहना - कम ही पड़ता है। उनसे सीखने का सौभाग्य मुझे प्राप्त हुआ - इसके लिए मैं अपने-आप को धन्य मानता हूँ। किसी लेखक के लिए लिखना आसान है पर मेरे लिए विचारों को समेट कर लिखना बहुत कठिन है।

सम्पूर्ण जीवन संगीत के लिए समर्पित, संगीत के प्रति निष्ठा, इतना आदर, मुझे अन्यत्र नहीं दिखा। पिताजी और कुमारजी से ही सुना था, ऐसे व्यक्ति पहले हुए थे - जैसे पंडित विष्णु दिगंबरजी, पंडित भातखण्डे जी। पर आज़ के युग में इतनी सच्चाई से इस प्रॉफेशन में कार्यरत कलाकार, नाममात्र के ही हैं। केवल संगीत ही नहीं, अपितु सम्पूर्ण जीवन के लिए वे आदर्श गुरु थे।

सर्वप्रथम संगीत-विद्या में तानपूरा आता है। उसे मिलाना, उसके प्रति सहृदयता, उसे एक दोस्त के दर्जे पर रखना संवेदनशीलता व प्यार के साथ ये सब विचार कुमार जी से मिले। ऐसे तानपूरे मैंने अपने जीवन में किसी कलाकार के नहीं सुने। बंद कमरे में मिलाना अलग बात होती है और महफ़िलों में, रिकॉर्डिंग्स में, बड़े हॉल में मिलाना अलग। सुरों का कॅनवास ठीक होगा तभी तो सुंदर चित्र बनेगा ये पहली शिक्षा उनके पास मिलती थी। पहले तानपूरा मिलाना, बजाना, फिर स्वराभ्यास ये क्रम रहता था। सर्वप्रथम स्वराभ्यास - जब तक स्वर ठीक नहीं तो आगे जाने का कोई मतलब नहीं। तानपूरे के (हार्मोनिक्स) स्वयंभू स्वरों को कैसे सुनना, फिर अपने गले के स्वर उससे मिलाये जायें - ये सब क्रिया चलती थी।

वे कहते थे कि किसी कलाकार के तीन स्वर भी लग जायें तो उसका जीवन चल सकता है और यदि सातों स्वर लग जायें तो क्या बात है! किस सूक्ष्म दृष्टि से वे स्वरों को देखते थे ये गज़ब की बात थी। जब अच्छे तानपूरे मिल जाएँ तो बालक के समान उनके चेहरे पर ख़ुशी होती थी - 'क्या बात है' ऐसे उद्‌गार! बहुत आनंद आता था उन्हें।

एक क़िस्सा बताते थे वे - उन दिनों का, जब वे देवधर गुरु जी से सीखते थे। वहाँ कई कलाकार आते थे अपने कार्यक्रमों के लिए। उन सबको पता था कि कुमार जी अच्छे तानपूरे मिलाते हैं। "अरे, कुमार मेरे तानपूरे मिला दो" तो कुमारजी कहते कि "पार्टी देने पड़ेगी, मंजूर है क्या?" वे कहते थे पार्टी का तो आनंद मिलता ही था पर साथ में बहुत अच्छा गाना सुनने को मिलता था। क्योंकि वे सभी गायक बहुत विद्वान व गुणी तो थे ही, और अच्छे तानपूरे मिले होने के कारण वे और भी ज़्यादा अच्छा गाते थे। और साथ ही कुमारजी को अलग-अलग तानपूरे मिलने का अभ्यास भी होता था। वे गर्व से कहते थे कि भारत-भर में, अपने साथ तानपूरे लेकर चलने वाले वे तीसरे गायक थे, पहले उस्ताद अब्दुल करीम खाँ, दूसरे पंडित ओंकारनाथ ठाकुर और फिर कुमारजी। कुमारजी तानपूरे बनाने वाले की बहुत इज़्जत करते थे; कभी कोई मोल-भाव नहीं।

मारजी के पीछे
नपूरे पर मधुप
ृगल

कुमारजी के सिखाने में राग का सूक्ष्मतम दर्शन होता था। बंधनों के बावजूद राग कैसे मुक्त होता है। वे पूरा बिल्डिंग मेटिरियल - बेसमेंट, स्ट्रक्चर, बीम, दीवारें इत्यादि - सब बताते थे, पर डेकोरेशन आपको स्वयं करना पड़ता था। रेडीमेड घर, यानि रटा हुआ गाना आपको नहीं मिलेगा। चाहे छोटा घर हो - पर अपना हो- इतना ज़रूर सीख लिया और ये मेरे लिए किसी भी उपाधि से ऊपर है। अपना गाना, अपने आलाप, नकल नहीं।

पूर्ण राग रूप, बंदिश के बिना केवल सरगम में सिखाते थे। सीखते समय ऐसा लगता था जैसे महफ़िल चल रही हो, ऐसा आनंद आता था। राग रूप के खुलते समय भी उतना ही आनंद आता था और उनके चेहरे पर एक मृदु मुस्कान रहती। ऐसा नहीं है कि डाँट नहीं पड़ती थी। पूर्ण राग रूप बंदिश के बिना,

फिर बंदिश, उसका विस्तार इत्यादि। विलंबित के अलग आलाप, मध्य लय में कैसे अलग, फिर द्रुत का विस्तार, पूरी प्रक्रिया। एक ख़ास बात थी - शुरू में केवल पारम्परिक राग ही सिखाते थे। जैसे भैरव, तोड़ी, बिलावल, भीमपलास, कल्याण, भूप इत्यादि। धुन-उगम या अप्रचलित राग शुरू में कभी भी नहीं सिखाते थे। पहले हमेशा पारम्परिक बंदिशें।

अलग अलग घरानों की विशेषताएँ, उनके प्रमुख गायकों की ख़ासियतें, उनका बंदिश प्रस्तुत करने का ढंग, समझाते थे। फिर स्पूल टेप्स पर उनकी रिकॉर्डिंग्स साथ बैठ कर सुनवाते। शिक्षा केवल अभ्यास के कमरे में ही नहीं बल्कि खाने की टेबल, आँगन में, कहने का मतलब है कि 24 घंटों ज़ेहन में संगीत रहता था, इतनी गहन शिक्षा मुझे और कहीं नहीं दिखी।

एक ख़ास बात थी कि अगर आपको संगीत के प्रति सच्ची श्रद्धा - सम्मान हो - तो ही सिखाते थे। उनसे स्मार्ट बनने की कोशिश की तो मुँह की खानी पड़ती थी। अनेक प्रसिद्ध हस्तियों ने उनसे सीखने की कोशिश की पर विफल रहे। इंदौर के एक मॅजिस्ट्रेट थे - उनको मालूम था कि वो गायक नहीं बन सकते पर क्योंकि उनकी कुमारजी और उनके संगीत पर अटूट श्रद्धा थी, फलस्वरूप उन्हें रविवार को नाश्ते के बाद $1^1/_2$ घंटे का समय मिलता था - सीखने के लिए।

व्याकरण से उठकर कला में कैसे प्रवेश करना है - ये एक अत्यधिक मुश्किल काम है - इसे वे इतनी सरलता से समझाते कि वह ख़ुद ब ख़ुद ही समझ आ जाता था। वही राग सब कलाकार गाते हैं पर उसी राग को जब कुमारजी गाते थे तो उसमें कुछ अलग और अधिक आनंद आता था। इसको समझाना बहुत कठिन है, इसके अनेक कारण है - इतने सटीक तानपूरे, इतना सटीक स्वर, इतने रागानुवाचक स्वर, इतनी कठिन किन्तु सुनने में सरल लयकरी, तान भी रागानुवाचक। ऐसी तान मैंने और किसी की नहीं सुनी - exercise नहीं बल्कि कलायुक्त - राग से भरपूर!

कुमारजी केवल संगीतकार ही नहीं अपितु fine artiste बनने की शिक्षा देते थे। एक बार मैं क़ाफी देर तक अभ्यास कर रहा था तो उन्होंने मुझे रोका और कहा - ''बस कर, मशीन बनना है क्या - जाकर पुस्तक पढ़ो - अपना दिमाग खोलो।'' अंग्रेजी और हिंदी साहित्य की बहुत सुंदर किताबें मैने उनकी लाइब्रेरी में पढ़ी हैं - Beware of Pity - Stefan Zweig, आवारा मसीहा, अज्ञेय, प्रेमचंद, आदि का साहित्य। कहने का तात्पर्य है - समग्र रूप से कला को देखने और जानने की सूक्ष्म दृष्टि मिलती थी।

प्रकृति का आनंद, मौसम पर उनकी प्रतिक्रिया, खेलों में रुचि, पाकशास्त्र और स्वादिष्ट भोजन का आनंद लेना, ऐसे अनेक पहलू हैं जो कुमारजी के सान्निध्य में रहकर सीखने को मिले। उनके दोस्तों में साहित्यकार, शिल्पकार और आर्किटेक्ट थे। Fine arts की अन्य विधाओं के लिए उनके मन में उत्सुकता और असीम प्रेम था ।

कुछ लोग कहते हैं कि वे परंपरा के ख़िलाफ़ थे। मैं कहता हूँ कि उनके जैसा परंपरावादी कोई नहीं - किसी को ये समझ न आए तो इसमें उनका क्या दोष ! परंपरा किसको मानते हैं - वो कि जैसा सीखा है वह आगे ले जाना - ऐसा नहीं होता। वे कहते थे कि अगर मैंने तुम्हें इतना दिया और तुमने भी आगे उतना ही दिया - तो तुममें और खच्चर में कोई फ़र्क नहीं - उस पर सामान लादो - वो ले जाकर रख देगा। परंपरा बहती हुई धारा के समान होनी चाहिए। जहाँ पानी रुका वहीं गँदला होने लगता है। परंपरा का तो उन्हें बहुत आदर था, ऐसा भी कहते हैं कि वे घरानों को नहीं मानते थे। घरानों का रूढ़िवाद, नकल, गुरु जैसी आवाज निकालना, mannerisms, इत्यादि वे इसके ख़िलाफ थे। उन्हें तो अलग-

अलग घरानों की compositions, अलग-अलग राग रूप, अलग-अलग गाने का अंदाज़ - इन सब का अत्यधिक सम्मोहन था। अब्दुल करीम खाँ जी की रिकॉर्डिंग लगते ही उनकी आँखों में आँसू आ जाते थे। उनका कहना था कि "ऐसे सुर हमारे संगीत में नहीं लगे।" वझे बुवा जी की इतनी इज़्जत करते थे। हमेशा उनकी रिकॉर्डिंग सुनवाया करते थे। जिस राग में जो बादशाह, उनकी खूबियाँ बताते, रिकॉर्डिंग सुनवाते थे। परंपरा को उन्होंने उन तथाकथित traditionalists से बहुत ज़्यादा अच्छी तरह से समझा।

सुनने में आता है हमारा संगीत extempore है - कुछ फ़िक्स नहीं होता - हमेशा नया। मैं कहता हूँ, आप प्रायः आर्टिस्ट्स की रिकॉर्डिंग सुनें, 50 साल पहले और बाद के - आलाप में कोई फ़र्क नहीं। वही राग और वही बंदिश - same thoughts। पर कुमारजी एक ऐसे कलाकार हैं जिनका हर कार्यक्रम फ़र्क, पहले से अलग होता था; सिर्फ कार्यक्रम ही नहीं, सिखाते वक़्त भी फ़र्क होता था। 'बनु रे बलैयां' की पाँच रिकॉर्डिंग्स मैंने सुनी हैं और सब में बढ़त अलग है, ऐसे बहुत उदाहरण हैं।
ऐसे तो पारंपरिक बंदिशें अनेक हैं - बहुत सुंदर व अलग-अलग प्रकार की, राग के अनेक पहलू दर्शाने वाली। अलग-अलग घरानों की विभिन्न बंदिशें जिनसे भिन्न प्रकार के सौंदर्य तत्त्व उजागर होते थे। तो सवाल उठता है कि फिर नयी बंदिशे क्यों? यह सब कलाकार की सृजनशीलता पर निर्भर होता है।

अगर बंदिशें बनती हैं और अगर वे पारंपरिक बंदिशों से भिन्न न हों तो उनमें कोई ख़ास बात नहीं होती। केवल शब्द बदलने से बंदिश नयी नहीं होती। कुमारजी की बंदिशों में एक नयापन है। वे कुछ अलग कहती हैं। राग वही, पर बात अलग। इसके अनेक कारण हैं। अति सूक्ष्म राग दृष्टि, लयकारी, ताल ज्ञान आदि। राग की छवि तो अत्यधिक सुंदर होती ही थी, साथ ही उनमें लय का खेल भी गज़ब होता था। ये लयकारी सुनने में सहज, पर वास्तव में अत्यधिक कठिन होती थी।

मारजी, तानपूरे पर ग्रुप मुद्गल, र्मोनियम पर अप्पा लगाँवकर तथा छे बैठे विनयचंद्र द्गल्य, दिल्ली, 972

केवल संगीत ही नहीं - पूर्ण जीवन, रहन-सहन, जीवन के हर पहलू के बारे में उनके आदर्श विचार थे, जिन पर वे अमल करते थे। देशभक्ति उनमें कूटकूट भरी थी। नागरिक के कर्त्तव्य, वोट देना, समय पर टैक्स इत्यादि जैसी औपचारिकताएँ वे बख़ूबी निभाते थे। कहने में लगता है कि ये छोटी बातें हैं पर यही आदर्श समाज बनाने का काम करती हैं।

सूर्य समान तेजस्वी कुमारजी ने संगीत जगत् को उज्ज्वल और प्रकाशमान किया। उनसे प्राप्त शिक्षा को मैं जीवन में उतार पाऊँ, और उनके सांगीतिक तथा व्यक्तिगत आदर्शों को आनेवाली पीढ़ी तक पहुँचा पाऊँ - ऐसा मेरा सदैव प्रयत्न रहेगा। उनके जाने के बाद भी वे हमारे साथ हैं क्योंकि जो व्यक्ति विचार देते हैं वे हमेशा साथ रहते हैं - मार्गदर्शक के रूप में।

वे मेरे गुरु थे, लेकिन उन्हें पता न था

१६

विष्णु चिंचालकर

कुमार गंधर्व की गायकी उनके हाव-भाव और मुद्राओं में झलकती थी। संगीत के जानकारों और विद्यार्थियों के लिए उनकी गायकी का श्रवण आनंददायी होता था, मगर मैं संगीत का विद्यार्थी नहीं हूँ। एक चित्रकार के नाते उनकी मुद्राओं को मन में उतार लेता था। उनके गले से निकले स्वर व तान से निकला राग मिश्री-सी मिठास लिए आसमान के कॅनवास पर अभिव्यक्त होता था। सुननेवाले मंत्रमुग्ध हो जाया करते थे। मेरे लिए उनकी मुद्राएँ ही ग्रहण करने की वस्तु थीं, वहीं मैंने ग्रहण किया। एक कलाकार जो भी अभिव्यक्त करता है, वह ग्रहण किया हुआ ही होता है। कुमारजी के निकट रहकर मैंने उनके संगीत को मुद्राओं में ग्रहण किया और कॅनवास पर उतार लिया। सही मायने में वे मेरे गुरु थे। वे ऐसे गुरु थे, जिन्हें पता नहीं था कि कोई शिष्य उनसे कुछ ग्रहण कर रहा है। मैं उन्हें गाते हुए एकटक देखता रहता और उनकी मुद्रा तथा हाव-भाव मेरे चित्रकार की थाती बन जाते।

जब गुरु को पता नहीं हो कि कोई शिष्य उनसे कुछ ग्रहण कर रहा है, तो ऐसे मामले में शिष्य की क्षमता भी परिलक्षित होती है। पेड़ से फल ज़मीन पर गिरता है और न्यूटन को धरती की गुरुत्वाकर्षण शक्ति का ज्ञान हुआ, यहाँ पेड़ न्यूटन का गुरु हुआ। ठीक उसी तरह अनंत क्षमताओं से भरे कुमारजी को गायकी करते जब देखता, तो मुझे एक नई मुद्रा दिखाई देती। हर बार मैं कुछ नया ही सिखता।

गुरुजी कहते हैं कि एक भक्त गंगाजी की पूजा करता है। उसी प्रवाह में से पानी लेकर उसी गंगाजी में अर्पित कर देता है। मैंने जो कुछ कुमारजी से सीखा, उन्हीं को अर्पण किया है। यही मेरी आदरांजलि है। मैंने उन्हें क्या दिया? जो उनसे लिया था, वही अर्पित किया है।

कुमारजी संगीत के स्वरों के ज़रिये राग अभिव्यक्त करते थे। वे स्वर बदल-बदलकर विभिन्न राग श्रोताओं के समक्ष रखते थे। स्वर से राग का स्वभाव बदलता था और उसी के साथ उनकी मुद्रा बदलती जाती थी। यह कुमारजी की ही शक्ति थी कि स्वरों के साथ जैसे-जैसे राग बदलते थे, मुद्राएँ बदलती थीं। तैरते-तैरते मेरे चित्रों के आकार बदले जाते थे। सही मायने में उन्होंने संगीत की आत्मा का चित्रों की आत्मा से मिलन कराने में एक बड़ी भूमिका अदा की।

इत्र की एक बूँद बहुत सारे फूलों का निचोड़ है, इसी तरह बहुत सारे स्वरों में से कुछ स्वरों को अभिव्यक्त करते हुए वे संगीत की आत्मा उढ़ेल देते थे, जिसकी ख़ुशबू आज भी वातावरण में महक रही है। कुमारजी के समूचे व्यक्तित्व में मैंने तीन विशेषताएँ पाईं- सिर के पीछे का हिस्सा, ठूड़ढी का हिस्सा और कपाल। जैसे बहुत सारे स्वरों में से तीन स्वर बार-बार जगह बदल देने से अलग-अलग राग पैदा करते हैं, उसी तरह उनके व्यक्तित्व के ये तीन हिस्से मुझे कई तरह के चित्रों की प्रेरणा देते रहे। मैंने उनकी स्वरों की भाषा को चित्रों में देखा। उन्होंने हमें चित्र बनाना नहीं सिखाया, संगीत को इस ढंग से दिखाया कि चित्र प्रभावशाली हो गए। अंग्रेज़ी वर्णमाला में 26 अक्षर हैं और हिंदी में 52, ये 26 या 52 अक्षर मिलकर करोड़ों शब्द बनाते हैं। उसी तरह संगीत में स्वर बदल-बदलकर राग बनते हैं उनसे कई तरह की मुद्राएँ जनम लेती हैं। किसी भी चित्र के आकार में सीधी रेखाएँ बनती हैं और आड़े तिरछे बिंदु आकार में बदल जाते हैं। कहने का मतलब मूल में थोड़ा है, लेकिन ग्रहण करनेवाले पर निर्भर करता है कि वह उससे क्या सीखता हैं। जैसे एक पिन किसी को चुभ जाए, तो कोई उत्तेजित हो जाता है, कोई पिन को हटा देता है, या कोई मान लेता है कि किसी ने चुभने के लिए रखी है। आटा किसी गृहिणी के हाथों रोटी का रूप ग्रहण कर लेता है, किसी के हाथों हलवा, किसी के हाथों बाफला या किसी के हाथों बाटी। कहने का तात्पर्य यह कि मूल में कहीं अक्षर हैं, मूल में कहीं स्वर हैं, मूल में कहीं बिंदु है, मूल में कहीं आटा है, मगर यह ग्रहण करनेवाले पर निर्भर करता है कि वह उसे किस रूप में ग्रहण करता है। मेरे जीवन में कुमारजी मूल रूप में रहे। मैं उनके निकट रहा, मेरे चित्र उनकी मुद्राओं की परिणति हैं। उसी तरह कुमारजी सबके लिए मूल में कुछ ना कुछ रहे। संगीत के श्रोता के लिए, उनके अपने शिष्यों के लिए – सभी ने उन्हें अपनी-अपनी तरह ग्रहण किया होगा।

कुमारजी एवं गुरुजी चिंचालकर एक मित्र के फार्म हाउस में, वडोदरा

गुरहि प्रणाम | १७

भुवनेश कोमकली

मैं गावूँ, पद गावूँ, गुण गावूँ ।
मन भाव ताल सूर गातूँ ।।

बचपन में यह भजन जब मेरे कानों पर पड़ा, मुझे बेहद पसंद आ गया था। इसके सुर मुझ पर छा गये थे। इसके ताल पर मैं डोलता था। कुछ समझ तो आता नहीं था, क्या ताल है, क्या राग है, कुछ लेना-देना नहीं था। मुझे सुन-सुन के यह लगभग याद भी हो गया था। अपनी बुआ के मुँह से सुना था - आई-बाबा गा रहे हैं।

एक बार, बाबा घर के आँगन में शाम को बैठे थे। गर्मियों के दिन थे। बगीचे में ठंडक कर के, शाम के समय बाबा घर के आँगन में ही बैठते थे। और उनका सिखाने का सिलसिला भी कई बार वहीं होता था। कभी उनके स्वयं के हाथ में डग्गा होता था या कभी कोई और लिये होता था। वे मेरे बचपन के दिन थे, जब मेरा एक जगह पर टिकना नामुमकिन था। लेकिन कानों पर सब कुछ पड़ता ही था। और यह हिदायत भी रहती थी कि जहाँ गाना चल रहा है वहाँ कोई मस्ती नहीं! सब हो जाने के बाद वहाँ डग्गे को समेटने के नाम पर धमाधम होती थी। उस दौरान एक दिन अपनी बुआ ने बाबा को अपनी हरकतों के बारे में बताया, कि कैसे मैं भजन सुनता हूँ, और कैसे ताल बजाता हूँ आदि इत्यादि...! बाबा ने तब मुझे बड़े कौतुक की दृष्टि से देखा था। "अच्छा! बजाता है? क्या बजाता है रे...?" बजा कर बताया। कौतुक हुआ। बाबा ने कहा, कि ऐसे ही सुन कर जल्दी याद होता है। बचपन में बाबा की कई सारी बंदिशें मुझे याद थीं। न राग का नाम पता था, न ताल का, बस सुन के याद था।

अपने पोते भुवनेश को गाना सिखाते हुए, साथ में कलापिनी, भानुकुल, देवास, 1983

अपने पोते भुवनेश को लिखना सिखाते हुए, भानुकुल, देवास, 1983

थोड़े समय बाद, मुझे यह पता चला कि जिस भजन से त्रिवेणी में शुरुआत हुई है, उसके राग का नाम केदार है। यह भी सुनी सुनाई बात ही थी। लेकिन उस भजन का शुरुआती आलाप मेरे मन पर छप चुका था। उस दौरान बाबा के साथ एक बार दिल्ली गया था। घर के लोग भी थे। उस समय का गांधर्व महाविद्यालय मुझे याद है। वहाँ कि हर खिड़की से रेल गाड़ी नज़र आती थी। काला धुआँ छोडते इंजन मेरे लिए आकर्षण का विषय थे। वहाँ एक शाम को किसी का वायलिन का कार्यक्रम था। कोई महिला कलाकार थी। बाबा सुनने बैठे थे। उनका वायलिन बजाना शुरू हुआ और थोड़ी देर में मैंने बाबा से कहा कि 'ये केदार है ना?' तब उन्होंने कुछ नहीं कहा। बस सिर पर हाथ फेरा। मैं बुआ के पास गया। उससे पूछा। ये केदार है ना? उसने कहा, हाँ, लेकिन अब यहाँ तंग मत करो बाबा को, जाओ खेलो।

अब सोचता हूँ, तो समझ में आता है कि बाबा को मेरा आश्चर्य से भरा कौतुक था।

मुझे बाबा के सामने बैठ कर कुछ भी सीखने को नहीं मिला। एक जगह बैठने, टिकने की उम्र ही नहीं थी। सीखना तो बहुत दूर की बात! जब उनका निधन हुआ तब मैं केवल 14 वर्ष का था। लेकिन उनके निधन के (कुछ) पहले के एक-दो साल में मुझे थोड़ा एक जगह बैठ कर सुनना आ गया था।

एक वाकया याद आता है-
बाबा का मुंबई में कार्यक्रम था। पहले किसी का सितार वादन था। बाबा विंग में बैठे थे और मैं पास खड़ा हो कर सुन रहा था। थोड़ा सुनने के बाद मेरे मुँह से कुछ उद्गार निकले। बाबा ने मेरी तरफ़ देखा और अपने हाथ की काठी से इशारा कर के कहा कि, वहाँ मंच के पास जा कर बैठो और सुनो। मेरे साथ

शायद कोई और भी थे। लेकिन तब वहाँ, जैसे कि मैं जम गया था। पूरा कार्यक्रम मैंने एक जगह बैठ कर सुना, चुपचाप। सलीके से। यह सभी के लिए आश्चर्य की बात थी। उस सितार ने मुझे बाँध दिया था और तबले ने भी ख़ूब आनंद दिया था। उन दोनों कलाकारों की छबि मेरे मन में बस गई थी जिनके नाम थे, पं. बुधादित्य मुखर्जी और पं. नयन घोष! नाम मुझे बहुत बाद में पता चले। इस कार्यक्रम के बाद मैं एक जगह बैठने लगा। लेकिन थोड़ा-बहुत, ज़्यादा नहीं। फिर कैसेट सुनना भी शुरू हो गया। इस दौरान घर में एक नया टेप डेक भी बाबा ले आये थे। उसका भी आकर्षण था। सुनने में ज़्यादा मन लगने लगा था। तब बाबा ने किसी कार्यक्रम में लगन गंधार गाया था। उसकी द्रुत बंदिश 'बाजेले मोरा झांझरुवा' मैंने रट मारी थी। पता नहीं मैं क्या गाता था। वह सब शायद उनके लिए परेशानी-भरा भी होता होगा, अब ऐसा लगता है। तब तक डग्गे पर तीन ताल मुझे बजाना आ गया था; जिसकी लय सुधारने की उन्होंने काफ़ी कोशिश की थी। लेकिन कोई फ़ायदा नहीं हुआ। फिर एक और रेकॉर्डिंग मैंने सुनी, जिसमें बाबा ने राग गौड़ मल्हार से झूमरा में ख्याल गाया था। 'बरसे मेहरुवा' उस झूमरे ने मुझे बहुत आकर्षित किया और मेरे आकर्षण को देखते हुए बाबा ने मुझे, झूमरे को ताली पर कैसे बजाना, यह बताया। इसके अलावा प्रत्यक्ष रूप से उनसे कुछ सीखने का अवसर ही नहीं आया।

1 जनवरी 1992 का दिन, मैं कभी नहीं भूल सकता। ठंड काफ़ी थी। साल का पहला दिन था। इस अवसर पर बाबा इंदौर अपने मित्रों से मिल कर लौटे थे। राहुल काका (बारपुते) के घर से निकलते समय बाबा ने उन्हें जल्दी ही देवास आने को कहा था; तब जवाब में उन्होंने ठंड का वास्ता देते हुए कहा था

वसुंधराताई, कुमारजी और दाँयें खड़ा भुवनेश, पीछे बैठी हुई कलापिनी, भानुकुल, देवास, 1987

कि - थोड़ी कम हो जाये, फिर आता हूँ। देवास लौटने के बाद बाबा को बुखार आ गया। कुछ दिनों बाद इंदौर के डॉक्टर को दिखा भी आये। अचानक 12 जनवरी 1992 की कड़ाके की ठंड में बाबा चले गये।

आज बाबा को गये बाईस साल पूरे हो गये। आज एक नई पीढ़ी ऐसी भी है जिसने पंडित कुमार गंधर्व को देखा नहीं, गाते सुना नहीं। संगीतकारों की और आज के विद्यार्थियों को नई इस पीढ़ी ने कुमारजी को केवल रेकॉर्डिंग के माध्यम से सुना और देखा। लेखों और पुस्तकों के माध्यम से उनके बारे में अपनी जानकारी को समृद्ध किया। इस सब के आधार पर इस नयी पीढ़ी के पास बाबा के बारे में कुछ ख़ास तरह की मान्यताएँ, धारणाएँ और जानकारियाँ हैं। जैसे -

1. वे एक ऐसे विद्रोही गायक थे जिन्होंने परंपरा और घरानों (सीमाओं) को तोड़ा और अपना कुछ नया किया।
2. कुमारजी ने कहा कि 'तुम अपना गाना गाओ, मेरी नक़ल मत करो।'
3. कुमारजी ने मालवा के लोकसंगीत पर काम किया, लोकगीतों को गाया।
4. लोकगीतों के आधार पर नये राग बनाये।
5. वे परंपरागत राग भी अपने तरीक़े से गाते थे, मसलन वे भूप में मध्यम लगा कर गाते थे।
6. कुमारजी ने कबीर को गाया, निर्गुणी भजन गाये।
7. वे अत्यंत अनुशासित थे, महफ़िल में फ़र्माइश की गुंजाइश नहीं थी।
8. उन्होंने कुछ नई बंदिशें बनाईं।

इन धारणाओं के आधार पर अपनी बात कहना चाहता हूँ। इन बातों को, धारणाओं को ठीक से समझा जाना चाहिए यही मेरा आग्रह है।

• *वे एक विद्रोही गायक थे जिन्होंने परंपरा को और घरानों को तोड़ा और अपना कुछ नया किया।*

असल में कुमारजी अपनी परंपराओं और घरानों के प्रति अत्यंत निष्ठावान थे। उन्होंने गहराई से घरानों को समझा और उनको आत्मसात् किया। विभिन्न घरानों की गायन पद्धति का उनका गहरा अभ्यास था और उन घरानों की बंदिशें उन्होंने सीखी थीं। घरानों के बंधनों को वे अच्छे से जानते थे और उनके निचोड़ को उन्होंने समझा था। उनका कहना था कि 'मैं घरानों की कुलीगीरी नहीं करता।' घरानों के गहरे अभ्यास और स्वयं की कलात्मक सृजनशीलता के परिणामस्वरूप उनकी गायकी ने नया रूप किया। वही का वही करते बैठना (गाते बैठना) उनकी दृष्टि से वही पुराना मसाला पीसते बैठने के जैसा था। अपना कुछ नया करना है, और कर के ही दिखाना है, यह सोच कर उन्होंने कभी कुछ नहीं किया। सृजन तय कर के नहीं होता। वे स्वयं कहते भी थे कि 'ये सब नया, मुझसे बन गया है।'

• *कुमारजी ने कहा कि 'तुम अपना गाना गाओ, मेरी नक़ल मत करो।'*

कुमारजी का कहना था 'तुम अपना गाना गाओ, मेरी नक़ल मत करो।' इस बात को ठीक से समझा जाना अत्यंत ज़रूरी है। कुमारजी ने साथ ही यह भी कहा है कि 'यदि तुम्हें मेरा पहना हुआ कुर्ता पसंद है और पहनना चाहते हो तो पहनो, लेकिन अपने नाप का बनवाओ।'

वे अपने विद्यार्थियों को अधिकतम रूप से सक्षम बनाने पर ज़ोर देते थे। वे कला की विभिन्न विधाओं को गहराई से देखते समझते थे, साथ ही विज्ञान, भूगोल, वनस्पति, आधुनिक तकनीक, इंजिनियरिंग जैसी अनेक विधाओं को जानने-समझने के प्रति भी उत्सुक रहते थे। उनका मानना था कि संगीत

अभिव्यक्ति का सर्वाधिक सशक्त माध्यम है, जिसमें सर्वाधिक संभावनाएँ हैं। उनकी नज़र में ये सब खेल ज्ञानी महाधीर के थे। उनका मानना था कि, जब तक कलाकार की दृष्टि विकसित नहीं होती, तब तक उसकी कला सृष्टि का व्यापक विस्तार नहीं हो सकता। जीवन को देखने का कलाकार का नज़रिया व्यापक होने पर उनका ज़ोर रहता था। वे व्यक्तिगत सौंदर्य दृष्टि विकसित करने पर ज़ोर देते थे जिसके माध्यम से विद्यार्थी या कलाकार अपनी इमारत ख़ुद बना सके। इसी तरह वे निर्माण और निर्माण हेतु ज़रूरी सामग्री की अच्छी पहचान कराते थे। अपने विद्यार्थी को ख़ुद की इमारत बनाते आनी चाहिए, उसकी सुंदरता और रंग-रौनक विद्यार्थी की अपनी ख़ुद की होनी चाहिए। विद्यार्थी अपनी मढ़ी में स्वयं डोल पाये और स्वेच्छा से सहज खेल पाये ये उनका आग्रह था।

- *कुमारजी ने मालवा के लोकसंगीत पर काम किया, लोकगीतों को गाया।*

30 जनवरी 1948 को कुमारजी देवास बसने की दृष्टि से आये। अपनी सेहत के लिए देवास उन्हें सर्वाधिक उपयुक्त लगा। मालवा के लोकसंगीत से वे गहरे प्रभावित हुए। उन्होंने मालवा की भौगोलिक स्थिति, जलवायु, कृषि, भाषा और संस्कृति को विस्तृत रूप से समझा। लोकगीतों के वास्तविक और सही स्वरूप को शास्त्रीय दृष्टि से परख कर प्रस्तुत किया। कम स्वरों के होने के बावजूद, लोकगीतों में राग स्वरूप के उन्होंने परिपूर्ण दर्शन कराए। लोकगीतों में भाषा का दर्जा, उसका सांगीतिक स्वरूप, विषय, प्रसंग, ताल और लय का उन्होंने गहराई से अभ्यास किया था। मालवी भाषा का उपयोग उन्होंने अपनी बंदिशों में किया और भारतीय संगीत को मालवी भाषा से परिचित कराया।

- *उन्होंने लोकगीतों के आधार पर नये राग बनाये।*

लोकगीतों में उन्होंने परंपरागत शास्त्रीय रागों का दर्शन कराया। लोकसंगीत को शास्त्रीय संगीत की गंगोत्री कहा गया है; उन्होंने इस बात को सिद्ध किया। साथ ही ग्यारह नये धुन उगम रागों का निर्माण किया। बीहड़ भैरव, सहेली तोडी, मधसूरजा, अहिमोहिनी, संजारी, लगन गंधार, गघना, निंदियारी जैसे रागों की निर्मिति लोकधुनों से हुई है। सभी ग्यारह रागों का शास्त्र, भारतीय राग संगीत शास्त्र के आधार पर बनाया।

- *वे परंपरागत राग भी अपने तरीक़े से गाते थे, मसलन वे भूप मे मध्यम लगा कर गाते थे।*

सभी जानते हैं कि कुमारजी अपनी उम्र के सातवे वर्ष से गाने लगे थे। वे उस समय के बड़े गायकों–उस्तादों की नक़ल उतारा करते थे। लेकिन यहाँ यह बात बताना मैं ज़रूरी समझता हूँ, कि वे केवल नक़ल ही नहीं उतारते थे, बल्कि कुछ भी न सीखते हुए उसका विस्तार भी करते थे। उस ज़माने के उपलब्ध रेकॉर्डिंग उनको सुनाये जाते थे और फिर वे उसे गाते थे। सुनाये गये रेकॉर्डिंग की अवधि तीन मिनिट के लगभग होती थी, लेकिन कुमारजी जब उसे गाते थे, तब उसकी अवधि कहीं अधिक होती थी। वे अपनी बाल प्रतिभा से उसका विस्तार कर पाते थे। यही बात मुख्य रूप से उस ज़माने के विद्वानों के लिये आश्चर्य की थी, कि यह बालक कुछ न सीखा होते भी, विस्तार कैसे कर पाता है! राग का विस्तार, लय से खेलना, कैसे संभव है? उस समय के संगीत विद्वान इलाहाबाद के श्री बाबूजी कशालकर ने उनकी लय की समझ को ले कर जब उनसे सवाल किया कि 'कुमार- तुम लय ताल में इतना सही-सही कैसे गा लेते हो?' तो कुमारजी ने जवाब में कहा था 'बाबूजी- मला सम दिसते' (मुझे सम दिखाई देती है)। छोटे बालक से यह जवाब अनपेक्षित था, उसके बाद वे प्रो. बी. आर. देवधर जी के पास मुंबई के स्कूल ऑफ़ इंडियन म्युज़िक में आ गये और गुरुगृह में बारह वर्ष रहे। स्कूल ऑफ़ इंडियन म्युज़िक उस ज़माने में मुंबई में संगीत का गढ़ था। हर घराने के हर कलाकार का वहाँ आना-जाना था। देवधर जी की सोच विस्तृत थी। उन्होंने हर कलाकार से संवाद कायम किया था। कुमारजी ने देवधर जी के सान्निध्य में रह कर विभिन्न घरानों में फैले संगीत के समग्र स्वरूप को गहराई से समझ कर उस पर आत्मचिंतन किया।

संगीत के हर पहलू को, राग के हर स्वर, उसके लगाव और उसकी श्रुतियों पर उन्होंने अभ्यासपूर्वक सिद्धि प्राप्त की। तमाम परंपरागत रागों को वे वर्षो-वर्षो तक निष्ठापूर्वक गाते रहे। तब कहीं उनको दरबार में (भूप के दरबार में) मध्यम बाहर खड़ा नज़र आया। किसी एक महफ़िल में भूप गाते समय उन्हें लगा कि 'अरे, ये मध्यम तो बाहर खड़ा है; जहाँ उसका प्रवेश निषेध है। भूप (राजा) के दरबार में मध्यम को भी आने देना चाहिए', इसलिए आने दिया। लेकिन इसका यह मतलब कतई नहीं निकाला जाना चहिए कि हर बार भूप उन्होंने मध्यम लगा कर ही गाया। उन्होंने हमेशा 'सा रे ग प ध सा' का ही भूप गाया। भूप में मध्यम के अपने विचार को उन्होंने चैती भूप नाम दिया।

• *कुमारजी ने कबीर को गाया, निर्गुणी भजन गाये।*

कुमारजी ने केवल कबीर को ही नहीं गाया बल्कि मीरा, सूरदास, तुलसीदास, तुकाराम को भी गाया। किसी भी सन्त कवि को गाते समय या संगीतबद्ध करते समय उन्होंने उठाई पुस्तक और कर दिये चार, पाँच भजन संगीतबद्ध ऐसा कभी नहीं किया। उस कवि को, उसकी विचारधारा को, उसके जीवन को ठीक से समझा। उसके साहित्य का अभ्यासपूर्वक निचोड़ निकाला और संगीतबद्ध करने के लिए पदों का चुनाव किया। सूरदास की गायकी को, मीरा के नृत्य को और कबीर के फक्कड़पन को उन्होंने पूरी तरह समझा था। तुलसीदास को संगीतबद्ध करने से पहले उन्होंने 'गीतावली''विनयपत्रिका'और 'रामचरितमानस'का गहरा अभ्यास किया। भजन का उनके लिए मायना किसी पद को आठ मात्रा के ताल में गा दिया और हो गया भजन, ऐसा नहीं था। भजन के माध्यम से क्या कहा गया है, संदेश क्या है; उसको किस तरह रखा (गाया) जाना चाहिए, यह बात उनके लिए अत्यंत महत्त्वपूर्ण थी। कुमारजी देवास आये। मालवा के लोकसंगीत से उनका सामना हुआ। इसी दौरान उनके कानों पर निर्गुणी स्वर भी पड़े। उन्हें एहसास हुआ कि ये स्वर तो बिल्कुल ही अलग हैं। लगाने का ढंग अलग, आवाज़ की फेंक अलग। कुछ अलग ही जादू। उन्होंने निर्गुणी स्वरों का अभ्यास किया। स्वरों की एक अलग ही दुनिया उन्हें नज़र आई, जो केवल कोमल ऋषभ या कोमल गंधार तक ही सीमित नहीं थी। उससे कुछ अलग, विस्तृत, शून्य और परिपूर्ण थी। उन्होंने अभ्यास किया और प्रभुत्व प्राप्त किया। कई निर्गुणी भजन उन्हें जिस स्वरूप में मिले उसी स्वरूप में उन्होंने गाये। अपने गहरे अभ्यास के कारण वे निर्भय हो कर निर्गुण को गाते थे।

• *वे अत्यंत अनुशासित थे, महफ़िल में फ़र्माईश कि गुंजाइश नहीं थी।*

कुमारजी अत्यंत अनुशासित थे। हर मामले में। कार्यक्रम तय होते ही क्या गाना है यह सुनिश्चित कर लेते थे; विचारपूर्वक। उसमें वे ऐन समय पर किसी फ़र्माईश को मानते नहीं थे। अपने संग्रह की बंदिशों में से कार्यक्रम में जो गाई जानी हैं, लिखकर तैयार करते थे। अनुक्रम तय करते थे और साथ ही अवधि भी। सामान्य तौर पर कलाकारों के प्रति यह मान्यता रहती है कि कलाकार रमते जोगी और बहते पानी की तरह होते हैं, जहाँ मर्ज़ी आई चल पड़े, जब मन किया सो गये। नहाये न नहाये। सब चलता है। क्योंकि कलाकार हैं। कुछ भी और कैसा भी व्यवहार करते हैं। लेकिन कुमारजी के बारे में ऐसा कुछ भी नहीं था। वे पूर्णतः अनुशासित थे। अपने पहनावे, अपने व्यवहार, अपनी जबाबदेही के प्रति निष्ठावान थे। अपने उसूलों के पक्के थे। अपने पहने हुए कपड़े भी इतने सलीके से रखते थे कि नये से लगते थे। सफ़र पर निकलते समय जिस प्रकार वे अपनी अटैची लगाते थे; वह सफ़र पूरा होने पर भी वैसी ही नज़र आती थी। उसमें उपयोग में आनेवाली हर छोटी-बड़ी चीज़ रखी होती थी। तानपूरे के तार, कटर, जवारी का पेपर, धागा हर वस्तु होती थी। जायेंगे वहाँ देखेंगे, मिल ही जायेगी, नहीं तो करेंगे जुगाड़, ऐसा बिल्कुल ही नहीं था। जाना-आना किस समय होगा, कैसे होगा, सब कुछ तय मतलब तय। एक बार तय तो फिर परिवर्तन नहीं। जिस किसी शहर में कार्यक्रम होता था एक दिन पहले पहुँचते थे और निर्धारित समय पर कार्यक्रम के स्थान पर पहुँचते थे। उसमें किसी प्रकार की कोई मिज़ाजदारी / तबीअतदारी उन्हें पसंद नहीं थी। वे आयोजकों को, श्रोताओं को सम्मान देते थे। अपने संगत कलाकारों के प्रति उनको

गहरा प्रेम था। उनकी भी सुख-सुविधाओं का पूरा ध्यान रखते थे। उनकी प्रवास योजना के प्रति भी जागरूक रहते थे।

• *उन्होंने कुछ नई बंदिशें बनाईं।*

'अनूप राग विलास' पुस्तक कुमारजी की स्वरचित बंदिशों की पुस्तक है जिसके दो भाग हैं। कुल दोनों भागों को मिला कर 247 बंदिशें हैं। पहला भाग उनके रहते ही प्रकाशित हुआ और दूसरा भाग उनके देहावसान के बाद। उनके पास परंपरागत बंदिशों का संग्रह भी विस्तृत था। वे केवल अपनी बंदिशें ही नहीं गाते थे, बल्कि परंपरागत बंदिशों को भी अपना बना कर गाते थे। वे अपनी कलात्मक सोच और कल्पनाशीलता के माध्यम से परंपरागत बंदिशों में भी नई ऊर्जा का संचार करते थे। वे कहते थे कि बंदिशें बनाई नहीं जातीं, बन जाती हैं। किसी राग की उनकी अपनी बंदिश उस राग में पूर्व उपलब्ध बंदिशों का और उस राग विशेष की, रागदारी का निचोड़ भी थी और उस राग में एक नया आयाम भी थी। उनकी बंदिशों में विषयों की विविधता थी। सामान्य जनजीवन, प्रकृति चित्रण, ऋतु वर्णन और उनका अपना सांगीतिक विचार उसमें समाहित था। उनके जैसे जागरूक वाग्गेयकार के लिए, किसी भी घटना का हो जाना, बंदिश कि निर्मिति का पर्याप्त कारण हो जाता था। किसी बड़ी भारी घटना के हो जाने कारण ही बंदिश निर्माण की उन्हें उपज आई – ऐसा नहीं है। उनके लिए एक चिड़िया का उड़ जाना, सूरज की किरणों का धरती को छू जाना, किसी के आमंत्रण को भूल जाना या किसी के बुलाने पर यथोचित सम्मान न मिलना भी बंदिश बनने के कारण बने हैं। सामान्य रूप से छोटे बच्चों के नटखट उधम से होनेवाली त्रस्तता भी बंदिश का विषय बनी है। अपने किसी परिचित का जान-बूझकर पहचान न दिखाना भी उनके लिए बंदिश का विषय है। सैयाँ, बैयाँ, ननंद और भौजाई के विषयों से भरी पारंपरिक बंदिशों में, भाई-बहन के संवाद, (चुनरी मंगाने और पतंग की डोर ठीक से बांध देने को) कुमारजी की बंदिशों में स्थान मिला। यहाँ तक की उन्होंने अपनी व्यथा को, चाहे वह मौसम के कारण हो या किसी के मिलने पर उसकी अल्प सांगीतिक समझ से हो, को स्थान दिया। अपनी बंदिशों में उन्होंने अपने सांगीतिक विचारों को रखा है, जो संगीत के प्रति उनकी सोच, निष्ठा और गहरे जुडाव को इंगित करता है। उनकी प्रतिभा और विराट् ज्ञान को दर्शाता है। कुछ बंदिशों की पंक्तियों का यहाँ उल्लेख करना आवश्यक समझता हूँ।

• राग भीमपलासी

नाद सो जानू रे, सुरगानी, महाकठन ये, बिस्तार धरम है ।
सुरत देखाय जब ये नाद लय, करो रे आघात सह लो
तब ताल सुर बन सार, धरम है ।।

• राग पटमंजरी

सूझत नाहिं गान बिन मम कछु
जानत तूहि सब जन नाहिं मौ।
देखत बाट शोक मन नयनन
धीरज धार तू दौ धीर मौ।।

• राग जयजयवंती

बहोत ना बोलो बनत कछु नाहीं
बहोत करो तब बनत कछु थोरा।
करमहि कर करमहि सत व्यरथ
सब ना बोलो बनत नहीं कछु थोरा।।

ऐसे कई उदाहरण यहाँ दिये जा सकते हैं, जिनसे उनके सांगीतिक विचारों को समझा जा सकता है। उनकी प्रत्येक बंदिश एक दर्शन है।

पंडित कुमार गंधर्व विराट् ज्ञानी थे, लेकिन फिर भी उन्हें स्वयं को ऐसा ही लगता था कि, अभी कुछ नहीं जाना, कुछ नहीं समझा। लेकिन वे कहते थे- 'मैं कुछ भेद, कुछ रहस्य तो निश्चित ही जानता हूँ, लेकिन क्या करूँ, अभी तक उसमें प्रभुत्व प्राप्त नहीं हुआ है। मैं खोज में हूँ, ऐसे ज्ञानी-महाज्ञानी की, जो सब जानता हो, हर पहलू पर जिसका प्रभुत्व हो, लेकिन क्या करूँ, ऐसा कोई आज तक मिला ही नहीं। हालाँकि मैं भी अब बहुत कुछ जानता हूँ...'

अनत जानू न जानू
पर भेद सो कछु जानू, सो परबीन नाहीं रे।
भेटा न ग्यानी, सकल देखा न ग्यानी
निकस पराय कब से ढुंढन
सो परबीन नाहीं रे।।

कहत कुमारजी

(पंडित कुमार गंधर्व के सांगीतिक कथन)

१८

नलिन धोलकिया

8 अगस्त, 1963

- मैं निंता नहीं करता, चिंतन करता हूँ।
- यदि तुम्हें कोई चीज़ आती है, तो उसका आनंद होना चाहिए, घमंड क्यों?
- रागसंगीत फूलों की तरह सबको अच्छा लगना चाहिए। रागसंगीत अथवा शास्त्रीय संगीत इसलिए उच्च नहीं है कि उसका शास्त्र उच्च है। यह संगीत अपनी अमाप गहराई के कारण उच्च है। क्लासिकल मात्र एक क्लास (विशेष वर्ग) के लिए, ऐसी मान्यता इस संगीत की नहीं, संगीतज्ञों की कमज़ोरी दर्शाती है!
- शास्त्रोक्त संगीत में लय के साथ शोक रस की उत्पत्ति करना एक बहुत मुश्किल काम है।

9 अगस्त, 1963

- प्रायः गायक सपाट, फ़्लेट आवाज़ लगाते हैं जबकि आवाज़ गोल लगनी चाहिए। गोल नादात्मक ध्वनि अंदर से उठती है। नादमय, सुडौल स्वर व्यंजन के गहरे उच्चारण से संगीत की भाषा बनती है। नादमय उच्चारण नाद की गरिमा से मंडित स्वर संगीत की दुनिया के दरवाज़े खोल देता है, जाओ जहाँ तक जा सको!
- नाद और आवाज़ में अंतर है। यही कारण है कि केवल मीठी आवाज़ होने से कोई महान् गायक/गायिका नहीं बन सकता! उस्ताद अल्लादिया, उस्ताद फैयाज़ खाँ साहब इसके उदाहरण हैं। आवाज़ में एक अतिरिक्त आयाम (Dimension) आना चाहिए। अपना प्रभावशाली व्यक्तित्व आवाज़ में उभरना चाहिए।

अपने शिष्यों चिंतामणी किरकिरे और मीरा राव के साथ चर्चारत कुमारजी, भानुकुल, देवास, 1983

- प्रतिभा का अर्थ है एक शक्ति जिसको कोई भी रूप दिया जा सकता है। अंदर की पक्की ज़िद, हठ! इसलिए मैं बीमार था तो मुझे ज़रा भी इस बात का दुख नहीं था कि संगीत में अब मैं कुछ नहीं कर सकूँगा। यदि संगीत में कुछ करने लायक मुझमें शक्ति न रहती, तो में चित्रकला अपना लेता, शिल्पी बनता। इसमें देर अवश्य लगती पर मैं छोड़ता नहीं! और मुझे विश्वास है कि मैं कला के इन क्षेत्रों में भी तहलका मचा देता। मुझे करने की ज़रूरत नहीं है, यह सोचकर में अन्य क्षेत्रों को छोड़ देता हूँ, कर नहीं सकता इसलिए नहीं! प्रतिभा का अर्थ ही यही है कि किसी वस्तु को समझो और अपनी ओर से उसे बढ़ाओ।
- मैं कोयना गया था। वहाँ की बिजली पैदा करने की (प्र) विधि उन्होंने मुझे दिखायी। मैं देख कर पूरी तरह समझ गया हूँ और यदि समझाने की आवश्यकता पड़े तो मैं एक इंजीनियर की तरह समझा सकता हूँ।
- मुझे आश्चर्य होता है कि बड़े-बड़े विद्वान, प्रोफेसर, कवि, कलाकार अपने-अपने विषय के दायरे के बाहर की भव्य वस्तुओं को समझ कर आनंद क्यों नहीं उठा पाते! कारण यह हो सकता है कि कुप्पा खुला नहीं रहता।

12 अक्टूबर, 1963

- अधिकांश गायक श्रोताओं की सहनशक्ति की परीक्षा लेते हैं। गानेवाले को ख़ुद ही आनंद नहीं आता, अपना लिखा ख़ुद नहीं पढ़ पाते, तो दूसरे कैसे पढ़ेंगे!
- संगीत सर्वप्रथम कर्णप्रिय होना चाहिए।
- संगीत श्रोता की मनःस्थिति बदल देता है। सुननेवाले के विचारों को एक ओर हटा देता है। स्वर आनंद देने की भाषा है।

25 नवंबर, 1963

- सा और शुद्ध रे, म और प तथा प व शुद्ध ध के बीच के स्वरस्थान बहुत ही विशेष हैं। इन स्थानों को आज भी लोग समझ नहीं पाये हैं। स्वरस्थानों को, बीच के स्पेस को समझना

आवश्यक है। गौरी, पुरियाधनाश्री, श्री आदि रागों का साक्षात्कार इसीलिए सभी गायकों को नहीं हो पाता।

9 दिसंबर, 1963

- प्रायः शास्त्रीय गायन में समय बहुत नष्ट किया जाता है। गायक-वादकों को कई बार यह कहते सुना गया है कि पंद्रह-बीस मिनट में पूरा गाना हो ही नहीं सकता। विशेषकर रेडियो कार्यक्रमों में गाते-बजाते कलाकारों की शिकायत यही रहती है कि समय बहुत कम दिया जाता है। परंतु समय की कमी की शिकायत करने से पहले देखना यह चाहिए कि गायक के पास कहने के लिए मटीरियल-माल कितना है, अपने को क्या कहना है, कितना कहना है, यह तय करने के बाद यदि गाने बैठे तो फालतू समय की ज़रूरत ही नहीं रहेगी। ठोसपन, सघनता, घनत्व किसी भी कला का अनिवार्य गुण है। चित्रकला हो, मूर्तिकला हो अथवा काव्य हो -सभी की श्रेष्ठ कृतियों में बढ़ा-चढ़ा कर कुछ भी कहा नहीं गया है। सभी कुछ नपा-तुला है। चार पंक्तियों में एक श्रेष्ठ काव्यकृति का निर्माण करना और सौ पंक्तियों में अनाप-शनाप कुछ भी कहना- इन दोनों बातों में कितना अंतर है! देखते या सुनते ही तत्काल असर हो तभी किसी कलाकृति का होना सार्थक होता है। श्रोता के दिल को न छू पाये ऐसा गाना घंटों चले तो भी बेमतलब है।
- रेकार्डिंग का समय गायक-वादकों की कसौटी होती है। उस समय काल अपना मापदंड ले कर सामने आ खड़ा होता है।

26 दिसंबर, 1963

- शब्द छंद, राग छंद, ताल छंद!
  इन तीनों तत्वों के ताने बाने से बंदिश बनती हैं। इन तीनों छंदों का निर्माण एक साथ Simultaneously होना चाहिए। पहले शब्द रचना फिर स्वरों का लिहाफ़ चढ़ाना बंदिश नहीं है। यह तो कविता को राग में गाना हुआ।
- बंदिश में कहीं से कुछ हटाया नहीं जा सकता। किसी काव्यकृति की ही तरह।
- बंदिश में राग अड़ना नहीं चाहिए, खुलना चाहिए। लचीलापन बंदिश का अनिवार्य गुण है।
  आदर्श बंदिशें- बागेश्री की 'मोरी आली अब' / गोरे-गोरे मुख (बागेश्री कानड़ा)
- राग का साक्षात्कार बंदिशों में होता है। बंदिशों के साक्षात्कार के बिना गाना, गाना नहीं – कहना हुआ। इस विषय पर गायकों ने विचार नहीं किया है। कुछ पुरानी बंदिशों में दोष हो सकते हैं। मालकौंस 'पग लागन दे' इसलिए नहीं गाते कि यह बहुत अच्छी बंदिश है, बल्कि इसलिए गाते हैं कि इससे मालकौंस का रूप बिगड़ता नहीं है।
- 'झनन-झनन' नट की अद्वितीय बंदिश है। ऐसी ऐंठ वाली 'चीज़' दूसरी है ही नहीं! नटरूप हो गयी है। कहीं कुछ भी करिये, नट जाता नहीं। बंदिश में राग के हिसाब से शब्द फेंकना चाहिए। राग का मतलब दिखना चाहिए। स्वरूपदर्शन कराना चाहिए।
- अलग ढंग से छोटी-सी कृति का बनना मुश्किल होता है।
  जैसे राग नंद की बंदिश 'राजन अब तो आ जा...'
  सारा दारोमदार पहली लाईन पर रहता है। पहली लाईन ठीक से गिरनी चाहिए। ज़बर्दस्ती नहीं!
- शास्त्रबद्ध सूर राग बन जाय.
  गान तब होय शास्त्र बिन सुर...
- स्वर के मध्य बिंदु में है पूर्ण आनंद।
- राग शास्त्र में से अपना अलग अस्तित्व बना लेता है। सप्तक अलग, राग अलग। राग जो कुछ

कहना चाहता है, कह देता है। सप्तक के घेरे में रहते हुए भी राग एकदम स्वतंत्र है। निसर्ग में मनुष्य स्वतंत्र है। बाईस श्रुति के आलिंगन से राग कहीं भी रममाण होगा। गृहस्वर के आधार पर राग की देहरचना (anatomy) सप्तक से अलग हो जाती है। सप्तक में क्रमबद्धता (Order) है, राग में आकार, कला, शास्त्र से आगे। शास्त्र डाल-डाल, तो कला पात-पात!

- शास्त्र अतीत है, भविष्य नहीं !

29 दिसंबर, 1963 (महू से लौटते समय ट्रेन में)

- गानेवाले का काम बोलना नहीं,गाना है। उसे जो कहना है, उसका संगीत कहे। कई मान्यताप्राप्त गायक-वादक बड़ी-बड़ी बातों से, शब्दों से अपने संगीत के गड्ढों को छिपाते हैं। इतनी अर्थहीन बातें क्यों? मैं बहुत समय तक संगीत की दुनिया में राज करती विचारहीनता को देखता हुआ चुपचाप बैठा हूँ, परंतु अब लगता है समय आ गया है, जब सच को सामने रखने के लिए मुझे भी बोलना पड़ेगा। मैं जो बोलूँगा उनको मुश्किल से पचेगा, यह मैं जानता हूँ।
- बंदिशों की चोरी का डर! कोई चुरा ना ले, सीख ना ले, इसलिए पूरी बंदिश न गाना, अस्पष्ट गाना- ऐसी मनोवृत्ति क्यों? दूसरे फ़ायदा ना उठा लें इसलिए अधूरी बंदिश गाकर अपने गाने को लूला बनाने के लिए तैयार हो जाते हैं । मैं हैरत से देखता हूँ, जब दूसरों को गिरते देखकर, भटकते देखकर किसी कलाकार को दुःख या खीज होने के बदले मन ही मन ख़ुशी होती है! दूसरा गिरा, तो तुम बिना दौड़े जीत गये- यह कैसी जीत ?

1 जनवरी, 1964

- गाने में इच्छाशक्ति (Will Power) का बहुत महत्त्व है। जब मैं एक स्वर से दूसरे स्वर पर छलांग लगाता हूँ तो मुझे पूरा विश्वास होता है कि वह स्वर लगेगा ही! गले की ख़राबी या आवाज़ फँस जाने के कारण कुछ गड़बड़ी हो जाये तो दूसरी बात है। वैसे गाने के पूर्व अपनी स्थिति का मुझे पूरा ज्ञान रहता है। कभी-कभी आवाज़ किसी एक स्थान पर एक ढंग से स्वाभाविक ही लगती है, तो कभी-कभी आवाज़ उसी स्थान पर एक विशेष ढंग से लगाने पर ही लगती है। मैं बीच में ही नहीं छोड़ता, लगाये बिना नहीं मानता ख़ाली विचार से काम नहीं चलता। मस्तिष्क में विचार कौंधा (The flash of thought) कि तत्काल उसे क्रिया में बदलना होता है। संकल्पबद्ध प्रयास करना ही पड़ता है। आवाज़ इच्छित स्थान पर पहुँचती नहीं है, क्या करें- ऐसा सोचना कमज़ोरी है। वैसे तो आवाज़ जहाँ तक जाती है, उतने में पूरा गाना गाया जा सकता है। फिर यदि संकल्प प्रबल है तो आवाज़ वहाँ भी लगाई जा सकती है, जहाँ तुम चाहते हो!
- मेरे रास्ते में तो अनेक बाधाएँ हैं। मेरी शक्ति का बजट सीमित है। अच्छा ही हुआ ईश्वर ने मुझे अस्वस्थ कर दिया। नहीं तो मैं ऐसा गाना गाता कि लोगों को हिला देता, डरा देता! आदमी को डरने में देर कितनी लगती है! केवल दैत्य, राक्षसों को देख कर ही वह डरता है ऐसी बात नहीं! मैं गाना गाकर लोगों को स्तब्ध कर दूँगा!
- गाकर मैं थकता नहीं। सृजन में थकान कैसी? रटा हुआ गाना हो तो अलग बात है। सृजन मज़दूरी नहीं है। ऐसा होता तो सृष्टा कब का हाथ पर हाथ धर का बैठ जाता। मैं चार घंटे गाकर फिर गा सकता हूँ। शारीरिक थकान थोड़ी-बहुत हो सकती है परंतु गाने से नहीं आती।
- मैं गाकर भूल जाता हूँ। गाना मेरे दिमाग में गाते समय ही चलता है। उसके बाद मैं फ्री। मुक्त हो जाता हूँ। गायन में मैं लिप्त नहीं होता। मेरा गाना मेरे ऊपर हावी नहीं होता।

2 जनवरी, 1964

- संगीत सिखाने की पुरानी पद्धति श्रेष्ठ थी, यह धारणा भ्रामक है। उस समय शिक्षा पद्धति जैसा कुछ था ही नहीं! अधिकांश उस्ताद क्या सिखाना है इसकी अपेक्षा क्या न सिखाना है इस पर अधिक ध्यान देते थे। व्यवस्थित शिक्षण पद्धति पर विचार ही नहीं किया गया। सिखाने के पीछे कोई तर्क या विचार ही नहीं था। 'जैसा मैं करता हूँ वैसा तुम करो' सिखाने का यही सिद्धांत था। यह पशु प्रणाली है। माँ चरती है, तो बच्चा भी चरे ! यही कारण है कि संगीत का स्तर ऊपर उठता दिखाई नहीं देता।
- शिक्षक विद्यार्थी की प्रतिभा को जागृत कर सकता है। विद्यार्थी को उसमें छिपी क्षमता के प्रति सचेतन कर सकता है। करना विद्यार्थी के हाथ में है। गायन के मूल तत्त्वों का साक्षात्कार गुरु विद्यार्थी को करवा सकता है। बाक़ी तो यही कह सकता है कि मेरा ज़माना मेरे साथ, तेरा ज़माना तेरे साथ !
- जो खुद़ करते हैं वैसा ही शागिर्द भी करे, संगीत जहाँ का तहाँ रुका रहे तो रुका रहे, कला आगे बढ़े या ना बढ़े पर अपने बाद भी अपना कुछ रह जाये। संगीत के गले में अपना नामखुदा पत्थर लटकाते चलते हैं। अंत में फिर संगीत कम पत्थर ही पत्थर ज़्यादा दिखते हैं।
- एक घराने के आकार को समझने के बाद दूसरे घरानों के आकार को समझने की योग्यता भी आ जानी चाहिए। कृष्ण की मूर्ति का आनंद उठाना आ जाय, तो शिव की मूर्ति का आनंद उठाना आ ही जाता है। यदि नहीं आता तो इसका अर्थ है, मूर्तिकला समझ में नहीं आयी। किराना घराने के आकार को समझने के बाद गायक उसी में उलझा रहता है, पंजाब के आकार को समझने का प्रयत्न ही नहीं करता । कला के क्षेत्र में सुविधा के लिए किसी एक ही दुकान का ग्राहक बन जाने से काम नहीं चल सकता।

6 जनवरी, 1964

- श्रृंगार को शालीनता नज़ाकत के साथ पेश करना ठुमरी है। नादयुक्त शब्दों का प्रयोग! भक्ति का किंचित्-सा आभास! इसलिए ठुमरी शास्त्रीय संगीत के नज़दीक आयी।
- श्रृंगार चाहते हैं, उत्कट श्रृंगार नहीं ! हँसना चाहते हैं, भौंडापन नहीं! ठुमरी में छिछोरापन है, मैं यह नहीं मानता। मैं सभी वस्तुओं का निर्माण करके उन्हें विराट,उदात्त, गंभीर बनाने में, उन्हें समुद्र की विशालता की ओर ले जाने में विश्वास करता हूँ! सात्विकता छिछोरापन नहीं! आँख मारो मत, मिलाओ! इच्छा हो तो अच्छी तरह व्यक्त करो, चोरी-छिपे नहीं! बाद में मार खाने के लिए भी तैयार रहो।
- मेरी ठुमरी छोटी नहीं है, बड़ी है। शास्त्रीय विधाओं में बैठने का उसका अधिकार है। जो ठुमरी को चलता-फिरता मानते हैं, उनसे मैं सहमत नहीं हूँ। ठुमरी ख़याल से छोटी है, मैं नहीं मानता। ठुमरी को मैं और ऊपर लाना चाहता हूँ ।
- ठुमरी में स्वरों की भाषा गोलाई (Curves) लिये होती है। उसमें विचार वहीं-वहीं थिरकते हैं। भँवरे-तितली फूल पर मँडराते हैं, स्थिर नहीं होते। ठुमरी का रस उतावला है, ठहरने की वृत्ति नहीं होती । ठुमरी की अवस्था मज़ा लेने की है।
- ठुमरी में लग्गी ,लडी नर्तक कलाकार लाये हैं। मैं इसे अनावश्यक मानता हूँ। बिना लग्गी लगाये जब श्रृंगार का निर्माण हो सकता है, तो उसे अनिवार्य क्यों बनाते हो? श्रृंगार के पीछे दुःख है, उसका भी मैं विचार करता हूँ। अभिसारिका प्रिय मिलन को जा रही है- मैं मात्र इसका रस वर्णन नहीं करता। मैं उसकी लगन, तन्मयता, भक्ति का भी कायल हूँ। उसके पीछे संघर्ष-कष्ट हैं। उससे मुझे सहानुभूति है। उसकी तपस्या का मुझे आनंद है। पवित्रता दिखती है, छिछोरापन नहीं! उत्कट श्रृंगार-मवाली रस! पीछे से आवाज़ कसना श्रृंगार रस नहीं है।

चटखारे ले कर मज़ा लेना अलग, आनंद अलग! चटनी में मज़ा है परंतु उसे पेट-भर कर नहीं खा सकते! आनंद स्थाई होता है। उसमें तृप्ति है। 'बरसाना में खेलत होरी' गाते समय पूरा कृष्ण मेरे सामने खड़ा हो जाता है. विराट् कृष्ण. आप तीन आयामी (Three dimensional) चित्र दिखा सकते हैं। इसलिए ठुमरी छोटी नहीं है। उसका पेश करने का धर्म अवश्य छोटा है।

- ठुमरी की लय, आकार, आत्मा को समझने में दिक़्क़त नहीं पड़ती। भावनारूधान होने के कारण राग बंधन नहीं है, मूड बंधन अवश्य है। इसलिए इसका शास्त्र नहीं बना है। शब्दों के आघात और भाव लेकर जा रहे हैं। यही उसकी आधारभूमि है। स्वरों की वह चिंता नहीं करती। जैसे देस, खमाज, काफी आदि राग छोटे हैं। उसकी आत्मा छोटी है। स्वरों का मज़ा लेती है। उन्हें उलट-पलट कर देखती है। स्वरों का बंधन नहीं, थोड़ा-सा डर है। अल्हड़ है। इसीलिए धुन-प्रधान राग चुनती है। फ़िलासाफी-दर्शनशास्त्र की डींग नहीं हाँकती। ठुमरी का मिज़ाज अलग है। किसी कायदे में बंधे ना होने के कारण ठुमरी को आकार देना कठिन होता है।
- अभी तक लोग मान बैठे हैं कि ठुमरी एक छोटी-सी कहानी है जिसे बार-बार दोहराया जाता है। परंतु अभी तक उसका पेट उन्होंने देखा नहीं है। लघुकथाओं के घड़े में समुद्र भरा हो सकता है। आदमी के रोने-हँसने के अनेक रूपों की गहराई नापी जाती है, लंबाई-चौड़ाई नहीं! ठुमरी बहुत कुछ कहना चाहती है, पर लोग (गायक) कहलवाना नहीं चाहते। शास्त्रीय संगीत प्रौढ़ है। दुनिया देखने की निग़ाह उसकी अलग है। कोई भी विचार-बीज फेंकते समय यह ध्यान रखना चाहिए कि आगे उसका झाड़ (वृक्ष) लगे, बढ़े, फल दे!

अपने साधना कक्ष में कुमारजी
तानपूरा मिलाते हुए

- शास्त्र में तपस्या है। ठुमरी और अन्य हल्की-फुल्की विधाओं में भावों का बोल-बाला है। ठुमरी के भाव सरलता से श्रोता के दिल में उतरते हैं। ठुमरी में सब कुछ सुंदर होना चाहिए। कोई भी स्वर लगाओ, पर सुंदर लगना चाहिए।
- शास्त्रीय संगीत बंधनयुक्त स्वर। सीमाओं में असीम की लीला। इसमें तपस्या लगती है। जबकि ठुमरी शुद्ध स्वर। एकदम आज़ाद। आकार की पकड़ में लाना मुश्किल। जिसकी जितनी सौंदर्यदृष्टि खुली होगी, उतनी ही सुंदरता से वह ठुमरी गा सकेगा। इसलिए ठुमरी सिखाई नहीं जा सकती। क्रमशः धीरे-धीरे दृष्टि विकसित होगी तो होगी।

1 जनवरी, 1964

- ख़याल में जैसे जोड़ गाया जाता है, वैसे ठुमरी का जोड़ टप्पा है।
- टप्पा परिकथा के समान है। एक से एक अद्‌भुत आकृतियाँ उसमें बनती जाती हैं। टप्पा का संसार स्वप्न संसार है। जैसे सपने में कुछ ही क्षणों में मन के पर्दे पर अनेक चित्र-विचित्र दृश्य कौंध जाते हैं, वर्षों को लपेटती घटनाएँ घट जाती हैं वैसे ही टप्पे में थोड़े में बहुत कुछ कहना पड़ता है। गति ही टप्पे की आत्मा है। बिना रुके इसमें संगीत अपनी बात कहता है इसलिए इसमें भाव प्रदर्शन और भी कठिन हो जाता है। टप्पे में रुकते हैं तो केवल गति को विश्राम देने के लिए! Miniature design !

15 जनवरी, 1964

- तीनताल पूर्ण ताल है इसलिए सबसे कठिन है। दिखता आसान है, वास्तव में है नहीं ! सब तालों का सम्राट है। इसके पेट में सब ताल हैं। प्रत्येक लय में अलग रूप लेकर आता है। आघात अलग हो जाते हैं। इसके पूर्ण होने के कारण प्रारंभ में ही इसे नहीं सिखाना चाहिए। अंदाज़ नहीं आता। आघातों को समेट लेता है। निराकार कर देता है। आरम्भ से अंत तक एक तरह से चलता है। एकताल बीच में भागता है। तीनताल बहुत कम सही गाते हैं। 28 मात्रा का ताल भी इससे बड़ा नहीं हो सकता।
- तीनताल में हर एक मात्रा का समान अधिकार होता है। बारह मात्रा का हो कर भी एकताल झूमरे से बड़ा होता है। ताल कुछ कहते हैं और अपने से कुछ करवा लेते हैं।
- कुछ ताल गाने में सरल, बजाने में कठिन होते हैं। धमार का ठेका बहुत बड़ा है। प्रभावशाली! तालों के गुणों पर विचार नहीं हुआ।
- ध्रुपद-धमार तालों के बचपन की अवस्था है। विभाग स्पष्ट होते हैं फिर भी हाथ से ताल देना पड़ता है। ताल की स्वछंदता नहीं है।
- लोकतालों में जल्दी से सब कुछ कहना पड़ता है। ठाय (विलंबित) में नहीं चलते ये ताल। श्रृंगार के उपयुक्त, अर्द्ध-छोटे वाक्य। सात मात्रा सबसे बड़ा ताल ।

25 जनवरी, 1964

- संगीत में सोचने और करने के बीच का समय सूक्ष्म हो जाता है। (ताल के साथ) गाते समय सारे निर्णय काल की पकड़ के पहले ही ले लिये जाते हैं। अंदाज़ स्पष्ट होना चाहिए। ग़लत गा रहे हैं। तो भी पहले ही पता चल जाना चाहिए। शुरू करने के साथ या पहले भी अंत दिख जाना चाहिए। मुखड़ा या सम दूर है अथवा बहुत ही पास है और इतने समय में ठीक-ठाक हिसाब से आना है। मेरा अंदाज़ स्पष्ट होता है। इसलिए (गाते समय) मैं सोचता हूँ,वही होता है।
- एक लय में, एक चाल से सुंदर, भरावदार ठेका देर तक देनेवाले तबलावादक बहुत कम हैं। एक गति में स्थिर छंदमय ठेका! यह योग-प्रभुत्व है। लगातार ठेके के छंदमय आवर्तन जिनके

चलते रहें ऐसे साधक तबलावादक कम मिलते हैं। लगभग वादक पाँच आवर्तन भी ध्यान से नहीं बजाते। हवा की तरह ठेका जाना चाहिए। अपनी मैजेस्टिक राजसिक गति में । मशीन की तरह नहीं!

27 जनवरी, 1964

- ☐ प्रत्येक ठेके का एक निश्चित छंद रहता है। इस छंद के अनुसार ही ठेके की प्रकृति तय होती है। इसीलिए सब ठेके सब लय में बजाने के नहीं होते। तीनताल, एकताल के छंद समान हैं। इसलिए ये ठेके विलंबित ठाय, मध्य द्रुत व अतिद्रुत लय में बजाये जा सकते हैं। झपताल, रूपक ठाय और मध्यलय के ठेके हैं। इसी प्रकार सभी ठेकों की अपनी-अपनी सीमा होती है। अपना-अपना क्षेत्र बँटा रहता है। जिसमें रह कर ही उनका पूरा रूप निखरता है। यदि विचित्रता दिखानी है, चमत्कार पैदा करना है अथवा किसी ठेके से उसके गुण स्वभाव के विरुद्ध काम करवाना है तो बात अलग है। रूपक या झपताल में भी अति-विलंबित या अतिद्रुत में लोग गाते बजाते हैं । किन्तु यह इन दोनों ठेकों से अप्राकृतिक काम करवाना है। जैसे हाथी को तिपाई पर खड़ा करना या आसन लगवाना! हाथी को घोड़े की तरह दौड़ाया जाये तो संभव है कि वह दौड़ेगा, परंतु घोड़े की दौड़ का जो सौंदर्य है वह हाथी की दौड़ में नहीं दिखेगा !
- ☐ ताल काल का आकार है, अमूर्त समय का मूर्त स्थापत्य (architecture)। एक से शुरू होकर एक में मिलना है। गोलाई का निर्माण होना ही चाहिए। सम पूर्ण विराम और ताल का प्रारंभबिंदु। एक साथ अंत और आदि! गाने में दूर-दूर से लहरें उठती हैं और पहली मात्रा के किनारे आकर रुकती हैं। किनारे की ख़बर लहरों को उठने के क्षण में ही होनी चाहिए। पहले से तैयारी होनी चाहिए।
- ☐ सम पर नया श्वास लेना ही पड़ता है। ब्रश फिर से रंग में डुबाना पड़ता है। चित्रकार अपने अंदाज़ से ही ब्रश रंग में डुबाता है। जितना चाहिए उतना ही रंग लेता है। ऐसा ही संगीत में होता है।
- ☐ बहुत से गायक बिना सोचे मान बैठते हैं कि संगीत की बंदिशों में काव्य नहीं है। चार पंक्तियों में भी कहीं काव्य हो सकता है? परंतु काव्य पंक्तियों की संख्या के आधार पर नहीं बल्कि उसमें समाहित काव्य तत्व की सघनता पर परखा जाता है। संगीत में शब्द नादमय होकर आते हैं। इन रचनाओं (बंदिशों) में काव्य की गंगोत्री होती है। संगीत की धारा ऊपर से गिरती और शब्दों के रूखेपन को, नुकीलेपन को झाड़कर उनको शालीग्राम-सा गोल बना देती है। इन गोल पत्थरों और पानी की धारा-नादमय शब्द और ऊपर से गिरता संगीत-इनके बीच के खेल में घटना घटती है।
- ☐ सौंदर्य यों ही फोकट में सामने नहीं आता, तपस्या लगती है। मैं छोटा था तो बगीचे में लगे 'क्रोटन' के पौधों को देख कर सोचता था कि इसमें फूल तो लगते नहीं पत्तियाँ ही पत्तियाँ हैं फिर इनको बगीचे में क्यों लगाते है? फिर हम लड़कों ने खोज की कि इनकी करारी पत्तियों को मोड़कर दबाओ तो 'चट'सी आवाज़ होती है। मैंने मान लिया कि इस मज़ेदार गुण के कारण ही यह पत्तीदार पौधे फूलदार पौधों के बीच जगह पा गये हैं। फिर एक दिन दृष्टि खुली और देखा इनकी पत्तियों की रंग-बिरंग आकृतियों की अपनी ही अलग, फूलों से टक्कर लेती अपनी ही सुंदर दुनिया है। देखकर चकित!

20 फरवरी, 1964

- ☐ प्रतिभा और पागलपन, अस्तव्यस्तता, आवारागर्दी के बीच कोई संबंध है ऐसा मैं नहीं मानता। सृजन गहरी समझ और सजगता का परिणाम होता है। और सहनशक्ति की परीक्षा!

- किसी ने मुझसे पूछा कि अपने गाने के बारे में सारा कुछ समझाइये, बताइये! पर मैं क्यों कुछ बताऊँ अपने संगीत के बारे में? आपका कार्य मैं आसान क्यों बनाऊँ? मेरा गाना/संगीत क्या है, कैसा है, क्यों है- यह सब स्वयं आपको जानना होगा। मै संगीत कला के बारे में कह सकता हूँ, संगीत मुझे कैसा दिखता है यह भी मैं कह सकता हूँ। किंतु अपने गाने के बारे में मैं कुछ भी बताने के लिए तैयार नहीं हूँ। यह आपको खोजना होगा।अपने गाने के विषय में मेरे विचारों का महत्व मेरे लिए हो सकता है, आपके लिए नहीं !

(सन् 1960 के दौरान 'भानुकुल' देवास में कुमारजी के सान्निध्य में संगीत अध्ययन करते हुए नलिन धोलकिया ने समय-समय पर कुमारजी से हुई बातचीत को तारीख़ वार लिखकर रखा था। उसी के संपादित अंश यहाँ प्रस्तुत किये गये हैं। आप इन दिनों नैनीताल रहते हैं।)

१९

निर्गुण सन्तों का स्थायी निवास

उदयन वाजपेयी

मार्गी संगीत याने गायन, वादन और नृत्य के विषय में गम्भीरता से विश्लेषण कर सकूँ, ऐसी योग्यता से मैं स्वयं को सम्पन्न नहीं पाता। संयोग से ऐसी किसी विशिष्ट योग्यता के अभाव को सम्भवतः भारतीय सांस्कृतिक परिदृश्य की कमी के रूप में देखा जा सकता है। मैंने ऐसे बहुत कम समकालीन लेखकों को पढ़ा है जो मार्गी संगीत (जिसे पश्चिम के प्रभाव में हम 'शास्त्रीय' कहने लगे हैं, शास्त्रीय का उपयोग अधिकांशतः 'क्लासिकल' के अनुवाद के रूप में किया जाता है और जिस कला की परम्परा अटूट हो उसे 'क्लासिक' कहना अनुचित है।) पर सच्चे विशेषज्ञ की तरह लिख सकें। मार्गी संगीत के एक छोटे-से अलाप में भी इतनी अधिक सतहें हुआ करती हैं और कुशल संगीतकार और नर्तक उन तमाम सतहों के बीच के संयोजन को किस सूक्ष्मता से साध रहा है और उन संयोजनों के सहारे किस सीमा तक परम्परा में अपने वैशिष्ट्य को अंकित कर पा रहा है; यह सुनकर या देखकर उसे लिख पाने में समझ की जिस गहनता और लेखन की जिस बारीकी की प्रत्याशा होती है, मैंने बिलकुल कुछ ही, बल्कि न के बराबर लेखकों में पायी है। इसलिए संगीत पर हुआ अधिसंख्य लेखन संगीत की आन्तरिक बुनावट में अनुस्यूत गायक, वादक या नर्तक की जीवनदृष्टि को उद्घाटित करने के स्थान पर स्वयं लेखक की अपनी भावनाओं की सरस (और कई बार नीरस) अभिव्यक्ति से अधिक कुछ नहीं हो पाता। ऐसे परिदृश्य में अपना यह निबन्ध जोड़कर मैं इसमें व्याप्त अज्ञान के अन्धकार को कम करने में स्वयं को योग्य नहीं पाता पर शायद उसे किंचित गाढ़ा ही कर पाऊँगा। पर संगीत पर और वह भी स्वातन्त्र्योत्तर भारत के मूर्धन्य गायक कुमार गंधर्व पर लिखने की यह जो हिमाकत मैं कर रहा हूँ उसके लिए संगीत पर जिन श्रेष्ठ लेखकों ने हमारे समय में दार्शनिक विचार सम्भव किये, उन महानुभावों से क्षमा माँगते हुए मैं नीचे कुछ पंक्तियाँ प्रस्तावित कर रहा हूँ। मैं जिन दार्शनिकों/लेखकों का स्मरण कर रहा हूँ, उनमें तीन कालकवलित हो चुके, आचार्य बृहस्पति, ठाकुर जयदेव सिंह और डॉ. प्रेमलता शर्मा और एक हमारे सौभाग्य से जीवित हैं, डॉ. मुकुन्द लाठ। अगर इस पूरे निबन्ध में ऐसा एक भी वाक्य आ सका जिसे इन महानुभावों के समक्ष उच्चारित किया जा सके, यह निबन्ध सार्थक कहा जायेगा।

कुछ वर्ष पहले जीव-विज्ञान में कुछ अभूतपूर्व अन्वेषण हुए हैं। इन अन्वेषणों से 'जीन्स' के विषय में कुछ ऐसी जानकारियाँ प्रकाश में आयी हैं जो जीवन और जगत् के विषय में हमारी समझ को सिरे से ही परिवर्तित कर सकती हैं। जीन्स जैविक कोशिकाओं में अवस्थित बीज की तरह हैं। इन्हीं के सहारे हर कोशिका को यह पता चलता रहता है कि उसे आगे चलकर नाक बनना है या कान, आँख बनना है या मस्तिष्क। हम यह कह सकते हैं कि जीन्स नाम के बीजों में जीवों की भ्रूण अवस्था में ही उनके आनेवाले जीवन का मानचित्र छिपा रहता है जो समय के साथ धीरे-धीरे हर जीव के स्वरूप में उद्घाटित होता चलता है। यह लगभग डेढ़ शताब्दियों से जीवन-विज्ञान में स्वीकृत है कि जीन्स जिस 'डी.एन.ए.' का अंश है, उसका लगभग 97 प्रतिशत निष्प्रयोजन है। अँग्रेज़ी में इसे 'जंक डी.एन.ए.' यानि कूड़ा डी.एन.ए. कहा जाता था। इसका कारण यह था कि जैव-वैज्ञानिक वर्षों तक शोध करने के बाद भी इस तथाकथित कूड़ा डी.एन.ए. का प्रयोजन नहीं जान पाये थे और विज्ञान में यह परिपाटी है कि जिस संघटना का प्रयोजन खोज पाने में विज्ञान अक्षम रहता है, उसे निष्प्रयोजन या कूड़ा कह दिया जाता है। पर यह कूड़ा डेढ़ शताब्दियों बाद अचानक कुछ ऐसे तथ्य जैव-वैज्ञानिक शोधों के समक्ष प्रस्तुत करने लगा है कि समूचा जैव-विज्ञान जगत इससे चमत्कृत है। हाल ही में रूस के जैव-भौतिक और आण्विक जैव-वैज्ञानिक प्योत्र गारयायेव ने इस कूड़ा डी.एन.ए. का कुछ ऐसा अन्वेषण किया है जिससे इसके कुछ बिलकुल ही नये आयाम सामने आ गये हैं। गारयायेव और उनके सहयोगियों ने अपने शोध में यह पाया कि यह कूड़ा डी.एन.ए. दरअसल बीजरूपा जीन्स की आधार संरचना (इन्फ्रास्ट्रक्चर) है। इसकी बुनावट बिलकुल वैसी ही है जैसी भाषा की होती है। यानि इसके संयोजन का आधार भी वैयाकर्णिक है। यह कूड़ा डी.एन.ए. अलग-अलग तरह की तरंगों (फ्रीक्वेंसियों) से प्रभावित होता है, इस प्रभाव की सीमा यह है कि इन वैज्ञानिकों ने सिर्फ़ कुछ कम्पनों या तरंगों के सहारे इस कूड़ा डी.एन.ए. को इस तरह

प्रभावित किया कि वे मेंढक के भ्रूण की कोशिकाओं को बल्कि मेंढक के भ्रूण को ही सेलेमेण्डर के भ्रूण में परिवर्तित करने में सफल हो गये। इसके पहले तक ऐसा कुछ केवल कुछ जीन्स को काटकर नयी जगहों पर लगाने से हुआ करता था। पर गारयायेव के शोध के बाद से अब यह सम्भव हो पायेगा कि बहुत सी उद्दण्ड जीन्स को केवल तरंगों की सहायता से या तो नियन्त्रण में लाया जाये या उन्हें पूरी तरह परिवर्तित कर दिया जाये।

इस शोध से उस प्राचीन भारतीय कल्पना की पुष्टि हुई है कि नाद से ही जीवन की उत्पत्ति है। अब यह किंचित अधिक विस्तार से समझाया जा सकेगा। इस शोध से यह विचार भी अस्तित्व में आया है कि मानवीय भाषिक उच्चारण मनुष्य का आविष्कार नहीं है; वह इसी कूड़ा डी.एन.ए. में अनुस्यूत व्याकरण का प्रकटन है। आज हम यह कह सकते हैं कि नाद के सहारे जीवन के बीजों को रूप मिला और फिर मनुष्य नामक जीव में यही नाद भाषा के सहारे मुखरित हो गया।

मस्तिष्क की अन्यान्य कोशिकाओं पर हुए विभिन्न शोधों में यह पाया गया है कि मस्तिष्क के जो हिस्से भाषिक उच्चारण में लगभग केंद्रीय भूमिका निभाते हैं, वे संगीतकारों में अपेक्षाकृत अधिक बड़े होते हैं। मस्तिष्क का एक ऐसा ही हिस्सा 'प्लेनम टेम्पोरेल' नाम से जाना जाता है। इसका अध्ययन करते हुए शोधकर्ताओं ने यह पाया कि यह हिस्सा मनुष्य के भाषिक उच्चारण में और भाषिक कौशल के विकास में अत्यन्त महत्वपूर्ण भूमिका निभाता है। उन्होंने, साथ ही, यह भी पाया कि यह हिस्सा सबसे अधिक विकसित संगीतकारों में पाया जाता है। इस शोध से यह निष्कर्ष निकाला जा सकता है कि जैविक स्तर पर संगीत और भाषिक उच्चारण का बहुत गहरा सम्बन्ध है। इसका दूसरा निष्कर्ष वह है जो मेरे गुरु महान् फिल्मकार और संगीत विशेषज्ञ मणि कौल कहा करते थे। उनका कहना था कि ध्रुपद संगीत का जन्म ब्रज भाषा के उच्चारण से सम्बद्ध है। भाषिक उच्चारण ही संगीत को रूप दिया करता है। और उपरोक्त शोधों का एक और निष्कर्ष यह निकाला जा सकता है कि मानवीय भाषा अपने उत्कृष्टतम रूप में धीरे-धीरे विकसित नहीं हुई है। शायद हुआ यह है कि, उदाहरण के लिए जिसे आज संस्कृत कहा जाता है, वह मानवीय अस्तित्व के आरम्भ में ही अस्तित्ववान हो गयी होगी और फिर उसी के घिसने, रगड़ने या बिगड़ने से, सम्भवतः भारत की, अन्यान्य भाषाओं का, लोकभाषाओं का जन्म हुआ होगा। शायद इसीलिए अनेक बाद की भारतीय भाषाओं का जन्म अपभ्रंश से माना जाता है और अपभ्रंश का अर्थ किसी परिपूर्ण संरचना का टूटना जैसे कुछ होता है। उर्दू को भी रेख़्ता कहा जाता है, रेख़्ता का आशय गिरे हुए से है।

मैं बहुत समय तक यह समझता रहा कि बीसवीं शती के भारत में कम-से-कम दो कलाकार और एक घराना ऐसे हैं जिनमें देशी कलारूपों से मार्गी कलारूपों की यात्रा स्पष्टतः दिखायी देती हैं। इन दो कलाकारों में मैं पण्डित कुमार गंधर्व और रंग निर्देशक हबीब तनवीर और घराने में रायगढ़ घराने के कथक को रखा करता था। मैं यह समझता था कि हबीब तनवीर के रंगकर्म की तरह ही कुमार गंधर्व के गायन में भी देशी गायन से मार्गी संगीत बनता हुआ नज़र आता है। यह समझ इस विचार पर टिकी थी कि देशी संगीत पहले अस्तित्व में आया होगा और उसी के परिष्कार के रूप में मार्गी संगीत का जन्म हुआ होगा। और यह विचार इस दूसरे विचार पर टिका था कि लोकभाषाएँ अस्तित्व में पहले आयी होंगी, और उनके परिष्कार-स्वरूप संस्कृत जैसी अपेक्षाकृत अधिक संयोजित भाषाएँ अस्तित्व में आयी होंगी। अब मैं सोचता हूँ कि, यह सम्भव है कि आज जिसे संस्कृत कहा जा रहा है, उसे शुरुआत में संस्कृत न कहा जाता रहा हो (वेद की भाषा को संस्कृत नहीं कहा जाता, उसे छन्दस कहा जाता था)। संस्कृत भाषा के लिए 'संस्कृत' नाम बोलियों या अन्य अपभ्रंशों की उत्पत्ति के बाद ही दिया गया होगा। इसका एक आशय यह हुआ कि यह आवश्यक नहीं कि सारा मार्गी संगीत देशी संगीत से उत्पन्न हुआ हो। यह

भी सम्भव है कि मार्गी और देशी दोनों ही लगभग साथ-साथ जन्में हो और उनके बीच लम्बे समय से आदान-प्रदान होता रहा हो।

इस दृष्टि से देखने पर हबीब तनवीर और रायगढ़ घराना कथक की यात्रा भले ही देशी से मार्गी कलारूप तक पहुँचने की रही हो पर पण्डित कुमार गंधर्व का संगीत इस अर्थ में विलक्षण है कि वहाँ मार्गी समृद्धि से देशी की ओर और फिर देशी से एक नयी समृद्धि पाकर वापस मार्गी संगीत में लौटने की प्रक्रिया अनुभव होती है। उनके गायन में लगभग उसी तरह की यात्रा सम्भव हो जाती है जैसे छन्दस से विभिन्न भारतीय बोलियों की रही होगी। इस अर्थ में कुमार गंधर्व के गायन में भारतीय भाषाओं की उत्पत्ति-कथा का मानचित्र निहित है। वे ख्याल गायकी के मार्गी परिष्कार से मालवा की लोक धुनों की देशी गन्ध और दोहराव में उसी सहजता से आ सके जैसे वे अपने विलक्षण गायन में एक स्वर से दूसरे की यात्रा सम्पन्न करते थे।

कुमार गंधर्व के विषय में यह अक्सर कहा जाता है कि फेफड़ों की लम्बी बीमारी के बाद उनकी गायकी के ढंग में कुछ ऐसे बदलाव आये जिससे वे अपनी इस बीमारी से हुई क्षति के बावजूद ख्याल गायकी करते रह सके। यह निश्चय ही एक श्रेष्ठ गायक के बीमारी से अपनी तरह से संघर्ष का अनोखा रास्ता है। ऐसा कुछ सीमा तक हुआ हो इसमें कोई शक नहीं है। पर उनकी गायकी को रूप देने में जिन अन्य अवयवों का योगदान रहा होगा, उनमें से एक का ज़िक्र करना चाहता हूँ। यह मैं पहले ही स्पष्ट कर दूँ कि किसी भी कला के वैशिष्ट्य को उसके अवयवों के सन्दर्भ में कभी भी पूरी तरह समझा नहीं जा सकता क्योंकि कला हमेशा ही अपने संयोजन में उपयोग में आये अवयवों से कहीं अधिक रहस्यमय हुआ करती है, शायद इसीलिए महान् काव्यशास्त्री आनन्दवर्धन ने काव्य कला को समझाते हुए यह लिखा था कि कविता में लावण्य का उद्‌भव इसके प्रसिद्ध अवयवों के होने मात्र से नहीं होता, वह कैसे भी अवयवों के अन्तर्सम्बन्ध के अनोखेपन से हुआ करता है। इसलिए केवल अवयवों की चर्चा से कुमारजी के गायन के लावण्य को उद्‌भूत हुआ नहीं माना जा सकता पर उसकी चर्चा उनके संगीत की समझ को कुछ विस्तार अवश्य दे सकेगी। जैसा हम इस निबन्ध के दूसरे भाग में देख आये हैं कि कम-से-कम भारतीय परम्परा में संगीत का उद्‌भव भाषिक उच्चारण से हुआ जान पड़ता है। इसलिए हमें यह देखने की कोशिश करना चाहिए कि इस उच्चारण से संगीत के जन्म के विचार के सहारे कुमारजी के गायन पर क्या किसी तरह की रोशनी पड़ सकती है। मुझे लगता है, पड़ सकती है। जहाँ तक मेरी जानकारी है कुमार जी की मातृभाषा कन्नड़ थी। इसका अर्थ यह हुआ कि वे कन्नड़ भाषा में ही अन्य भाषाओं से मिलते थे। भाषाओं को अन्तस्थ करने का यह सिद्धान्त है कि मनुष्य मातृभाषा की रोशनी में ही, बल्कि उसी के मुहावरे में, उसी के 'उच्चारण-आलोक' में अन्य भाषाओं को बरतता है। इस दृष्टि से देखने पर शायद यह कहा जा सकता होगा कि कुमार जी कन्नड़ भाषा के 'उच्चारण-आलोक' में ही अन्य भाषाओं के व्यवहार तक पहुँचे होंगे। इसमें वे भाषाएँ भी होंगी जिनमें उन्होंने ताउम्र ख्याल गायकी की। मैं यह प्रस्ताव (डरते-डरते) रखना चाहता हूँ कि कुमार जी की गायकी में कन्नड़-उच्चारण-आलोक वैसे ही फैला रहता है जैसे प्रातःकाल हरसिंगार के सफ़ेद फूलों की गन्ध, जो अपने होने के कारण प्रातःकाल को एक नया आयाम अवश्य देती है पर उसे निर्धारित नहीं करती।

भाषिक उच्चारण और गायन के स्वरूप के विचार से कुमारजी के निर्गुणिया भजनों के गायन को भी एक नयी तरह से देखा जा सकता है और तब कुमारजी के सांगीतिक अन्वेषणों के विस्तार को भी शायद और अधिक गहराई से समझा जा सकेगा। अगर हम यह स्वीकार कर लें, किसी हद तक स्वीकार कर लें कि भाषिक उच्चारण के विस्तार के रूप में ही संगीत को समझा जा सकता है तो यह भी स्वीकार करना होगा कि भाषिक उच्चारण के बदलने से संगीत के स्वरूप में भी बदलाव आयेगा। अगर ऐसा है, कुमारजी का

कबीर और अन्य निर्गुणिया सन्तों की रचनाओं को गाने में निश्चय ही कोई वैशिष्ट्य होना चाहिए। मुझे लगता है कि कुमारजी ने हर निर्गुणिया उच्चारण के लिए ख्याल संगीत परम्परा के भीतर ही नये संगीत विधानों का आविष्कार किया। उन्होंने हरेक सन्त की रचनाओं के लिए, जिसका आशय यह है कि हरेक सन्त के वचनों के लिए, जिसका आशय यह है कि उन्होंने हरेक सन्त के उच्चारण के लिए अपनी परम्परा के भीतर रहते हुए ही गायन के नये मार्ग खोजे। इसीलिए वे यह कर सके कि उनके गाये अन्यान्य भजन आम तौर पर गाये जानेवाले भजनों की सपाटता के स्थान पर नये सांगीतिक विन्यास में उद्‌घाटित होते हैं और उन्हें सुनते हुए यह सहज ही अनुभव होता है कि यदि इस सन्त ने स्वयं अपने पदों को गाया होता तो वह वैसा ही गाता या लगभग वैसा ही गाता जैसा कुमारजी ने गाया है। हमें कुमारजी का आभारी होना चाहिए कि उन्होंने अपने निर्गुणिया गायन में निर्गुणिया वचनों में निहित गहन विवेक और अन्तर्दृष्टि को हमारे सामने आलोकित किया है और इसके साथ ही एक और विलक्षण कार्य सम्भव कर दिया है : उन्होंने अपने गायन में निर्गुणिया सन्तों को पुनर्जन्म दे दिया। कुमारजी के भजनों के अन्तस में अन्तर्दृष्टियों का वास भी है, निर्गुण वाणी की नवीन व्याख्या भी पर इस सबसे ऊपर वहाँ निर्गुण सन्तों का स्थायी निवास है। सारी श्रेष्ठ कला कलाकार की अपनी अन्तर्दृष्टि को व्यक्त करने के साथ ही अपने भीतर के आकाश में अपने पुरखों को रहने का अवकाश भी उत्पन्न करती है। यही कुमारजी का संगीत करता है। वह कुमारजी की छाप लिए हुए भी निरन्तर पितृऋण से मुक्त होने का संगीत है।

विलक्षण प्रतिभाशाली कलाकार

२०

पद्मकुमार मंत्री

शास्त्रीय संगीत की विधा कला की अन्य विधाओं से कई मायनों में अलग है। संगीत अधिक अमूर्त है। वैसे तो किसी भी कला में पारंगत होने के लिए उसके क्राफ़्ट पर अधिकार प्राप्त करना आवश्यक होता है। कहा जाता है जहाँ क्राफ्ट खत्म होता है, वहाँ से आर्ट शुरू होता है। कई कलाओं में क्राफ्ट अब शायद इतना मुश्किल नहीं रहा। उदाहरण के लिए एब्सट्रेक्ट पेंटिग व कोलाज़ पेंटिग या अतुकांत कविता अर्थात् क्राफ्ट का भाग कम हो गया और आर्ट का भाग बढ़ गया है। लेकिन संगीत में क्राफ्ट बहुत ही महत्वपूर्ण है। कई कलाकारों की ज़िन्दगी क्राफ़्ट पर अधिकार प्राप्त करने में निकल जाती है। क्राफ़्ट के बल पर आप काफ़ी हद तक जन-रंजन कर सकते हैं। हम जब किसी बड़े गायक के द्वारा गाया गया स्वर सुनते हैं, तो हमारे मुँह से वाह निकल जाती है - वो वाह क्राफ़्ट के लिए ही होती है। संगीत आलोचक भी जब किसी गाने की आलोचना करते हैं, तो क्राफ्ट की ही बात करते हैं। स्वर कैसे लग रहे थे, तानें कैसी थी वग़ैरह-वग़ैरह। शायद ही कभी कोई यह कहता कि, आज जो दरबारी गाया, वो वैसा ही था जैसा पिछली बार गाया था। संगीत इतना अमूर्त है कि उसके बारे में विचार करना बहुत ही कठिन काम है।

संगीत पर विचार करना कठिन है। कलाकार का बहुत समय क्राफ्ट सँवारने में लग जाता है और रसिकों की दाद पाने के लिऐ कुछ नया करने की ज़रूरत भी नहीं है। बल्कि जिस काल में कुमार जी ने 'अपने' गाने की फिर से शुरुआत की याने पाँचवा दशक, तब नया करना मान्य ही नहीं था। वैसे तो कुमार जी ने पिछली सदी के तीसरे दशक से गाना शुरू कर दिया लेकिन उनके ख़ुद के अनुसार वो जो गाना खोज रहे थे, उसका साक्षात्कार उनको 1943-44 के आसपास हुआ।

अमीर खाँ स्मृति समारोह में सत्यशील देशपाण्डे ने एक संस्मरण उस्ताद अमीर खां का सुनाया। खाँ साहब ने शंकरा गाया। रातंजनकर वहाँ थे। उन्होंने कहा - खाँ साहब को कहना – ''शंकरा तो उत्तरांग प्रधान राग है।'' जब खाँ साहब को बताया गया, तो उनका जवाब था कि – ''मैंने मंद्र सप्तक का उत्तरांग ही गाया है।'' ये है संगीत के दो दिग्गजों का संवाद। एक कहता है कि, आपने नया क्यों किया? दूसरा कहता है, मैंने कहाँ नया किया?

ऐसी हालत में कुमार जी ने संगीत पर विचार किया, संगीत को नयापन दिया, उसके विवाद सहन किये। उन दिनों किसी राग में वर्जित स्वर लगाना कितनी हिम्मत का काम होगा। ये वैसा ही था, जैसा गेलिलियो का यह कहना कि, सूर्य स्थिर है और पृथ्वी घूमती है। इसीलिए कुमार जी बहुत ही विवादित गायक रहे। तात्कालिक संगीतज्ञों को लगता था कि, संगीत में नया कुछ करने की ज़रूरत नहीं है। पूर्वजों ने जो कुछ हमें दिया है, उसी को ठीक से प्रस्तुत करना काफ़ी है। पता नहीं ऐसी बहस क्यों नही होती कि - जो कुमार जी ने गाया है, वो अलग तो है, लेकिन सुन्दर है कि नहीं? बात यह होती है– ''इस राग का स्वरूप ऐसा नहीं है। अगर एक नया स्वरूप है और वो सुन्दर है, तो उसका स्वागत क्यों नहीं होना चाहिए? उससे तो हमारे संगीत का ख़ज़ाना समृद्ध ही होगा।

कुमारजी अपनी बीमारी के पहले संगीत जगत् में अपनी जगह बना चुके थे। उनका गाना पसन्द किया जाता था। लेकिन कुमारजी बेचैन थे। उन्हें लग रहा था, वे जो गा रहे थे, वह वैसा गाना नहीं है जैसा वे गाना चाहते हैं। लेकिन जो वे गाना चाहते थे, वह दिख नहीं रहा था, बड़ी छटपटाहट थी। एक दिन 1943 में अचानक उन्हें वह मिल गया, जिसे वो खोज रहे थे। और उनके मुंह से निकला 'मला गाणं आल'! लेकिन कुछ ही समय के बाद कुमार जी बीमार हो गये। तब गाना असंभव था। उस बीमारी के दौरान उन्होंने संगीत पर गहन विचार किया। कहने को बड़ा आसान है, पर उस प्राण लेवा बीमारी के चलते चिन्ता न करते हुए चिन्तन करना कुमारजी के ही बस की बात थी। 1952 में जब वे ठीक हुए और गाने की इजाज़त मिली, वे अपना गाना गाने के लिए पूरी तरह तैयार थे और सृजन का एक दौर शुरू हो गया।

कुमारजी विलक्षण प्रतिभा के धनी थे। हर कला में उनकी रुचि थी। कबीर, मीरा, सूरदास के पदों का उनका गहरा अध्ययन था। उनके पुस्तकालय में हिन्दी-मराठी की अनेक पुस्तकें थीं। चित्रकला, शिल्पकला, वास्तुकला हर एक में उनकी रुचि थी। उनका मानना था कि, संगीतकार की दृष्टि व्यापक होना चाहिए। अनेक साहित्यकार, वास्तुकार चित्रकार उनके मित्र थे। चण्डीगढ़ की वास्तु रचना देखकर वे इतने प्रभावित हुए कि, एक नई बंदिश बना डाली। इस व्यापक दृष्टि की वज़ह से उनकी बंदिशें 'सास-ननंद' के दायरे से अलग थी। उनकी बंदिशों का साहित्यिक सौंदर्य एक शोध का विषय हो सकता है।

परंपरावादी कुमार जी के संगीत का सही आनन्द नहीं ले पाये पर बुद्धिजीवियों का एक बहुत बड़ा वर्ग जो संगीत में सौन्दर्य देखना चाहता था कुमार जी का मुरीद हो गया।

कुमार जी ने बंदिश की भावनाओं को गायन से जोड़ा। कुमारजी जब मियाँ-मल्हार में 'कारे मेघा बरसत नाही' गाते थे, तो स्वरों के द्वारा बारिश को तरसते लोगों का एक चित्र खड़ा हो जाता था और जब वे 'रितु बरखा आई' गाते थे, श्रोता भारी बारिश से भीग जाते थे। जब वे 'अनोखा लाडला' गाते थे, तो दरबारी की गंभीरता ग़ायब हो जाती थी और बच्चे की अठखेलियाँ दिखने लगती थीं। निर्गुणी भजन में एक फक्कड़पन का एहसास होता था।

संगीत के हर पहलू पर उन्होंने विचार किया। तानपुरा कैसा बजाना चाहिए? कुमारजी के तानपूरे सुनकर वाह वाह करने को मन करता था।

ताल का कुमारजी के गायन में अलग ही आनन्द था। एक बार कुमार जी से किसी ने पूछा, बड़े ख्याल और छोटे ख्याल में क्या फ़र्क है? जवाब दिया साथ बैठे जानेमाने पखावज वादक अम्बादासजी ने - ''जो ताल में गाया जाये, वो छोटा ख्याल और जो ताल में न गया जाये, वो बड़ा ख्याल।' लेकिन कुमार जी का बड़ा ख्याल भी ताल में होता था और मध्य लय के तो वे बादशाह थे। 'जब से तुमिसन लागली' जैसी बंदिशों में लय का निराला ही आनन्द था, जो सुनकर ही जाना जा सकता है।

उन्होंने रागों को अलग-अलग ढंग से गाया। उनके अनुसार वो राग को अलग कोण से देख रहे थे और श्रोताओं को दिखा रहे थे। उनके राग से पहचान गुरु ने दिखाए चित्र तक सीमित नहीं थी। उन्हें राग मूर्तिमान दिखता था और वे उसको किसी भी कोण से देख सकते थे और दिखा सकते थे।
कुमारजी ने संगीत के हर पहलू पर अपने विचार प्रश्न-उत्तर के माध्यम से संगीत प्रेमियों के समक्ष विस्तार से व्यक्त किये। इस तरह से अपने विचार व्यक्त करने वाले वे एकमात्र कलाकार हैं। 'मुक्काम वाशी' वाशी में हुए प्रश्नोत्तरों का एक पठनीय संग्रह है।

गाँधीजी पर कुमारजी की बड़ी श्रद्धा थी। इसीलिए उन्होंने गाँधी जन्म शताब्दी के अवसर पर 'गाँधी मल्हार' राग बनाया। कुमारजी कहते थे कि, ''राग बन जाते हैं, बनाये नहीं जाते।'' कुछ लागों को यहाँ विरोधाभास दिखता है। यह सत्य है कि स्वयंस्फूर्त होना किसी भी कला में सृजन की आदर्श स्थिति है। लेकिन अच्छा कलाकार अपनी योग्यता और अधिकार के बूते नवनिर्माण कर सकता है और करता ही है। सिनेमा के लिए गीत लिखे जाते हैं; पोर्ट्रेट बनाये जाते हैं, और कई बार वे उच्चकोटि के काम होते हैं। गांधी मल्हार किस कोटि का है, यह तो गुनीजन तय करेंगे। लेकिन सिर्फ़ इसलिए कि वह प्रयत्न पूर्वक बनाया गया है, इस सृजन को नकारा नहीं जा सकता। उपज और प्रयत्न दोनों के बीच समझौता ज़रूरत के हिसाब से करना ही होता है। गायक तब ही गाये जब उसका मन करे, न कि तय समय व स्थान पर - शायद ये आदर्श स्थिति हो सकती, पर क्या यह संभव है?

कुमार जी प्रयोगधर्मी कलाकार थे। उनके अनेक राग, बंदिशें, थिमेटिक कंसर्ट्स इस बात का प्रमाण है। उनकी महफ़िलें, विशेष करके उनके प्रिय श्रोताओं के समक्ष, ऐसी होती थीं जैसे कोई वैज्ञानिक किसी कान्फ्रेंस में रिसर्च पेपर पढ़ रहा हो। कुमार जी का सबसे बड़ा योगदान यह था कि, उन्होंने संगीत में विचार करने को, कुछ नया करने को मान्यता दिलाई। उन्होंने संगीत को दो भागों में बाँट दिया। एक कुमार जी से पहले का संगीत, जो रियाज़ प्रधान था - गाना मतलब गुरु ने जैसा सिखाया है, वैसा गाना उच्चारण की ग़लतियों सहित। दूसरा कुमारजी के बाद का संगीत, जिसमें हर संगीतकार ये दिखाना चाहता है कि उसने कुछ नया किया है - चाहे वह सतही ही क्यों न हो!

परिशिष्ट

अपने बालमित्र शांताराम
कशालकर के साथ कुमारजी,
इलाहाबाद, 1955

अपनी 1947 से 1952 तक की लंबी बिमारी के दौरान लिखा गया कुमारजी का यह पत्र परममित्रों में से एक रहे शांताराम कशालकर, इलाहाबाद के नाम
दिनांक : 25/3/1950

प्रिय शांताराम,

दिनांक १२ मार्च १९५० का तूने भेजा हुआ ख़त मुझे मिला। तू आजकल सरकारी दफ्तर में नौकरी करता है, यह पढ़कर मैं थोड़ा-सा ख़ुश हुआ। दिनकर मद्रास में हैं और कुकी, नंदिनी मज़े में हैं, यह पढ़कर मुझे आनन्द हुआ।

संगीत के बारे में तूने जो अपना पूर्व विचार प्रगट किया है, वह पढ़कर तो मैं बहुत ही ख़ुश हुआ। तुम्हें यह कहावत मालूम ही होगी कि 'जो मनुष्य अपनी भूल या मूर्खता क़बूल करता है वो ही बड़ा है' (याने वह ठीक मार्ग पर चल रहा है) यह उसकी पहचान है।

मगर इस बात से भी होशियार रहना चाहिए कि कहीं अपनी मूर्खता की महफ़िल न हो जाय।

संगीत के बारे में तुमने जो अपने भाव और समझ को प्रकट किया है और क्या कहना चाहते हो, यह मैं समझ गया, मगर तुम ठीक तरह से समझा न सके। अब मैं उसी को ही ठीक तरह से दोहराता हूँ सुनो –

तुमने लिखा है 'गाना तो सचमुच स्वर और ताल के परे ही है', ऐसे कैसे हो सकता है मित्र?

स्वर और ताल के परे कुछ भी नहीं। हाँ जिसको स्वर, लय, ताल कहते हैं उसको सचमुच सब जानते नहीं, ऐसा कहना पड़ेगा। सच्चा गाना वही गा सकते हैं जो स्वर, लय, ताल शास्त्र को पी के आनन्द में मस्त हैं (मद में मस्त नही)। ऐसे योग्य मनुष्य क्यों गा सकते हैं, इसका कारण याने ऐसे व्यक्ति शास्त्र रूप – संगीत बन जाते हैं। उनके पीछे-पीछे शास्त्र चलता रहता है। वह शास्त्र के आगे रहते हैं। जो कुछ भी कर बैठते हैं वह शास्त्र प्रमाण बन जाता है।

ऐसे व्यक्तियों के सामने स्वर-लय आज्ञा पाने के लिये प्रेम से नाचते रहते हैं। इस आनन्द को प्राप्त करने का जो मार्ग हैं, वह दुःख और कष्ट साध्य है, मगर साध्य होने के बाद दुःख और कष्ट दोनों नष्ट हो जाते हैं।

नाद का आनन्द शब्द के बाहर और बिन्दु के परे है। सच्चा गाना तो वो है जिसमें संसार दिख रहा है। तुम कहोगे कि भाई! यह कैसे हो सकता हैं कि संसार दिखे? मैं तुम्हें समझाऊँगा, संगीत में संसार कैसा होता है, उसका रूप कैसा दिखता है।

अन्त में यह लिख देता हूँ कि यह मेरी व्यर्थ की बक-बक है ऐसा समझ लो तो मुझे शोक न होगा।

ता. ६ मार्च को बसवण्णा भेंडीगिरी की शादी हो गई। बसवण्णा और उसका विवाह का चित्र आँखों के सामने जरा लाना और क्या मज़ा आता हैं, इसका अनुभव करना।

पूज्य बाबूजी को मेरा नमस्कार! सत्येन्द्र, गुलाल को कहना मैं बहुत मज़े में हूँ।

तुम्हारा

कुमार

कुमारजी के मित्र रहे शांताराम कशालकर, मुंबई के स्कूल ऑफ इंडियन म्यूझिक में कुछ समय तक संगीत शिक्षण के लिए आते रहते थे। उनके साथ मुंबई के अपने प्रवास अनुभवों को साझा करते हुए कुमारजी का यह पत्र दिनांक : 16/12/1950

प्रिय शान्तू रे,

तुम्हें शायद मालूम हो या न हो तुम्हारा ख़त आया तब मैं देवास नहीं था, आने पर पढ़ लिया, और जवाब लिखने में विलंपत कर गया, मगर सम आने पर मैं कैसा ठहर सकता हूँ।

सप्टेंबर में बंबई गया था, साथ भानुमती भी थीं। बीस-पचीस रोज़ का रहना हुआ, सब पुराने लोगों से मिला। गुरुजी और गुरु माता से भी मिला, ख़ूब बातचीत किया, आनन्द आया।

माई (अंजनी माई मालपेकर) के यहाँ गया था और उनसे मिलकर बड़ी ख़ुशी हुई, मगर उसके साथ-साथ वहाँ की संगीत आब-हवा में मेरा मन खट्टा हो गया और सर चकराने लगा। वातावरण में बदबू ही बदबू फैली हुई थी, कहीं एक आदमी भी मुझे ऐसा नहीं मिला, जो सचमुच फूल को चाहता है और उसके सुगंध को पहचानता है।

यह सब देखकर मैं डर गया शान्तू, और मन में विचार आया कि ऐसा न हो जाये कि अपन भी दिन को रात और रात को दिन कहने लगें। मेरे विचार से अपन (हम लोग) जब बंबई में रहते थे तब इतनी बदबू नहीं थी, तुम्हारा क्या कहना है?

ये विचार शायद ग़लत भी हो सकते हैं, कभी-कभी ऐसा लगता है कि अपन दूर हैं, इसलिए त्रुटियाँ दिखाई देती हैं और जब अपन उन्हीं में से एक थे तब अपने को यह बुराइयाँ दिखने में न आती थीं। अच्छा हुआ अपन यहाँ से दूर हैं, कम से कम मालूम कर सकते हैं कि किस रास्ते से गुजर रहे हैं।

सचमुच कौन रुका हुआ है और कौन चल रहा है क्या इसका पता किसी को है? और एक मज़ा देखो जिसको देखो वो समझता है कि 'अपने पास संगीत का अर्क है।' मगर उसको मालूम नहीं कि संगीत क्या है?

दाते साहब के शब्दों में कहना याने* ख़ाके परवाना, रंग-ए-गुल, अर्क़े ए शबनम से उसने तरकीब तो सोची थी मगर दिल न बना (ऐसी बात है)। जहाँ शबनम का अर्क़ परवाने की ख़ाक और रंग-ए ग़ुल, ऐसी नाज़ुक चीज़ों को लेकर भी दिल न बना और संगीत तो दिल से निकलता है, तो उसको बनाना कितना मुश्किल है।

मैंने वहाँ के नामी डॉक्टरों को अपनी तबीअत दिखाई। वे बोले कि तबीअत अच्छी है, लय-सुर में है मगर लय और सुर एक होना बाक़ी है, उसके लिए रुकना पड़ेगा, इसके बाद मैं देवास चले आया। मैंने पढ़ा है 'हर मुश्किल के साथ आसानी है' और अब मुझे यह सत्य लग रहा है।

बाबूजी का पोस्ट कार्ड आया था और लिखा है कि तुम्हें फ़ुरसत नहीं मिलती। यह तो मैं बाबूजी का कार्ड आते ही समझ गया। सौ. रतन को मेरा तथा भानू का नमस्कार।

लिखने में कुछ गलतियाँ कर गया हूँ तो माफ़ करना दोस्त, क्योंकि तुम इलाहाबादी हो, त्रिवेणी संगम वाले हो, इसलिए... और सब प्रेम से चल रहा है।

तुम्हारा
कुमार

---

* कुमारजी के विचार से संगीत इतना ज़्यादा नाज़ुक है की उसे बनाने में दुनिया की हर नाज़ुक चीज़ यदि ली जाय तब भी उसका बनना बहुत मुश्किल है। जैसा कि शेर में कहा गया है - ख़ुदा ने भी 'दिल' (दुनिया की सब से नाज़ुक चीज़) बनाने में परवाना (कीट पतंग), अर्के शबनम (सुबह की ओस) और रंग-ए-ग़ुल (फूलों के रंग) को लेकर कोशिश की, फिर भी 'दिल' नहीं बन पाया।

कुमारजी का यह पत्र 1947 से 1952 तक की लंबी बिमारी के दौरान मन के उठे विचारों को युवा मित्र राजनारायण वर्मा, लखनऊ के साथ साझा करते हुए
दिनांक : 10/12/1950

प्रिय राजनारायण,

तुम्हें अजब-सा लगेगा, यह मुझे मालूम है। जब से अपन एक-दूसरे को जानने-पहचानने लगे, तब से तुम्हारे कितने ही ख़त मुझे आते रहे और मैं उन ख़तों को बड़े चाव से पढ़ने लगा, मगर कभी उनका जवाब तक मैंने नहीं दिया। ऐसा रिश्ता क्यों होता रहा, मैं सचमुच नहीं जानता।

राजू मैं मेरा हाल तुम्हें क्या लिखूँ, 'मत रोना, दुःख मत दरसा, दुःख-जल, जन ऊपर मत बरसा'

अपना दुःख अपने लिए होता है, दूसरों को नहीं दिखाना चाहिए, शायद वे सचमुच सुख में हों, तो अपन अपना दुःख उनके सामने दिखाना नहीं चाहिए। उनके सुख में दुःख पहुँचाने का अपने को कुछ भी अधिकार नहीं है।

जब मैंने देवास आने के बारे में तय किया तब भैया मुझे इन्दौर में मिला था। वह देवास भी आया था। इन दिनों श्री अण्णा साहेब (रातंजनकर जी) मिलने के वास्ते आये थे, बहोत ही प्रेम से मिले। श्री राजाभैया पूछवाले भी आये थे। इधर की दुनिया बहुत अच्छी है, यहाँ कई मित्र लेखक हैं, कहानीकार हैं, लोकगीत और लोक संगीत का अध्ययन करने वाले हैं।

राजूभैया और क्या लिखूँ तुम्हें? मैं आजकल एकान्त में बसा हुआ हूँ, सोच-विचार करता हूँ, सोच-विचार से कुछ बना तो बना लेता हूँ, कुछ लिख रखता हूँ, ऐसे मेरे दिन कटते हैं। तुम्हारे

ख़त से ऐसा लगता है कि तुम बहुत सुनसान महसूस करते हो । ऐसी उदासी में मत रहो दोस्त! ख़ुश रहना और न रहना अपने ऊपर है। संसार में बहोत से कर्म ऐसे हैं जो पूरे नहीं हो पाते, ऐसे किसी एक कर्म को दिल लगाकर करो, आनन्द में रहो। तुम वहाँ लखनऊ में तंग आ गये हो तो देवास आना, तुम्हें यहाँ आनन्द होगा।

आजकल मैं भी विचित्र-सा बन गया हूँ, दिल में शान्ति की आग भभक रही है। जब बाहर नज़र घुमा के देखता हूँ तो रोना आता है, मगर कोई सुनता नहीं। दिल में कई उमंगें लेकर बैठा हूँ, उन्हें सिर्फ़ लोगों को दिखाना है, मगर उसे अभी दिन हैं। मेरी तबीअत आजकल अच्छी है, याने सुर में हूँ और लय में शरीर है सिर्फ़ दोनों एक होना बाकी है। जब उसे मंज़ूरी देने की इच्छा होगी तब वह देगा और अवश्य देगा, यह मेरा दिल कहता है।

हमारे बेला-वादनकार बंडू (उर्फ़ वी. जी.) जोग साहब कहाँ हैं? मैंने सुना है केसरबाग़, अमीनाबाद में घूमते-फिरते हैं, क्या यह सच हैं?

मैं मज़े में हूँ तुम भी ख़ुश रहो।

तुम्हारा
कुमार

A Musician For All Time

Aalaap: The Prelude

राग रामकली, आडाचौताल, विलंबित

समझु मैं कै जानुरी, हांरी-हांरी
अगम रूप, ग्यान, ध्यान धर, पार-
न पायोरी ॥ राग-सुर-बोध, साच
अति कठिन, बिकट ताल लय बाट-
सों, पार न पायोरी ॥

"How would I comprehend all this? Howsoever I meditated, however much I tried to know it, music remained unknowable to me. I could not fathom its depth. Raagas were challenging, Swaras were tough and, even when I took the most promising paths of rhythm or tempo, regardless of how challenging they were, I could not make my way through. The destination remained out of my reach."

– Kumar Gandharva

We present this volume as a tribute to a maestro *extraordinaire* who left an indelible mark on Hindustani classical vocal music through his ever-inventive creations. This is an attempt to understand the multi-dimensional contribution he made over six decades from the 1930s to the 1990s, never letting the trials and tribulations in his personal life weaken his music or his soul.

Several great singers have enriched the long tradition of Hindustani classical vocal music through their dedicated and innovative work. The huge expanse of classical music has several areas that remain unexplored. We must acknowledge our incapacity to review or even list all of them in a book of this size. The available literature in English, Hindi and Marathi on the life and work of Kumar Gandharva alone would run into several thousand pages. We have included only the most 'selective' of them in this volume. And for all those unexplored, uncommented upon and understudied dimensions and contours of his music, we asked several acclaimed singers and critics in their 50s and 60s to especially write for us. Together they have contributed nearly half of the articles in this two-volume work. These writers who have studied or internalised the musical styles of various *Gharanas* have critically looked into Kumar Gandharva's music, creation and innovation to find out its contemporary relevance, and decide what in it must be retained and strengthened and what may be foregone. In a way, it is a collective attempt to objectively describe and discursively analyse the aesthetic values and ideas in his music. The writers of this book cover six generations of musicians and critics. Put together, their views provide a wonderful insight into the changing canons of aesthetic assessment and its relationship with socio-cultural forces. Therefore, this book can be regarded in a way as a much needed dossier on musical criticism in Indian classical music.

Many of Kumarji's common listeners love him, and quite rightly so, for his songs, Nirguni Bhajans and renditions like '*Mangal Din Aaj*' or '*Maruji Bhulo Na Maane*'. While these are definitely very fine pieces of music, he has many more of much wider variety they can draw upon. We hope that this book will enrich them further by calling their attention to the other parts of his treasure. We also think that 22 years after his death is a long enough time for critics and connoisseurs to critically review Kumarji's music and career and bring out the essence of his creative genius. The project was thus undertaken out of a sincere hope and an equally sincere sense of duty. But we were aware, right from the beginning, that the waters we were getting into were deep and dark. Kumarji's Bandish in *Malav Bihag* describes it differently…

राग मालवा बिहाग, तीनताल मध्यलय
ये सब देखत ज्ञानी महा धीर के
रूप भुलायो छिपायो डरायो मोहायो ॥
सोचहि-सोच सुधार सब कर्यो है
अंग निहारत बहारत भीतरत देखायो ॥

Apparently inspired by the architectural marvels of Le Corbusier, the Bandish establishes a deep connect to any artistic masterpiece. Confidence often gets shaken while floating in deep waters. At times we even found gasping for breath. But then we had made a firm resolve to get into these deep waters anyway. We had full trust in each other and support from several well-wishers. Realising that Kumarji's music remains inexhaustible despite so much being written and spoken about it, we decided to break our silence as well as the silence of several acclaimed singers and critics. To put it in Kumarji's words it was like-

राग दुर्गा, बिलावल, मध्यलय

अबोला रे अब रे
बनु गया मैं को कहूं रे ॥
सुरन के संग सों
समझलो रे मैं जो कहूं रे ॥

How much is required to be said or written about this artist and his work to make it a truly holistic account? As Kumarji once said, "I am a follower of the most transient form of art. I die every time I sing. The Kumar Gandharva who sang Tilak Kaamod the other day died along with it the same day. Tomorrow Kumar Gandharva may sing Tilak Kamod again. But it will not be the same."He really was an artist who experienced several cycles of death and rebirth in a single life. And in each cycle he never forgot to subject himself to rigorous self-scrutiny and not even once did he become self-complacent. But the book is not about this or many other qualities one can associate with him. Vamanrao Deshpande once called Kumarji a highly 'debated' artist. This book too proposes to 'debate' and review Kumarji from many angles rather than one. We remember so many memorable private Mehfils of Kumarji. Many who attended had not been invited, they heard about the Mehfil and just came. There was excitement in the air about what he would sing. Lively discussions about this heightened the anticipation.

Kumarji's public performances or private Mehfils used to be finely planned and neatly executed exercises which often ended leaving his audiences spellbound. The programme used to start on time. Clad in a simple white kurta-pyjama Kumarji used to enter the hall with a reassuring smile. Two accompanists used to follow him with Tanpuras brought all the way from Dewas. Kumarji was almost always accompanied by Vasantrao Achrekar on the Tabla and Appa Jalgaonkar (or Govindrao Patwardhan) on the harmonium. These highly accomplished artists were inseparable accompanists of Kumarji in his Mehfils. He used to quickly place the bouquet of flowers that he was offered so that it faced the audience. Right from the first touch on the strings, the finely tuned Tanpuras would resonate so precisely that the excited murmur in the hall, however crowded it was, faded away in the next moment and nothing but the sheer resonance used to fill up all the spaces, within and without. What followed till the end used to be a precise and perfect execution of what Kumarji had already thought out in his mind and written down in the diary in front of him. On several occasions audiences, delighted or overwhelmed, used to request or demand a 'once more' for a Bandish but Kumarji used to always take it as 'one more'. He rarely, if at all, presented the same thing even if it was demanded as 'once more'. He was always looking for something new, literally caught up in the 'here and now'. Always momentary, always new. This reminds us of Kumarji's Bandish in Raga Patamanjiri, in which he says he can think of nothing but music, and you know that all too well.

Sujhat Naahi Gaan Bin Mama Kachu
Jaanat Tuhee Sab Jan Naahee Mau

Through his tireless efforts, Kumarji developed a huge collection of Bandishes. He had a passion to experiment and understand how the same Raga manifests itself in different forms through different Bandishes. This passion never gave him time or inclination to dwell in the past. Naturally, his name could never be equated with one specific Raga, style or Gharana. He never followed the traditional practice of 'polishing' the voice of disciples by making them uncritically repeat the same thing. Obviously, he did not produce any disciple who simply imitated his style or mimicked his voice.

Kumarji was a child prodigy. He could have easily survived on that capital. He could have also generated sympathetic support for his music on the pretext of his early musical acclaim and the prolonged illness that took toll on his health. But he never did anything even remotely related to it. In fact, he took care not to refer to the despair and despondency he survived in his worldly or spiritual life. He froze them within himself as much as he could or shared them occasionally with people very close to him. But never glorified them.

In fact, he conducted himself as if nothing had happened or he had forgotten everything which was negative. With a deep intellectual and artistic commitment he channelised all his energies to produce creative marvels in vocal music like 'Dhun Ugam Raga', 'Mala Umajlele Bal gandharva' (Bal gandharva as I understood him), 'Geet Hemant', 'Geet Varsha', 'Geet Basant', 'Thumri-Tappa-Tarana', 'Tukaram Ek Darshan', 'Gaud Malhar Darshan'. Even the titles indicate the diversity implicit in the work. Some of these works were extremely well received and some failed to generate any response. Kumarji was sensitive to the practical implications of success or failure but never let them turn into a burden. Backed by a well-grounded self-belief he never hesitated to plunge into the dark if it was required. Ashok Vajpeyi describes this so succinctly: "Kumar Gandharva's music is the music of risk and contestation. His imagination takes musical risks again and again. It propels the known into the orbits of the unknown. Given the traditional and established conventions of music, it is difficult for his risk prone music to find easy acceptance. "That is why any artist-intellectual, whether successful or otherwise, who bears in his soul the aching zest to discover the timeless essence of the self and the universal through his work, is a genuine heir of Kumar Gandharva. We find it most befitting to dedicate this work on Kumarji to such people, regardless of their field of endeavour. They all belong to his family. It was therefore quite natural for Kumarji to have lifelong friends among artist-intellectuals as diverse as Economist C D Deshmukh, Kannada Poet D R Bendre, Flautist Pannalal Ghosh, Musician Vinayachandra Maudgalya, Playwright-Director B V Karanth, Intellectual Narhar Kurundkar, Architect Madhav Achwal, Poets Bhavani prasad Mishra, Shivmangal Singh 'Suman' and Vinda Karandikar. His circle of intimates also included connoisseurs of art like Shriram Pujari, Nirupama & C E Kamath, M A Bakre, Satyendranath Verma, Rajani & Shirish Patel and Narayan Pandit.

He was always curious about the respective fields of these legendary individuals and showed genuine interest in their work. He painstakingly picked up several values, ideas and perspectives not only from them but also from several unknown people. This helped him develop a mature and holistic view that could locate 'beauty' in anything anywhere. Sometimes even the twittering of sparrows could inspire him. He constructed a beautiful Bandish (*'Chididya Chu Chuhaanee'* in Raga Deskar. The bright orange-red bloom of Flame of the Forest (Kesu) in spring used to overwhelm him like forest fire (*'Aginaranga Phula Kesula'* Bandish in raga Madhmaad Saarang). With such ease he would eliminate the distance between the mundane and the creative and transform the one into the other. Often, singers who create a rich musical experience fail to explain its quintessence and the ones who can explain it well, fail to demonstrate it well. It is rare to find a mind which is artistic-creative and at the same time analytical-discursive. Kumarji was an embodiment of these otherwise mutually exclusive abilities. He used to distribute meticulously written booklets before many programmes to explain the thoughts behind his music.These stand testimony to the richness of the discursive abilities of this artist. *Anup raag vilas* – a two part book he wrote in Marathi (Mauj Prakashan, 1965 and 1994) reflects the profoundly analytical-critical side of 'Kumar Gandharva – the Singer'. Such a wide ranging contribution by a single mind has no parallel in the field of Hindustani classical music.

Kumar Gandharva's personal life was as full of diverse experiences and events as his music. That may be perhaps the reason why most of the writing on him (particularly in Marathi) focuses equally on Kumarji the person and Kumar Gandharva the musical thought. *Kumar* (1995, Marathi) by Vasant Potdar, *Gaan yogi Shivputra* (1999, Marathi) by Pandharinath Kolhapure and *Kumar Majha Sakha* (2009, Marathi) by Dr Chandrashekhar Rele offer a rich biographical account and a devoted appreciation of Kumarji's music as the writers were close witnesses to the ups and downs in his personal life and followed his music for several years.

Bahuri Akela (Vani Prakashan, 1999) by veteran Hindi poet and literary-cultural critic Ashok Vajpeyi is a collection of poems he wrote on the ecstasy of experience of Kumarji's music. These intense poems are accompanied by a highly perceptive and thought-provoking preface which make the book doubly valuable. M V Bhatavadekar's Marathi book *Kumar Gandharva: Mukkam Vashi* (Mauj Prakashan, 1999) is a very fine compilation of the unforgettable 'musical discourse' Kumarji conducted at Vashi near Mumbai. The discourse was a brilliant example of the combination of the creative genius and the musical philosopher within him.

Raghav Menon's *Musical Journey of Kumar Gandharva* (Vision Books, 2001) traces Kumarji's personal and musical development in a highly poetic and subtle style. Shilpa Bahulekar's thesis in Marathi published under the title *Lagan Gandhar* (Gandharva Mahavidyalaya Mandal) is a useful and systematic compilation of several bandishes of Kumar Gandharva. Ashok Damodar Ranade's chapter on Kumar Gandharva in *Mala Bhavlele Sangitkar* (Rajhans Prakashan, 2010; Marathi) is very distinctive as it is one of the few articles which critically analyses Kumarji's musical framework and its effects.

Kumarji had a special love for the saint-poet Kabir and sang several of his compositions. Linda Hess explores the special relationship Kumarji had with Kabir (and other saint poets belonging to the Nirguni tradition of Bhakti during 14-17thcenturies) in a highly scholarly manner in *Singing Emptiness* (Seagull Books, Delhi, 2009). Although the Nirguni Bhajans sung by Kumarji became highly popular, its deep, mystic and mythic text remained elusive even to the initiated. *Singing Emptiness* provides potent insights and lines of enquiry into the music and the text.

Irrespective of their approach and focus, all these works converge on one point – Kumar Gandharva created a musical era in Hindustani classical vocal music through his creative genius, untamed passion and philosophical approach. Raghav Menon describes this so aptly:

"It was like a meteor that he passed across the Indian sky and cut in his wake the body of Hindustani classical music into two neat halves; one half before Kumar Gandharva and one after him, a kind of B.C. and A.D. in Indian music."

With this prelude or *Aalapi* as it may be called we think the stage is set for our contributors to build on or undertake the *'Vistaar'*. But deep inside we all know it is still not enough. *'Dhyaan Kar Roop Paar Nahee Paavaa'* – a line from Kumarji's Bandish in Bhairavi expresses it all – 'I cannot cross the threshold to express all that I have imagined.'

Despite our focus, despite our struggle and sincerity, we may not have made our way through to a comprehensive exploration of Kumarji's music and his musical journey. That destination may still be far away…

Kalapini Komkali
Rekha Inamdar-Sane

(Translated from the Marathi by Vishram Dhole)

21 A Poem

U R Ananthamurthy

I heard *you first at Lalit Mahal*[1]
With my daughter Anu,
Thanks to Bakre, that lover of Kalidasa.
By some amazing conjuncture
It was my birthday.
I felt I was being born again.
I felt that sound coming out of you
Wave after wave
Was there before you were born[2]*.*
I saw the listeners sitting before you
Their boundaries
Dissolved.

That shameless wanderer, Kabir, was riding on your back[3]*,*
Reins completely loose,
Galloping in ecstasy and yet contained
In melody and time.
Sometimes you'd stop
And comment in a high-pitched voice
As if to note your own location.
You were so pleased!
You swelled with pride
That such a vagabond would choose to ride
On your back for a while.
Singing, you laughed and smiled.

The song ended.
Bakre gave you a Royal Salute[4]*.*
To let us know the ride was over,
You talked of trivial matters, casually.
With a gentleman's smile, you clinked your glass.
Your round Gandharva[5] *face*
Made you look like a grown-up child
But I was afraid to stand too close
To one who was touched by God.

You talked to me in Kannada.
Your intonations let me know
That you were from Belgaum.
I even knew your caste, from the words you chose.
Grumbling that your hand was swollen
With rheumatism, your leg too,
Praising the Mysore climate,
Praising my friend Ashok from Bhopal,
A little too much, you showed
You were an ordinary fellow who could be my friend.
You conspired to free me
From the spell that held me.

Sky, birds, nature spirits,
Rivers, jungles, hills, clouds,
Raging cyclones, forest fires,
Furtive ticklers, women whose eyes brim with love,
World-renouncers
Who roar with laughter,
Goddesses whose braids are made of night,
Separated lovers blaming each other,
Gods with dimpled chins,
Shepherds playing flutes,
All this
Had come cascading from your mouth.
To erase it, you asked
For garlic chutney, barley bread,
White radish, tender cabbage,
Green coriander, fenugreek leaves,
Chopped cucumber with lemon juice
And sprouted lentils[6]*.*
Thinking of your childhood,
Like a tired trader coming home from market,
Grumbling about the rheumatism
In your hands and legs,
As if you had nothing to do with kabir,
You ate and drank happily.

I wondered how that mad Kabir
From the far north
Could haunt our southern Kumar
Of Belgaum.
I admired the celestial Gandharva's
Wordly wisdom – how he freed himself
By hurling that mad creature
On innocents like us.

Ageing man
Round cherubic face
Swollen hand
Gossiping and drinking

With humility and pride
Half-asleep eyes
High-pitched voice
Breathing through just one lung
Balding head

I was astounded that God
Became a tenant[7]
And prospered
In a place like that.

(Translated from Kannada
by the author and Linda Hess)

Notes

1. This poem was inspired by a private concert in Mysore in 1989.

2. Naad, translated as 'sound', suggests to the Indian reader a primordial sound associated with the moment of creation, the source of all sounds, and the fundamental vibration in music. It is also an important image for Kabir – in his poetry, Anahat Naad, the 'unstruck sound', is associated with moments of liberation. (See introduction for more details.)

3. Avadhoot, hard to translate with the right flavour, has been rendered here as 'wanderer'. It is one of the several words used for a person who has renounced wordly life and wanders without possessions or attachments. Among the various types of renouncers, the Avadhoot is likely to be more singular, solitary, mysterious, eccentric. Several of the nirgun bhajans that are translated in this book begin with an address to the Avadhoot.

4. Royal Salute is the name of an Indian whiskey.

5. A beautiful semi-divine musician who plays in the heavenly courts as per Hindu mythology.

6. The foods Kumar Gandharva relishes in his after-concert meal (especially the cucumber salad) are associated with the area around Belgaum in North Karnataka, where he spent his childhood. For six years he was infirm, largely bedridden and unable to sing. With the discovery of antibiotics, he recovered and resumed his singing career but, by that time, only one of his lungs had remained functional. (See Introduction for more information on Kumarji's life.)

7. Vokkalu. Usually a landless farmer who takes up tenancy on someone else's land. Also used to refer to a devotee of Lord Venkateshvara. In both cases, a vokkalu is dependent – not his own person. In discussing this line with me, Ananthamurthy referred to the protagonist of Dostoyevsky's 'The Idiot'. God can become a tenant in such a person: Innocent, frail, naive, open. In such a tenancy, God thrives and prospers.

A Unique and Versatile Personality

22

K G Ginde

A born genius, Shivaputra Sidhramayya Komkalimath, later known as Kumar Gandharva, was a unique and versatile personality. He was born at Sulebhavi, near Belgaum, on 8th April 1924 in a priestly family of the Lingayat community. Right from his childhood, Shivaputra possessed extraordinary virtues, which later proved a boon in the development of a unique personality.

Shivaputra's father had learnt music under the Kirana tradition and used to sing occasionally. Shivaputra, by sheer inheritance, had learnt by heart many musical compositions from his father while he was just four years of age. Shivaputra's father had some landed property at Amtur, a small village about five miles away from Bailhongal, a Taluka place in Belgaum district, where he used to pay periodical visits. Being a Lingayat priest, Sidhraamayya with his son Shivaputra, used to camp at Bailhongal in a Lingayat 'Math' for days together.

My father, Dr G R Ginde, after his education in medicine, had settled down at Bailhongal around 1910, and had started his medical practice. Very soon, he had earned a great reputation not only in the field of medicine but also as an honorable citizen of that place. By 1919, he had built his own bungalow.

My father had a genuine interest in music and would sing Bhajans every morning and also on Thursday evenings in front of the family deity at home. Because of social and economical problems, he could not avail of an opportunity to have a regular training in music. To fulfill his ambition in this regard, he encouraged all his sons

Siddaramayya Komkali, Kumarji's father and Siddhauwa, Kumarji's mother.

With close friends. Kumarji in the center, to the right Dhrupad exponent S C R Bhat, above him violinist V G Jog, to the left Kumarji's teenage friend RajnarayanVarma and Tabla player Sadashivbhaiya, Lucknow , 1940

and daughters to learn music and gave enough exposure and encouragement in this direction.

My eldest brother, Dr Ram Ginde, the famous Neurosurgeon of international repute, had imbibed this quality from our father and used to sing Raagaadari Sangeet, Natyasangeet and used to play the harmonium, dilruba and flute with adequate command. This was further pursued by other members of the family in one way or the other. Somehow, I showed keen interest in music right from the age of three. Sensing this, my father and eldest brother encouraged me in the study of music. Gramophone records of Nata-Samraat Bal Gandharva, so also of other well-known musicians were brought home for me. I used to listen to them constantly, and in due course, memorised all the songs.

Our house was now known for music in the whole of Bailhongal and as such whosoever visited our town, would visit our house. Myself and Shivaputra got introduced to each other at our ages of four and five respectively. At our house, Shivaputra got exposure to all the gramophone records, which he also memorised in no time. I feel proud and fortunate to be associated with Shivaputra since that age and till he breathed his last on 12th January 1992.

Shivaputra's genius was spotted for the first time by my father and he was very keen and eager to put him under the right guidance and training. In the meantime, during his visit to Belgaum somewhere in 1934, Prof B R Deodhar spotted Shivaputra and, after having an agreement with his father, took him along to Bombay. During this period, one of the Lingayat Mathaadhipatis had conferred the title 'Kumar Gandharva' on Shivaputra after hearing him. Since then, Shivaputra came to be widely and popularly known an Kumar Gandharva.

To describe Kumar within limited space is a truly daunting task. However, I shall try my utmost to explain his vivid and multifarious personality in this short resume. To do so, I shall have to divide his life-span into three stages, the very first before his tutelage under Prof B R Deodhar, the second before he fell prey to a very dreadful disease and, the third and final stage, after his illness till he breathed his last. These three stages highlight Kumar's versatile personality, which in turn, has made him a legendary figure in the field of music.

As a child prodigy, Kumar had several unique qualities in him. He had a keen sense of observation, exceptional memory, power of imitation and so on and so forth. Whatever he observed was imbibed instantly, whatever he heard was instantly memorised. Although he had a poor constitution, it did not come in the way of his musical progress. He had a complete sense of tonality right from his birth. He was, however, weak in the sense of rhythm, which later on, by sheer dedication and practice, he mastered to its perfection. In his early life, he became famous as an imitater of the great masters and used to sing the different Raagas sung by stalwarts such as Faiyyaz khan, Abdul Karim Khan, Ramkrishnabuwa Vaze, Sawai Gandharva, Narayanrao Vyas and others, exactly in the same way. He had even presented such concerts in the presence of these stalwarts and got due acclamation from them. By nature, he was never shy, but bold enough to express his ideas firmly. As a result, by the time he was picked up by Prof Deodhar, Kumar had imbibed inherent qualities of all existing Gharanas in terms of their musical presentation.

Under the tutelage of Prof Deodhar, he got a wide exposure in listening to various stalwarts in live concerts, an opportunity to learn many traditional compositions from various musicians along with different versions of the same composition, theoretical knowledge of various Raagas, as described and contemplated by Pandit Bhatkhande in his four Marathi volumes 'Hindustani Sangeet Paddhati'. This helped him a great deal in the understanding and acquiring a definite Raaga-Swaroop and its development.

During this period, he was greatly influenced by Acharya S N Ratanjankar. He used to come to Ratanjankarji regularly during his practice time and learn from him many Bandishes composed by him. In fact, Kumar popularised many such Bandishes of Acharya Ratanjankar through his concerts and radio broadcasts. During this period, Kumar had not evolved a definite style of his own. We could find glimpses of various styies interwoven most intelligently and thus presenting his music most effectively. Many of his ardent followers have experienced such memorable concerts.

With growing age, he had developed further his sense of humour and independent nature. He was always fond of company, right from his younger days with the result that he had gathered people around him in different categories: His disciples, his admirers, his colleagues, etc. By possessing such a nature, he was liked by many well known musicians who treated him as their friend. Kumar became popular and a favourite with listeners all over the country.

Left to right, teenaged Kumarji, his eldest brother Shivarudraiya, Inamdar of village Bailhongal, Kumarji's father Siddharamayya, and Mr. Anigol, the village Patil (head), approximately 1940.

Left to right: Sadashiv Bhaiya, SCR Bhat, Kumar ji (centre 1st row), V G Jog, Krishnarao Mujumdar seated at the feet of veteran Pt. Rajabhaiya Poochwale (middle row centre), Lucknow 1943

At this stage, it is noteworthy that having matured as an artist, he thought of living independently and thus left the household of Prof Deodhar in 1947/48. During this period, he got married to Bhanumati Kauns, who was training under him. His other students at Prof Deodhar's School of Indian Music were Vasundhara Shrikhande, Pandharinath Kolhapure and many others. Bhanumati had total dedication towards Kumar in all respects, although she was a double graduate and a sportswoman with a well-built physique.

This married life did not last very long. Kumar was taken ill with a serious ailment and, under his doctor's advice, had to choose a place with dry climate. Finally, both Kumar and Bhanumati settled down at Dewas, a place which was liked by the both of them. Kumar had two sons from Bhanumati but, unfortunately, she could not survive her second delivery. She passed away at the hospital itself at Indore.

A word about Bhanumati is worth mentioning. During Kumar's illness at Indore/Dewas the manner and amount of Sewa which she did for him is something indescribable. I can assertively state that it is mainly Bhanumati's total dedication and affection towards Kumar that helped him survive his dreaded ailment. In fact, the planning and designing of 'Bhanu-Kul' bunglow, at Dewas, was carried out by Kumar according to her wishes. Unfortunately, Bhanumati could not set foot in this new house. After her death, Kumar got married to Vasundhara Shrikhande within a period of one month. However, his attitude towards life underwent a radical change, and it was entirely a different Kumar after Bhanumati's death, both in his life-style and his approach to music. Kumar had a daughter from Vasundhara named Kalapini.

The momentus change in his approach to his musical treasure, which was gathered so far, started taking on new dimensions. During his long illness, Kumar was strictly forbidden from singing, for a long time. He thus adopted an introspective approach towards his musical thoughts and started singing silently to himself, finding out the very essence of music. In other words, he started practising 'Anahat Naad' more intensively, rather than 'Aahat Naad'. With concentrated Saadhana and dedication, Kumar started enjoying his music with an entirely uncommon approach. To add to this, he also started gathering folk music of the Malwa region to find out its origins and also those of some of the Raagas through these folk melodies. His inventions of new melodies and Raagas is the outcome of such a study.

During the later part of this life, Kumar had become a philosopher in many aspects. His deep study of 'Anahat Naad' made him a different Kumar in his approch to the existing and popular Raagas. He was always in search of new avenues and used to experiment with new ideas with all his genius. Thus the Raagas that he sang during this period were treated with an entirely different approach, which many of his listeners could not relish. However, he was much ahead of his times and never cared to please the present-day music lovers in the general sense of the term. He sang, more or less, for himself than to impress his listeners. He had developed a new style of modulation of voice and its throw and hence he could convey his feelings through his musical ideas and thoughts, rather than conveying the same through the lyrics of the compositions.

Although Kumar had never reached the portals of any school, he had acquired deep knowledge in various fields such as literature, painting, sculpture, architecture, poetry etc. by sheer self-study and association with various personalities in different fields, much to the amazement of his admirers. He could speak with authority on any of these subjects. This inward study of various subjects also gave Kumar new dimensions to express his thoughts through his music.

Kumar had various hobbies. He was always engrossed in the study of nature. He was very fond of collecting material, which was very rare. He was fond of books on various subjects and had developed a vast library. He was fond of gardening and used to spend much of his time in looking after his garden. His choice collection of very specific plants and trees, rooted around his bunglow at Dewas, is a testimony. He was also fond of hunting. It is rather difficult to dwell on his hobbies. Only those who have spent time in his company can understand what Kumar was.

As a person, he was known for his hospitality. He always believed in punctuality. He was very selective. He always kept his word and cared more for his friends, and near and dear ones. He always extended a helping hand to deserving persons. Above all, he always believed in neatness and tidiness. He used to arrange his own things and never allowed anyone to touch them. As a result of all these virtues in him, he had gathered many admirers and friends all over the country, belonging to various vocations – right from an ordinary paanwalla upto the President of India and the Chief Justice of India. He always stood by personal prestige and never bowed down to anybody for selfish motives. He lived like an uncrowned king and established his own individual personality.

I myself, as his very first friend, have experienced his attitude, love and affection the same manner right from his age of four till he breathed his last, although during this long period, we hardly met. But whenver we met, we had the same cordial relationship. To me, Kumar was a friend indeed, an elder brother, an ideal worshipper of 'Sangeet', a true guide and above all, a very noble soul whom I shall cherish forever.

As a student of music, whatever aspect of the art Kumar undertook for presentation, he studied the subject in great detail and only then, would he present his stand-point to his audience. That is why, his interpretation of Tukaram, Meera, Surdas, Kabir, Baalgandharva and so on had a different fervour in their approach and presentation. He always used to plan his programme of each and every concert and never obliged anyone with an instant Farmaaish (request). He always used to say, "I wish to present something special for the occasion and I have come fully prepared with it, to which you should please listen."

In the passing away of such an uncommon personality, I have personally lost a great friend and a musician par excellence. Although he has dropped his body, his noble soul shall always be with me. To me, Kumar is immortal, and I shall ever cherish his loving memory.

23 Crossing The Sound Barrier

Mohan Nadkarni

Kumar Gandharva hit it big time when he debuted at an all-India music conference in Bombay when he was only 12. This was in February 1936. The venue was the historic Jinnah Hall in the central part of the metropolis. Those were the times when music conferences were events to look forward to with keen anticipation unlike today's mammoth Sangeet Sammelans that cater to mass audiences. Leading lights in the field vied with one another to give their best, to the shared delight of the audiences, which comprised not only connoisseurs and lay appreciators, but also musicians of standing.

It was in the presence of such an august assemblage that Kumar Gandharva made his bow to give a start to the conference proceedings. He sang barely for half an hour. But he hypnotised his audiences by the very first flourishes of his sonorous, vibrant voice and then proceeded to intensify the spell by the matter and the manner of his musicianship. The innocent boy from faraway Belgaum was himself stunned as well. He was too young and simple to understand what all the ado was about!

Almost half a century has since rolled by and this *enfant terrible* of Indian music has emerged to rule supreme as the most generative talent of our time in the Hindustani tradition – and something much more. He is rightly hailed as the harbinger of the avant-garde movement.

But Kumar also happens to be the most controversial vocalist of our time, because he has blazed a new trail in the field. His genre, so ingeniously evolved, represents a free style of his own. It is novel in form and design and unorthodox in approach; it has sought to spurn the very concept of the Gharana, the tradition that once nurtured and fostered his

MONDAY MARCH 2, 1936

THE TIMES OF INDIA

INDIA'S TALENTED BOY SINGER

Remarkable Singing

To sing some of the most difficult works in Indian music and earn enthusiastic applause from a highly critical audience is an achievement of which any musician of long experience might be proud. When the singer is a boy not yet in his teens, the performance must be ranked as one of the most remarkable heard in Bombay for a long time.

The singer was Kumar Gandharva of Belgaum, and the occasion the second concert given at the People's Jinnah Hall, Bombay, on Sunday afternoon by leading musicians who have received high honours at the recent music conference held in the city.

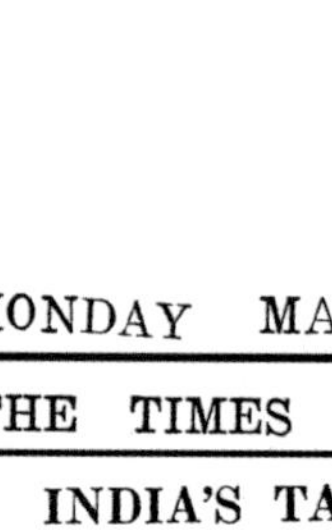

Kumar Gandharva.

Kumar Gandharva has already won several medals for his proficiency in the art of Indian music and providing his present development as a singer continues, there is no doubt that he will be a genius. He is gifted with an extraordinarily flexible voice so that he can tackle complicated passages of classical music with the ease of a highly experienced singer. His technique is almost faultless and there is an individuality and finish about his performance which might be expected of a star many times older than he is. Lovers of Indian music will realise the high standard he has reached by the fact that he sang the Raginis *'Aimen Kalyan* and *Bhairavi* in addition to a more popular song. The inclusion of a violin as part of the accompaniment was not happy.

:hild with medals.
ı this well-known
hotograph from 1934,
en-year-old Kumarji
olemnly faces the
amera, displaying
ows of medals he has
eceived in
erformances.

)pp: After Kumarji's
rst performance in
ombay on March 1,
936, the *Times of India*
ublished this article
oting the 12-year-old
oy's remarkable
nging

genius. Yet it has in it an ingenious beauty in north Indian music – both classical and folk.

And it is this uncanny fusion of lively folk finery with the classical fabric that lends charm and variety to his singing. The effect is at once refreshing. Added to this is the expressiveness of his voice, with its bouncy sprit and rich melodic sensitivity. Small wonder then, that this music makes for a truly mesmeric impact on present-day audiences.

No less prodigious are audiences, imaginative gifts, so brilliantly reflected in his self-composed but folk-based Raagas and musical interpretation of devotional poetry and so total, indeed, is his involvement with his music that he purveys his gifts to his listeners in a manner few others can.

After Kumarji's first major performance in Allahabad in 1935, many luminaries of the music world gathered for this photograph. Center front is Kumarji, age 11, with his young Tabla player Ramkrishna Bondre at left and friend Shantaram Kashalkar at right. Seated above them left to right: (1st) Ramkrishna Bondre's father, (2nd) Prof B R Deodhar, (4th) D V Paluskar, (6th) V N Thakar, (7th) S D Apte. Next row seated from left (2nd) Pt Vinayakrao Patwardhan, (3rd) Pt Narayanrao Vyas, (5th) Pt. Vishnu Kashalkar. Top row standing, from left (3rd) Kumarji's father, Siddharamayya Komkali, and (8th) Shankarrao Vyas. At far right is Athawale Master.

Predictably, Kumar's music has always evoked extreme reaction. It has earned him the fanatical adulation of votary as well as the constant hostility of purists. He has also with him the cautious admiration of most critics, among whom I count myself. Some call him a prodigy, others dub him a rebel. In fact, he is both, which is why he compels attention.

Kumar Gandharva, to my mind, is an artiste with four distinct 'identities': He is a classicist by training, innovator by temperament, poet by feeling and thinker by inclination; and it is the interaction (or the clash) of these "identities" that has made him what he is today. A phenomenon that has simply come off. But to understand and appreciate its significance to the future of Indian music, one must go back and recount the journey of this child prodigy, who was destined to become a rebel genius.

Shivaputra Siddharamayya Komkali was blessed with the title of Kumar Gandharva by the religious head of his Lingayat community while he was only 6. He was born in a musical environment. His father was a great fan of Abdul Karim Khan and a vocalist by choice, with a repertoire of rare Raaga bandishes to his credit.

But it was not long before his father and other members of his family chanced to hear the boy render a Raaga composition. It was a perfect replica of a khayaal sung by the veteran Ramakrishnabuva Vaze in one of his commercial records. The family, taken by surprise, took the lad to the community 'Math' to seek the blessings of the presiding Swami. From that time, the boy came to be known as Kumar Gandharva to the music world.

Kumar was encouraged by his father to attempt such imitations of several other reigning masters of the time. They ranged from Abdul Karim Khan, Faiyaz Khan, Omkarnath Thakur, Master Krishnarao to Kesarbai Kerkar, Sawai Gandharva and Mallikarjun Mansoor. Kumar's perception was so acute that, while presenting his imitations of the diverse vocalisms of these celebrities, he would depict even the subtle differences and angularities he had discerned in their singing without any intention to mimic these.

Nor had Kumar, at that age, any understanding of music, much less an awareness of Swara, Laya, Taala or Raaga. It would, therefore, seem that he reeled off his imitative melodies through sheer instinct.

Kumar's debut at the music conference in 1936 changed the course of his musical quest. Prof B R Deodhar, the eminent musicologist and musician of Bombay (who had, incidentally, organized the conference jointly with Vamanrao Deshpande, also a noted scholar, musician and author), took Kumar in his charge for systematic grooming. This studentship lasted 11 years, during which the erudite guru encouraged his precocious shishya to develop an eclectic attitude to classical music. The object was to make the youngster understand the merits and the demerits of the different contemporary Gharaanaas and their masters, whom Kumar had all along idolised in the spirit of an ardent devotee in his early impressionable years.

At the same time, Prof Deodhar exposed Kumar to concert performances of these masters for a number of years. The impact of this exposure on his mind was decisive. He began the process of picking and choosing those elements of various Gayakis, which suited his talent and genius. But, while doing so, he resolved never to imitate any of the masters.

When Kumarji visited his birthplace, Sulebhavi, Karnataka, for the last time, he is shown here in Dharwar with his daughter Kalapini and renowned singer Pt Mallikarjun Mansur, December 1991.

During the same trip, Kumarji met his good friend Gangubai Hangal, senior singer and guru-bahin of Bhimsen Joshi. From an early period, Kumarji loved to stay with and travel with her. He called her Gangauwa, Mother Gangu.

Kumar soon began to undertake concert assignments which took him from place to place, all over the country. He made his mark wherever he performed and many a budding musician looked up to him as his model. Yet he remained restless, as he was torn between a distaste of imitation and an inability to strike out on his own.

Meanwhile, Kumar got married to Bhanumati Kauns, who was learning music at Prof Deodhar's school. The happy couple were not, however, destined to lead a life of well-being and contentment. By a tragic irony, Kumar was laid up with a serious tubercular infection. On medical advice, he had to move with his wife to Dewas, in Madhya Pradesh, for a long rest and recuperation. This was in 1947. Kumar was confined to bed for five years till 1952, during which he was medically prevented from even touching his Tanpura.

Kumar's recovery and return to his professional career is a case of the triumph of the spirit over the body – and more. All throughout his long period of convalescence, he had to remain alone at home, while his wife went away to teach in a local high school. It was through his agile mind that tuned itself to the pervading solitude, that he enjoyed the bliss of introversion. For, even as he lay recuperating his bed, Kumar was fascinated by the strains of folk songs that kept wafting into his room from outside.

In time to come, he found himself exposed to the vast and varied repertoire of the folk music of the region. As he says, it was folk music, which filled the void in his life. He made it a habit to listen to the songs and their tunes with a perceptive ear.

So quick and complete was his involvement in this new field that, by the time he completely recovered from his illness, his music also underwent a marvelluous transformation. Even as it lent a new dimension to his creativity, it also set a new trend in traditional music.

Kumar studied and analysed the unpretentious form and content of the folk music of the region, collected 300 odd songs, cast them in notation and kept humming the tunes he so composed. The outcome was the variety of his now famous Dhun-ugam Raagas, which find place in his magnum opus, *Anoop Raaga Vilas*, published in 1965. A collection of independent compositions, it contain 136 Bandishes, of which 107 are in 57 old Raagas and 17 composed by Kumar himself in 11 Raagas. In addition, he has composed a Bandish each in 12 Raagas which embody a manipulation of two or more old melodies. A stupendous achievement this, by any standards, much more so for one who has had no formal academic education.

This is not all. Looking back, one will find that Kumar's output in the course of the next 13 years, in terms of his special stage presentation, is even more staggering in its immensity – in point of variety, depth and range. The first to come, in a row, were his Geet-Varsha, Geet-Hemant and Geet-Vasant, all in 1936. These were all based on the cycle of natural seasons. Triveni, featured in 1967, was a composite programme of choice Bhajans from Kabir, Surdas and Mirabai. Kumar's passion for the stage music of the inimitable Bal Gandharva, Maharashtra's greatest actor-singer of his century, found eloquent expression through a progamme which he conceived and presented at various places in Maharashtra in 1968. This was followed by a concert in 1969, highlighting his versions of Thumri, Tappaa and Tarana, the style in Hindustani music now steadily going out of vogue.

In 1970, Kumar's presentation of folk tunes of the Malwa region of Madhya Pradesh and the self composed Raaga Gandhi Malhar, a centenary tribute to the Father of the Nation, created a stir in the musical milieu. The year 1973 marked the centenary of the Marathi poet laureate, B R Tambe, and also the quarter centenary of the Tulsidas epic *Rama Charita Manasa*. These two events inspired Kumar to conceive and present special shows.

It would seem that 1973 was the high point in Kumar's creativity with the staging of his Rituraaj Mehfil, based on songs of the spring; Raaga Darshan Mala, comprising vignettes of melodies from the Malhar group; and a concert, giving his musical interpretation of selected Abhangs of the Marathi poet-saint, Tukaram. A similar programme, based exclusively on the Bhajans of Surdas in 1978, marked the end of what may possibly be the most significant phase of his 'voyage of discovery'. For an artist like Kumar Gandharva, who has devoted his life to relentless experimentation towards achieving something new, one hopes that his 'voyage of discovery' still goes on.

Kumar's creative output is remarkable. The kind of talent and imagination that has gone into its making is mind-boggling. Any detailed evaluation of his contribution would involve long and arduous research. That is because the new aesthetics he has evolved for his creativity are equally baffling.

The first tenet of Kumar's aesthetics is based on the assumption (which is now widely accepted) that all stylised music has its genesis in the folk tradition. The diversity of climate, language, religion and custom is charmingly mirrored in the folk songs of different regions. They range from ceremonial songs, women's ditties and occupational refrains to devotional numbers and seasonal melodies – all warmly expressive of the whole gamut of emotions. And, by their variety in point of content, design, structure, tone and rhythm as much as their natural manner and spontaneous expression, folk songs have the power to sway even the present-day sophisticated audiences.

The intellectual and the visionary in Kumar is seen at its best, in his ascetic study and incisive analysis of the entire folklore of Malwa during his long years of illness and loneliness. That was also probably the period when he grew acutely aware of the life and the arts around him. In the process, it must have also kindled his poetic instinct. The result is the unmistakable impression of folk music on his art which was, in turn, influenced by what he could hear, see and deeply feel. Be it the manner of presentation (Swar lagaav), mode of presentation (Dhang) or hawk-like swoops (Aaghaat), his vocalism carries that unmistakable Kumar mystique.

If Kumar still finds himself at the center of controversy, it is because of the second tenet of his aesthetics. It expounds his approach to classical music and also the rationale of his self-composed melodies, both folkbased (Dhun-ugama) and compound (Jod) or complex (Mishra) Raagas, which are combination of two or more Raagas.

Kumar justifies his quest for new direction in classical music on several grounds. First, he firmly holds the view that all our Raagas have sprung from folk moorings and that any folk-tune with a distinct form and character can be shaped into a Raaga. Secondly, he maintains that Raagas are not made, but exist already, waiting to be discovered. To find them, he says, one must search where the celebrated but anonymous creators of our classical music looked for them – in the fathomless ocean of our folk music. Thirdly, he discerns a woeful lack of research and experimentation which has threatened to make classical music stagnant. And, finally, he emphatically feels that tradition should stimulate creativity and not act as a deadweight to progress.

Kumar's new aesthetics have understandably evoked a spontaneous response, even acclamation from his fans and admirers, which includes a significant proportion of the younger generation, intellectuals and, those active in other creative fields like painting, sculpture, architecture and literature. In their view, he is one artiste who has ventured to cross 'the sound barrier' and, while doing so, takes them to a new world, the world of classical articulation rooted in elemental folk music.

At the other extreme are the uncompromising purists who are "sad to see this genius wasting his undisputed talents on worthless experimentation." They aver: "Strictly speaking, in this world of 12 Swaras, there is nothing 'new' to be discovered."

Out of the nature of origin of Raagas, what is more to the point is that, only those tunes evolved along the classical lines, which lent themselves to the basic concepts of form, design and structure (like Jati, Aaroha, Avaroha, Vaadi, Samvaadi, etc.) and came to be styled as Raagas by the great aesthetes who formulated the concepts centuries ago. The process involved was simply one of observation and experiment. Hundreds of such Raagas find mention in the old treatise. And, as we know, barely

300 odd Raagas have come down to us. This shows that the prerequisite for their assimilation into the mainstream of the Raagas tradition is neither their novelty nor their structural authenticity but their aesthetic excellence and entertaining power.

I have been an avid listener of Kumar Gandharva's music for almost three decades and I understand and appreciate his passionate urge to popularise his own Raagas innovation. That is natural and unexceptionable, too. Nor need one have any quarrel with the current movement for the creation of new Raagas. Even melodies like Yaman, Bilaawal, Kedar, Shankara and the whole range of what are known as Siddha Raagas, were also 'new' when they were first brought into vogue by our great creative giants.

In this respect, Kumar's Dhun-ugama Raagas provide a contrast, although he has taken care to classify them in accordance with the age-old concepts mentioned earlier. Yet, verily seen in their shape and structure, not all of them would seem to quality for parity with the time honoured Raagas.

Specially the Vilambit rendition of a large number of this Dhun-ugama Raagas often abound in stereotyped, repetitious patterns, specially if their development is very slow. And precisely because they are based on folk themes, they do not lend themselves to slow and steady elaborations. Interestingly, too, this shows in the charm and natural Raaga of his lines as much as in their swift tempo and brevity. Many of these melodies are available through commercial records which serve to support my view. This is equally true of the other group of his self-composed Raagas, like Sohini-Bhatiyar, Gouri Basant and Kamod Nat, each of which present an ingenious fusion of two traditional melodies. And he aptly renders them in fast tempo. Kumar's voice is indeed his fortune. He is also musical to the core. But he has to sing with only one lung. This disability has put a severe limitation on his tonal range. The very opening 'Shadja', with its power, euphony and luminosity, has an instant, hypnotising effect on his listeners. His high notes have a feathery feel, while the middle range is creamy. But the lower register is so weak that he cannot delve effectively into the 'Mandra saptak'. He does not sing in Thaaya laya (which is the *sine qua non* of Vilambit Khayal). His emphasis is mostly on medium tempo and fast composition. Boltaans are also conspicuous by their absence even in his minimum-tempo singing. Even when he chooses to sing in Vilambit tempo, he seldom repeats the opening refrain (Mukhda) of his composition (Cheez) and instead, goes on rambling and meandering over several cycles continuously, which results in a loosely knit, even patchy unfolding.

This is the future common to his rendition of all Raagas, traditional or folk-based. His penchant of giving folklorish flourishes to old Raagas tends to dilute their classical element. His weakness of tinkering with the model fidelity of traditional Raagas infuriates die-hard purists; there are times when he chooses to ignore the Vaadi and Samvaadi Swaras of Raagas in blatant violation of one of the accepted forms.

Kumar's view, that there is a lack of research and experimentation in the field and that tradition has acted as a deadweight to progress and caused stagnation is equally debatable. To the very facts of our musical history, the many phases of its evolution through the centuries, we have inherited a treasure of style and vogues from Dhrupad and Dhamaar to Khayal and Thumri with its regional varieties. This art

of musical sounds has been handed down by oral tradition, recognised by the ear and refashioned by the mind into ever-fresh forms. And look at the fine varieties of its Raagas, the complexity of its tales and the rich overtones of its myriad musical instruments. Aren't they all reflective of a musical evolution? There has been no semblance of stagnation whatsoever here. But the process of assimilation, adaptation and creation has always had its roots in the classical past.
Classical music, by its very nature, cherished and observed certain norms of dignity and discipline which are reflected in its practical performance. On the other hand, folk music, known for its naturalness of manner and spontaneity of expression, is not bound by such values; the new idiom that Kumar has evolved in the classical field is an attempt to mould these contradictory values in his vocalism. It is too varied and too slick to classify, which is why it poses a problem for admires and detractors alike.

Which is also why reviewing a Kumar Gandharva concert often proves to be a ticklish job. In saying this, I have in mind his classical recitals comprising Khayals, Tappaas, and Thumris. On most occasions, they evoke mixed reaction. Often my evaluation of such recitals would seem to be at cross purposes with the views and opinions of his fans and admirers.

On the other hand, I have liked most of his other concert presentations. I enjoy them as experiments which may well grow more and more popular independent of the conventional solo concerts and without any pretensions to replace them. But it is in these renditions of devotional concerts that I find Kumar truly great. Whoever the saint and whatever the lyrics, every line, every phrase, every pattern that Kumar sings is the utterance of a deeply moved soul.

In the final analysis, joy lies in appreciation, not in analysis as one perceptive Rasika once said. And Kumar is one artist who spreads joy even with his very presence. He has managed to retain both his head and his heart. He remains calm and unconcerned about the controversies that continue to rage around him. He endears himself to his comforts as much as to his audiences by his humility and dedication to his Muse.

Kumar's home at Dewas, fondly named Bhanu Kul, after his first wife who died at the birth of their second son in the early 1960s, nestles amid a lovely garden at the foot of a hill and away from the madding crowds. When he is not on his concert outings, Kumar keeps busy with his research, experimentation and teaching. His second wife, Vasundhara, is his chief disciple, who also shares his involvement in his relentless endeavours. Mukul, his elder son, and Satyasheel Deshpande, the youngest son of Vamanrao Deshpande, are among his other disciples who, given certain conditions, should make the grade sooner rather than later.

I last heard Kumar at Pune three months ago. It gave me a glimmer of yet another turning-point as a classical musician. And, as I came away, an observation of T. S. Elliot sprang to my mind: "We shall not cease from exploration. And the end of all our exploring will be to arrive where we started. And know the place for the first time."

Amid the controversy that continued to surround him, Kumar Gandharva remained calm and unconcerned about it. He endeared himself to his confer as much as his audiences by his humility and his dedication to his Muse. His simplicity and charm had a child-like quality. So had his chubby face, specially when he had a smile playing on it.

Kumar Gandharva's life and career constitute the grand saga of a child prodigy who was destined to emerge as a rebel genius.

(This article was published in *The Illustrated Weekly of India,* dated 29th April 1984)

Kumar Gandharva: 50 Years of a Ceaseless Quest

24

Rahul Barpute

Unless a belief is hurt or threatened, controversy does not originate. And does not the fact that a controversy centred around one single person happens to continue, almost without any respite, for over forty years, help in drawing some conclusions about the character and nature of the focus of the controversy? The question is relevant and pertinent because, for over forty years, controversy has raged around the musical creativity and personality of Shri Kumar Gandharva.

Whether we consider it to be an achievement or not, it certainly is a unique phenomenon. No star of Indian classical music's firmament has ever been so controversial. Here, a clarification is very much in order. Merely because we happen to like or dislike the mode of expression of an artiste does not make him (or her) controversial. Both Ustad Faiyaz Khan Saheb and Pandit Omkarnath Thakur were senior, acknowledged and popular vocalists. Their styles were markedly differtent. Both had their own admiring audience. But they never were controversial. Their characteristics and achievements were acknowledged even by those whose hearts they could not touch. Kumar's musical capabilities were never unacknowledged. And yet, he has been a controversial personality. He was so when he descended on the musical scene like lightning at the tender age of ten, and continues to be so even now. This 'even now' has a very special significance with reference to Kumar. Because, from 1947 to 1952, he was bedridden due to a very grave illness and singing was strictly prohibited. Defeating that killing illness, Kumar appeared on the stage a second time.

The resurrected Kumar had to face a unique challenge – that of competing against and overcoming his own former musical image. In the general course, in seeking to carve out a niche for himself, an artiste has to contend with several others of his time and tribe. Kumar not only had to do this twice but also, the second time around, had to successfully contend with his own former musical self. (This is, it should be noted, quite different from the continuous inner turmoil and the debate with oneself that goes on in the mind of every alert and creative artiste.) It would be helpful if we remember that before 1947, Kumar was an established top-class vocalist. In other words, he had succeeded in creating his own audience. And that audience, naturally, expected a particular kind of musical expression from him. But after 1952, it was a changed Kumar. The dimensions of his musical perceptions, and therefore expression, had grown greatly and therefore had changed. So when, for the second time, he took his seat between the two Tanpuras, there was a disconcerting gap between the expectations that he himself had aroused some five years ago and his new-found expression. Consequently, his already controversial creativity continued to be so; the only difference being that this time it was more intense.

Around 1936, when Kumar was a fledgling, the established mode of learning classical music was to attach oneself to a 'Guru' and to serve him. And, one of the important consequences of this mode was, needless to state, the overwhelming influence and importance of the various 'Gharanas' – Kirana, Jaipur, Agra etc. To forge ahead and firmly establish oneself without the prop of a Gharana, in those days, demanded great talent and unbounded courage. Kumar did it. To correctly assess this achievement, another important fact has to be kept in mind, that the field of classical music is extremely tradition-bound, conservative. This would be obvious if the changes that have come about during the past fifty years in the fields of various fine arts and performing arts, and literature are compared with what has been happening during the same period in the arena of classical music. Painting, sculpture, literary expression, drama – take any of these and you will notice, without any special effort, the vast changes that have taken place in its mode and content. (Certainly, one of the principal reasons for this is, that all these and similar fields of art have been westward-looking. In the case of classical music the western influence is limited only to the use of technological gadgetry.) But in classical music the 'Yaman' or 'Bhoopaali' that is presented today is very similar to the one rendered, say, a hundred years ago. In short, not only was the art-form traditional but, to boot, the period, when Kumar first established himself was some fifty years ago. With his arrival, if the age-old siege laid by the 'Gharana' concept was not devastated and demolished, it surely was breached.

Whether this breaching of the siege was then clearly perceived and understood for what it was, is difficult to state. However, there is a pointer. "Kumar is a question-mark on the music world" – this comment, coming as it did from a very distinguished and knowledgeable personality in the field of classical music, indicates the dilemma of the musicians of that period. If Kumar had been the standard-bearer of any Gharana then there would not have been any dilemma. Acknowledged vocalists and instrumentalists, as also the connoisseurs, have testified that in Kumar's music the specialities of the various Gharanas shimmered in such a deft manner that the unity and wholeness of his singing was not at all disturbed. In a milieu heavily laden with the influence of Gharanas, it was not easy to unhesitatingly adopt a meaningful and captivating synthesis of the various styles. It required not only extraordinary musical talent but an insight born of wisdom, as also the authority and unlimited self-confidence generated by profound thinking and constant experimentation. A very brief mention of the sailent characteristics of a Gharana will help us greatly, to properly appreciate Kumar's achievements. That the Gharana approach was narrow is indisputable. But then, Gharana also was, to an extent, a patron-protector. The lovers of a Gharana accepted any musician of that Gharana (if he happened to be one with some promise, so much the better). Not only that, he basked in the reflected glory of his Gharana. Also, the mere mention of a Gharana defined the expectations of the listeners and thus made establishing a rapport between them and the artiste that much easier. Kumar discarded these advantages. For, he was well aware that so long as this traditional institution called Gharana held sway over the domain of classical music, the tendency to speculate, to meditate and to practically test their conclusions could not flourish. With great care, Kumar has cultivated this tendency. As a matter of fact it is this tendency, which proves the unbroken continuity between Kumar's two, metaphorically speaking, incarnations, and it also accounts for the difference in the rich efflorescence of his genius in the two periods. That is why his multi-dimensional awareness has been there all along. It was there when he was acquiring the traditional knowledge of classical music by the traditional way. It was there, when around the very young age of nineteen years that he had carved out a place for himself in the top echelons of Indian classical music. It is there now. And one proof of that is his abiding and deep interest in folk-music. True, the results of his interest became apparent only after he got the better of his long illness, but the interest was there since long.

Why did Kumar turn to folk music? The only possible answer can be that he wanted to understand Indian classical music in its totality. That folk music is the fountain-

Kumarji performed in Kathmandu, Nepal in 1956, accompanied by his wife Bhanumati and his disciple Rahul Barpute, a well-known journalist. On the Tabla is Prabhakar Chaudhri.

head of classical music has been repeated ad nauseam. But no one had journeyed in a continously systematic manner to reach this Gangotri. Kumar has done that. He has searched for and found in folk-music the extant seed-forms of classical music. (By way of proof, he has presented more than two dozen Dhun-ugam Raagas that can be tested on the criteria applicable to traditional Raagas.) This in-depth study of folk-music had other logical consequences too. For example, he got to see the many approaches to Swaras, the ways of conjoining different fascinating rhythms, etc. Before he took to studying folk music, Kumar was getting deeper and deeper in another direction – his quest of the Swara. He was not satisfied with 'almost exact' Swara. He was in search of the Swara which was exactly as it ought to be. As a result of these two studies he came to see the various aspects of Swaras and the uses they could be put to became clear too. Not only that, there is another achievement also worth mentioning, relating to composition. If Kumar's music appears unique, the reason is not merely a speciality of style nor is it the polish of his Taans or similar factors. All this is there, of course, but apart from them, and mainly at its root, is his vision.

A well-known connoisseur, who has been listening to classical music since his own, and also Kumar's childhood, while describing one of Kumar's recent concerts to me, said, "Everything – Raaga, Taala, Bol, Badhat was true to the classical form and yet it had a different feel. These very Raagas and these very compositions I had heard from Kumar himself earlier (that is, before Kumar's prolonged illness). But this time their complexion was something quite different." At the root of this 'something quite different' are the two studies mentioned above. They gave Kumar new insight. The result of this earned insight was that Kumarji could now 'see' the many beautiful and as yet invisible or unilluminated aspects of traditional music. This was not only logical but also inevitable. In any branch of human knowledge, every earned insight has caused similar results. This has made so many interpretations of history possible. Every new achievement not only widens the road ahead, it also illuminates and clarifies the past.

It is the inherent nature of an artiste to present to others the beauty that he happens to see. Mere entertainment of the people is never his aim. It is the culmination of this inner compulsion, that Kumar presents the rediscovered beauty of tradional Raagas, old compositions or styles. He has neither broken nor given up the decorum of classical music. He certainly has deepended the awareness of its beauty. In this sense, Kumar is a powerful force of renaissance. His experiment-prone nature too, does not violate the bounds of classical music. In this connection I would like to cite two out of his many experiments. One is 'Triveni' and the other 'Malaa Umajlele Baal Gandharva' ('Bal Gandharva, as I have understood him.') 'Triveni' consists of several Bhajans of Meera, Sur and Kabir. The mental and emotional make-up of these three is very different. If, therefore, their songs are to be embellished with note and rhythm, then this has to be done in consonance with their mental and emotional make-ups. 'Triveni' contains four devotional songs of each of them, and though every composition is distinctive, yet every music lover who is averagely alert easily finds, that the musical compositions of Meera's songs have an indubitable 'Meera-ness' similar to Meera's original creations. This is equally so with the poems of Sur and Kabir. If we are averagely literate in the field of poetry, authorship is not normally a matter of speculation, even when not explicit. Never have we any doubt that 'Jheeni Jheeni beeni chadariyaa' is a poem written by Meera. While listening to these devotional songs embellished with rhythm and notes, this clarity is perceived in the musical aspect also. It is not as if a poem is somehow made to fit an arbitary frame of musical notes.

'Malaa Umajlele Bal Gandharva' was an even more daring experiment. Because, even today there are any number of people who have seen and heard in person that King of the Marathi stage. That a famous, and one of the top vocalists, should present the musical style (Gayaki) of another, and that too, not by way of a sample, but for a whole three and a half hour concert is not an ordinary feat. But Kumar did it. This is something beyond the capacity of those who merely imitate or those who have learnt a few stage songs by heart (to be used to introduce an element of variety in their own concerts of classical music!) In a sense it was akin to a Parkaya-pravesh (entering into another's body personality.) Kumar could do these two (and several other) experiments only because he has been and also thinking about classical music in its totality. However, even while accepting the limits of a traditional art field, Kumar is a seeker. Otherwise, to present the kind of music liked by the listeners (which is mainly what they have got used to listening to) would have sufficed. And for Kumar, to do that would have been extremely easy too.

Kumar's role is very similar to that of the archaeologist who points out the original beauty and grandeur of an idol which is worshipped, even as it lies buried, under layers of dust and dirt, in some desolate place. There is only one important difference. An archaeologist does not worship an idol that has been found after excavating a mound. In Kumar's personality an archaeologist's penetrating insight coexists with the deep faith of a sincere devotee. This alone should bare the root of Kumarji's controversiality and should make obvious his greatness too.

(This article was originally appeared in 'Kumar Gandharva', 8th April 1984 volume of tributes published on the occasion of his 60th birthday, hence it covers fifty years of his musical journey. It is reproduced with the permission of the Gandharva Mahavidyalaya, New Delhi. The text has been slightly edited to permit change of tense.)

25

The Journey From Voice to Gayaki

Observation from a study in progress

Shubha Mudgal

The emergence of an identifiable style shows the recurrence of certain motifs and patterns, which over time become inextricably associated with the styles of individual artistes of schools. In the context of Raagdaari music, and more specifically Khayalgayaki, these traits of characteristics provide the cues for identifying a vocalist's Gharana. In spontaneously elaborating upon a seed idea as encapsulated in the Bandish or precomposed composition, the vocalist draws upon a variety of previously considered materials and knowledge sources largely, but not exclusively inherited from the Guru, which include voice culture and projection, methods of elaboration, musical devices and more. While there is spontaneity in making an on-the-spot selection from this array of reference material as it were, there can be no denying the fact that the pre-meditated, pre-rehearsed nature of the process can and often does come in the way of transcendence, which ideally is the goal each artiste strives for. Thus the anchoring within Gharana Parampara can on occasion, fetter the artiste inextricably, to a point where the ideal situation of claiming an individual identity within the canopy of the Gharana remains an elusive dream. Blasphemous though this may sound in a culture where the Guru is accorded divinity, you become more Gharana than yourself and spend more precious time trying to sound like the iconic figures of the Gharana you are associated with. An examination of Kumar Gandharva's style illustrates for the student of music a rare example of an artiste who, while remaining tethered to the great tradition, was able to be himself in his music. The tradition of Raagdaari music itself is generous and offers freedom to those who seek it. On no occasion does it demand blind loyalty nor does it punish the questioning mind. But more often than not, perhaps in the many years spent in unquestioning obedience, collecting and compiling, following and repeating innumerable phrases, Paltaas or exercises, Bandishes, Vistaar techniques and more, the search for one's own voice is dulled and often finally obliterated.

andharva lahavidyalaya olden Jubilee oncert in Delhi, arch 1990, companied by ubha Mudgal n Tanpura.

One of the many but significant tools that a vocalist in the Khayal tradition works with, is the voice. Understanding the voice, accepting its inevitable limitations and inherent dynamism, and building on its strengths are some of the significant and persistent areas of study for any singer. From among the many areas of deep introspection and study that Kumar Gandharva must have engaged in, the building of his Gayaki around his unique voice and not around the voice of any one Gharana or Guru at whose feet he sought knowledge, is significant. It is through his understanding of voice that he structured a singing style that was markedly different from prevalent styles, and particularly those that he and his teachers owed an allegiance to. The sense of uniqueness that his followers found so remarkable and his detractors frowned upon, was created by an unabashed but superbly crafted use, of a voice that was far from being perfect, but has defied replication by even the most blindly committed of his followers. What he did with his voice was not always new or unique. For example, did he not use conventional devices like Aalaap, Behlaava, Boltaan, Taan etc.? Or to question further, were his Taan patterns so radically different from the patterns used by singers of the Gwalior or Jaipur-Atrauli singers? The honest answer would have to be that his Taan patterns were not so significantly different from those used by singers of other styles. But the very sound of Kumarji's voice singing those relatively familiar and often used patterns, and his overarching aesthetic vision created a 'never before' quality.

Kumar Gandharva's prodigious talent for music was first recognised, when as a little boy, he was able to emulate the singing styles of several reigning maestros. At this early stage he was probably self-taught to a large extent, or was learning by listening to records of the great masters, experiencing their music and emulating it to the best of his ability. Therefore, at an age when most students of music are taught elementary lessons under the strict supervision of their respective Gurus, Kumar Gandharva was already imitating and imbibing several singing styles simultaneously, possibly without any strict discipline or rigour. On the one hand, this could have resulted in either confusion or complete anarchy and rejection of form and structure, but conversely, it also allowed the young Kumar Gandharva to try and experiment with his voice as he wished to, without having to conform to conventional methods of teaching and moulding of the voice. Possibly, this opportunity of unsupervised learning through observation guided him towards the fearless exploration that his music came to be associated with. A more conventional learning pattern could have proved to be restrictive and stifling. This is not to suggest that the accepted methods of teaching classical music are detrimental to the development of a free-thinking artistic sensibility, but merely to suggest that in this instance the lack of formal codified instruction encouraged the burgeoning of a free and fearless spirit of inquiry. C P Rele, close associate and follower of Kumar Gandharva, points out in Jabbar Patel's film 'Hans Akelaa' that while Kumar Gandharva grew up in a home where music was practised and revered, he did not actually start singing till the age of eight. Rele also mentions that one of the first pieces that Kumar Gandharva started singing at this juncture was a complex Tappaa-like composition from Marathi theatre music. Later he would playfully boast to his cronies including Rele that he started his journey by singing a Tappaa, a genre that requires mature and deft handling, usually far beyond the comprehension of a beginner. To say the least, this was an unusual start to an extraordinary artiste's journey.

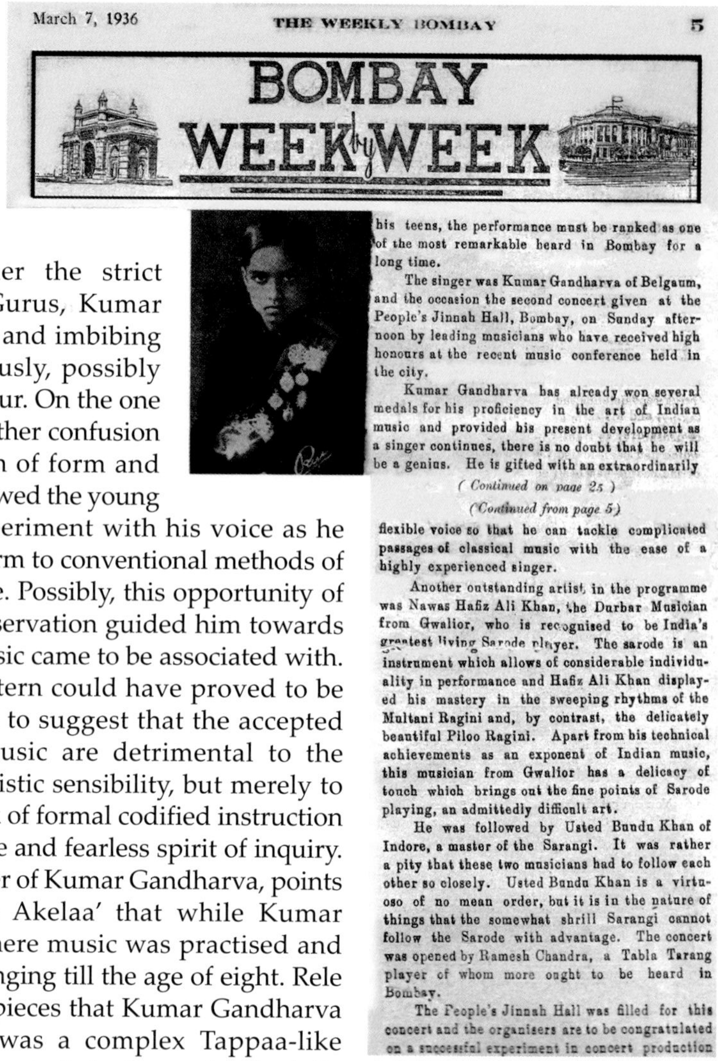
March 7, 1936 THE WEEKLY BOMBAY 5

BOMBAY WEEK by WEEK

his teens, the performance must be ranked as one of the most remarkable heard in Bombay for a long time.

The singer was Kumar Gandharva of Belgaum, and the occasion the second concert given at the People's Jinnah Hall, Bombay, on Sunday afternoon by leading musicians who have received high honours at the recent music conference held in the city.

Kumar Gandharva has already won several medals for his proficiency in the art of Indian music and provided his present development as a singer continues, there is no doubt that he will be a genius. He is gifted with an extraordinarily

(Continued on page 25)

(Continued from page 5)

flexible voice so that he can tackle complicated passages of classical music with the ease of a highly experienced singer.

Another outstanding artist in the programme was Nawas Hafiz Ali Khan, the Durbar Musician from Gwalior, who is recognised to be India's greatest living Sarode player. The sarode is an instrument which allows of considerable individuality in performance and Hafiz Ali Khan displayed his mastery in the sweeping rhythms of the Multani Ragini and, by contrast, the delicately beautiful Piloo Ragini. Apart from his technical achievements as an exponent of Indian music, this musician from Gwalior has a delicacy of touch which brings out the fine points of Sarode playing, an admittedly difficult art.

He was followed by Usted Bundu Khan of Indore, a master of the Sarangi. It was rather a pity that these two musicians had to follow each other so closely. Usted Bundu Khan is a virtuoso of no mean order, but it is in the nature of things that the somewhat shrill Sarangi cannot follow the Sarode with advantage. The concert was opened by Ramesh Chandra, a Tabla Tarang player of whom more ought to be heard in Bombay.

The People's Jinnah Hall was filled for this concert and the organisers are to be congratulated on a successful experiment in concert production

By the time Kumarji reached Prof B R Deodhar's threshold for formal Taaleem, his fertile and prodigiously gifted musical sensibility had already had the opportunity to explore diverse styles, forms and voices. He was imitating the styles of singers as diverse as Abdul Karim Khan sahab, Faiyaaz Khan sahab, and Vazebuwa and yet, his earliest recordings do not suggest that he had fallen prey to blind imitation. What you hear in those early recordings is a child prodigy's voice, singing with remarkable poise and flourish, with absolutely no traces of hesitation or inhibition, and above all, no immediately evident allegiance to any one Gharana. It is also worth noting that in his earliest recorded renditions of Ramkali, Bageshri, Bhairavi, Durgaa and other Raagas he does not apply a memorised, rehearsed and template-like approach to elaboration. Instead, each rendition reveals a dynamic and eclectic approach.

What one is led to conclude is that perhaps even at this early stage he had already started, possibly inadvertently, the process of developing a unique technique and a guiding aesthetic approach. Part of this process involved borrowing from the great masters unabashedly, but allowing the borrowed material to be so assimilated and internalised that instead of a replica it was a masterful interpretation bearing the trademark Kumar Gandharva utterance or 'Kahan' that one heard. You knew you could hear traces of something you were probably familiar with. Was it a hint of Abdul Karim Khan Sahab? Or was it someone else? Before you knew it, you had already reconciled to the fact that it was none other than Kumarji alone that you were hearing. This ability to learn through imitation and observation but without falling into the trap of becoming a mere caricature or carbon copy marked Kumarji's Gayaki and set it apart from other styles. He may have been helped by the fact that he did not actually learn these styles in person from their custodians, but by observation, and was therefore able to experiment by customising them to suit his aesthetic sense.

Dynamism of approach remained a leitmotif in Kumar Gandharva's Gayaki. Like other scholar-musicians he inherited and developed an enormous repertoire from which he could select both traditional compositions as well as self-composed pieces for presentation. Using these compositions as a vehicle that steered his elaboration of the Raaga, he would allow himself flexibility in approaching it. If his creative memory led him towards routine and unexcitingly familar areas in the raag, he explored hidden nooks and crannies in the Raaga structure to discover fresh perspectives. On many fronts therefore, he was able to create a refreshing sense of the unfamiliar and myserious. For example, if on a particular evening he opted to sing Bhoop, he first made a selection of the repertoire well in advance, and as is common knowledge he refused resolutely to budge from the choices he made. From the many options available to him in Raaga Bhoop (ranging from traditional compositions like 'Phulwan sej sanwaar' to his own 'Dhyaan ab deejo gunijan') he selected one that had not become tiresomely overused for him. The careful record of repertoire he maintained may have been one way of ensuring freshness in his presentation. The Vistaar steered by the Bandish of his choice also remained fluid and did not follow a pattern or predictable sequence. Slickly sequenced patterns of presentation were almost completely discarded by him, and therefore there was a delightful unpredictability about his renderings. Add to that the unique use of voice and utterance, and you got a rendering of Bhoop that you recognized and enjoyed, but with certain perspectives that you never knew existed. In the process he was able to offer his listeners a new and unique experience of Bhoop almost every time he presented it, while staying within the age-old parameters of the Raagadari tradition. Had he found these parameters tedious or stifling, there was nothing to stop a brilliant mind like his from creating an all-new form to suit his own creative urge. An artiste who could create Raagas from folk melodies as he did, write new compositions in old Raagas, and craft a voice as unique as his despite the ravages caused to his body by ill health, could well have decided that he needed a form other than Khayal, Thumri, Tappaa or Tarana to express himself adequately. That he did not create a new form is proof of his satisfaction in remaining within the parameters of Raagadari music.

Kumar Gandharva anchored his Gayaki in the wisdom and knowledge of the past and revered tradition. But at no point were his views orthodox because only a vehemant conformist can be orthodox. Perhaps it is for this reason that he was able

In a special theme concert, *Rituraj Mehfil*, in Delhi, 1976, Kumarji sang compositions describing the beauty of the spring season, accompanied by his wife Vasundhara.

to acknowledge without the slightest hesitation, the deep impact of folk music on his art and aesthetic vision. Given the existing hierarchies where classical music is often held to be 'high art' as opposed to popular art and folk music, there would not be too many artistes who would voluntarily associate themselves with folk music. But is is the interconnectedness between folk music and Raagadari music that finds more than a simple illustration in Kumar Gandharva's art. The most obvious proof of it lies in the many folk songs from different regions in India that he included in his repertoire. In his thematic concerts like 'Rituraj Mehfil', the folk music of Braj finds inclusion. In 'Malwa ki Lok Dhunein' he sources his repertoire from the very region of Malwa that he made his home. In each of the two aforementioned thematic presentations, folk music is not necessarily transformed into classical music and neither is there a metamorphosis from the rustic to the more sophisticated. It is quite simply the assimilation of folk repertoire by an extraordinary artiste who then shares it with his listeners in his unique voice and utterance. When he does so, he does not pack in a barrage of Aalaaps or Taans to prove his 'classical' credentials, but lets the profound simplicity of the songs overtake him and the listener. It must be mentioned that there are several earlier examples of the osmotic connection between folk and classical music. Thumri itself stands out in the forefront with its many forms like Kajri, Chaiti, Hori, Baaramaasa, etc. all adapted from folk music. But the adaptation of these forms for Thumri involved the employing of methods and devices for elaboration as prescribed by Raagdari music and is therefore in sharp contrast to the manner in which folk music impacted the music of Kumar Gandharva.

But it is not merely in the inclusion of folk songs in his repertoire, or in the creation of his Dhun-ugam Raagas that were born of folk melodies, that one finds proof of Kumar Gandharva's reverence for folk music. In cultivating his voice, Kumar Gandharva seems to have carefully observed the primal sounds often said to be integral to folk music. No other singer in the pantheon of Hindustani classical music but Kumar Gandharva crafted a voice that howled like the wind, carrying shades of joy, lament, love and loss, modelling it on the sounds of the folk music that he had introspected on for years. At times there is an awe inspiringly eerie quality to the voice, which defies description. This differs vastly from the element of 'Pukaar' or calling out, that is an accepted device in Hindustani classical music, and which is achieved by masterful control over voice modulation. This aspect of Kumar Gandharva's singing voice is not so much a result of endless hours of Riyaaz, but is in fact a much deeper philosophical observation of, like nature, the vagaries of the human mind and heart, and a study of silence, symmetry and asymmetry. Perhaps in order to study sound Kumarji studied silence and stillness. In the emptiness he poured both silence and sound in asymmetrical proportions, possibly because symmetry can breed a predictable regularity and conformity. One of the most brilliant examples of asymmetry is illustrated in his Sohni-Bhatiyar bandish 'Maruji bhool o na mhaane' where he resolves the sthaayi by a deliberate agonised asymmetrical speeding up of the lyrics 'Sah nahin jaaye...' Another example of exquisite asymmetry can be found in his teentaal bandish 'Rang Kesariya sir paagaa...' in Raaga Basant.

For ages, Brajbhasha has been the preferred language for song texts in Hindustani classical music. There are of course, scores of examples of the use of Punjabi, Dingal, Farsi and other languages and dialects by Vaggeyakars. But the use of Brajbhasha far outnumbers most other dialects and languages. When creating his own song texts, Kumar Gandharva chose imagery and language he identified with. Discarding the mythological imagery and Saas-Bahu themes commonly employed, he chose to write of personal experience in the mixed blend of erratic but lyrical Marathi, Malwi, Hindi that he used to converse with people around him. Among others, S N Ratanjankar and Govind Narain Natu had also created song texts in Khari Boli and on themes that were contemporaneous for them, including the surge of nationalist feeling that so impacted their times. However, often their compositions though beautiful in many respects were marked by a heavy and unwieldy wordiness. In some instances (see 'Jai Jai Bharat desh mahaan' in Raaga Yaman by S N Ratanjankar) they were specifically written and created for young students, for whom themes of romance and sensuality were considered inappropriate. These were compositions of great significance but were not compositions that the Gavaiyya would gladly incorporate. Kumar Gandharva's compositions reflected his complex, subtle aesthetics and were written in the quaint manner of his speech that remained lyrical.

Yet another area where Kumar Gandharva created a definitive change was in his presentation of Bhajans. Several religious sects in India include music as an integral part of formal worship rituals, and the practice of rendering Bhakti poetry in song is well established. Examples are many and varied, and include 'Haveli Sangeet' of the Vaishnava sects, Naat and Hamd of the Qawwali tradition and the ecstatic music of the Warkari sect of Maharashtra. Practitioners of Hindustani classical music have for long included Bhajans in their concert repertoire, and often the rendition of a particular Bhajan has become indelibly associated with an artiste's repertoire. Some examples that come to mind include 'Gopaalaa, karunaa kyun nahi aave' by Abdul Karim Khan Khan Saheb, 'Jo bhaje Hari ko sadaa' by Bhimsen Joshi and 'Hariomtatsat' by Bade Ghulam Ali Khan Saheb. D V Paluskar's renditions of bhajans like 'Thumaka chalata Ramachandra', 'Chalo man Ganga Jamuna teer' and 'Jab Janakinath sahaaya kare', also became iconic, moving to tears even those who had no affinty with classical or devotional music. These and other magnificent renditions of classic Bhakti poetry by legendary vocalists however, showed no difference in the musical handling of Sagun and Nirgun poetry. Kumar Gandharva's approach to the rendering of Bhajans was entirely unique. The grand silence of the meditative practices of Naathapanthi yogis was reflected in the stark minimalism that Kumarji brought to his rendering of nirgun bhajans. There was undoubtedly the marked influence of the Kabirpanthi singers of Malwa on his style of rendering, and yet the two also presented a study in contrasing impluses. The Kabirpanthi rendering seemed to use singing or chanting as a tool for followers of the sect to memorise the tenets of their Master. Anyone could join in, chanting the text to rejoice in the teachings of the sect. In Kumarji's rendering, music became the tool for conveying with intensity, the Rahasya or mystery that the words of the Nirgun masters unraveued. He used his art and vocal technique to create this grand sense of spiritual mystery but did not feel the need to ornament the composition with the characteristic flourishes of Raagadari music. This must have been the outcome of a conscious decision to leave the rendering of Nirgun Bhajans stark and un-ornamented but burning with the intensity of the glowing embers of the Dhunee, often used by yogis for meditation. Only a deep study of Bhakti literature, the practices, rituals and ideologies of different religious sects could have facilitated the emergence of this unique style of rendering Nirgun Bhajans.

Although Kumarji's rendering of Nirgun Bhajans has become more iconic, his approach to the rendering of Sagun Bhakti poetry was equally significant. Since a lot of Sagun verses are linked with specific occasions, festivals and rituals connected with worship, their musical rendering must also reflect an understanding of these elements. The musical rendering of a Palnaa song, or verse describing deities such as Krishna or Rama as a child in a cradle must therefore differ from a verse describing them as resplendent kings to their devoted subjects. A Vinayaka Pada must carry the sense of submission of a subject making a humble request to his Lord, and an Ulaahana Pada must carry the sense of reprimand and admonishment that the women of Braj displayed in their complaints to Yashoda. Over the centuries the musical renderings of these different verses have also become cliched. Palna songs therefore are almost invariably rendered as gentle and almost sugary pieces of music. Kumarji's composition and rendering of Surdas's 'Ratanjatimanipalanau' offers a radically different approach. He based the composition on Raaga Shree, almost never used for baby songs! But in doing so, he created a sense of grandeur and magnificence that was unparalleled. After all, it was no ordinary Palnaa or cradle that Surdasji was describing, but the cradle that held the child Krishna in it!

Like his voice and Gayaki, his style as a composer remains impossible to replicate. If you don't speak like he did, how can you write like he wrote? If you cultivate his style of speaking, it will still be a cultivated version of his use of language. If you don't think like he did, how will you sing like him? If you prefer to destroy silence with the sound of your own voice, how will you balance silence with sound as he did? As students and devoted followers like me struggle to find the right words to describe his style and music, there is a reinforcement of what we have already known – namely, that try as you might, genius cannot be cloned. It can only inspire and humble.

26 An Original Classicist

M A Bakre

This article has a dual purpose, to attempt to outline objectively what, in discussions with him spanning over a decade, I have understood to be the philosophical underpinnings of Kumar Gandharva's music. This part, therefore, deals with him as a musicologist, and his approach to music, his life's art.

The second part is subjective, dealing with his impact as the singer on me as the listener.

Together, I hope that these would constitute my informed appreciation of Kumar as the institution that he was.

To me, there seem to be three interwoven strands which substantially formed the basis of Kumar's approach to music: One of these was intellectual, the other intuitive, and the third instinctive.

I think Kumar consciously divined at an early age that the roots of music go deep, over the millennia, into Indian religion, Indian culture, Indian ethos: That it formed a close alliance with all the three elements, thriving in folklore. Saints contributed to it; Keertankars in temples perpetuated it, carrying it to hearths and homes of the laymen.

It is this basic realisation, I feel, that laid the groundwork for Kumar's trasition from child imitator to mature innovator at an early age. In his mind, this awareness perhaps grew to a certainty as he thought over it during his prolonged convalescence in the late '40s and early '50s. Knowing where the pot of gold was, he sought the end of the rainbow during this helpless, interregnum, which gave him ample time to study folk music, its words and tunes, and so to retrace the origins of classical music back to folklore.

Music cohabits in the brain with myth: It is the way our memories sing to us over the abyss of time. The freshness of songs remains ever undimmed. Poetry, as Aristotle taught, speaks in Universals: So does music, even more so.

This early conviction and discovery constituted to my mind, the intellectual leg of Kumar's musical triad.

The second stream would appear to have an intuitive origin.

ometime while
ıging, Kumarji
ould convey a
nse of delight
d wonderment
rough his
pressions and
stures.

This was, in essence, the inborn knowledge of how each Raaga was originally sung and therefore, how it should be sung now. As an art, music had been whimsically nurtured over the centuries in clannish secrecy and jealours feuds, largely dependent for survival on the patron's whim. Each Raaga had to be stripped of the patina that encrusted it – through incompetence, ignorance or blind devotion. It is through these distorting overlays, that music as generally heard is filtered; but if rendered in its pristine form, it doubtless sounds novel. This thesis, if accepted, turns on its head a certain critical assessment of Kumar, because he then becomes not avant-garde, but the original classicist, making his foresight an astonishment, his hindsight an education. It reinforces his innovative capability, and justifies his stand that the past is prologue, not destiny.

The third strand was rooted in instinct: It consisted of Kumar's innate ability to reconstruct, from a single thread, the whole bolt of cloth. One single motif sufficed to reveal the entire design. This again was his native genius buttressed by years of painstaking research. Having, at a young age, decided to part company with the sacred fraternity of chaste knights bound by tradition, he went off history's highways to pursue his byways, and thus became what he was.

We have so far talked of the three basic underpinnings which motivated his music: His philisophical conviction that music has its roots in religion, culture, myth and folk art; his intuitive deduction of how it was originally rendered, and should be, now: And his innate ability to divine the total symphony from a single note.

Two unique characteristics of Kumar as a musicologist, I must dwell upon. So complete was his confidence, so total his mastery, that he unveiled both the text and score of many a composition in his Anoopragavilas. The old shroud of slurred words and grudging knowledge was permanently off. His own composition, as well as the new Raagas he has composed, have been subjected to the same total exposure. As an art, music is thus to longer covert: It stands bared.

Yet another area in which Kumar the musicologist excelled is that of creation. He has to his credit many a composition, several Raagas, setting to tune the Bhajans of Kabir, Sur, Meerabai, Tulsidas, Tukaram, reinterpreting the music of Bal Gandharva, singing to the glories of the Seasons; his further tuning of Malwa's folk songs was thus, but yet another ripple in the cascade of creativity.

As a renderer, Kumar was in a class by himself. His approach to each presentation was fresh. He was adroit in the lyrical interplay of lilt, melody and rhythm. His renditions were original in conception, brilliant in execution, pure in form, dazzling in virtuosity. He was a master of the vocal nuance; he could ornament a line by subtly altering its rhythm, or bending just a single note to starting purpose.

His Lagan Gandhaar I found almost geometrical in its calculation of degrees and angles but rather disinterested in the higher calculus of the emotion. His Shuddha Kalyan on the other hand was unfolded with the gently clarity of a Euclidean proposition, yet had the intensity of a hammer-blow at the backward linkage from the end of the Antaraa to the beginning of the Sthaayi. His Shankara had a striking subtlety infused with the regged granite strength reminiscent of the majestic, awesome slopes of Shiva's Kailasa. His Bhoop had an effusive rhythmic vitality, the subdued grandeur of the eventide march of stately elephants swaying in rare dignity. His Kalyan, with its raiment of the receding sun's ebbing glow, exuded a rare effervescence that heralded the advent of Venus in the western sky. His Darbari, couched in sweet, willowy bass-suppleness, belied that Raaga's age-old image of harsh, loveless blare. His rendition of Tilak Kamod – Sura Sangat reflected the rare authority of the composer, Alladiya Khan himself – as if Homer had come back to recite the Itiad. His Kedar I found superbly mellifluous but strangely poignant. His Surdas was crisp and exuberant, his Meerabai bittersweet, his Bhajans of Kabir soulful. His Geeta quartet purveyed a straight and joyous brand of folk music, Vasant the frothy, multihued collage of spring's bountiful pleasures; Varshaa the sweetly moist bouquet of misty sprays; and the Sharad and Hemant series blended different types of songs into a melange of as onishing breadth. His Todi I found classic in its chastity.

One of his very different Natya Sangeet renditions was 'Kashi yaa tyajoo padaalaa'. In the play, Sindhu's plight is woeful and uncertain. As rendered by Kumar the mood was reversed: When anguish was summoned, joy emerged; where mourning was in order, celebration intruded.

Thus one was led to wonder: When heard melodies are so sweet, could those unheard indeed be sweeter?

(This article was originally appeared in '*Kumar Gandharva*', a 1984 volume of tributes published on the occasion of his 60th birthday felicitation, is repoduced with the permission of the Gandharva Mahavidyalaya, New Delhi. The text has been slightly edited to permit change of tense.)

A Return to 'Sam'

27

Vidya Rao

Face to face with Kumarji's brilliance, you had either to commit yourself to Bhakti or you fortified your insecure understanding of tradition by condemning his work as impure. Or, baffled, you resorted to constructing his image as 'serious', 'iconoclastic', 'romantic'. He could not, however, be contained by your words. How are you to remember this man, assess his music?

The night of his death, you sit with friends, remembering, reminding each other, trying inadequately to trace the lines of his Bandishes, the typical phrases, remembering Baithaks and Sammelans.

He was one of those rare artistes who was able to visualise clearly both the minutest flicker of a Shruti and the totality of a concert.

Do you remember a Jaunpuri he sang once? With just two Swaras – ma and pa – touched over and over again in a hundred ways, he created panoramic vistas of the Raagas. How long did he dwell on these two Swaras? It had seemed like an eternity. And paradoxically, like the blinking of the eyes of God, it yet seemed to be over before you had heard enough.

The universe became Jaunpuri distilled into those two Swaras and the spaces between and around them; your breath, your blood, the beat of your heart were all part of that extraordinary drama being played out. Nothing had happened, no Taans, no Murkis, no Pakads, nothing. Yet the world – you, yourself – had undergone such a transformation!

He had moved on, had sung two Khayal Bandishes and you had listened spell-bound. Then it was over, the grass on which you sat was again ordinary grass; the winter sun shone down, warm and gentle, an everyday sun; you were after all only your ordinary self – yet, touched by that Jaunpuri, you knew you would never be the same again.

There was the night when he sang only Bhoopali and Bageshri. And it never palled. Bandish after Bandish and each one he developed lovingly, allowing each to grow in its own special way. Mothers are like that with their children, you had thought then. A Bandish must be loved and raised as one does a child – with the realization too, that every child is in truth the Divine Child and deserving therefore not only of your Vaatsalya, but also of a total and complete surrender to its beautiful spirit. You remember one of those Bandishes – an especially beautiful one in Bageshri, a Madhya-laya piece.

Ritu basant tum apni umang so,
pi dhoondhan main nikasi ghar so

You recall hearing it in other voices, beautiful, but 'straight' Bageshri. He chose to loosen its crisp Teen-taala Drut framework, shift its emphasis and the undisputed beauty of the first version pales before his own rendering.

The first time you heard it, you had thought, the beat of its passion must surely melt your bones. Your heart had ached, you had wept with the agony of so much loving. He had spoken then, lovingly, a little teasingly of the Nakhra of this Bandish – and you had realised with a gasp that the Bandish is also your Piya, the unattainable beloved, who is wooed and won and lost and wooed again, time after time.

You realised how much he cared then, for each Swara, for the internal landscape of each Swara, for the fabric of the Raaga they wove together, for the words of the poetry that incarnated the Raaga into a living touchable Bandish – and you loved him because he cared so much and taught you to care.

There was his Lagan Gandhaar – a Raaga that was his own creation; you heard it and were confronted each time with the pain – and the joy – of your mortality, of the pity and beauty of the human condition. Through your pain you had wondered, who else in the world, in all possible worlds, could have posed to you that indescribably sad question asked by these three – yes, distinctly three – Gandhaaras?

And you realised too that question, unanswerable, was its own answer. Nothing 'happens', nothing changes, there are no answers. And yet, you and the world are born again every minute. And all questions are gentled in thier own unanswerability.

Because the Raagas were his friends, because he loved the Swaras, he was free to play with them, to tease them. Once, singing Bhoopali, he had startled you with the fleeting shadow of a Madhyama. You had gasped, sat up straight, all complacence vanished. Yet, he had smiled, Madhyama has no place in Bhoopali's durbar, but Madhyama is a friend too and yearns to enter here. His Bhoopali was secure in its own voice. It could open itself to another without the fear of being swamped.

There was a lesson here that was more than musical. A Raaga is after all, an extension – a mirrored image – of the self which can be generous without losing its selfhood.

And then you remember again, his beautiful rendering of the Maalkauns Bandish, *Anand mana,* which lovingly caressed the Panchama as it said *'Mera jo piya ghar aya'.*

Had that courage and conviction, that willingness to acknowledge his vulnerability come in the years of silence?

You hear the story – myth-like in its motifs – of his illness; of the five years of silence, of the gift of hearing and understanding the music of the villages of Malwa, of his extraordinary, radiant rebirth.

You recognise this as a story that has happened before, you recognise the archetype of the crucified messiah reborn, the archetypes of Osiris and Dumezil, and even of Krishna as Kaaliyaa's slayer. And you recognise too that he is a messiah – no less – for the world of music, that often loses itself in the sterility of mere competence and the deadwood of ritual and meaningless tradition.

His story speaks to you in other ways, tells you to be patient through the bleak time, tells you to have faith, tells you that somtimes limitation is your greatest strength, that life is never lost, only – if you would allow it – remade differently.

Composition was to him the perfect Triveni Sangam of Swara, Laya and Shabda. You think of his Shree Kalyan. He would exhort you to look: *'dekho re uta'* as he places the word *'uta'* squarely on the Panchama, squarely on Taala's Aahata. And you realized as you listened, that Panchama was both where his voice pointed – and you looked at it, really saw it then as if for the first time – and it was also where you stood with him and looked out, beyond this Swara, at the as yet unarticulated billowing clouds of this Raaga's evening sky.

He would often ask: Why look at a Raaga only frontally? There is its profile, the curve of its cheek... You realised that in his ability to see simultaneously all aspects, all faces of a raaga and to evoke these, he was as avant garde as any postmodernist-but this approach stood firm on the roots of his tradition.

And so, nothing he did ever had the tinny clink of shallow gimmickry in the name of experiment, but rang out mellow, true. You were grateful to him for that – for showing how tradition and modernity need not be opposed; how, when rightly understood, the one grows naturally out of the other.

There was the time he sang Darbari Kanada. People say this is a serious, Gambheera Raaga, but he had said, Darbari can be playful too – and he had sung the traditional Bandish *Anokhaa laadlaa*. As you listened, your body, freed from the forces of gravity, was tossed up into the air by his playful Swaras, a ball of moon-like beauty.

And there was his own composition in Shree: *Karan de re*. Who would ever have thought that Shree, sinuous and smoky, could be so light and loving!

He wove ideas together into the most extraodinary musical statement. One piece moved smoothly to another in a concert like the Rituraj Mehfil. You recall how this concert came to you with all the sounds and sights of spring – Raagas, forms, customs and associations. Incredibly, he did not need to be literal; he did not need to create a single unidimensional narrative. Each piece, jewel-like, was perfect in itself; together they made – if one might mix metaphors –a fabric of the most extraordinary texture and design.

You remember his Tappaas: *Jaane wala, Dildara aaja re,* the ever popular *Mian jaane waale*. And his Taranas. He had believed that a Tarana is not meant to be a jawbreaking exercise, not to be a test of how fast you can run up and down the scale. To him, a Tarana was the ultimate musical statement, its final abstraction. His Taranas were clean, gentle, even sensuous. You sing a Tarana, he had believed, when all has been done, when there is no more to be said, when all words have been spent, and yet a universe of saying remains.

Sung by him, the delicate camoeos of Thumris stirred to life. There was the deeply erotic Bhairavi piece, *Nindiya aayi re*. The eroticism, the sensuousness of his Thumri on the one hand – and on the other, the Vairaagya of his Nirguni Bhajans. He experienced what he sang – you felt that when you heard him. His voice reached out to you, you had to recognise with him the futility of your petty, mundane life – *'Bhole man jaane amar meri kaaya'*.

He believed there was no one musical form that privileged Bhakti. Bhakti was the jewel you mined out of the soil of all music. He had once sung a series of compositions: Dhrupads, Khayals, songs of the Vaishnavi and Nirguni saints, Thumris – each lit by the radiance of his own Bbhakti.

You remember some of these – the delighful Kamod Nat Bandish *Nayo neha*: Radha – supplicant, worshipper, the Nayika, the Bhakta – is, here, herself the recipient of your devotion. The lilting *Kaise aaoon ri*, a piece that had evoked Bhakti in voice of the Abhisarika; Surdas' *Giridhar Brijdhar* Malwi folk songs, Thumris...

Then you remember another concert, which he had ended with two compositions juxtaposed, to create another, a new one. The first, a Malwi folk song, an invocation to the village deity *Bheruji – Jade O Bheruji*. Potter and carpenter are called to help in the preparation for, and to participate in, the worship of Bheruji. He had moved then straight to Kabir's deeply philosophical – *Dhun sun ke manwaa magan huaa*. One strand, one thread of the simple Bheruji song, is woven into this other song of the weaver Kabir. You understand why.

This is where they came from, these saints, from villages, from the homes of potters and weavers and carpenters poor artisans. You recall how Kumarji, when he composed another of Kabir's padas – *Jhini jhini beeni chadariyaa* – had sat for days with a weaver, watching him work, absorbing the rhythm of his hands, listening to the swish of the shuttle, the thud of the loom. His composition took shape as the strands of warp and weft came together to become patterned cloth.

Listening, remembering, you feel you have been granted a vision: Of the soil that nurtures the poet, the artist; of the continuum of 'folk' art and 'classical' art – and of all the unnamed in-betweens – of the politics that ossify these into irreconciliable positions.

And you see the white swan of his soul fly out of a small town in Malwa into the eternal blue sky.

You understand then, both poet and singer when they say :
Saar sabda ik dori laage
tu chadh hansa paar hua.

(This article was published in the Economic Times, dated 19 January 1992, New Delhi shortly after Kumar Gandharva passed away. It is reproduced with permission)

28 Kumar Gandharva : Some aspects of his music

A N Varma

Kumar Gandharva – his life and music – is a vast subject. So powerful has been his impact on Indian classical music that the subject must, properly speaking, be the theme of a learned treatise. Much has already been written about his life and music. More will be written in the future. I shall, however, content myself with only one or two aspects of the music and philospophy of this great artiste.

It is indisputable that Kumar Gandharva has become a legend in his own lifetime. It is common knowledge that he was a rare child prodigy in whose music a seer discerned 'a spark of divinity' – a prophesy which could not have been more true. (Also well known is the fact that he blazed into the firmament of Indian music like a meteor; then he was barely ten, taking audiences (throughout the country) by storm through the incredible mastery that he displayed over Swara, Laya and Taal at that tender age. This was nearly 50 years ago. Since then he has reigned supreme, ranking among the top vocalists of the country.

Turning to his music, which I have listened to and admired for the last 40 years, like so many others, I have found in it a unique freshness and vigour which seems to imbue an utterliy new life into the age-old Raagas. I have heard him several times and found that no two renderings by him of the same Raaga, even the same song, are alike. I have heard him render Yaman Kalyaan, for example, any number of times

– even the same song *'Ban re balaiya'*. Each time, however, he would present the Raaga with some fresh innovations, subtleties and nuances, changing emphasis here and there, thereby injecting into the Raaga an altogether fresh aura, a fresh image – bearing no resemblance to any previous exposition.

I have often wondered what is the mystique behind the uniqueness of the music of this great artiste. Not possessed, however, of the expertise of a musicologist, I cannot claim to have the precise answer with me. I can only venture a guess.

I think his music is the product of years of sustained and hard thinking, quite apart from the 'divine spark' with which he was, undoubtedly, born. He is a thinker extraordinaire, who has constantly been contemplating how to extricate this ancient art from the morass into which it seems to have got stuck owing to the intransigence of the tradition-bound Gharanas that would countenance no innovations, however minor, however attractive.

Born a non-conformist, his spirit rebelled against this artificial and self imposed discipline of the Gharanas which placed the grammar of music above everything else. Kumar Gandharva would have none of it. He refused to be hide-bound by hyper-technicalities, and from the very outset he set himself on the course and mission to liberate Indian classical music from the shackles of the tradition-bound schools of music which not only prescribed the specific notes for a Raaga, but also enjoined further that the Raaga must be presented exactly in the same way in which it was first done, centuries ago.

Kumar Gandharva revolted against all this. According to him, while technicalities of pure grammar have their place in music, aesthetics must have, in all circumstances, precedence over them. It is precisely this, which impels him to take liberties with the Raagas, indulging in subtle deviations which inject into the exposition a freshness which is so utterly captivating, breaking the monotony of the centuries.

Even then, struck with a serious illness and confined to bed in the late forties, his spirit to liberate music from its shackles continued to torment him. During this period he was busy conjuring up mental images of the shapes and moulds into which old Raagas must be hued and woven so that they become 'living organisms', and not more dull and dry 'inanimate objects'.

The result of this sustained thinking has been that his Layakaari, Taans, Boltaans and Sargams all appear exactly their assigned places, perfectly and in exquisitely set patterns. The beauty lies in the concreteness of the patterns of taans and boltaans and in the appropriateness of the rhythm of Laya, which he meticulously selects to make his presentation throb with life. The net result is a product of indescribable beauty in which a discernable listener cannot fail to see vividly the Raaga as a living being, full of freshness, full of vigour.

Few know that he is a profound scholar and thinker too. I have had the good fortune of being present at some private gatherings at which I heard him expounding the philosophies of Sur and Kabir with the mastery of a consmmate scholar. His exposition of their philosophy is as lucid and as profound as his rendering of music. He seems to have actually made deep studies into the poetry and works of great

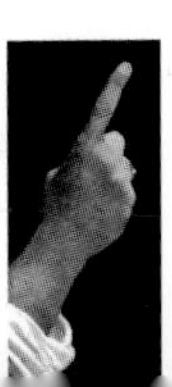

sages and saints like Sur, Tulsi, Kabir, Meera and Tukaram. So great has been the influence of these poets on him that he has dedicated his whole concerts ('Triveni', 'Tulsidas Ek Darshan' and 'Tukaram Ek Darshan'for instance) to them. His music is thus the product of a perfect fusion between the intellect and aesthetics. while singing Bhajans of these great poets he gets completely immersed in the thought underlying the words. The effect is electric. He sends the entire audience into a trance, so much so that the audience takes some time before waking up to reality, even after the artist has stopped. So capivating is the effect of these Bhajans!

Kumar Gandharva's music has become immortalised already and till long after he has left the stage, his music will continue to echo through the corridors of Time.

The Varma family of Allahabad was very close to Kumarji – like his very own family.
This photo was taken on the lawns of their home.
Front row left to right: S N Varma, Kumarji, Bandu Bhaiya Choughule, Justice A N Varma.
Back row: Sanjiv Kashalkar, Shantaram Kashalkar, Vasant Achrekar.

Spirit of Creativity in Kumarji's Music

29

Buddhaditya Mukherjee

बात लगभग 1975 की होगी। भोपाल में मध्यप्रदेश कला परिषद् की ओर से एक सूचना मिली की युवा कलाकरों के लिए वे शिष्यवृत्ती देने वाले हैं। कई युवा कलाकार इसमें भाग लेने आये। में भी गया। बजाने बैठा तो क्या देखता हूँ कि और कलाकारों के साथ कुमारजी भी चयनकर्ताओं में से एक हैं और सुनने बैठे हैं!

हर युवा कलाकारों को दो बार प्रस्तुति देने को कहा गया था मेरी प्रस्तुति के समय कुमारजी बहुत खुश थे। जैसे ही पहली बार की प्रस्तुति ख़तम हुई। कुमारजी ने औरों से आगे रहकर कहा - शाबाश! तुम्हें दोबारा बजाने की ज़रूरत नही। तो यह थी कुमारजी से पहली मुलाकात।

फिर 1976 में देवास में उन्होनें मुझे कार्यक्रम में बजाने के लिए न्योता दिया। मैं जब कुमारजी के घर 'भानुकुल' मातीजी का रास्ता, पर पहुंचा तो बरामदे से घंटी बजाई। थोडे ही समय में उनकी बेटी कलापिनी ने दरवाजे पर आकर पूछा - 'किससे मिलना हैं?' मैंने कहा – 'क्या पंडित जी घर पर हैं?' कुमारजी आये। उन्होंने देखा और कुछ समझ न पाने का भाव लिए मुझसे पूछा - 'कहो? कौन हो? किससे मिलना हैं?' मैंने उनके पैर छुए और कहा – 'मैं बुद्धादित्य!' सुनते ही बोले – वाह! वाह! अंदर आओ.... अंदर कमरे में बिरजू महाराजजी और कुमारजी की बातें हो रही थी। और भी कुछ लोग थे। याद नही अब।

कुमारजी बोले – 'अरे ये क्या? मैंने तुम्हें पहचाना कैसे नहीं? हाँ, तुमने जो फोटो भेजा था, बहुत बुरा था। शायद इसीलिए पहचानने में मुश्किल हुई।' फिर कलापिनी से बोले - ''चंदू नाफड़े (कुमारजी के फोटोग्राफर मित्र, इंदोर) को फोन लगाओ की तुरंत देवास आ जाओ बुद्धादित्य के बढ़िया फोटो निकालना हैं।'' और उसी शाम प्रोग्राम के पहले मेरा फोटो सेशन हुआ।

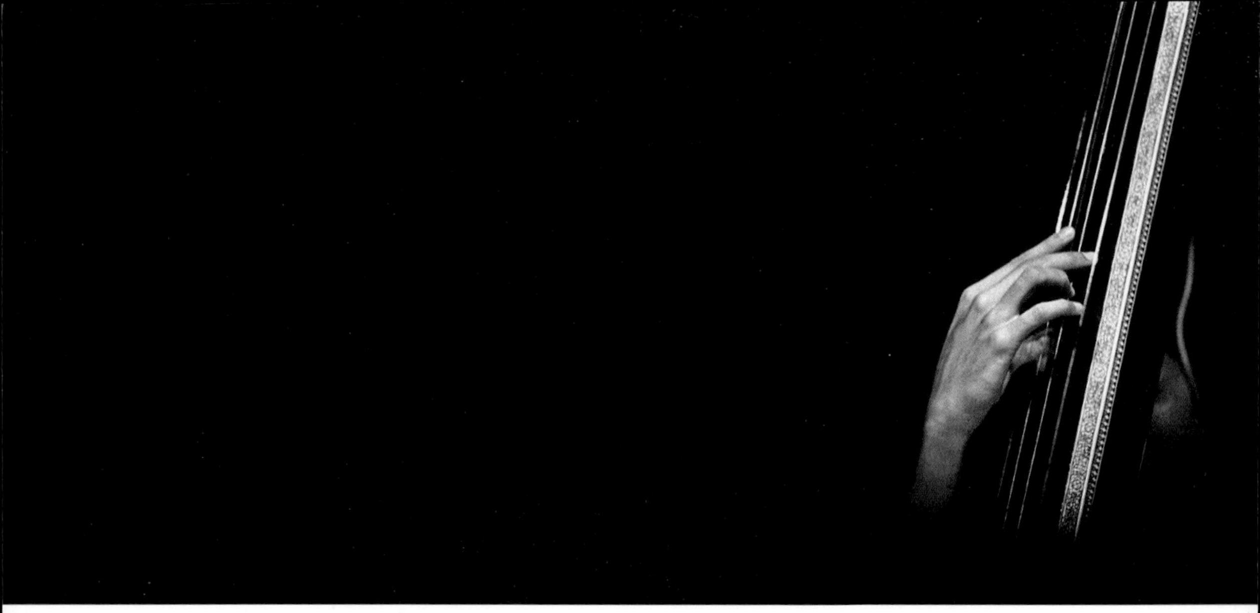

यह थी मेरी पहली देवास यात्रा की सुन्दर यादें। फिर कई बार कुमारजी के जाने के बाद भी देवास जाने का अवसर बना रहा।

It was in the late 1990s at the Shriram Centre at Delhi. शास्त्रीय संगीत में दिल को छूने की क्या शक्ति हैं, उसका साक्षात दर्शन हुआ ।

In a morning concert, Pt Kumar Gandharvaji was into describing his creativity through his compilation named Triveni, comprising a compilation of kavya-padh of Surdas, Kabirdas and Meerabai. सिर्फ भजनों की शब्दवली पर आधारित अलग-अलग रागों का ऐसा अनोख़ा अंदाज़ मैंने पहले कभी नहीं सुना था। स्वर लगाने की सोच एवं अंदाज़ का ऐसा एहसास हुआ, जो भावों में व्यक्त करना मुश्किल हैं, लेकिन कुमारजी ने अपनी गायकी से हू-ब-हू मन की आंखो के सामने खडा कर दिया।

It will be of interest here to any sitar player to recapitulate the practical difficulty that a sitarist always experiences, specially in smoothly developing the Vistaar Aalap in a Raaga. For this, the sitarist has to perceive beyond the severe limitations of continuity of sound induced by the limited string flexibility on any given fret, causing untimely breakage in the creations of the slow and long musical phrases required in the above.

To overcome this, the inner spirit of the sitarist needs to pre-perceive the ambience that would make him feel the flow of the music before, rather than in the moment of creation of the musical expression, and not allow becoming aesthetically compromised by the physical limitations of the musical instrument in his hand. This requires a unique state of heightened musical arousal in the artist's unconscious mind. Such a state of mind needs a very strong and clear Aadhaar for pre-conceiving this aesthetic musical imagery.

For me, as an instrumentalist, the ambience and spirit of Kumarji's creative musical paths has been that Aadhaar which always fired up the aesthetics of my musical desires and has helped generate within me the required spirit to tide over my own

limitations of musical expressions as a stringed instrumentalist on a fretted instrument.

Moreover, it is imperative the conceived music expression needs immense clarity to be able to be communicated from it's conceiver – the artist – to his listener and bathe them with the pleasure he is experiencing through his musical conceptions. Such clarity was awesomely clear whenever I experienced Kumarji's musical ambience. It is so, even today. I have not just respected the spirit of his awesome creativity, I have loved it.

Experiencing the musical motivation and spirit of Kumarji's creative paths of improvisation has remained an immense support for me in happily overcoming the obstructions and difficulties that always tend to derail a sitar player when he desires to immerse himself in the extremely difficult path of 'Gayaki' pleasures of expression.

30 Heaven's Minstrel

Shanta Serbjeet Singh

On the second Sunday of April, all roads of the seven cities of imperial Delhi lead to the eighth, the Asian Games Village, at Siri Fort. Inside the grand new auditorium, cushioned, up-holstered and carpeted in royal purple and maroon, symbolic of the pomp and circumstance that accompanied its birth at the time of the 1982 Asiad, a strange scene meets the eye. Almost twice as many people as the hall can normally accommodate – 3,500, fill every inch of available space. They sit in the aisles, in the gangways, onstage and in the wings; they are even in the orchestra pit. They have come from faraway places – from Goa and Bangalore, from Indore and Hyderabad, from Allahabad and remote corners of Maharashtra – to hear and felicitate their beloved singer, Kumar Gandharva, on his 60th birthday – an occasion they have marked by presenting him with a purse of Rs 1,51,001 – every naya paisa from ordinary people, who love music and who love him.

And then he starts to sing. The notes of Shree begin to spread like the sound of a giant bell hung below the canopy of the sky.

The Raaga unfolds
Like a sprout from the earth –
Almost inaudibly.
The sprout
Explores the sun as it grows,
It bows to the sun
Repeating what is nice
The tabla
Enters slowly and surely.
The flower
Starts a dance

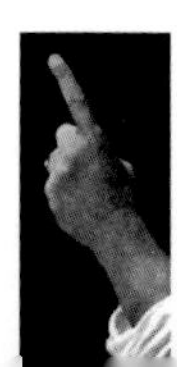

To open the sacred bud
That no one has smelled.
Each bud
Is unique – like each of his performances
The flower
Fully opens, embracing the sun.
The heat rises
And rain falls.

Kumar Gandharva sang Shree and then Kalyaan, Tilak Kamod, Megh… he sang haunting Bhajans like 'Aaj mujhe Raghuvir ki sudh aayee…' and he sang folk songs from Malwa, the heartland of his creativity. When he ended with a Kabir Bhajan in Bhairavi, the emanations of Naada had filled the Siri Fort. One had witnessed, in flesh and blood, the creation of Praana of which the musicology of the ancients speaks – the life that only the true performing artists can breathe into the wooden notes of the Raaga.

Like a magician who trips you up everytime you think you have got the better of what there is in that tall hat, as the colourful silk scarves give way to buntings and banners and then, even rabbits and doves and entire flocks of them, Kumar Gandharva, the magician-musician beyond compare, cast the spell of his mysterious alchemical powers on all before him. One saw, as if visibly, the whole cycle of creation. The seed of Shree was sown, before our very eyes and ears. It moved in the dark womb of inert clay for a little while, and then, as in a speeded up film, unfolded like a 'sprout from the earth.' It explored the sun, bowed to it, 'repeating what is nice,' the tabla came in slowly, surely, the flower started a dance to open the scared bud 'that no one has smelled' the flower fully opened, embraced the sun, the heat rose, then to counteract the heat, the wind rose and rain fell. The seed of Shree disappeared into the warm earth, waiting for the next call of the Raaga.

Fifty three years ago, on April 8, the evolution of a seven year old child, born Shivaputra Siddhramaiyya Komkali into Kumar Gandharva, literally a heavenly seraph, was as smooth and effortless a process as everything else that has occurred in his life. He was born in a village named Sulebhavi near Belgaum to parents who both sang well, in the style of Kirana Gharana. His father taught singing to his elder brother and the records of Bal Gandharva, the famous dramatic singer of Maharashtra were a special favourite for the family. One day, Kumar's father brought a new record of Bal Gandharva, for his elder son. Hearing its words, 'Taat kari duhitaa vinaash…' and seeing the fuss made over the older brother, Kumar's sense of sibling rivalry suddenly found expression in a stance of 'Anything he can do. I can do better.' He opened his mouth to sing the lyric and it were as if with that single act he had opened the fount of heavenly music forever. A passing holy man who stopped to hear him at once announced: 'This is no ordinary mortal. This is the reincarnation of the Gandharvas, the heavenly singers.' And more than 50 years later, it is by this name that the world knows him.

Both in his musical life as well as in his day-to-day world, the image that takes shape in one's mind again and again is that of the tiny seed and the miracle of creation it contains. Reminiscing about his four decade-old friendship with him, Purshottam Laxman Deshpande writes: "Just about anyone can recognise the genre of a large, flowering tree. But only a very knowledgeable and expert horticulturist can predict

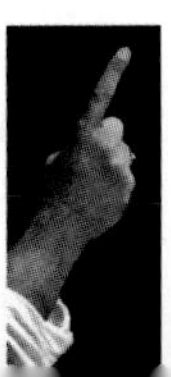

what kind of tree can grow and flower out of a little seed forgotten in some neglected corner, like the seed of folk music from which he has created the spreading trees of great new Raagas like Saheli Todi, Madh Suria, Sanjati, Malvati and Madhava. It is as if Kumar Gandharva could see the entire cosmos of classical music hidden in the egg of folk music."

When a friend asked Kumar Gandharva for a photograph of the house he built in Dewas, his remark was revealing: "Oh, no, how can this house lend itself to being photographed? As you can see, I have surrounded it on all sides with lots of trees. Their leaves cover the whole place. I had always had this dream of living hidden in the midst of trees and shrubbery. That is why I planted so many trees. Now they have grown big. My brother once tried to photograph the house. But he was not successful. I had deliberately not settled for a small garden of flowers. I planted these huge, spreading trees. It is good to have the house surrounded on all sides by trees because through them the annual cycle of the seasons can be seen moving before your very eyes."

Someone once asked Kumar Gandharva, what, in his opinion, was the special characteristic of the music of his mentor, Bal Gandharva. Without a moment's hesitation, he replied, "In Bal Gandharva's music, the singing was never apart from him." The application of this test to Kumar himself, reveals strange truths about the man and his music. Consider first the landscape in which he chooses to immerse himself. Madhya Bharat, the heartland of India, where the eye's sweep takes in primeval forests of flowering Palaash and land that has covered itself with dense folige. Vast stretches of undulating slopes surround rock eminences that rise suddenly out of nowhere, like islands in the ocean. Metallic rock appears in the shape of tableland, spurs, dented ridges and ancient mounds. Here the blue-green of acre upon acre of woodland mixes with the golden haze of the tropical sun, giving the entire area the aura of a classical landscape as befits the masters who trod this land, like Buddha and Mahavira.

Of this land of his inspiration says Kumar Gandharva: "This land of Malwa is the land of singers par excellence. People here sing forever. Indeed, song is the very lifebreath of the people. They have a song for every festival, every occasion, each season, and each is in its own special style. Here, even the wife of a Seth Hukamchand, would start singing the moment she is seated in a horse carriage. That is the special quality of this land. The village folk of Malwa sing at the time of an engagement, at marriages and when they bid the bride farewell; they sing at the birth of a child and when they name him. The people of Malwa are first and last, a people who sing."

And yet his introduction to the riches of Malwa did not come to him felicitously. On the contrary, his first introduction to Dewas was when song had flown from his life, for good, it seemed. In 1948, Kumar Gandharva, the heart-throb of millions from the age of ten when he first performed in public, was hit by the dreaded disease of tuberculosis. He was advised complete rest and moved to Dewas where his wife, Bhanumati, got a job as the headmistress of the local girls high school. Purshottam Deshpande records in a moving manner, the occasion in 1953, when news came that Kumar Gandharva had been allowed by doctors to move about and, miracle of miracles, to sing for five minutes at a time. It was in Pune where he had gone for the shooting of a film he was working in. A friend met him excitedly, in the evening and told him to stop everything and go with him. Kumar was in town and may even sing. At the house of a Mr. Phadke, there was a request, "Will you sing something?" A smile spread across Kumar's face. He promptly sat down between two Tanpuras and their drone began to ricochet in the room. Says Deshpande, the 'Saa', the Shadja that we had pined to hear for the last seven years was suddenly right there, in front of us. Old Mehboob Khan exclaimed unrestrainedly: "Wah! The same Shadja that he used to create at an age when others peeed in their knickers...Wah!"

The Raaga he sang that evening was christened by him Sohini Bhatiyar. Introducing it to the gathering, he said shyly: "In the last few years, some new Raagas and compositions have happened..." It seemed, lying silently for months, he had made his innermost being vibrate to the sound of music. It was as if the sickbed had become, for him, the seat under the Bodhi tree, the very springboard of enlightenment! The collection of compositions entitled Anup Raag Vilas, that he later bequeathed to music lovers, was a creation of this period of physical twilight. "In the last few years, some new Raagas and Bandishes have happened..." Listening to him sing these, his admirers and friends could hardly believe that for full five years he had not been allowed to frame a note audibly. Here he was now, fresh as a flower, no signs of illness on his face, his voice as strong as ever and indeed more, yearning to sing.

The reaction of his admirers, in the early 50s, was typical of the love they showered on him from that first moment, way back in the 30s, when he first opened his mouth to sing to the concert at Siri Fort last week. His close associate, Ramu Bhaiya Date, feasted almost the whole town of Indore in thanksgiving for his recovery. Others gave offerings to their patron saints and prayed for his long life. Always, what bound them to him was his song. It was like nothing else they had ever heard. While the pundits and purists of Shastriya Sangeet dismissed him, in the hearts of lay lovers of music in every part of the country, the conviction grew that his music was right for it actually managed to connect the individual with the universal.

There was that concert in the Brahman Sahayak Sangh of Dadar in Bombay. A fan recalls, "Kumar was singing Bhoop. Indeed, it was as if Bhoop was travelling with the entire panoply and power of a king's procession, complete with elephants, horses, an army of retainers carrying golden umbrellas, bearing forth their monarch, Raaga Bhoop. After about three quarters of an hour, Bhoop was seen to be touched, ever so gently, by Shuddha Madhyama. A quiver of excitement and anticipation ran through the entire hall. Kumar understood immediately and signalling to the accompanists to soften their playing, he said, "Friends, what can I do? Shuddha Madhyama had stood there for a long time, requesting me to let him in. Now I know that his entry into the court of Bhoop is prohibited but seeing his importunations I felt, 'Let him come in for a few minutes. How long can I hold him back? And then, he is a friend...' "

The whole corpus of Raagas and Raaginis are his friends, on a first name basis and about each he has developed a world view that has contributed a new dimension to the concept of music. As a matter of fact, contrary to the general impression of radical, even anarchical music that he conveys to those who don't understand the finer points of Indian music, he is a stern disciplinarian. Where there were only flat levels before, elaborate balconies and terraces of the spirit where one can roam freely under the spreading sky, the right to create and fashion the bud 'that no one has

smelled before', follows, never precedes full understanding of the basic tenets. Kumar Gandharva's own musical tutelage under Prof B R Deodhar, initiated by Pandit Vishnu Digambar Paluskar, was a strict and classically correct study of the various Gharanas along with his own, Gwalior Gharana. The stylistic highlights of all the great singers of his time, Abdul Karim Khan, Ramakrishna Buva Vaze, Kesarbai Kerkar and Sawaai Gandharva, were well understood and analysed by him before he began to stamp his music with his own, indelible signature.

Poetry, in particular, the hidden poetry of the words of classical compositions, has always had a special meaning in his musical lexicon. Each letter of each word in a Bandish has received the same attention and microcosmic love from him as has the form in its broadest, and truest outline. Dismissing the role of pyrotechnics and the spectacular, as aims in themselves, he has said: "It is not enough to merely have a dress made of cloth of gold. It must fit the body, mustn't it? Sometimes a cap of Zari looks comical on the head while a well-fitting simple Gandhi cap, which may have cost only 50 paise looks very smart... it is important to first show the full figure and profile of a Bandish. Simply because it looks good in some parts, you can't go on repeating those areas. It would be like drawing, again and again, the nose of a woman, simply because it is pretty. Actually, if it is pretty, then it is so because of the correct proportion of the entire fact. If the eyes are too closely set, a hundredfold well-shaped nose would not covey the impression of prettiness. No, it is very necessary to come to know the true nature of a Bandish...brought up in the deep recesses of a Raaga's norms and modes of behaviour, a Bandish can only be known with the kind of love and intimacy that a lover brings to his meeting with his beloved. Only then can one know the beauty hidden in the remote recesses of its soul."

What manner of man is this who approaches the least request for a song with the gravity and seriousness of a recital in the most opulent durbar hall of a monarch? Who combines a highly disciplined approach to every facet of daily life as much as to his music with a light-hearted joviality, accessibility, personal warmth and modesty that has blurred the line between artiste and human being for those privileged enough to know him? A man who has composed some 300 new compositions and melodies ans well as rearranged countless compositions of traditional repertoire, such as the songs of Meera and Kabir, Surdas and Tulsidas. His personal library at Dewas is a bibliophile's delight. He was and remains a regular visitor to the Jehangir Art Gallery's art exhibitions on each trip to Bombay. And because of his child-like sense of wonder about the world around him, his sources of inspiration never dry up.

The pattern of living at his house has never varied. Whoever wishes can walk into the evening soirees that stretch from five to ten at night, followed by dinner and then Gupshup with close friends until well after midnight. Whether the audience has consisted of five persons or fifty, his hospitality has been unfailingly warm and generous. On one such occasion, recalls Purushottam Deshpande, they had just gone to bed after midnight when Kumar came to wake him up. "Get up, quick. Let us take out the Tanpuras. Look, I shall sing Marwa for you." "At this time, Marwa? An evening Raaga...?" And Kumar's characteristic answer, "Arre, isn't dawn too another name for eventide? The evening Marwa is pensive because night is about to fall. But this Marwa says: Behold! it shall soon be light. That is why it is in such great spirits."

Other people and other musicians have used music in aid of fertility rites. To make the barley grow bigger, the flowers to grow more fragrant, the parched skies to open their hidden storehouse of life-giving waters. But alone among contemporary musicians, Kumar Gandharva has polished and refined the primeval myths and moods of man into rich, sophisticated yet easily understood philosophical concepts. Alone, he has bent specific melodies called Raagas, their minute tonal values called shrutis and complex mathematical variations of rhythm called Taala into expressing his whole way of life. At its core is the belief that Sound is God, Naada Brahman. It has trained his throat to utter and his ear to listen to the softest notes, the smallest intervals and the most refined inflections of sound. A Raaga can be defined as a set of notes, by no means all the seven, of an octave, set to a particular order and design. But once Kumar Gandharva has chosen to enter its microcosm of sound, he has freed himself of all known constraints, to roam the entire cosmos of Anahat Naad, that unheard sound which must have been there before there was anything else.

At the concert at Siri Fort, organised by Gandharva Mahavidyalaya and his old friend, Pandit Vinaya Chandra Maudgalya, the grand, sombre notes of Raaga Shree hang palpably in the auditorium. They distil the mood of both Hemant (early winter) and Shishir (late winter). The mud and silt churned up by the rainy season have had a whole autumn to settle down. The river flows quietly and the lakes and streams have become limpid and clear. As the peasant returns home at twilight, his fields ready for the next harvest, the shadows have lengthened and the breeze moves among the reeds like the notes of a flute. It is the season and the hour when nature and man are entwined in a bond of peace and harmony. And making this magical experience possible in the interior of a 20th century symbol of power and imperial might, is a frail, grey-haired man, beloved of both gods and ordinary people.

(This article was published in The Telegraph, dated April 1984)

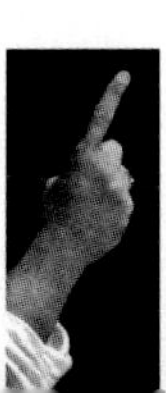

31 A True Gandharva In Our Midst

B N Goswamy

How casually, and in how narrow a sense, we use the word Gandharva makes me wonder, even uneasy, sometimes. That Gandharvas were celestial musicians or heavenly singers who, along with Apsaras, were the jewels of Indra's heaven, we know. But this, it seems, is all that we know about them.

One needs to turn to ancient texts, however, to get the full sense of the term and to expand one's mind. In that most ancient of texts, the Rigveda, where numerous references to a 'Gandharva' are made – the Gandharvas came to be regarded as a class much later, it seems – he is called by different names: Divya-Gandharva, Vishva-Vasu, also Vayu-Kesha. His habitation, as lexicographers tell us, is the sky, or the region of the air and the heavenly waters; he possesses mystical powers; his special duty is to guard the heavenly Soma, which the gods obtain through his intervention. He is also spoken of as a good physician; he regulates, along with other genii, the course of the Sun's horses; he knows and makes known the secrets of heaven and divine truths. In later periods, when mythology became 'more systematized' as they say, numbers multiplied: The Divya Gandharva turned into one of many Gandharvas, came to constitute one of the classes into which the higher creation is divided, like gods, manes, and men. But Gandharva stands also for a horse, a musk deer. It remains a matter of debate among scholars if the name of the Svara, Gandhaara, comes from Gandharva, but in text after traditional text, the word was frequently used to designate a sage, a pious man.

Whether or not those who came to name Shivaputra Siddharamayya Komkalimath as Kumar Gandharva – in recognition of his being a great singer at such a young age – knew of the range of things and powers that a Gandharva stood for in the ancient world, we are – at least I am – not aware of. I only know the impact he made upon me when I heard his voice for the first time.

It was many years ago. Karuna, my wife, and I switched the radio on and there was that voice – no, that is not the right word, that soul, I should say – singing: *'Aaj mujhey Raghubar ki sudh aayi'*. It was magical, the pacing of the words; the repetitiveness; the stifled pain; that cultivated tremble. I did not know the words, but it was not difficult to guess that it was Kaushalya who, sitting lonesome in her palace at Ayodhya, was thinking of her exiled son, 'Raghubar'. The emphasis in that simple line kept shifting: Now it was on *aaj*, now on *mujhey*, now on *Raghubar*. It was as if the singer was unwilling to let the line go, much as Kaushalya who – the words were those of Tulsidas, as I discovered later – would not allow her memory to leave her. And then it began developing – that scene – in front of my eyes. One could not only hear but see, as the singing went on, where the princely exiles were at that moment – Rama, Seeta and Lakshmana – drenched in rain in that month of Bhaadon, seeking shelter under some tree or the other, constantly on the move in that wilderness, *'Bheejat hongay dono bhaee'*, Kaushalya was worrying, anxiety in every word. And then, looking around herself in that palace, all by herself, desperately missing Seeta, for without her, the Rasoi was Sooni; and missing Lakshmana, for without him the Thakurai was barren, as it were. As I said, one could see all this in one's mind, and feel the stab of remembrance at each step, as that inimitable voice, something 'from the sky, or the region of the air and the heavenly waters' that the Divya-Gandharva inhabits, went on. I thought I could sense a tear glistening somewhere. It was deeply moving. Admittedly, my own memory of images of some great paintings from a Ramayana series were flashing on the screen of my mind as I was listening, but I am absoultely certain that even without that slender help, one could have seen it all. The evocation was complete. Kumar Gandharva, I heard the announcer say, was the singer. I am not a 'music person', but I am still embarrassed to say that till then I knew nothing about him. After that day, however, that name, and that voice, has not left me.

Much has happened since then. I heard Kumarji countless times, live in concert, at private Baithaks, and in recorded form; through close friends, we even had the privilege of getting to know him personally and spending time with him: speaking, sometimes of seemingly idle things, writing on him, receiving affection, discussing some points on occasion. But each encounter was lined with a sense of awe of his prodigious gifts, as if he were someone who, like the Rigvedic Gandharva that I spoke of, were 'possessed of mystical powers,' who could, had he wanted to, 'regulate the course of the Sun's horses.' He sang not only the words of Kabir and Tulsi and Surdas and Gorakhnath, but also of them as it were, for he seemed to have known them in some other time and place. *'Raam niranjan yaara re'*, as he used to say.

Learned volumes and countless articles have been written on Kumarji: His life, his struggles, his singing, his unique style. I can only say that in strange ways, he affected my understanding of things, perhaps even of life. How he made Kabir entirely his own, for instance, is an object lesson. Everyone knows Kabir; many sing him; but the manner in which Kumarji became completely one with the great weaver-saint, is something that could have been possible only by submerging himself into him line by line, word by word, nuance by subtle nuance. And through that, like the Rigvedic Gandharva – that Vayu-kesh – make known to us 'the secrets of heaven and divine truths.' *'Maya mahathagini ham jaani,* is something that not only Kabir but also he who tells us in his own insistent manner: That singular weave of word and song, creating magical patterns in the air. Or, again, '*Suntaa hai guru gyaani*', in which he almost makes us hear that '*Jheeni aawaz*' that comes from the '*gagan*' above us.

I am not able to explain it, but apart from the words it is Kumarji's voice that comes back to me at entirely unpredictable, un-thought of moments. When, being an art historian concerned mostly with paintings as I am, I come upon a great painting of a group of Virakta Sadhus, suddenly I hear: *Yugan yugan hum jogi.* When I read about the emperor Akbar asking, Gosain Vitthalnathji, son of the great Vallabhacharya, about how does one approach God and the Gosain gives him an answer, I recall, at once, '*Main jaanyo nahin prabhu se milan kaise hoye ri.*' And when I see that moving painting of an old piligrim or Fakir by Abu Hasan, in which we see this man standing barefoot, leaning on a thin long staff, struggling to move forward, his body bearing the mark of the ravages of time – bent back, stooped shoulder, lean desiccated frame – come to my mind, as sung by Kumarji, those words that speak of the fragility of life: *'Baalu ki bheet, pawan ka khamba'*: this is an edifice 'built on walls that are but sand and rests on pillars fickle as the wind'.

What can one add, except this? Kumar Gandharva's voice and his words had the power not only to instruct but to heal, as it were. After all, a true Gandharva, as ancient texts tell us, was also a good physician.

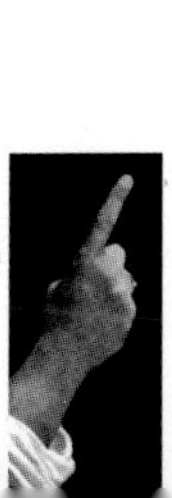

32 A Defier of Tradition

Chetan Karnani

Kumar Gandharva struck the headlines by composing a new Raaga called Gandhi Malhar. Few realised that he had already been doing that sort of thing over many years. All the old Raagas rendered by him and the new Raagas composed by him were variations on the theme of Gandhi Malhar.

The new Raaga was as strange as the new aesthetics, which tried to rationalise it. The originator of the Raaga said that the use of Shuddha gandhara in Gandhi Malhar added tenderness, a typical Gandhian attribute. This was a naive view because a slight reflection shows that feeling is not inherent in the notes, that it is the projection of our response to them. But Kumar Gandharva sang his Gandhi Malhar in New Delhi in a subdued voice, believing all the while that he was giving a musical interpretation of non-violence. His simple ways reminded me of the view of Omkarnath Thakur, who used to say that the notes of Todi weep when the truth was that he used to weep with the notes.

Kumar Gandharva was unfortunate in the model, which he imitated. His hero was the Omkarnath Thakur of his later days, who used to mistake gimmicks for novelty. Kumar's surging romanticism was in the best tradition, Kumar sang according to his whim. The voice went where the gesture led. It is hardly surprising that with such music, organisation was a thing of small consequence.

The vocalism of Kumar Gandharva abounded in many eccentricities. One such flagrant violation of the accepted canon was in the liberty he took with the Vadi and Samvadi of a Raaga. In his case, each note had its own importance according to his own sweet will. He gave the impression of singing a scale and not a Raaga. The way Kumar dispensed with the Vadi and Samvadi of a Raaga made it appear as if he sang Carnatic music in Hindustani style because he ignored the accepted classical hierarchy of notes.

This can be seen in the distortion perpetrated in the recorded rendering of Begeshri (ECLP 2884). He has made the Raaga sound like a classical folk song. Occasionally, it defies identification and sounds like one of his newfangled modes. A typical eccentricity can be seen in the way he has arrived at the 'Sam' a little late and then weaves a vibrato round it. One other Raaga which has suffered at his hands is Adaana. He reduced it to a volley of meaningless Taans.

It is the greatness of Indian music that it allows every artist to interpret a Raaga according to his own genius. Hence every artist is tempted to take liberties with a Raaga. Even tradition-bound Ustad Amir Khan indulged in this novelty when he put an unusual emphasis on Gandhara in Malkauns. But this was permissible distortion. What Kumar did was to throw the 'Shastras' to the winds, and the result was, occasionally, disastrous. One instance which easily comes to mind was his recorded rendering of Shankara which is lyrical but quixotic. He just did not care for the Veera Rasa and gay abandon associated with this Raaga. His flagrant violation of tradition could be seen from the fact that unlike most other Indian artists, he put the Sam on Panchama.

With Kumar Gandharva, tone was another major casualty. He would suddenly increase his volume: Occasionally, a soft whisper would be followed by a full-throated fortissimo.The result was that there was intrusive and pervasive dissolution of structure. Since Kumar did not follow the accepted principle of note by note development, the only thing he could do was to go on chanting like an inspired bard or occasionally indulge in the romantic contrast of crescendo and diminuendo. His style of singing may best be summed up as rhapsodic. It was similar to the one employed by god-intoxicated Yogis who sing to the accompaniment of the Ektara.

Kumar employed this device because his tonal range was extremely limited. His voice lacked luminosity in the bass octave. It worked best in the middle octave, hence for the most part, Kumar sang in this range. It was very occasionally that he had a few ascending taans in the first half of the upper register. It was inevitable that, within this narrow range, Kumar should indulge in endless repetition.

As an illustration of these views, let us examine Kumar Gandharva's Sanjari (ECLP 2284) which is a curious mixture of Desh, Shyam Kalyan and Jaijaiwanti. In this Raaga, he has used both Gandharas, both Madhyamas and both Nishadas. There is a certain brilliant tonal meditation in the middle octave where he has made use of all these notes. But he has deliberately avoided the elaboration of the Raaga in the lower octave because he was not able to make complete use of these notes. In the Drut composition, he has given up the pretence of having discovered an intricate compound Raaga and reduced it to an involved version of Desh. Incidentally, Kumar could use only short intricate Taans becaruse he had only one lung, but it was creditable that in spite of this physical disability, his Taans were graceful and competent.

Kumar's most daring innovation was in the realm of the composition of new raagas. He was one Indian musician who had the courage to get his own collection of Raagas published. One of his Raagas, Lagan Gandhar, is available in the form of an LP. This Raaga is very close to Shivaranjani, and Kumar's rendering of it is truly haunting because he has been able to convey musically, the sense of helplessness a forlorn lover feels. But even here, Kumar has overdone his fatal love of Shrutis and lingered too long over his Gandhara. These microtones are the shibboleth of Indian music and Kumar made it more so by meditating over one note for such a long duration. But it was not unusual for Kumar to sing either for himself or for the scholars of his stature even when the Raaga was subtly melodious. This occasionally led to the breakdown of communication.

Kumar did not realise the basic fact that his Malavati or Sanjari may have certain lyrical passages or melodic contours but they could not be a substitute for either Bhairav of Malkauns. Merely a new combination of notes does not make a new Raaga, because every Raaga has a certain traditional aura about it and old associations. The Raagas composed by Kumar have the charm only of novelty. They are an interesting departure form the set classical mould but they do not go far.

All these excesses happened because Kumar took a highly subjective view of Raaga. What mattered for him was the 'felt' Raaga and not the notes comprising it. Hence he allowed the impulse of the moment to dominate him and went on repeating a series of complicated clusters of notes. There was the occasional thrill of the unforeseen but since he chose not to follow any method, the result was often sheer waywardness and tiring repetition. The variety, in his case, was based neither on gestalt principles as with Ustad Amir Khan nor on melodic principles as with Ustad Bade Ghulam Ali Khan nor on rhythmic variations as with Mallikarjun Mansoor, but only on a few tonal tricks.

Kumar went astray because he tried to imbibe certain values of folk-music in his classical style. He tried to borrow the gay, unpretentious abandon of folk music. But in the process, he ignored that the values cherished by the two styles are different. While classical music has to observe some decorum about form and structure, folk music need not do so. Hence it is not surprising that he was more successful in his shorter items. His Bhajans of Kabir showed deep feeling and his tragic vision expressed itself best in this realm. His *'Suntaa hai Gur Gyani'* has justly been celebrated as an outstanding achievement in the realm of devotional music. In keeping with the sytle of his Bhajans, his classical style was also that of a Yogi. When he stopped, one felt that he could have gone on for some more time – the feeling that one gets in an interesting Keertan.

Just as God made man in his own image, in the same way, one could say about Kumar, that he made Raagas in his own image. Thus, in Hamir, which he sang for the Radio Sangeet Sammelan (1972), while the text books prescribe *dha ma pa ga ma re sa* as the key phrase in this Raaga, he repeatedly turned it into *dha ma pa ma ga re sa*.

Though not traditional, Kumar's recital was invariably tuneful. Nowehere is this more apparent than in his recorded rendering of that curious compound Raaga Sohni Bhatiyar. Here, he has given a haunting interpretation of a fine composition with the ease of a born musical prodigy. It was with this gift that once at a concert in Poona, he sang Marwa after Multani but the *sa-pa* drone on the Tambura remained the same. Such was the vigour and continuity of his recital that he easily dispensed with all the considerations of tonality. It was to Kumar's credit that all his excesses and discordances usually evaporated before 'one spirit's plastic stress.'

As a concert artist, Kumar had that rare gift – the ability to carry the audience with him. To keep the audience on its toes, he usually alternated a melodic with a rhythmic surprise. He often astonished his listeners with a short intricate Taan, following it with a devious way of arriving at the Sam. To keep the interest of the audience alive, he rendered half a dozen old and new Raagas in one concert. In so doing, he occasionally reduced the Raaga to a composition. Since he didn't observe any principles of architectonics, he allowed his fancy free play to weave any melodic pattern on the spur of the moment.

This desire to surprise and innovate was conspicuous in his LP in which he presented two new-fangled versions of Todi and Bhairav. His Saheli Todi omits Madhyama completely. The result was that his variation of Todi looked like Bhoopal Todi with flat Nishada used in descent. But what impressed one most was his vocal energy and the tragic intensity of his slow Khayal. Also very impressive were his restless Taans in the Drut Khayal in Ek Taala.

Beehad Bhairav, which was Kumar's private addition to the varieties of Bhairav, uses a complex scale with both Gandharas and Nishadas in descent. The result here is not as happy as in Saheli Todi because of the incantatory style with too many reiterations of the word 'Shyam'.

With all this defiance of orthodoxy, Kumar was the stormy petrel of Indian music. With rare courage, he chose not to tread the beaten track. But with all his new experiments, new Raagas and uncertain style, he remained throughout an unpredictable romantic.

(This article is an edited version (reflecting changes in tense) of a chapter from the author's 1976 book *Listening to Hindustani Music*. It is reproduced with permission from Orient Longman Ltd.)

33 A Bird from Another Country

Linda Hess

Kumar Gandharva's voice first reached me in the early 1990s, through a cassette sent to me by my friend Jeanne Fleming. The cassette had been recorded under unusual circumstances, described in the preface to my book 'Singing Emptiness'. It was a lucky chance that Jeanne's husband Harlan Matthews and his guru Harish Jauhari had been present at a private encore after a public performance, and that they had a tape recorder with which to catch the remarkable singing of four Bhajans. Kumarji's wife Vasundhara sang with him in the background, while someone beat on a single Banya, the left-hand drum of the usual Tabla pair. The song that most captivated me was *Ham pardesi panchhi* - "I'm a bird from another country." And the most captivating element of the song was a wordless "oooh" sung on three sliding descending notes between lines.

Here is a partial translation of the song :

Refrain :
I'm a bird from another country, baba,
I don't belong to this country.
The people in this country are unconscious,
Every moment sunk in regret,
Brothers, seekers,
I don't belong to this country.

I sing without a mouth,
Walk without feet
Fly without wings.
Awareness free of illusion,
I play in the limitless.

Sitting in shadow, I burn.
In sunlight, I'm cool.
The true guru is beyond
Sun and shade.
I dwell in the guru.

The great giver whose form is formless
Takes on the form of a name.
Kabir says, listen brothers, seekers,
God is in your body!

Folk singers in Malwa sing the song with a slightly different ending:

Head, toes, eyes, this body, the true guru
Has transformed beyond death.
Kabir says, meet the formless!
You're free from death and decay.

On an obvious level I was always a *pardesi panchhi*, a foreign bird, in India. But on another level the song linked me with Indian listensers as we were all foreigners, or temporary residents, in the everyday world of forms and identities, birth and death.

When Kumarji passed away in 1993, singing groups from the nearby Nath Panth Ashram came to the last rites. Kumarji had often hung out with those folk groups, singing and listening. In a film interview, Kumarji's disciple Madhup Mudgal describes how the Nath Panthis danced in a procession to the cremation ground, singing a beautiful, haunting Bhajan.

"They sang that song, 'I'm a bird from another country.' It's very difficult to express – I've never heard singing like that... The mandal came to the cremation and sang, 'I'm a bird from another country,' playing their Manjira (small cymbals). I don't know what it was. The atmosphere – it was dusk. There was a certain light. It was too much. My hair stood on end. It was so beautiful, even though we were filled with sorrow."

After a pause, Madhupji slowly sings a stanza of '*Ham pardesi panchhi*' with a look of deep concentration. Another pause. "Then they would sing like this." He hums the wordless bridge – "ooooh" with Manjira. It made a deep impact on me. We can't sing like that. We won't get that feeling. For them it's pure devotion. I wish our Bhakti could be like that. But we have to watch out for the singing too. They are 100% immersed (*Leen*). That's the way it should be."[1]

It has always been Kumarji's Nirgun singing, and his fascination with the riddle of Nirgun singing, that has attracted me most.[2] How have I been attracted? I want to say like a bit of iron to a magnet, like a bee to nectar – utterly 'Sagun' images! All images are Sagun. There can be no poetry, no description of music or experience, without images. Sound itself is Sagun, a sensory impression. All words are Sagun, having shape and sound, evoking objects and actions, colors and tastes. The poetry that we call 'Nirgun' tries to suggest a knowledge or experience beyond form, even while using words. In this impossible space Kumarji liked to hover. He asked, "What is the Nirgun voice? The voice of emptiness?"

Is this something that matters to normal people? Or is it the sort of rarefied question that would occur only to a few people, who like thinking cryptic and abstruse thoughts?

I believe it is about our everyday life, the constant stream of experiences, and at the same time about something rare and subtle. I believe Kumar Gandharva intends in his music to bring forth this rare and subtle thing, exactly amidst the everyday stream of experience, as Nirgun poets like Kabir and Gorakhnath bring it forth in their poetry. We could think of it as the awareness of simultaneous likeness and difference, or of separateness and connection. It is about border areas, where entities exist and do not exist, where moments of time simultaneously appear and disappear. Border areas shimmer – not one and not two. Birth and death aren't unique events that happen at the beginning, and the end of our lives. They infuse our everyday experience. Ashok Vajpeyi caught this awareness in a prose poem based on Kumarji's statement:

Gaatey gaatey roaz martaa hoon/Every day I die singing

---

[1] The interview occurs in the documentary film *Koi suntaa hai* (Someone is listening): Journeys with Kumar and Kabir, directed by Shabnam Virmani, Bangalore: The Kabir Project, 2008.)

[2] *Nirgun* refers to a reality with no form, or beyond form; *sagun* to a reality with form.

He said, I'm a practioner of the most perishable art: Every day I die singing. That Kumar Gandharva who was singing, that Raaga Tilak Kamod – both are dead. Tomorrow again Tilak Kamod will be sung, and Kumar Gandharva will sing, but not the same. In music whatever has happened once, by whatever person, may happen again by that person, but not the same.

Sound and silence shimmer together in such a border area. People familiar with Kumarji's singing have often referred to his silences. He had a unique way of leaving empty spaces among the syllables and phrases. Ashok Vajpeyi illuminates this quality in another prose-poem :

Anupasthiti khiltee hai, 'Absence blooms':
Not everything should be filled. Some thing should be left empty. Often he stops suddenly, unexpectedly. In the series of notes, he leaves an empty space. The space may be empty, but he is present. In empty space, absence blooms.

In a concert once, Kumarji made a comment on sameness and newness in his music: Music does not mean repeating like a parrot. You don't learn something, then sing it the same way over and over. Each time I sing a Bandish, no matter how many times I have sung it before, for no matter how many years, it should be born anew in that moment. For example, I learned this bandish when I was eight. But it will be born again now.

Kumarji spoke in a concrete and material sense about bringing forth the Nirgun voice. It is not only a state of mind, but also a physical way of producing the voice. In a 1976 interview, he describes how he first heard a wandering sadhu sing '*Suntaa hai guru gyaani*' and was moved to compose his own melody to the words that were well known to the Naths and Kabir devotees in that region:

The way of singing Nirguni Bhajans – it is something unique. Especially those people who belong to the Nath sect, who have very little to do with settled habitations – their world is completely different. Their life is different, their ways are different. Forget the ones who just wander (singing) to fill their stomachs. But the real ones – the ones who really have faith in this kind of life– the voice that comes out of them – that's what I try to practice. One day I was sitting on the veranda... A man came to beg. He was singing *'Sunta hai guru gyani...'* It's not that he was singing very well. But I thought: This is the Nirguni voice; I should definitely practice this. The next day I composed *Sunta hai guru gyani.* The quality of creating emptiness (Shoonya) in Nirgun is amazing. It comes from that carefree, nonattached state. Throw, but it shouldn't hurt. Throw anything at all, even a very sharp thing, but it shouldn't hurt. A person should just enjoy it : Hey, man, he threw that one well, didn't he? In nirgun, this way of expressing, of throwing the voice, is a natural part of their lives. Without having that kind of nature, you can't pur forth that kind of voice. Their voice matches their mind. *Main jagun mhara satguru jage, alam sara savai...* "I am awake, my true guru is awake, the whole universe is sleeping." That is their world. When they sing, at that moment, who is there? No one is there. The Svaras that come out there, are not the svaras that come out in the drawing room, are they? Nirgun should convey a sense of solitude (pp.30-31).

In this interview, Kumarji uses a particular verb for bringing forth the Nirgun voice; Phenkna – to throw or to hurl. It conveys a more vivid physicality than the English word 'project'; yet 'project' is also apt, for the voice is figured as a kind of projectile. Another meaning of Phenkna is to shoot or fire – as in shooting an arrow or firing a bullet. The nirgun voice is thrown, or shot, with great power; but strangely, it does not substantially strike anything. Still it is effective. This reminds me of verses from a Malwi folk Bhajan attributed to Kabir – an Ulatbansi, or upside-down language song that plays with paradoxes and absurdities: *The hunter picked up his bow and went out. The bow had no string. He shot the deer, the deer fell down, but it wasn't hurt. He brought back the meat of the dead deer and got a big cheer.*

When Kumarji says of the wandering Nath Panthi's singing, "No one is there," I imagine that he means not only no listeners, but also no singer. When Kabir playfully shows us a deer, shot by a stringless bow, who falls down dead without getting hurt, we are strolling in the vicinity of shoonya/emptiness. "Throw, but it doesn't hurt." At least it doesn't in any conventional sense. Kabir's poetry is full of references to being struck and wounded in a different sense. The 'weapon' – figured as an arrow or other sharp object – is the shabda, the word, the guru's voice, the bhajan. This is expressed in '*Lagi hoy so jane jo shabad ki*' – a Bhajan sung by Malwa folksingers and by Kumarji :

In the street walks a wounded person
but you can't see the wound with your eyes.
An arrow shot from the bow of wisdom
has lodged in his heart.

A Sakhi (couplet) of Kabir conveys this in a pungent way :

Satguru chale shikhar pe, hath mein lal kaban
murakh murakh bach gaye, koi maraa sant sujan.

The true guru went out hunting,
a red bow in his hand.
Many fools escaped.
Now and then, a true seeker was hit.

In a 2002 conversation, Kumarji's family members spoke with me and Krishna Kant Shukla about the Phenk, or throwing, of the voice in Nirgun singing...

Tai (Vasundhara) : First he was attracted to the nirguni svara. Later, he became interested in the literature...

Krishna : My understanding is that Nirgun Svara means a special way of doing sa re ga ma...

Tai : Yes, it's about how the Svaras are thrown. Classical svaras are different from Nirgun Svaras.

Linda : Can you say more about it?

Tai : How can I say anything? I can only show you by singing. It has to do with how you project the voice (Uchchaaran phenkna). That is Nirgun. It's not classical. Sagun is also very different. In Sagun, you know, there's picture, a person. However you think about God, it appears that way in Sagun. In Nirgun there's no picture, no form. It's without outline, without substance (Niraakaar, Amoort). In Nirgun Svaras, there's no outline. It's all in the Phenk. It's all in the way of throwing that Svara...

Linda : What kind of practice should be done to achieve that Nirgun Svara?

Tai : That is very difficult! It is difficult not only for ordinary people, but for singers like us... I try to experience that Nirgun. I try. I haven't reached the high level that Kumarji reached. That Phenk. I try.

Kalapini : So many students of Kumarji have attempted to just sing at least one svara in his style, so that it will be Nirgun. Many people have tried, but it is almost impossible to catch that Svara... I have just started to sing Nirgun Bhajans. I need more time. If Tai is still trying, what can I say? This is a long process. If I sing those words, those Svaras, with 100% honesty... Imagine the words of *Nirbhay Nirgun*. Do I really experience the meaning of those words? To do 100% justice to the words, we have to keep trying. Not once, not a thousand or two thousand times. We have to keep trying to end of our lives.

When Kumarji was still a young teenager, his guru brought him to a legendary elderly woman singer, Anjani Bai Malpekar, and asked her to teach him. She gradually revealed secrets of Svara that he had not glimpsed previously.

Indian musicians speak of Svarasadhana – a spiritual practice based on entering the mysterious depths of any given sonic 'location.' If we translate Svara as a musical tone or note on the scale, we will be technically on the right track but still far from appreciating its meaning. A 'note' in Indian music is not just a particular spot to be hit accurately, not a line to stick to, but a deep space to which one gains access through an opening of the self. It becomes possible to enter that space after giving up conventional self-consciousness, allowing the voice to merge with something that seems to be already there.

Once I had an experience that helped me appreciate the difference between a note and a Svara. My friend, classical singer Tara Kini, was giving me some elementary exercises in singing. She turned on the electronic Tanpura, gave me a *Sa*, and told me to sing it without wavering, not going above or below it. Of course this was beyond my abilities. I tried and failed a number of times. I was tense, trying to hit the note accurately, then trying to hold it in what I pictured mentally as a straight line. One time, unexpectedly, I relaxed and forgot myself. Sound seemed to be coming out of me without my willing it. Surprisingly, it was wide, not narrow. I seemed to be in a space where different threads of sound mingled peacefully and effortlessly to become saa. It was starling for me to discover how unlinear a 'note' was.

Anjani Bai Malpekar opened the practice of *Svarasadhana* to the young Kumar Gandharva. Raghava Menon reports how Kumarji reminisced, decades later, on his experience with this remarkable woman teacher:

Anjani Bai had apparently suggested to Kumar to imagine every Svara of the scale as about an inch broad and if a voice while singing a note would just touch one or the other side of the breadth of this imagined inch, that voice would be considered to sound perfectly Sureela (in tune). But if it could be vividly imagined that there was an inch of space between the two edges of the single Svara, it is in this space that the elusive power of the Svara resides. Also, if by sheer persistence, the singer can locate six resting places for his voice within the space of a single note, that singer need never to sing again. It would be the first internal experience of the closest approximation of the Naada Brahman. There is little doubt that in the years following this discovery, Kumar persisted in his search for the limitless landscape, hidden within a single Svara.

So am I a bird from this country, where a Svara is just a note, where everyone is unconscious, and every moment is full of regrets? Am I a bird from another country, where someone sings without a mouth and flies without wings? Kumar Gandharva and Kabir give a hint. Wake up to the limitless landscape right here!

The deathless exists exactly amidst *Nashwara*, the perishable, where time runs, nothing stays the same, where the *Shoonya* is in the pauses and the old Bandish is born now.

We may learn to notice *shoonya* in the pauses. Eventually we understand that *Shoonya* is also in the Svaras.

(This short essay includes some new writing, but much of it is taken from the author's book *Singing Emptiness : Kumar Gandharva performs the Poetry of Kabir*, from Seagull Books, Calcutta, 2009)

Remembering Kumarji | 34

Balkrishna Doshi

It is a great occasion to remember Kumarji not only as a musician but also as a visionary, who was aware of the changes in the field of art, music and literature that were taking place globally.

Recognised as a talented young artist of independent India, Kumar Gandharva realised that there was a growing disconnect between the rural and urban communities in the art and cultural traditions.

Inspite of delicate health, he took it upon himself to personally research the subtle traditional relationships between music, art and lifestyles.

The study included personal practice of folk and classical music, their vocabulary, meanings and lifestyles. However, he took care not to ignore or respect the great masters of our traditional music.

Realising how difficult it is to create appropriate, holistic architectural solutions, I decided to meet him and listen to his music and its evolution.

Luckily around 1970s, my students at the School of architecture invited Kumarji to perform. Knowing Kumarji's interest in architecture, I decided to show him around the new School of architecture building. Walking through the lower open basement floor, I took him to the upper double height studio floors full of drafting tables and stools.

Appreciating the variations of volumes and the variety of spaces enclosed by thick parallel brick walls, he stood in the balcony and gazed at the transformed brick kiln. Walking around and discussing architecture, he hesitantly mentioned not visiting the auditorium where his evening recital would be.

Quickly, realising the situation, I proposed converting one of the studios for the evening functions. I am sure, that his politeness stopped him from asking any further questions.

When I received him at the gate, I am sure he was still not certain where he would deliver the concert without an auditorum. I gradually took him through the staircase to the first floor studio. Upon entering the studio, his eyes twinkled and a smile appeared on his face. He could not believe that the cluttered studio was transformed into an Indian style baithak. Looking around and gazing upward he suddenly discovered the reflections of the students and music lovers in the inclined glass window. The sudden transformation into an auditorium must have reminded him of his musical shift that he was searching.

Sitting on the dais before starting the concert, I remember his remark. "I see here the fluidity of architectural space and form. They say, that architecture is frozen music but today I wish to demonstrate to you the virtuosity of flowing music and its relation to space, form, rhythm, sound and the environment. Like you architects, I am trying to expand the confinement of our traditional way into a new tonal, rhythmic, spiritual presentation. In our folk tradition, you will observe that sounds, rhythm, their tonalities and songs have different places and meanings in our daily life and through them we heighten our emotions, feeling and aspirations."

The ultimate aim of music is to belong to the universe. To me, architecture and music are inseparable since they both are based on vibrations. The unfolding of his Bandishes, Bhajans, their words, modulations and tonalities gave me a sense of space.

For me, the space had become boundless as if the long solid walls had disappeared. Even today, when I visit the studio, I recall Kumarji's comments and his concert.

My second experience with Kumarji was at our home. Sitting in the long narrow room, full of books on the first floor, while discussing architecture and music, I played for him Beethoven's symphony. Suddenly he said, "Doshiji, our music is inward looking and it awakens our cells and connects us to the universal sound – Naad Brahma. In our music, we go deeper, deeper and deeper. But unlike it, the western music, which is vast, complex and beautiful, is outward looking."

Third time, during my visit to Kumarji's home at Dewas, I realised the virtue of simple living and high thinking. His library full of books, a frugal lifestyle but full of generous and gentle hospitality. His generous gift to me and my family was his set of recordings – 'Malwa ke lok geet'. Every time I listen to them, I see an open door of how to re-look at folk and classic traditions and their roots and restructure their fundamental meanings into present day needs.

Listening to Kumarji, Vasundharaji and Kalapini's recordings of Nirguna Bhajans, I get visions of the platforms outside houses or the spaces and light in the internal courtyards or the profile of terraces or changing shadows in the Jharokhas and hear echos of the songs.

In 1984, I had the privilege of showing him around my new studio, Sangath, at Ahmedabad. It was my attempt to discover and re-interpret my definitions of architectural spaces, forms, light and structures. "Doshiji, your attempt to conceive and use local and contemporary technologies, materials, rhythms, forms and ways of constructions, they are similar to what our traditions would have done. it is here that I see a representation of our culture. This is spiritualising matter."

Writing reminiscences, I often recall Kumarji for his holistic vision, his enriching understanding and his re-interpretation of infinite Naad Brahma and its integration into life.

Kumarji's great interest in architecture drew him to Chandigarh, the capital of Punjab, designed by the famous architect Le Corbusier. Here he is shown studying the city's master plan in 1966. In 1967 he wrote a composition on Chandigarh's architecture.

35 The Science within his Art

Sunil Mukhi

Can an artist be a scientist as well? This is an age-old question, but many would still be sceptical of the possibility. How does one combine art, characterised by spontaneity, mystery and passion, with science in whose domain we find rational analysis, method and structure? In fact this apparent contrast between art and science is an invention of human minds – including a few practitioners on both sides. The reality is that elements of each one are embedded in the practice of the other. And in the world of Hindustani music, nobody better embodies the embedding of science within art than Pandit Kumar Gandharva.

The relation of music to method and structure is a common theme in studies of Western music. In his article "Why Beethoven?" Leon Botstein, editor of *The Musical Quarterly*, refers to "Beethoven's manipulation of musical logic and formal procedures." Another scholarly publication analyses the "mathematical architecture" of Bach's compostitions. It may seem that all this is relevant only to Beethoven and Bach and has little to do with us, given that the emphasis in Hindustani Khayal music is to bring out emotions: Devotion, love, the changing of seasons, the longing for the divine. But while all these have surely been the key elements of Kumarji's music, I believe scientific principles are manifest too, and more powerfully than in the work of any of his contemporaries.

Wikipedia tells us that the scientific method involves "investigating phenomena, acquiring new knowledge, or correcting and integrating previous knowledge." Kumarji's art possessed all of these qualities. For him a Raaga was above all, a phenomenon to be investigated. When defining a Raaga we use a name and ascribe to it a few notes and phrases. But what are the phenomena of which this Raaga is capable? In every performance, Kumarji would sit down with a fresh mind and ask himself this basic question. While other musicians took the answer as given, the Raaga is what my teacher has taught me – Kumarji dared to inquire if there were things his teachers had missed, observations they had not made, perspectives they had not seen. Indeed much of the controversy around his music came from 'experts' who felt threatened by his investigative approach. This brings to mind some famous historical controversies surrounding scientists whose discoveries challenged the understanding of their teachers.

Whenever a new understanding presented itself to Kumarji, and this seemed to often happen spontaneously during a performance, he would be happy to explain it. His famous 'pedagogical gesture' – both hands upturned and head nodding down towards them – conveyed his discovery to the audience. Sometimes he would make a joke about it : "*Ga ma dha, ga ma dha,* this is all I'm saying!" His investigations led to new knowledge, but he did not believe in keeping this knowledge to himself, preferring to share it in a spirit of intellectual freedom. He never paused to ask if his listeners were musically trained or illiterate, but took it for granted that new knowledge could be appreciated by anyone with an open mind.

The role of 'Previous knowledge' in science is crucial. Newton famously said, "If I have seen further, it is by standing on the shoulders of giants." This applies in equal measure to Kumarji. He always made it clear that his musical thoughts and ideas owed an enormous debt to the great masters. His performances were not restricted to his own compositions, even though by mid-life he had created more than enough of those in every raaga. On the contrary, it pleased him to present a familiar composition associated with a great master of the Agra or Gwalior tradition. The treatment of the composition, of course, would not be entirely traditional – there would always be variations of emphasis and a different, rather unique perspective. Sometimes this would significantly affect the musical meaning of the piece. But Kumarji was scrupulously honest – if the variations were not his own but came from the original performers, he would give credit where it was due. *"Yeh sab nakhare hamaare nahin hain"* ('All these playful variations are not mine') he would say, adding that the great masters were no less playful!

Just like any scientist, Kumarji embraced the role of 'correcting and integrating previous knowledge'. Modern science does not think of previous knowledge as wrong in any way, but only argues that it has a limited domain of applicability and some important facets may have remained hidden. With new developments, the hidden facets are revealed and the applicability extended. In this process, which can involve significant modifications, the previous theory stands corrected and integrated. In Kumarji's case, scholars have emphasised how some Raaga, like Maalkauns and Nand, emerged from his hands with important changes resulting from the revelation of certain aspects. Yet in their new form they were not less Maalkauns or Nand, but indeed even more so than before.

The scientific process involves scholarly analysis. To discover something new one needs to appreciate what was already there, and this burden of learning can be very heavy – both in science and the arts. Kumarji did not hesitate to spend long hours reading and writing in his study in Dewas. He never gave the impression that the time spent in such analysis was less important than the time devoted to singing. It must also be said that, in scientific terminology, Kumarji was not merely a theoretician. He is famous for his experimental 'field work' in uncovering the musical traditions in the Malwa region of Madhya Pradesh. He would attempt to gain access to places where villagers sang their very unique folk music, and record it using the (rather primitive and bulky) equipment available at the time, leading sometimes to unpleasant consequences when he was discovered! But the important point – which may not have been evident to the villagers – is that he was not recording music in order to circulate it or sell it, but purely from the scientific motive of archiving and studying it. In other words, he was conducting research.

To conclude, I would like to comment on the role of simplicity in Kumarji's music. Scientists are inspired by Newton's observation that "Truth is ever to be found in simplicity, and not in the multiplicity and confusion of things." On the contrary, in the world of Hindustani music there has never been a shortage of multiplicity and confusion! And perhaps in such an emotion-charged field this is the natural state of things. But Kumarji was never one to accept the natural as inevitable. His compositions would express a profound event, or situation, or feeling, in a few words and the accompanying music would also be very sparse. But in the end they would embody a great deal of complex information, almost in the style of a scientific equation. The Madhya-laya compositions are particularly significant in this regard.

A good example is the lovely bandish *'Ni mori kaa'* in Raaga Chaiti Bhoop. Here the rhythm, rigorously constant from the beginning to the end of the performance, acts as a scaffolding that one hardly notices; several minutes of the performance are spent repeating just the three words of the title. The rest of the composition fills in the picture, but right until the end it remains very minimalist and has few of the devices, embellishments and extravagance that one associates with Hindustani music. Kumarji would surely have agreed with the view of the original scientist-artist Leonardo da Vinci that 'Simplicity is the ultimate sophistication.'

36 A Yogi At heart

Prashant Iyengar

While rehearsing yoga for so many years, I have listened to classical music of so many right from my very young age. Just as the upset and disturbed mind receives stability and peace of mind while performing yoga, a similar effect is experienced by listening to top class vocal and instrumental music. Etymologically, the word "Yoga" has come from the Sanskrit root "Yuj",which means to join, to bring together. In order to conjoin easily "Selfness" in oneself with "Devine", the study of Yoga proves beneficial. Hence, only harmonious body movements or exercise does not qualify to be called "Yoga". Similarly, without paying heed to the rhythm of "Breathing Process", hastily making movements of the limbs can hardly be called "Pranayama". As a matter o fact, with introspection, and full concentration, when you achieve oneness of body and mind, performing controlled and regular movements, you are said to be performing "Yoga". I got veritable realisation of this in Kumar Gandharva's singing. In 1960s, when I listened to his concert in Mumbai, his extraordinariness struck me with a bang. Importantly, I realised that we were fellow-travellers on the same route. Then on, he no longer remained for me a first-rate singer who had immaculate mastery over voice and rhythm, but he became helpful in the journey of my soul. Therefore, while providing guidance to my numerous disciples, even today, I keep listening to Kumarji's music.

At Vadodara on a friend's farm, Kumarji enjoys a leisurely morning,

I have been struck that his music is different in many ways. He was, no doubt, a born genius. Not just that, his starting point came so late in the day to make it almost impossible for a common person to reach the height he attained. So as to achieve this goal, a common person has to traverse a long distance, take tremendous efforts; still, he can be never sure of reaching the desired destination. This is so because the foundation of Kumarji's singing was not mere rehearsing (Riyaj). Therefore, no wonder, none of his disciples has been able to imitate his style and sing exactly like him, and, consequently, no Kumar Clan (Gharane). In the jargon of "Yogashastra", one could say that his singing has emerged from within, from his gut feeling. Both in the study of Yoga and Music, it is essential that you have unflagging concentration, and acute sensitivity. In both, one has to balance the rhythm of inhaling, holding the air in the lungs, and exhaling it slowly. Kumarji had mastered this art that while he sang no one realised that he had only one functioning lung! After his illness, he adapted his style of singing to surmount the physical shortcoming. However, it must not be forgotten that the foundation of this selection was profound thinking. It must be said that, because of this consciously taken decision, the aesthetics of his music became unique.

Yoga as well as classical music are linked to the human mind. On account of different biochemical actions, one's health is favourably or adversely affected, which results in instability of mind, lack of concentration, etc. Whenever I listen to Kumarji's unforgettable Raaga "Lagan Gandhar", I experience an ecstatic peace of mind, which helps in getting rid of indecision. Hence, I should like to say, that Kumarji's singing, according ultimate wellbeing, fills not only my ears but also my heart. Since I have become one with his singing, the question of its existence remaining outside does not arise. I would say, without any hesitation, it has become an indivisible part of my Yoga practice.

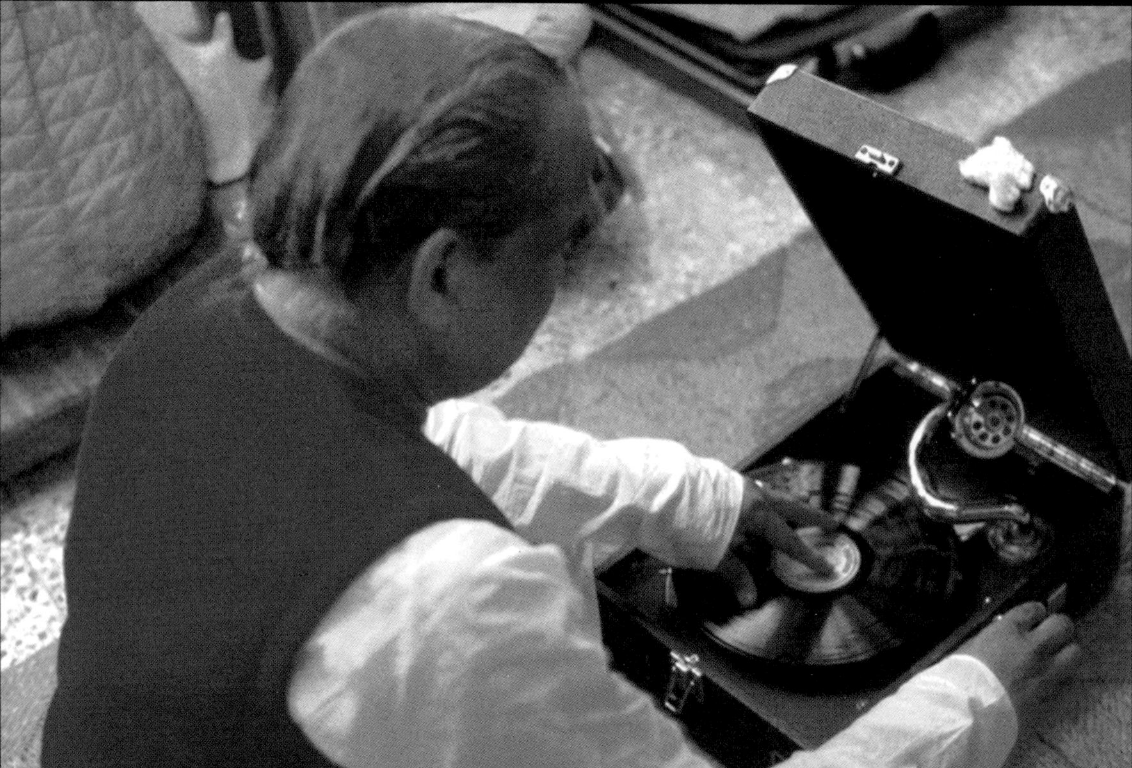

KUMAR GANDHARVA:
Chronology of major events

- **8 April 1924**: Born at Sulebhavi (Karnataka) near Belgaum.

- **1931**: Started singing.

- **1933**: After listening to 9-year old Shivputra Komkali, Guru Kalmath Swamiji (a monk of a monastery near Belgaum) immediately called him "Kumar Gandharva" (meaning "young celestial musician"). The name stayed with him throughout his life.

- **October 1935**: First major performance at All India Music Conference at Allahabad.

- **1March 1936**: Performance in a Conference at Jinnah Hall, Mumbai.

- **1936-1947**: Training in classical music at Prof Deodhar's School of Indian Music, Mumbai. Frequently visited and learnt from Anjanibai Malpekar.

- **1947**: Kumarji experienced an epiphany, saying, "*Malaagaaneaale.*" —"I understood music."

- **24 April 1947**: Married Bhanumati Kauns.

- **October 1947**: Diagnosed with tuberculosis.

- **30 January 1948**: Moved to Dewas, Madhya Pradesh,to be in a drier climate.

- **1948-1952**: Not allowed to sing, immersed him in music in total silence, and listened in particular to the folk music of the Malwa region.

- **1952**: Cured of tuberculosis after five years of painful struggle.

- **15 September 1952**: Invited by Pandit Jawaharlal Nehru, Prime Minister of India; sang for him in Mandu, Madhya Pradesh.

- **11 October 1959**: Established Kumar Sangeet Academy at Dewas.

- **14 October 1961**: Smt Bhanumati expired.

- **26 April 1962**: Married Vasundhara Shrikhande.

- **12 October 1962**: 'Doctor of Music' conferred by Gandharva Mahavidyalaya Mandal.

- **31 May 1965**: Published *Anup Raag Vilas* (Volume 1) containing notations of self created Raagas and compositions. (Volume 2 of *Anup Raag Vilas* was published in 1994.)

- **Thematic concerts**

    - 31 July 1966: First performance of *Geet Varsha,* a concert of songs about the rainy season, titled *Ghan Garjan Aaye,* at Indore.

    - 21 October 1967: First performance of *Triveni* – musical renditions of devotional poetry of Surdas, Meera and Kabir – in Mumbai.

- 13 July 1968: First performance of *Mala Umajlele Bal Gandharva,* homage to Bal Gandharva, in Mumbai.

- 12 December 1968: First performance of *Geet Hemant,* songs about the autumn season, in Mumbai.

- July 1969: First performance of '*Thumri Tappa Tarana*', in Indore.

- June 1970: First performance of *Malwa Ki Lok Dhune,* a concert featuring folk music of the Malwa region of Madhya Pradesh, in Mumbai.

- 8 May 1971: First performance of *Geet Vasant,* songs of the spring season, in Mumbai.

- **11 February 1973**: 'Doctor of Letters' conferred by Vikram University, Ujjain.

- **1 April 1973**: State Award by Madhya Pradesh Kala Parishad,Bhopal.

- **13 April 1973**: First performance of *Tulsidas: Ek Darshan* on the occasion of the 400th anniversary of the *Ramcharitmanas,* Tulsidas' celebrated Hindi rendition of the *Ramayana* epic, at Delhi.

- **26 Nov 1973**: First performance of *Tambe Geet Rajani,* homage to the Marathi poet B R Tambe at Indore.

- **November 1973**: State honour by Government of Madhya Pradesh.

- **10 November 1974**: Public Felicitation by citizens of Dewas on the occasion of his 50th birthday.

- **6 December 1974**: Sangeet Natak Akademi's National Award by the President of India.

- **13 March 1976**: First performance of *Rituraj Mehfil,* a concert celebrating spring, in Mumbai.

- **June 1976**: First performance of *Gaud Malhar Darshan*—an entire *Mehfil* devoted to a single Raaga, Gaud Malhar.

- **6 August 1976**: *Tukaram Ek Darshan, musical* renditions of Marathi saint poet Tukaram's Abhangs, in Pune.

- **September 1976**: 'Kumar Gandharva Prasang,' a three day festival focused on Kumarji's musical journey, Bhopal.

- **2 April 1977**: 'Padma Bhushan' conferred by Government of India.

- **12 January 1980**: *Nirgun Bani,* musical renditions of the poetry of Kabir and Nath Yogis, in Mumbai.

- **13 February 1983**: 'Shikhar Samman' conferred by Department of Culture, Government of Madhya Pradesh.

- **8 April 1984**: On the occasion of his 60th birthday, felicitation organised by Gandharva Mahavidyalaya, Delhi.

- **13 February 1985**: 'Kalidas Samman', a National Award, conferred by Government of Madhya Pradesh.

- **December 1989**: Fellowship Award by Sangeet Natak Akademi, Delhi.

- **24 March 1990**: 'Padma Vibhushan', one of the highest civilian awards, conferred by Government of India.

- **December 1991**: Hafiz Ali Khan Samman.

- **12 January 1992**: Expired at Dewas.

When performing as a child, Kumarji would wear a gold-embroidered *Sherwanee* (long jacket) with *Upa-vastra* (folded scarf worn over the shoulder), and *Topi* (cap).

It is reported, that on hearing Kumarji for the first time in Calcutta at the age of 9, the great maestro Ustad Faiyaz Khan Saheb was so overwhelmed by the young debutante that he said: *"Agar mere paas aaj jagir hoti, mein sab tum par luta deta,"* and promptly presented him with the *Topi* he was wearing.

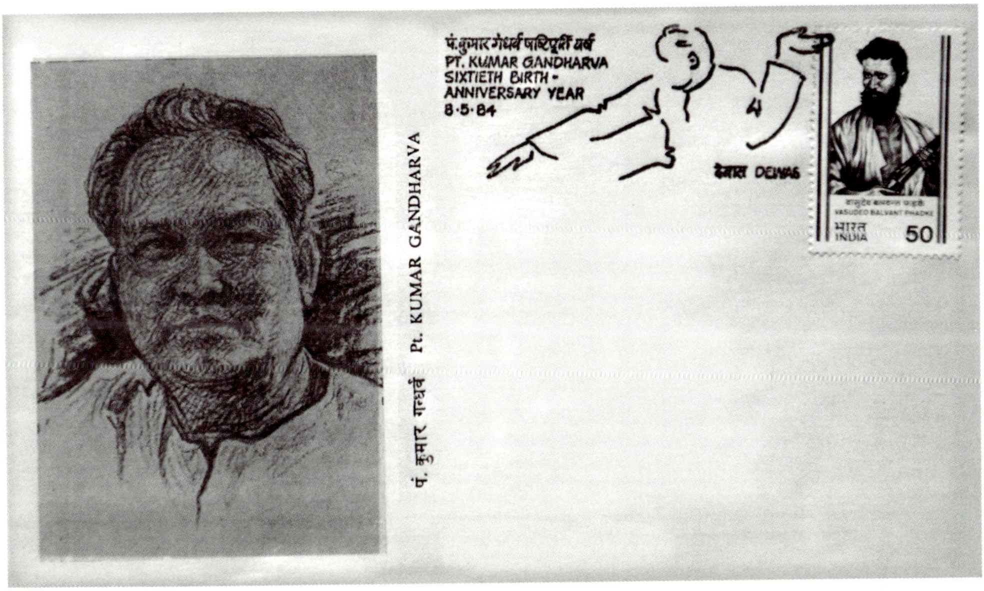

In an unusual honour, the Philatelic Division of India issued this First Day Cover at Dewas on 8th May, 1984. Kumarji's photo is on the left, and the stamp cancellation on the right shows drawings of Kumarji singing, by Vishnu Chinchalkar.

The President of India released a stamp portraying Kumar Gandharva on 3rd September, 2014. Kumarji is one of eight musicians who were honoured in this series.

About the Authors

ASHOK VAJPEYI (1941) is an eminent Hindi poet, essayist, literary critic and a cultural and arts administrator. He has published 23 books of poetry, essays, and criticism and some of these have been translated into Indian and European languages. He is a Founder-Trustee of Bharat Bhavan, a multicultural arts center in Bhopal. Besides being a former civil servant, he has held several prestigious positions including Chairmanship of Lalit Kala Akademi, India's national academy of arts. He has also translated works of four major Polish poets into Hindi.
Email : ashok_vajpeyi@yahoo.com

VINAYAK RAMCHANDRA ATHAWALE (1918-2011) was a prominent scholar and teacher of Hindustani classical music. A disciple of Pt. Vinayakrao Patwardhan of Gwalior Gharana, he also received training from Ustad Vilayat Hussain Khan of Agra Gharana. He was a Trustee of the Akhil Bharatiya Gandharva Mahavidyalaya and also served as the Director of the Hindustani Faculty at Kala Academy in Panjim, Goa, in the 1980s. He has written many biographies including that of Pt V D Paluskar.

SHANTARAM VISHNU KASHALKAR (1925-2012) was a Hindustani classical music teacher, singer and actor from Allahabad. He served as a Guru at Prayag Sangeet Samiti, Allahabad, and was closely associated with many leading musicians. As a close friend, he was with Kumarji throughout his musical journey. He travelled extensively in Europe and America to give performances and lectures and to conduct examinations.

RAHUL BARPUTE (1922-1996) was an outstanding editor who was also keenly interested in diverse fields, including music, theatre, literature and painting. As an editor of *Nai Duniya*, a popular Hindi daily in Central India, he took the publication to new heights and also mentored several young journalists who later became leading figures in journalism. He along with his close friends Kumar Gandharva and Vishnu Chinchalkar formed the trio that created unprecedented vibrancy in the art and cultural scene in Central India for more than two decades.

VAMAN HARI DESHPANDE (1907 - 1990) A practicing Charted Accountant of fifty years standing, Vamanrao Deshpande was an acclaimed musicologist, author and teacher of Hindustani Classical Muisc. He received training in three major traditions: Gwalior (by Pt. Yadavrao Joshi), Kirana (by Pt. Sureshbabu Mane) and Jaipur (by Ustad Naththan Khan and Smt. Mogubai Kurdikar). He performed regularly on All India Radio. His pioneering book Gharandaj Gayaki (1961) was one of the best work in aesthetic criticism. His next book 'Alaapini' (Marathi, 1979), released in English under the title 'Between Two Tanpuras'. He is also the author of 'Maharashtra's Contribution to Music' (Maharashtra Information Center, New Delhi, 1972), among various other papers and articles relating to Hindustani Music. He was a member of the Central Audition Board of the All India Radio, a member of the Arts Committee of the Maharashtra State Board of Literature and Culture and of the Music Advisory Committee of the University of Bombay.

PRABHASH JOSHI (1937-2009) was an outstanding journalist, writer and political analyst. A strong proponent of ethics and transparency in journalism, he played a part in the Gandhian and Bhoodan movements as well as in the surrender of bandits. He was also in the forefront of the struggle against the Emergency during 1975-77. Prabhash Joshi began his career with Nai Duniya, a reputed Hindi daily from Central India and was the founding editor of the Hindi daily Jansatta, a publication of the Indian Express Group.

ASHOK DAMODAR RANADE (1937-2011) was a scholar-musician and an acclaimed critic of Hindustani classical music. He was a trained vocalist and a disciple of Pt. Gajananbua Joshi, Pt Prahlad Ganu, Pt Laxmanrao Bodas and Prof B R Deodhar. He was Associate Director, National Centre for Performing Arts (NCPA) in Mumbai and played an important role in setting up the Archive and Research Center of Ethnomusicology in Pune. He delivered several lectures on music in India and abroad. He also authored many scholarly books on musicology and his work on categories of music is highly acclaimed.

MUKESH GARG (1950) Dr Mukesh Garg is a music critic and musicologist, and the editor of *Sangeet* – a 75-year-old Hindi monthly. He is founder-director of Sangeet Sankalp, an all-India organisation dedicated to performers of Hindustani classical music. He has composed music for several TV serials, the telefilm Gulaabari and the Hindi feature film Jamuna Kinare. He is an Associate Professor in the Hindi Department of Delhi University.
E-mail : drmukeshgarg@gmail.com

KALAPINI KOMKALI a prominent classical vocalist of the younger generation, is the daughter and disciple of Pt Kumar Gandharva. She has also been trained by her illustrious mother Vidushi Vasundhara Komkali. Known for her imaginative and mature style, Kalapini has performed at several places in India and abroad. Traditional songs of Malwa region of Central India and devotional songs of saints are also part of her musical repertoire. She is a Trustee of the Kumar Gandharva Sangeet Academy at Dewas in Madhya Pradesh.
Email: kalaapini@gmail.com

LADLI MOHAN NIGAM (1927-1997) was the initiator of the Socialist movement in the Malwa region of Madhya Pradesh after independence. He was a member of the Rajya Sabha from 1978 till 1984 and served as its Deputy Chairman during 1982-83. He came in contact with Kumar while working for the socialist movement in the Malwa region.

RAMASHREYA JHA (1928–2009) was a renowned musician, scholar and teacher of Hindustani Classical music. Popularly known by his pen name 'Ramrang' he produced several scholarly works and musical compositions including the five volume anthology *Abhinav Geetanjali.* It contains definitive descriptions of more than two hundred Raagas and several hundred Bandhishes. He was the Head of the Department of Music in Allahabad University in the 1980s. Some of the leading contemporary singers like Geeta Banerjee and Kamala Bose were his disciples.

MADHUP MUDGAL (1957) is a Hindustani classical vocalist, known for his khayal and bhajan renditions. A disciple of Pt Kumar Gandharva, Pt Vasant Thakar and Pt Jasraj, he is also a composer and has been Principal of Gandharva Mahavidyalaya since 1995. He holds an M.Phil degree from the University of Delhi for his research on the structure of Khayal. He has given musical performances in many countries.
E-mail: madhupmudgal@gmail.com

VISHNU CHINCHALKAR (1917-2000) was a gifted painter and a multifaceted artist. A graduate from J J School of Arts in Mumbai, he experimented with various forms in painting, design and theatrical sets and brought in new ideas and forms that prioritized natural and non-descript objects in artistic expressions. His close association as artist-illustrator with Nai Duniya and Jagran gave these newspapers a distinct visual identity. Popularly known as Guruji he was a passionate art educator. His illustrations of his close friend Kumar Gandharva are acclaimed and popular.

BHUVANESH KOMKALI (1978) Grandson of Pt Kumar Gandharva, son of Pt Mukul Shivaputra, Bhuvanesh is the youngest in the Komkali family to take forward the legacy of Kumarji's values, philosophy and music. A disciple of Vidushi Vasundhara Komkali and Pt Madhup Mudgal, he has expanded the archives of Kumarji's music with the latest digital technology. He has performed in many major music festivals in India and abroad.
Email: ganewala@yahoo.com

NALIN DHOLAKIA (1938) is a keen student of music, literature and modern Western philosophy. He started his musical training under Pt Pandharinath Kolhapure, who introduced him to Kumarji in 1954. After obtaining his B. Mus. degree in Banaras under Pt Omkarnath Thakur, he went to Dewas in 1963 to stay with and study under the guidance of Kumarji. He is currently staying at the Aurobindo Ashram in Nainital.
E-mail: aurobindovannivas@gmail.com

UDAYAN VAJPEYI (1960) is a Hindi poet, essayist, short story and script writer. He has published two volumes of poetry, a short story collection, a book of essays and other writings. His work has been translated into several Indian and foreign languages. He teaches Physiology at Gandhi Medical College, Bhopal.
E-mail : udayanvajpeyi@gmail.com

PADAM KUMAR MANTRI (1937) is one of the pioneers in India in the field of electronic instruments. He is currently engaged in designing and manufacturing of Electronic Medical equipment. He has been associated with Kumar Gandharva family since 1966.
E-mail : padamkumarmantri@gmail.com

UDUPI RAJAGOPALACHARYA ANANTHAMURTHY (1932) is an acclaimed novelist, poet and critic and is considered one of the pioneers of the modernistic 'Navya' movement in Kannada literature. His work has been translated into many Indian and European languages and some of his stories have been converted into movies. A former Vice Chancellor of Mahatma Gandhi University in Kerala and a

former President of Sahitya Akademi, the national academy of letters, he has held several other prestigious positions in reputed organizations and bodies.
E-mail: urananthamurthy@gmail.com

KRISHNA GUNDOPANT GINDE (1925-1994) was a revered singer, composer and scholar of Hindustani classical music and an exponent of the Dhurpad School of classical music. He was a disciple of veteran singer S. N. Ratanjankar and also received training at the Morris College of Music in Lucknow. His delivered several scholarly lecture demonstrations on various facets of Raag and Raagaang (its constituent elements). He was also the principal of Vallabh Sangeet Vidyalaya, Mumbai.

MOHAN NADKARNI (1922) is one of India's most prolific musicologists and music critics. He has written six books on music and musicians of India, including the biography of Pt Bhimsen Joshi. He was a cultural columnist in the Times of India. He also served as a broadcaster in All India Radio and a commentator on television. His book 'At the Centre' includes biographical sketches of fifteen maestros of Madhya Pradesh.

SHUBHA MUDGAL (1959) has performed as a Hindustani classical singer since the 1980s, gaining a reputation as a talented singer of Khayal, Thumri, Dadra and Indian pop music. Her first guru was Pt Ramashreya Jha of Allahabad. Later she also received training from Pt Vinaychandra Maudgalya, Smt Naina Devi, Pt Jitendra Abhisheki and Pt Kumar Gandharva. She is also associated with socio-cultural organizations - ANHAD (Act Now for Harmony and Democracy) and SAHMAT (Safdar Hashmi Memorial Trust).
Email: shubha.mudgal@gmail.com

MADHUKAR ANANT BAKRE (1932-2009) was a well-known captain of industry and a patron of the arts. He was a gold-medalist in Economics from Mumbai University and later studied in Cambridge. He became Chairman of Asian Cables and was a Director of reputed companies like Ceat Tyres, MSFC, and Garware Wall Ropes. He was a keen follower of Hindustani classical music and extended regular support for musical concerts and events. He and his family were close friends of Kumar Gandharva.

VIDYA RAO (1950) is a Hindustani classical singer and writer. She is especially popular for her Thumri and Dadra renderings. She also often sings musical versions of mystical poetry of Amir Khusro, Kabir, and saint poets. She has authored a book on singer Naina Devi. She has a post-graduate degree in Sociology from Delhi School of Economics and worked with the Centre for Women's Development Studies in Delhi as a researcher for five years before quitting it for music.
E-mail: vidyarao19@gmail.com

AMARENDRA NATH VERMA (1930) was a distinguished judge of the Allahabad High Court and Chairman of the Monopolies and Restrictive Trade Practices (Prevention) Commission. He was an ardent admirer of Kumarji's music. His association with Kumarji's music started with the All India Music Conferences in Allahabad and extended over decades. Some of Kumarji's most ethereal performances took place at his residence.
Email : kusumv@me.com

BUDHADITYA MUKHERJEE (1955) is a highly acclaimed contemporary sitarist who belongs to the Imdadkhani Gharana. He is a disciple of his father Pt Bimalendu Mukherjee, and known for his Gayaki Ang style of sitar rendering marked by clarity, speed and precision of musical notes. He was the first Indian musician to perform before the House of Commons in London. He has performed in 25 countries and has been a visiting expert in Sitar in music institutes in Holland and Austria. He holds an engineering degree in Metallurgy with a gold medal.
E-mail : budhadit@gmail.com

SHANTA SERBJEET SINGH (1936) worked for twenty-five years as a columnist, critic and media analyst for The Hindustan Times, The Economic Times and The Times of India. She has been Vice-Chairperson of the Sangeet Natak Academy, Delhi, and has also served as director of Kathak Kendra, Delhi. She has been Chairperson of APPAN (Asia-Pacific Performing Arts Network) and is the founder-Secretary of The World Culture Forum – India. She has authored several popular and commended books on Indian arts.

BRIJENDRA NATH GOSWAMY (1933), distinguished art historian, is Professor Emeritus of Art History at Punjab University, Chandigarh. A leading authority on Indian art, his work on Pahari painting is particularly acclaimed. He has been instrumental in organising major exhibitions of Indian art at Paris, Zurich and San Francisco. He has also taught at many reputed universities and delivered lectures at museums in India and abroad.
Email: bngoswamy@gmail.com

CHETAN KARNANI taught English literature and sustained a passion for classical music, both Hindustani and Western. Appointed as National Emeritus Fellow by the University Grants Commission, Dr. Karnani authored 'Listening to Hindustani Music' and 'Study in Gharanas'. He was a visiting Fellow at the Indian Institute of Advanced Studies, Shimla, where he organised an All-India Seminar on Hindustani music.

LINDA HESS (1942) is a scholar and writer who has been studying and translating the poetry of Kabir since the 1970s. She is a Senior Lecturer in the Department of Religious Studies at Stanford University and holds a Ph.D. in Comparative Literature from the University of California, Berkeley. Her published works include *The Bijak of Kabir* (translations and essays), *Singing Emptiness: Kumar Gandharva Performs the Poetry of Kabir*, and *Bodies of Song: Kabir Oral Traditions and Performative Worlds in North India.*

BALKRISHNA VITHALDAS DOSHI (1927) is an important figure in South Asian architecture and is noted for his contributions to the evolution of architectural discourse in India. After having worked in 1951-54 with French architect and planner Le Corbusier in Paris, Doshi returned to Ahmedabad to supervise Le Corbusier's projects in India. He also conmtributed in the design and architecture of the Indian Institutes of Management at Ahmedabad and Bangalore.
E-mail: vsf@sangath.org

SUNIL MUKHI (1956) is a theoretical physicist whose research deals primarily with string theory and quantum theory. After earning a Ph.D. in Theoretical Physics in 1981 from the State University of New York at Stony Brook, he began his work at the Tata Institute of Fundamental Research in Mumbai in 1984 and is presently the head of the Physics programme at the Indian Institute of Science Education and

Research (IISER) in Pune. He is keenly interested in Hindustani classical music and maintains a webpage on Pt Kumar Gandharva.
E-mail: sunil.mukhi@gmail.com

PRASHANT IYENGAR a son of internationally known Yoga Guru BKS Iyengar is an authority on Yoga himself. He is the author of several books including 'A Class after a Class: Yoga, an Integrated Science' and 'Yoga and the New Millennium'. He is a co-director of Ramamani Iyengar Memorial Yoga Institute (RIMYI) in Pune. Besides being a Yoga expert, he is also an accomplished violinist.

We acknowledge with gratitude the support of
Raza Foundation and ITM University